故事里的邵医

SRRSH
IN
STORIES

编　　著：浙江大学医学院附属邵逸夫医院

主　　编：蔡秀军　　黄　昕　　　　　主　　笔：薛建国

执行主编：韩　钢　　周素琴

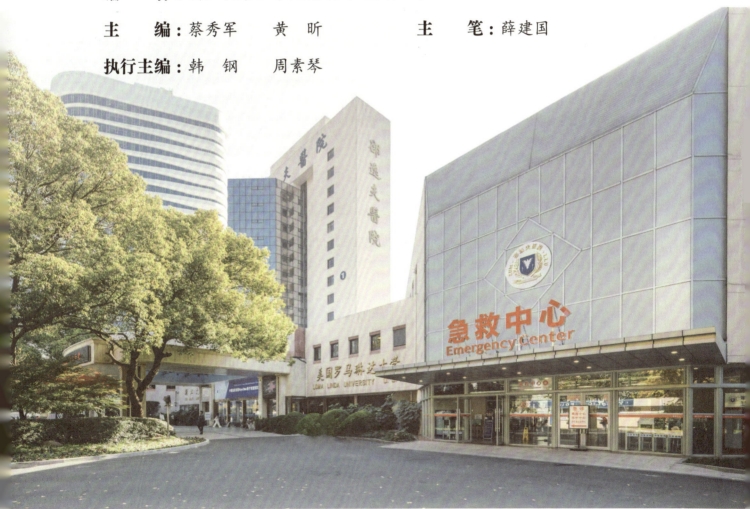

图书在版编目（CIP）数据

故事里的邵医 / 蔡秀军，黄昕主编. -- 杭州：浙江大学
出版社, 2024.4
ISBN 978-7-308-24798-6

Ⅰ.①故… Ⅱ.①蔡… ②黄… Ⅲ.①医生—访问记—浙江—
现代 Ⅳ.①K826.2

中国国家版本馆CIP数据核字(2024)第070174号

故事里的邵医

编　　著	浙江大学医学院附属邵逸夫医院	
主　　编	蔡秀军　黄　昕	
主　　笔	薛建国	
执行主编	韩　钢　周素琴	

策划编辑	张　鸽	
责任编辑	张凌静　殷晓彤	
责任校对	冯其华	
封面设计	杭州浙信文化传播有限公司	
出版发行	浙江大学出版社	
	（杭州市天目山路148号　邮政编码310007）	
	（网址：http://www.zjupress.com）	
排　　版	杭州立飞图文制作有限公司	
印　　刷	浙江省邮电印刷股份有限公司	
开　　本	889mm×1194mm　1/16	
印　　张	32	
字　　数	660千	
版 印 次	2024年4月第1版　2024年4月第1次印刷	
书　　号	ISBN 978-7-308-24798-6	
定　　价	398.00元	

《故事里的邵医》

编 委 会

编　　著：浙江大学医学院附属邵逸夫医院

主　　编：蔡秀军　　黄　昕

主　　笔：薛建国

执行主编：韩　钢　　周素琴

编　　委：

孙　斐　　陈君芳　　丁国庆　　张松英　　虞　洪

宋章法　　黄　嚚　　庄一渝　　鲁建华　　戴秀兰

周道扬　　翁晓川　　王家铃　　王青青　　沈水珍

梁　霄　　吴胜军

感谢著名书法家金鉴才先生为本书题写书名。

前　言

▲　蔡秀军院长

海阔天空浪若雷，钱塘潮涌自天来。

诞生于钱塘江畔的邵逸夫医院，是时代大潮的产物，栉风沐雨，逐浪而行。30年来，邵逸夫医院以国际化的视野和众多创新，成就了业界瞩目的"邵医模式"。作为一名老邵医人，躬逢盛世，身在其中，何其幸哉。

30年，弹指一挥间，邵医长大了，灼灼其华，星光熠熠。从当初的一个庆春院区，裂变为钱塘、双菱、大运河、绍兴院区和新疆阿拉尔院区。从之江大地，到数千公里外的西北边陲，无数患者享受到邵医模式带来的福祉。

30年，邵医坚持开放引领，秉承"借鉴、吸收、创新、超越"的精神，邵医倾力打造的"国际化"标识已成为全国标杆。自建院起，邵医就带着现代化管理和医疗的独特"DNA"——法人治理机构、全员聘任制、董事会和委员会制度、国内首家Attending（主诊医师）负责制、门诊不输液、全院不加床、与国际接轨的全人照护理念……这些独特的现代化基因，如同种子一样扎根在医院的沃土之中。

30年，邵医一直奔涌向前，"邵跑跑"跑出了"加速度"，也跑出了"云速度"。以创新领跑"互联网＋医疗"模式，在国内率先实现了医疗服务全流程改造、医保用户全流程移动就医；建成了国内首家以实体医院为背景的"互联网"医院；全球首家区块链医疗应用医院，

▲ 1994 年 5 月 2 日，邵逸夫医院开院典礼，嘉宾剪彩。左起：方逸华小姐、邵逸夫先生、吴阶平院士、时任浙江省省长万学远

成为国内智慧医疗的"领头雁"。

邵逸夫医院是中国大陆首家通过国际医疗卫生机构认证联合委员会（Joint Commission International，JCI）评审的公立医院、中国首家加入妙佑医疗（Mayo Clinic）联盟的公立医院、亚洲首家通过磁性认证的医院；荣获"全国卫生健康系统先进集体"称号；连续 8 年荣获"中国医疗机构最佳雇主"称号，2022 年度"国考"创历史最优成绩，位列全国第 9 名，创历史最好成绩，连续 5 年进入 A++ 序列，稳居全国三级公立医院前 1%……

30 年，邵医创下了一路辉煌。

如今，人们一提到邵医，首先想到的是"邵医模式"和"邵医速度"。许多专家学者已经对"邵医现象"进行了研究。邵医的辉煌无疑是时代造就的辉煌，但也是每个邵医人、每个与邵医有着特殊缘分的人呕心沥血创造的辉煌。对于邵医的发展，他们感同身受，因此他们亦是最好的解读人。借邵医建院 30 周年这一重要时间节点，我们着力编著了《故事里的邵医》。

这是一本讲述邵医故事的书。讲好邵医故事，就是讲好浙江故事、讲好中国故事。

作为一本纪实图书，遵循亲历、亲见、亲闻的原则，选取近百人以第一人称口述亲身经历，最大限度还原邵医建设发展过程中的艰难与不易，以及曲折中不断前行的光辉历程。

▲ 2014 年 4 月 30 日，邵逸夫医院建院 10 周年，邵方逸华女士（中）、时任浙江大学党委常务副书记邹晓东（左）、蔡秀军院长（右）瞻仰邵先生铜像

▲ 2017 年 9 月 7 日，邵逸夫医院成为中国首家加入妙佑医疗联盟的医疗机构

▲ 2024 年 1 月 2 日，邵逸夫医院大运河院区试运行

　　这是一本充满温度、充满情感的书。全书分为七章，时间跨度大，包含了延续至今 30 多年的故事，诠释了邵医模式的源起、发展、影响，以及直至今天打造"中国式现代化标杆医院"目标的形成。

　　冰心说："成功的花，人们只惊羡它现时的明艳！然而当初她的芽儿，浸透了奋斗的泪泉，洒遍了牺牲的血雨。"邵逸夫医院就是在这样的奋斗中不断蜕变，破茧成蝶的。

　　当年，为争取成立邵逸夫医院这个中外合作项目，原浙江医科大学郑树校长和吴金民院长背着八个奉化大芋头赶赴香港面见邵逸夫先生，在过境检查时，八个大芋头被香港海关误以为是炸弹；医院刚开业时，美方院长"老哈"在天桥下"捡"回一位患者，自掏腰包为患者治疗……

　　故事里有遥远的过去，也有火热的当下：我们坐镇杭州，运用 5G 技术，成功地为远在新疆的患者施行了机器人手术，可谓是真正的"决胜于千里之外"；我们的年轻医生在菠菜中寻找到"能量密码"助人类"返老还童"的研究登上了国际顶级学术期刊《自然》（Nature），为医学界乃至整个科学界所关注，引起了巨大轰动……

　　有邵医人的地方就有邵医的好故事：在硝烟尚未散尽的中东，有我们邵医人救死扶伤的勇敢故事；在国家的召唤下，有我们邵医人责任担当的故事；在医疗共富路上，有我们邵医人倾心为民的爱心故事……故事让邵医变得立体又丰满。

这也是一本讲述志同道合中人自己故事的书。

讲故事的人，亦是故事中的人，他们中有当年力促项目落户浙江的各方人员，有项目工程建设负责人员，有来自各大医院援助邵医的专家、美方管理团队人员，有医院历任领导、医院不同时期的员工，以及曾在邵医工作的院外人士等。所有讲故事的人，都是邵医的有缘人，都是邵医发展理念和价值观的创造者、推崇者、实践者。

缘是一种很奇妙的东西，也是人世间最美好的情怀。我与邵医的缘分从1989年那个秋天的早上，医院奠基动工的那一刻就链接上了，我见证了邵医拔地而起的全过程。1994年5月，邵医开业后，我对这家有着各种传说的医院充满了好奇，当时我在浙医二院外科工作，经常会骑车到邵医转转，看看他们的门诊量如何，院区环境和病房条件如何。结果让我十分感慨，邵医有许多方面是传统医院无法相比的。

而我没想到的是，后来我自己也成了一名邵医人。有一天，吴金民院长（同时兼任邵逸夫医院中方院长）找我，问我愿不愿意来邵医，一起助力邵医的外科发展，我当场就答应了。

现在回想起，觉得命运的齿轮很有意思，我与邵医的不解之缘早已在冥冥之中注定了。

此生无悔做名邵医人。

不忘来时路，方知向何行。邵医人骨子里的那股闯劲、冲劲、干劲与拼劲，值得铭记。这本书首先是我们对所有为邵医建设发展作出贡献者的致敬。

这还是一本展示邵医人开拓创新者形象、记录邵医精神谱系生成、彰显邵医优秀文化的书。

鉴往知来，向史而新。这些故事讲述的是历史，折射的是精神，无疑是我们开展院史学习的重要读本。精神就是力量，是邵医高质量发展的不竭动力。只要我们源源不断地讲好邵医故事，讲好披荆斩棘、埋头苦干的邵医人以自身实践与奉献铸就的独特精神谱系，邵医精神就能代代相传。我们出版这本书，是为了蓄势向未来，也是朝着"中国式现代化标杆医院"目标不断挺进的责任使然。

每位邵医人心中都装有邵医好故事。作为一名老邵医人，我觉得自己有说不完的"我与邵医"的故事：发明了第一把专门用于腹腔镜肝切除的手术器械，并首创腹腔镜肝切除新术式的故事；创建国内首个"微创医学"学科的故事；为钱塘院区项目发展"斗智"的故事；万米高空飞机上救人的故事；国际首例支架法肠转流术发明的故事；"平疫结合"病房创造发明的故事……

这次采访收集到的邵医好故事仍只是冰山一角，一方面需要我们继续深挖，另一方面还有许多新的美好故事源源不断地产生，所以邵医的好故事是无穷无尽的。苟日新，日日新，又日新。发掘邵医好故事，讲好邵医好故事，将始终是邵医文化建设中的一个重要抓手。

这本书值得细心品读，因为它可读性很强，故事里充满矛盾、冲突及人物情感，引人入胜；它有别于医学专业书籍，医学专业书籍一般以技术和专业见长，而本书侧重于人文描绘，见人见事，没有艰涩之感；它切口很小，注重细节挖掘，见一叶而知秋，窥一斑而知全豹。可以让读者直观地感受原汁原味的邵医发展轨迹，解读邵医这家国际化医院奇迹般崛起的密码。

这些大大小小的故事合在一起，就讲述了一个宏大的时代故事：邵医好故事。它集中展示了新时代下邵医人的精神：敢为人先的建院精神、披荆斩棘的开拓精神、百折不挠的攀登精神、勇立潮头的创新精神、和衷共济的合作精神、大道无形的仁爱精神。

蔡秀军

2024. 3. 13.

CONTENTS 目 录

第六章
天涯海角　家在邵医

第七章
遇之美好　得之所愿

第一章

破茧而生　化羽成蝶

这里曾是杭州人的一个菜园子

一年四季

赤橙黄绿

色泽分明

有春的彩蝶蹁跹

有夏的蛙声如鼓

也有秋虫的浅唱低吟

……

1988 年

那是一个春天

一位瘦削的老人

伸指一点

平地起高楼

这里不再是青菜萝卜的天堂

使命和情怀

从此在这里生长

成长无坦途

是你们的执着

碾碎艰难

踏平坎坷

1994 年

那是一个红色的 5 月

钱塘江畔

潮平两岸阔

邵医仁爱之花，遍地盛开

人物简介

鲁松庭，浙江省原副省长。

（邵逸夫医院建院至今30年了，您是当时主要筹建者之一，见证了邵医的发展历程，肯定感慨良多。借此机会，能否谈谈当年有关筹建的故事？）

在邵逸夫医院建院30周年之际，我们首先最应该感谢的是邵逸夫先生。他是伟大的爱国者，也是伟大的慈善家。邵逸夫医院倾注着邵先生的热情、仁爱，是他爱国爱乡赤诚之心的重要见证。

20世纪80年代，改革春风浩荡。富有远见卓识和济世情怀的邵逸夫先生深知祖国要发展，人民的医疗健康要保障。所以他决定在内地捐资建造一家大医院，不仅出钱，而且要引入先进的技术和设备，引入先进的管理理念和模式，走向国际化，使医院成为引领国内医学发展的标杆。

邵先生久负盛名，又年长于我好多。我的内心对他有一种很自然的敬重感，不仅因为他的家国情怀，还因为他的亲切随和。我在与邵先生多次接触中，常常能感受到他身上散发出的这种独特的魅力。

邵逸夫医院是由邵先生捐资、浙江省政府配套建设的现代化高质量医院，也是邵先生在内地单体捐款数额最大的项目。1989年10月31日，医院奠基典礼后，由于种种原因，医院的建设断断续续，

▲ 1994年5月2日，邵逸夫医院开院，鲁松庭（前排左一）和郑树（前排右一）陪同方逸华小姐（前排中）参观邵逸夫医院

进展缓慢，人们议论纷纷。1993年春，浙江省政府换届，万学远省长上任，在听取各方面意见后，决定采取措施，加快建设进度。

当时，我担任省政府秘书长，万省长要我带队，与马寿根副秘书长、吴金民院长一起赶赴香港，和邵先生当面沟通，汇报医院建设情况，实际上是希望他再给予支持，好使医院尽早开张。其实，我们当时心里没底，能否不辱使命完成任务，压力很大，因为讨钱是最难开口的。

那时的交通没有现在便利，加之经费紧张，我与马寿根、吴金民一行三人先从杭州到深圳，再从罗湖口岸排队过关，光过关就花了五六个小时，又累又饿更不用说了。

▲ 1993年4月17日，邵逸夫先生（左四）、方逸华小姐（右一）在香港会见鲁松庭秘书长（左五）一行

院开办初期，对该院实行差额补助、切块包干、超支不补的办法。具体补助数额由省财政厅、卫生厅等有关部门，按略高于省内同级医院核定。

五、关于基建和开办经费的缺口问题。根据邵氏医院筹建处汇报，目前基建缺口303万人民币和9.2万美元，开办费缺口942万人民币。方小姐同意由邵氏基金会以挂账形式借给邵氏医院1000万元港币和9.2万美元，何时归还待后再定。方小姐希望省政府在邵氏医院收费标准和补助经费上有明确态度，并希望邵氏医院用好该项资金。

▲ 邵逸夫医院开院前，创业艰难百事多

▲ 2023 年 7 月 28 日，鲁松庭接受笔者采访

　　4 月 17 日，邵先生在其公馆热情地接待了我们，方逸华小姐陪同出席。我们首先代表省政府衷心感谢邵先生的关心和支持，对于我们工作中的不周之处主动说明情况，致以歉意，着重介绍后续工作和计划，虚心听取邵先生方面的意见和建议。双方相互交流情况后，邵先生说："我知道这个项目的钱是不够的，能省的要省，该办的一定要办。你们测算一下，到底需要多少钱。"他的话温暖如春，让我们觉得不虚此行，希望就在前方。

　　邵先生同时强调，医院建设一定要保证质量，至少要达到亚洲一流的水平，在国内外要有较好的影响力。他在内地捐建了很多科技、教育、文化、体育、医疗等相关项目，这些项目，只要按照规定和程序去办就行了。唯独对邵逸夫医院这个浩大的工程，他既捐资又经常亲自过问，实在令人感动。

　　后来，按照邵先生提出的保证医院建设质量的要求，邵医又对已建、在建和将建的工程情况进行严格检查。从手术室到病房的卫生间、从放射科到牙科……该换的换，该补的补，一丝不苟、毫不马虎。以患者为中心，质量第一，生命至上，这就是邵医延续至今的传统和准则。

　　双方会见之后，邵先生兴致很高，特地设家宴款待我们一行。席间，大家谈来说去都是围绕着医院建设这个话题。邵先生特别兴奋，对未来充满美好憧憬。他说："一定要把这个医院建设好，扩大浙江对外的影响。"他还说，开张要选一个好日子，他一定要把香港的社会名流都请过来参加开院典礼。

在向邵先生辞行告别时，他紧紧握着我的手说："办医院是很麻烦的，我给你们找来了这么多麻烦，以后主要靠你们了。但我们没有一点自私自利，你们也一样，不是为自己，是为大家。大家都是中国人，都要为中国人办点事。"邵先生言辞恳切，语重心长，就像号角在我们耳旁久久回荡，令人深思，催人奋进。

在香港的第二天，我们应邀到香港中文大学参观，拜访马临教授。马临教授是邵氏基金会成员，也是香港知名人士。他对我们说："邵逸夫医院是邵先生捐款最多的单体项目，也是他最牵挂的项目。私人捐款，一点一滴，来之不易。"马临教授还说："这个项目做好了，可以起到滚雪球的作用，吸引更多优秀的海外华人投身祖国建设。"马教授的肺腑之言，使我们倍感责任重大，更加坚定信念，一定要把医院建设好，为社会作贡献。

事非经过不知难。兴建邵逸夫医院这样一项造福社会、服务民生的浩大工程，如果没有邵先生的无私奉献、慷慨解囊，如果没有沈祖伦老省长承诺拍板，如果没有葛洪升老省长、万学远老省长的继续发力，如果没有马寿根副秘书长的协调和郑树校长、吴金民院长等等的坚持，就不可能有今天的成就和辉煌。

让我们以虔诚的感恩之心，感谢邵逸夫先生和邵氏基金会，感谢沈祖伦、葛洪升、万学远三位老省长，感谢郑树校长，感谢马寿根副秘书长，感谢罗马琳达大学，感谢方则鹏院长、吴金民院长、何超院长、蔡秀军院长，感谢所有为邵逸夫医院已经并将继续付出心血和汗水的人们。

祝邵医仁爱之花，遍地盛开！

▲ 邵逸夫医院专门提供给美国罗马琳达大学专家的专家楼

芋艿头 "炸弹" 背后的故事

我与邵逸夫先生及方逸华小姐第一次见面时间是在 1985 年的中秋节，记得非常清楚。

方逸华小姐那天在杭州，因有一些健康方面的问题想了解，浙江省外事办让我参与接待。我们是在浙江医科大学见面的。

方逸华小姐为人非常亲切随和，我们有一见如故之感。聊天过程中，邵逸夫先生提出可以给我们一些支持和帮助。改革开放初期，我们还不富裕，这是求之不得的好事。我希望他们能提供一些先进的医疗设备，他们表示这没有问题。方逸华小姐告诉我，他们想在北京办一家医院，全部建好后就送给北京。我一听，思路也跟着一转，建议他们在杭州也办一家这样的医院。

我跟他们讲了浙江医科大学的情况，他们就决定在杭州建一家医院。后来就定下来由浙江医科大学负责邵逸夫医院的建设，作为校方我们也很高兴。

他们计划由邵逸夫先生出资，浙江省做配套，请美国人来帮我们管理医院，床位 200 张，我说床位太少了，要 400 张。邵逸夫先生方面来人签合同时，我正好去德国访问，邵逸夫先生方面找不到人，于是拿着材料原封不动地回去了。邵逸夫先生那边从此没消息，这事情就搁置下来了。

人物简介

郑树，肿瘤学专家，浙江大学教授，博士研究生导师。原浙江医科大学校长，浙江省人民代表大会常务委员会原副主任。

那时候，沈祖伦任浙江省省长。有一天，他碰到我说："这个事情你要亲自跑一趟，跟邵逸夫先生讲，我们是需要建的，省政府也同意配套。"

我就决定跟吴金民跑一趟。吴金民当时是浙医二院院长，也是邵逸夫医院筹备组负责人之一。去之前，我就问浙江大学常务副校长胡建雄，要带什么礼物过去。胡建雄

▲ 1988 年 11 月 15 日，美国罗马琳达大学副校长欣肖先生在协议书上签字

与邵逸夫先生比较熟悉，此前，邵逸夫先生给浙江大学捐建了科技馆和体育馆。胡建雄说："邵逸夫先生什么都有，你们就带几只奉化大芋头吧，他是宁波人。"

我心想，这大芋头邵逸夫先生看得上吗？尽管心存疑虑，但还是按胡建雄说的准备了几只大芋头。香港文汇报文汇贸易服务有限公司副总经理金枫天、郑尧天兄弟俩是杭州人，在邵逸夫先生面前也能说上话，帮我们联系好见面时间。

那时杭州还没有直航到香港的飞机，我们就乘飞机到广州，再从广州坐火车到香港。到广州后，我们住在浙江省驻广州办事处的招待所，讲好第二天早晨由办事处的汽车把我们送到火车站。结果，司机那天睡过头了，待我们赶上月台，火车已经拉响汽笛，缓缓启动了。我以百米冲刺速度跃上火车，用身体挡住将要关上的车门，工作人员见状，示意火车停下来，这样让跟随我身后奔跑的吴金民也上来了。短跑是我的体育特长，吴金民跑不过我，更主要的是他还拎着大包小裹，真有点难为他了。

火车开到九龙火车站，我们拎着行李过海关。海关人员打开一看，大为恐慌，几只大芋头被误以为是炸弹，我们说是给邵逸夫先生的礼品，是他家乡的东西，拿起来给他们仔细看，他们确信是大芋头后，才放我们过关。

在清水湾的邵逸夫先生家里，当他看到我们拿出大芋头时，眼睛突然一亮，说："这是我家乡的好东西啊！"并吩咐厨师赶快拿到厨房去，晚上烧起来吃。

邵逸夫先生那时 80 多岁，身体看上去很好。方逸华小姐 50 多岁，看上去很年轻，精神也很好，她后来跟我也无话不谈。

所以邵逸夫医院建起来，大芋头是有功劳的。

我跟邵逸夫先生讲，我们已经在为筹建医院做准备了，还带来了省长的一封信。他说："我们已经决定不造医院了。"我说："我们已经做准备了，还要做到四个第一，医院建筑第一、

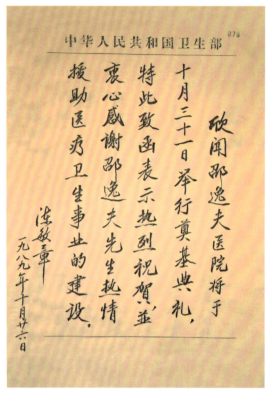

▲ 1989年10月26日，时任卫生部部长陈敏章发来贺词，祝贺邵逸夫医院奠基

设备第一、医疗水平第一、管理第一。"他听着还蛮高兴的，说："假如我资金不够，你们配不配套？"我说："省长就是说要配套，才派我来的。"他就说请省长再写封信承诺经费的事情。他说本来是美国人帮忙造的，但是美国人退出了，他们董事会也开过了。我说："能不能请您秘书给美国方面在香港的港安医院打个电话，跟他们商量一下。"后来，邵逸夫先生就自己拎起电话说我们人来了，还是想造医院，明天上午找他们谈谈好不好。对方很乐意。

第二天早上，我们就去拜访，美国方面觉得他们的医院太小，我们建设的医院是要集医疗、教学、科研为一体的，说要跟他们的教会总部汇报，教会总部有个大的医学中心，就是美国加州的罗马琳达大学。

这次我们在香港谈定医院要继续造下去，邵逸夫先生方面答应给我们7000万港币。

回到杭州不久，金枫天来电话叫我们去拿钱，我跟吴金民又去了香港。规定支票是中方、美方一起签字，才能拿出来。

那时，浙江省还没有自己好好造过医院，浙医一院、浙医二院都是在民房基础上改的，就浙医二院造了一幢楼，就是现在的一号楼，所以真正要我们的设计院来设计建造一整个医院是很复杂的，要有病房、门诊还有放射科等。很多事情在当时都没有概念，都是从头开始的。我觉得，这个事情对我们浙江省甚至对内地来说都是非常好的一次学习机会。

我们到了深圳。第二天，香港来电话让我们不要去了，说邵逸夫先生刚刚从美国回来，人也很累，我们只好回来了。当时还一时买不到飞机票和火车票，等了几天才回到杭州。我心想，完了，又不给钱了。

没想到，过了一段时间，金枫天又打来电话，再次让我们去拿钱，说支票已经在他手上了。我和吴金民就又去了深圳转香港，还有两个美国人也到了，金枫天就带着我们四个人一起去银行存钱。先到中国银行的一个总行，他们一看是中国人带了美国人要存7000万港币，说是境外存款，不给存。我也不知道是什么原因，后来走到一个很小的中国银行支行里，金枫天的钱就是存这里的，他把支票拿进去后，那个行长就高兴得不得了。第二天，金枫天告诉我，总行告状了，说金枫天带了人在存款，说这是境外存款，但他也不在乎，说是邵逸夫先生给的一笔资金。那时候做这些事情都非常不容易，总会碰壁。

因为是中美双方合作建造医院，中国和美国有时差，中方院长和美方院长意见有分歧，美方打电话来要我们解决问题时，就有可能正好是半夜。

比如美方要求装空调，水管要不锈钢的，但是中方当时认为医院不能装空调。我就跟基建科的人说："你就按照装空调的设计去做，水管该埋的埋，有事情找我。"他就都做好了，水管也都换成不锈钢的，吊顶材料也都换掉了。再就是，美方要求医院坚持要有自己的发电机，虽然医院已经有三路电路进线，这样哪怕断电了，医院也能用上备用电，这对于手术室和急诊室是特别重要的。这样七七八八的条件附加上去，钱就不够用了。邵逸夫先生又追加了资金，前后总共投入了一亿港币。

建造过程中，方逸华小姐也来过几次，看到电梯井不够大（病床需要推进电梯）、病房里的厕所太小（病房里要有厕所，这当时在国内是首创），就又改进了，这里来来回回返工的活不少，但还是坚持按国际标准做了。此外，手术室里全部铺上防静电的地毯，这在当时国内也是首家。现在，国内其他医院也这么做了。所以这么多年过去了，邵逸夫医院设施也还不显得落后。

然而，医院造好、空调装好之后，当时很多风凉话也来了，矛头甚至对准沈祖伦省长，

▲　1989 年 10 月 31 日，时任浙江医科大学校长郑树参加邵逸夫医院奠基典礼

▲　时任浙江医科大学校长郑树在奠基典礼上致辞

▲　邵逸夫医院奠基典礼于 1989 年 10 月 31 日在杭州举行。时任浙江省省长沈祖伦、邵逸夫先生的代表方逸华小姐、时任美国安息日总会副会长卡尔文·洛克、邵氏基金会董事会主席马临、时任浙江医科大学校长郑树等参加奠基典礼

说他和郑树给浙江带来了一个包袱，每天电费要一万块钱。还有开窗的问题。美国人的管理是有一套的，所有窗子都是扣牢的，不准打开，保持室内温度，也有安全方面的考虑，但是中国人喜欢开窗通风，这也是个矛盾；再有，当时医院大多没有 24 小时热水供应等。关于医院管理，我们国内的很多思想观念在当时还是相对落后的，但经过磨合慢慢就好了。

邵逸夫医院造好后，我还是浙江医科大学的校长，基建、人才引进都要管，我们预留了多名本科生在附属医院，并提前讲好，等邵逸夫医院造好，这些学生就分派过去。浙医二院派了很多医生过去（也有之前为邵逸夫医院招来的），美国也派人过来。财政方面有一定补贴，但是也不多。那时，一般医院的医生，奖金占工资的一半，但是邵逸夫医院的医生几乎没有奖金。也有一些人后来离开邵逸夫医院了，但是留下来的医生都是不错的，我很感激他们能留下来。

美国来的医生，不用我们出工资。美国的退休制度比较自由，只要有人要你，就可以继续做下去。邵逸夫医院专门建了一个专家楼，每位专家一套房间，也有厨师，尽量按照他们的生活习惯照顾，他们也可以买到自己想吃的东西，他们吃素的比较多，大多是带家属来的，也有较多还在上幼儿园的小朋友。

我们的目标是，邵逸夫医院相当于一个桥梁，要与国际接轨，所以我们在硬件设施方面买的 X 线机、肠镜、腹腔镜等是美国 GE 公司的，而且都是当时最新的产品。

医院房子造好以后，邵逸夫先生就不出资了。一两年后，医院就可以自给自足了。现在，邵逸夫医院是浙江大学医学院附属医院，他们的高层都在临床第一线，科研也很强，腹腔镜、肝胆、呼吸、牙科等都不错，很快在国内有了名气。

邵逸夫医院后来有几个第一。

一个是腹腔镜第一。1994 年 4 月，邵逸夫医院就开展腹腔镜胆囊手术了。邵逸夫医院相关科室的外科医生都要会微创手术，尤其在腹部外科、泌尿外科、头颈外科、心胸外科等甚至内科领域，手术量大、手术水平很高，微创手术占全院手术总量的 80%。蔡秀军院长也是国内外知名的肝胆胰微创外科专家。

另一个非常强的技术，就是细针穿刺活检，做病理诊断包括特殊染色等。邵逸夫医院在这方面做得最好，量也最多，所以他们穿刺诊断的本领应该是全国第一。原浙江大学校长、著名化学家杨士林先生 90 多岁，肺里的穿刺，其他人都不敢做，我就让我的学生胡红杰教授做了，穿刺出来是结核，不是癌，技术到位。

引进国外资源，把国外的优势都拿过来，邵逸夫医院树立了很好的典范，包括医院的管理模式，在全国都有名，吴金民、何超、蔡秀军等都在国内做过医院管理的报告。邵逸夫医院的管理体制与浙医一院、浙医二院不同，比较有意思，国内的医院之前是没有董事会的，也没有各种委员会。有了董事会，财政权属于董事会，但是符合中国财政的法律法规。医院需要采购什么，都要通过董事会批准。医院的人事权也是由医院董事会定的。

邵逸夫医院的管理是整体理念的管理。我觉得邵逸夫医院的管理理念一直到现在还是走在前面的，它以员工为主体，围绕以患者为中心展开工作。现在

▲ 2014年4月30日，邵逸夫医院建院20周年院庆，在邵逸夫医院项目启动过程中有杰出贡献的三位女士（从左到右：原浙江医科大学校长郑树、邵方逸华女士、美国罗马琳达大学原校长林妮·拜伦）

不是董事会制度了，与我们其他医院的制度一样，但保持优势及管理特长。比如，他们的后勤每天都要"查房"，哪里坏了就及时修好，所以看起来硬件都是比较新、比较完整的。

现在邵逸夫医院的董事会还是在开的，就是内容不一样了。董事中，包括医学院1人、浙江大学1人、邵逸夫基金会1人、美国罗马琳达大学2人。方逸华小姐也做过董事会主席。董事会一年开两次，后来一年开一次，有时在杭州开，有时到香港开。大的决策都要在董事会上通过。这家医院当时为什么能发展得很快呢？还有一个经验，我们吴金民院长当时也是浙医二院院长，我叫他兼任邵逸夫医院院长，这样邵逸夫医院的业务量一下子就上来了。什么道理呢？人家知道这家医院牌子很响，那没有医生怎么办？有急症患者来了，一个电话，浙医二院的急诊医生马上过去处理掉，还有一些手术都可以一起合作完成。因此，浙医二院对邵逸夫医院的建设发挥了很大的作用。吴金民院长是第一任中方院长，由他负责，做起来蛮不容易的。

以后，几乎每次邵逸夫先生来杭州，我都会去陪他，在与邵逸夫先生十几次的接触交流中，我最常听到的一句话，也是让我最为感动的话是"我把这家医院交给你了，交给你我很放心"。

（此文根据郑树校长回忆录及相关报道整理）

把"邵医模式"推广出去

（邵先生一生深信科教兴国，在教育方面的捐赠大家有目共睹，但是一般人可能对邵先生在医疗方面的捐赠了解得不多。为什么邵先生想捐资建造医院，您能谈谈吗？）

在 20 世纪 80 年代改革开放之初，国家的整体发展还比较落后。邵逸夫先生和夫人邵方逸华女士都深信科教兴国，所以教育成为他们支持中国内地发展的第一环，这也是最重要的一环。

同时，他们也十分关顾内地的基础医疗建设。如果说教育启迪人的心灵，医院则是照顾人的身体。"身""心"缺一不可。基于这样的理念，他们萌生资助建造医院，助力中国的医疗发展的念头。

项目于 1989 年启动，原先预计资助一亿港币，用于兴建医院大楼。在那个城镇人均年收入不到 1400 元的年代，一亿港币是相当大的一笔款项，但对于邵先生而言，邵逸夫医院是他送给家乡的一份心意，也是圆他的一个医疗梦，尽己所能希望做到最好。

后来，邵先生敏锐地洞察到，要提升国家的医疗水平，光靠硬件是不够的，还要引入国际的医疗管理系统和经验，于是牵头引入以医科闻名并有丰富医疗管理经验的美国罗马琳达大学作为项目伙伴，协助管理及提供临床服务。

人物简介

陈伟文，博士，邵氏集团董事总经理、邵氏基金会及邵逸夫奖基金会主席、浙江大学医学院附属邵逸夫医院咨询委员会名誉主席、北京大学名誉校董、香港中文大学逸夫书院校董、香港中文大学（深圳）逸夫书院董事会成员、英国皇家建筑师学会会员、香港建筑师注册管理局成员和香港建筑师学会会员。1994 年加入邵氏集团，曾参与邵氏影城、电视广播城及浙江大学医学院附属邵逸夫医院的规划和兴建。

在建设邵逸夫医院期间，邵先生听从罗马琳达大学的建议，在提供400万美元购置医疗设备的资金以外，他们还亲力亲为，协助解决项目落地过程中遭遇的不少困难。邵先生及夫人是真正有爱国情怀的慈善大家。他们从来没有想过在国内做生意去赚钱，一直都是在纯粹地捐赠与付出，不图回报、无私奉献，希望可以支持国家的医疗发展，祖国的医院能达到西方一流国家对等的医疗水平。

陈列在邵逸夫先生寓所的邵逸夫第一醫院模型
The hospital model displayed in Sir Run Run Shaw's drawing room.

▲ 陈列在邵逸夫先生寓所的邵逸夫医院模型

（据说最早是考虑把医院建在北京。从专业的角度来说，浙江的医疗基础不如北京，北京有非常多的优秀的医院，而浙江当年的平均医疗水准并不是很高。在这样的情况下，邵先生为什么会做出这样的抉择？）

▲ 1993年10月27日，方逸华小姐（左二）、陈伟文（左一）一行赴邵逸夫医院了解开院前情况

我是在20世纪90年代初加入邵氏集团的。当时邵逸夫医院的项目已经处于施工阶段，我被委派参与协助项目的设计和建筑事宜。我了解到浙江是邵先生最早捐助的地区之一。在资助邵逸夫医院之前，邵先生已为浙江大学捐建了科技馆和体育馆，这当中肯定有邵先生对家乡的情怀在。"少小离家老大回"，改革开放以后，邵先生每年都回内地看看国家的发展。只要有机会，他总要去浙江一带走走。他每次到上海，总要去上海的旧居看看，即便后来房子拆了，他也要去那里看看。邵先生就是这么一个念旧的人。

此外，浙江杭州本身的基本条件也是非常合适的。北京是首都，是国家集中资源重点发展的地方，未必是最需要我们帮扶的地方。杭州虽然是二线城市，但浙江作为国家重要的沿海开放省份，本身已经有一定的发展基础，予以适切的帮扶，发展潜力是相当之大的。

特别是当时邵先生已经洞察到有必要引入国际医疗管理系统及其经验，这就需要当地有合适的团队对接，才能让国际的先进经验落地生根，焕发新的活力。浙江的团队就是当时的浙江医科大学，它是国家一流的高等医学教育院校之一。后来事实证明邵先生和邵夫人的眼光是对的，经过30年的努力，邵逸夫医院取得了相当大的成就。

▲ 2004 年 4 月 29 日，邵逸夫医院建院十周年，97 岁高龄的邵逸夫先生专程从香港赶赴杭州参加院庆

（中国有一句老话叫"好事多磨"。当初这个项目在推进过程中还是出现过不少问题的，请问您知道的问题有哪些？这些问题最终是如何化解的？）

好事多磨，也唯有经过打磨，才能出到真正的佳品。在筹建邵逸夫医院的过程中我们就遇到不少困难，邵先生和邵夫人事必躬亲，一一协助解决。例如，邵逸夫医院的选址就是邵先生偕同邵夫人实地考察过才最终敲定的。

中西文化差异也曾经在浙大团队和美国罗马琳达大学顾问团队间引发分歧，曾一度影响筹建进度。例如，罗马琳达大学坚持医院应该安装空调，但在 20 世纪 90 年代，空调在国内是奢侈品，所以浙大团队认为空调并不是必要的。就此，双方各执一词。类似的情况还发生在无障碍设施的添置、配备上。每每遇到这种情况，邵先生和邵夫人都会从中斡旋，协助双方达成共识。那时我经常陪同两位老人往来于杭州和香港，与邵医筹建团队的中美专家商谈不同的事情，在过程中深刻感受到他们处事之认真，以及行动背后所包含的对家乡的深厚感情。

（邵逸夫医院的发展与历任院长的努力和付出不无关系。您与现任院长蔡秀军先生联系与接触比较多，请问你们在交往中有哪些值得记取的美好之事？）

我很欣赏蔡院长对于邵逸夫医院发展的宏大愿景和执行上的魄力。他长期工作在临床、科研、教学一线，医术高超，在医学层面多有建树，对于医院管理和发展也有独到见解。近期让我印象比较深刻的是蔡院长首创的"平疫结合"病房。新冠疫情期间世界各地许多地方都出现了传染病病房短缺的问题，中国香港也不例外，唯有一个办法——改建临时的隔离病房及社区治疗设施。疫情过后，大家又要应对如何转化、善用这些防疫设施的挑战。在蔡院长的带领下，邵逸夫医院打造了全国首创的"平疫结合"快速切换病房模式，每个楼层增设一道隔离门，有需要时，关闭这道门，就能快速把普通病房切换成符合要求的呼吸道疾病传染病房，有助于缓解"疫时床位供不应求，平时资源无辜浪费"的两难局面。据悉，蔡院长还在进一步研究"平战结合""平急结合"的新型医院。

另外，我也十分认同蔡院长对"邵医"品牌的推广。邵逸夫医院快速发展成为全国首屈一指的医院，除了医护人员的专业化，"邵医"品牌也至关重要。蔡院长带领团队一方面不断提升医疗技术，以患者为中心提供高质量服务；另一方面创建了"邵医精品手术演示会""邵医咖啡""邵医讲堂""邵医教育学院""邵医健康云""邵医微信公众号""邵医之

▲ 2014 年 4 月 29 日，邵逸夫医院建院 20 周年之际，邵方逸华女士在拍摄钱塘院区楼体建筑

▲ 2019 年 3 月 19 日，香港邵氏基金会陈伟文主席（左七）一行参观访问邵逸夫医院

▲ 2019 年 3 月 19 日，香港邵氏基金会陈伟文主席（左一）一行参观访问邵逸夫医院

声"等多个"邵医系列"品牌，还出版了一系列医院管理丛书，总结邵逸夫医院的成功经验，成为行业标杆，让更多病患和业界认识"邵医"，得益于"邵医"。

（邵逸夫医院现在是国内医院发展的标杆，"邵医模式"也为国内众多医院学习和效仿，请问您如何看待邵逸夫医院的发展，未来还应该有哪些更高远的目标？）

邵逸夫医院是邵氏基金会在内地捐助的第一个医疗项目，邵先生和夫人大胆地引进国外先进的医疗技术和管理理念，结合内地的实际情况，深入研究，大胆尝试，不断发展提升，成功创建了"邵医品牌"，实践证明这是一个成功的创举。

医院能取得今时今日的成绩，离不开政府的大力支持、历任院长的努力，以及所有医务人员的付出。在过去这30年的时间里，邵逸夫医院不但成为国内顶级的三级甲等医院，还取得了国际上许多有分量的认证，医疗技术跻身国际前沿水平。对此，我们感到相当欣慰。

更令人鼓舞的是，邵逸夫医院积极运用自身的人才、技术、经验去帮扶偏远地区的医院，更是成立了互联网医疗平台，联系各地医院及卫生机构，共享医疗资源和信息，实现在线会诊，让"邵医模式"打破地域的限制，在全省甚至全国范围内不断复制，不断辐射。我们相信在大家的努力下，日后邵逸夫医院一定会更加出色，会有更多的医疗和科研成果获得国际认可，也会有越来越多的国际医疗团队来到邵逸夫医院交流学习，终将成为一家具备21世纪领导地位的医院。

这也正是邵先生和邵夫人的心愿。中国幅员辽阔，只有一家邵逸夫医院远远不够，他们曾经构想过在每个省都建立一家邵逸夫医院，但这需要的庞大资源远非个别基金会可以独立承担的。如今，邵逸夫医院借助科技，在一定程度上局部地实现了两位老人家的愿景。未来，我们期望以邵逸夫医院为楷模，并将其作为一个平台，让更多的优秀人才汇聚于此，逐步将邵逸夫医院推广至全国，大家一同为提升我国的医疗水平而努力。

邵先生在庆春门外画了一个圈

（在邵逸夫医院这个项目上，您具体负责哪些工作？遇到了哪些难题？最终是如何化解的？）

当时，我担任浙江省政府副秘书长，协助副省长分管科教文卫工作。邵逸夫医院这个项目的前期谈判和后来的医院选址，我都参与了。

这个项目最早是由邵逸夫先生提出的，他想帮助浙江做点事情。我们建议办一家医院，得到了邵先生的认可。省里对这件事非常重视，让我协助具体谈这个项目，当然省里领导也参加了。前期谈以郑树校长和吴金民院长为主。邵先生来杭州，我都参与了接待。

前期谈的时候，还是比较顺利的。尽管其他省份也在争取这个项目，但我们准备得很充分。邵先生人非常和善，我们去香港时，他把我们当座上宾，以家宴接待我们。

去香港前，省领导与我们谈了话，定了调子。在与邵先生交流时，我们表示所说的话是算数的，是浙江省政府和相关领导的承诺。此外，我们还向邵先生详细介绍了浙江省的发展情况，邵先生听得十分认真，中间还不时向我们询问。

一开始，邵先生的意见就很明确，即要建设一家面向国际的现

人物简介

马寿根，浙江省政府原副秘书长。

代化医院。而国际化和现代化如何体现，那时我们还没有成熟的思路。回到杭州后，我们决定去美国参观考察。于是，我和郑树校长、吴金民院长组团去了一趟美国，参观了多家医院，深受启发，对医院如何布局心里有了一点谱。根据参观考察获得的启发，我们形成了一个方案并提交给了邵先生。

方案得到邵先生认可后，接着是协调解决医院的建设用地问题。当时，医院规划用地100亩，且用地与杭州市有关，由我出面与他们商量。杭州新建一家大医院，对杭州市民就医是大有好处的，因此杭州市政府很支持，表示可以在留下镇划拨一块地作为医院建设用地。但我们认为留下镇距离市区太远，交通也不发达，市民过去就医不是很方便，所以建议在城东，距离浙医一院和浙医二院近一点的地方选择一块地，这样也能获得两家大医院的资源支持。

之后，我陪着邵先生和方逸华小姐去城东选址，我们在庆春门外一户农户家楼上，发现现在医院所在这个地方十分适合。当时这个地方隶属江干区四季青镇，涉及该镇定海村和三叉村两村。当时我们看是郊区的一块菜地，认为有点偏，而邵先生确定就这个地方，虽然有点偏远荒凉，但拓展空间大，有利于医院未来发展。

在项目启动阶段，当地农户对土地征收持保留态度，认为他们一直以来是靠种菜卖菜维

▲ 1988年11月15日，邵逸夫先生亲切会见中美双方代表，美国罗马琳达大学医学中心副院长安德森先生（左三）向邵逸夫先生赠送伫立于其校园的雕塑模型。左一是时任浙江医科大学校长郑树教授，左二是罗马琳达大学医学中心戈登·韩得利博士，右一为时任浙江省政府副秘书长马寿根先生，右二为方则鹏先生，右三为方逸华小姐

◀ 1990年3月11日，邵逸夫医院开工典礼（灰色西装者为马寿根）

▶ 筹建初期，马寿根（灰色西装者）陪同时任浙江省省长沈祖伦（前面中间者）视察邵逸夫医院建设工地

持生计的，若土地被征用了，他们今后以何为生？于是相关部门挨家挨户做工作，一是土地征用有相应补偿；二是建医院对他们有利，以后家门口就有大医院，就医方便。最终，大多数农户表示配合支持。原计划征用土地100亩，实际征用80多亩。

项目沟通对接时，邵先生提出聘请美国医疗团队管理医院，一开始我们颇担心政策和体制，但省领导态度很鲜明，要求我们要有改革的思想、开放的胸襟，这是一个近距离向国外先进学习的机会，是求之不得的好事。

在项目初期，我们遇到了很多难题，郑树校长和吴金民院长经常找我商量，他们十分谦和，我们合作非常愉快，至今也很难忘。

支持"三高"医院，责无旁贷

人物简介

张承烈，主任中医师，教授，原浙江省卫生厅厅长、浙江省中医药学会会长，现任浙江省医学会名誉会长、浙江省老教授学会顾问、胡庆余堂名医馆名誉馆长。

一次观摩让我更加坚定支持邵逸夫医院发展的信念

（邵逸夫医院初创时期，您担任浙江省卫生厅厅长，您当时对新建这样一家医院有怎样的认识或者看法？）

我于 1993 年 3 月就任浙江省卫生厅厅长。说实话，我觉得肩上的担子真的是沉甸甸的。"医"食住行与百姓的生活密切相关，特别是"医"，居四大民生问题之首。而当时的一个社会热点问题就是看病难、看病贵。

省委领导把我放到这个岗位上，我就决心以时不我待的紧迫感去干事；以夙夜在公的责任感干成事。浙江省为东南沿海省份，得改革开放风气之先，经济发展十分迅速，人民生活水平也不断提高。但改革开放不只是经济的变化，还包括政治、文化、医疗等方方面面。开放的浙江，呼唤高水平的医疗。邵逸夫医院的出现，是时也运也。

开放，就是打开大门，学习引进世界先进技术，并调动海内外一切力量，为中国建设发展服务。受国内改革开放政策的影响，无数华人华侨纷纷在国内投资兴业，还有的直接给予无偿捐助。

香港邵逸夫先生在内地捐建了多个学校、图书馆和体育场馆，邵逸夫医院是他在内地捐建的最大的一个项目。

我刚当厅长时，邵逸夫医院的基建项目已基本完工。在我的意识里，我已经把邵逸夫医院列为自己的重要关注对象了。这家医院能不能得到发展，事关邵逸夫先生爱国爱乡的积极性能不能得到保护？这不是一件小事。支持邵逸夫医院的发展，说到底，体现对改革开放政策的理解和态度。

从我省的医疗发展要求看，邵逸夫医院的出现对传统医疗机构起到了"搅动一池春水"的作用。邵逸夫医院是改革开放的产物，是解放思想、打破传统观念的结果。"高层次、高规格、高科技"——医院的定位决定着医院的未来，这"三高"决定了邵逸夫医院的责任和使命，通过邵逸夫医院与国际接轨，引进更多的国际先进的医疗技术和管理经验，既是为我国百姓提供高质量的医疗服务，也是为浙江省医疗改革起到示范引领作用。在我眼里，邵逸夫医院是一块"试验田"，从政府管理层面讲，必须精心呵护。

1994年初，我带领浙江医学代表团到美国访问，这次访问让我更坚定了支持邵逸夫医院发展的信念，这家医院应当成为我们缩短与国际医疗间的差距、并在未来实现"铺轨—接轨"的一个重要抓手。这次访问，美国专家给我反复讲了"远程医疗"，我是中医出身，望、闻、问、

▲ 1995年4月28日，张承烈（中）与时任浙江医科大学校长郑树（左）、邵逸夫医院美方院长韩得利（右）一起参加邵逸夫医院开院一周年记者招待会

切是中医的基本功，需要医生与患者面对面才可以进行诊疗。在国内，西医问诊，望、触、叩、听也需要医生与患者面对面。然而，美国专家的现场演示让我大开眼界，患者在800千米以外，他们运用计算机、通信、医疗技术与设备，通过远距离传送数据、文字、语音和影像资料，实现专家与患者、专家与医务人员之间异地"面对面"地会诊。那天，因为我有太多的问题要向美国专家请教，导致中饭一再推迟，可我一点也不觉得饿。事后，美方还赠送我们一套远程医疗设备，我如获至宝。美国的这种先进的医疗技术，让我看到我们与他们的差距，同时也深刻感觉到支持邵逸夫医院发展的重要性和必要性，我们的医疗只有接轨国际、融入国际，才可扭转"落后"的局面。这也是邵逸夫医院要承担的使命。

事实上，邵逸夫医院在多年前就已经开展远程医疗，他们的远程医疗技术现在已经十分成熟。我了解到，邵逸夫医院在全国有许多家合作医院，他们运用5G医疗会诊为新疆等地患者诊治，使远程医疗成为一种常规手段，不仅是会诊，而且通过机器人在杭州为千里之外的患者施行手术。我觉得这很了不起，非常令人欣慰。

凡邵逸夫医院的事，没条件的，创造条件也要办

（众所周知，邵逸夫医院是一家非常独特的医院。正因为独特，所以在医院管理中，新的问题和矛盾可谓层出不穷甚至非常棘手，您是如何对待和解决这些问题的？）

对邵逸夫先生，我是很钦佩的，除他的爱国爱乡情怀外，还有他的眼光。他怀揣一颗慈善之心，在浙江省捐资建造这家医院，这是一件好事。但对邵老先生来讲，不是简单地拿出一笔钱的事——"好事要办好了才叫好事"。所以，在项目洽谈之初，他就提出医院建成后的前5年，要委托美国罗马琳达大学来管理，省里委派郑树校长、吴金民院长与美方共同组建医院领导班子。

邵逸夫先生的想法是充满智慧的，他委托美方医疗团队实施主管是有自己的考量的，就是从一开始就给这家医院植入国际先进的医疗理念，走国际化发展之路。这个高起点与我们的内心期望是相呼应的，因为我们也迫切希望向世界先进科技学习看齐。虽然复制一个同质化的医院会容易很多，但对我们来讲，更向往改变和创新。改革，就是改变，就是创新。

改变，注定是艰难的。改变是对原有理念、固有模式和传统习惯的挑战。因此，矛盾和纠纷无处不在。医院开张不久，社会上传闻不断，比如说"这是一家贵族医院，收费很高"等。

对此，省卫生厅没有给医院传导压力，我们相信医院，也相信社会上的误传终会被事实化解。比如收费高的问题，我们知道不可能存在，因为医院的收费标准是经过省卫生厅和省物价局核准的。后来，据不少在邵逸夫医院住过院的患者反映，医院对症下药不滥用药物、不过多检查，尽管医院刚开张时患者少，但医院"不压床"，只要患者达到出院要求，立即办理出院手续。这样算下来，费用非但不高，反而还要相对低一些。

当然，也有一些事情造成的社会反响比较大，有不少人甚至到省卫生厅告状，我们也不能"坐视不管"了。但我们的管法不是给医院施压，而是给医院解压。当时影响最大的一件事就是邵逸夫医院取消门诊输液。院方认为，这是符合国际医疗法则的，门诊输液会导致抗菌药物滥用，弊大于利。患者如果要输液，说明病情比较重，需要住院治疗。邵逸夫医院的原则是能通过口服药物解决的病痛，不作"肌注"；能通过"肌注"解决的病痛不"静脉输液"。邵逸夫医院取消门诊输液的做法是有科学道理的。但在当时，不理解者甚众，一些告状信的言辞甚至非常尖锐。

我当时的想法是，百姓不理解医院，但我们可以理解百姓。一遇头疼脑热就到医院挂盐水，只要盐水挂上了，心里就踏实了，毛病就会好了，这是我们的惯有认识。现在邵逸夫医院不按常理出牌，做出了改变，不为人们所接受也是正常的。我想，作为医疗卫生行政主管部门，我们这时应该站出来为邵逸夫医院做好解释工作，回应社会的关切。为此，我和原浙江医科大学校长郑树、浙医二院吴金民院长、邵逸夫医院美方院长韩得利一次次地召开新闻发布会，通过新闻媒体解释门诊不输液的科学道理，风波最终得以平息。后来，邵逸夫医院门诊不输液的做法不但为越来越多的患者所接受，而且在省内多家医院得到了推广。这正是我所乐见的。没有改变，就没有发展。当时，我就抱有这样的想法，鼓励邵逸夫医院大胆去闯、去尝试。改革是"出路"，不改革是"老路"，但一定要走出"新路"。我就是想通过邵逸夫医院这种"标新立异"的做法，依靠邵逸夫先生、美方医院管理团队、郑校长、吴院长和全院医护人员来激活浙江医疗改革。

我当时任省卫生厅厅长，凡邵逸夫医院需要办的事情，我也是大力支持的：能办的，立马办；没条件的，创造条件也要办。我认为，领导是要有所担当的。比如医院开张前，国外的医护人员能不能在中国执业（检查、治疗、手术）就是个问题。显然，他们要取得"所在国"的执业资格，这是国际通行的医疗法则。没有"所在国"的执业资格证，不管你是多么重量级的专家，在别的国家都不能给患者看病。当时，邵逸夫医院有一大批国外医护人员，而且还是流动的，能不能批准他们在中国执业？手续如何办？流程怎么走？而这些在当时都无章可循、无据可查。然而，无章、无据不等于不可行。医疗改革，走的就是前人未曾走过的路。

我于是顶着压力，由我签字，给这些外方医护人员全部办理了在浙江的医疗执业资格证。

我们会永远感谢那些把先进技术、先进仪器、先进管理及科学理念带到中国的国外医护人员。他们是现代的"白求恩"，他们是可敬的。他们中有许多人放弃了国外优越的生活条件来帮助我们。后来，在我的力主下，邵逸夫医院专门建造了一个外国专家楼，尽量让外国专家在中国工作、生活愉快，缩小与在本国时的差距……

感谢他们，更要努力呵护他们。"医学没有国界"，优秀的医学成果应该为人类所"共有共享"。这也是今天我们中国医疗发展所追求的目标。

先进的理念与值得传承的"老院长精神"

（在中国的土地上推行西方医院的管理模式，您觉得这种新颖的合作机制给我们带来了哪些益处？）

如今的邵逸夫医院声名远播，业绩斐然，这首先得感谢郑树校长和吴金民院长，因为有他们的努力和付出，也让邵逸夫先生的一颗慈心在杭州落地生根、开花结果。

再者，应该感谢美国罗马琳达大学，他们不仅选派了大批医护人员来邵逸夫医院工作，为浙江乃至全国民众治病，而且还组织了大批中方医护人员到国外学习和培训，他们经过学习培训后再回国上岗。这也在很大程度上提升了全院人员的业务素质、服务理念和英语水平。

我很佩服首任中方院长吴金民，他事业心强、业务技术精、英语水平高；后来的何超院长、蔡秀军院长，还有历任党委书记等领导班子成员，都非常尽心。因为邵逸夫医院推行国外先进的医疗模式，所以很多理念对浙江省卫生事业的发展有很大的推动作用。如住院周转加快就与他们的医疗技术和护理质量有关，比如腹部手术不开膛破肚而是用腹腔镜做，患者第一天手术，第二天就可以下床了，第三天就可以出院了。不仅患者痛苦减轻，而且医疗花费也减少，邵逸夫医院逐渐成为老百姓放心的医院。

国外先进的模式也体现在管理上。邵逸夫医院门诊、病房、手术室医生、护士穿戴的花衣服、花帽子，看上去很"另类"，但在设计上颇具匠心，衣服上那一朵朵康乃馨，舒缓了患者的紧张心情，也拉近了医患关系。

邵逸夫医院许多理念，对当时的我们来说，有启迪作用。先进理念的落脚点重在人文关怀上。医院的人文关怀是对患者的一种尊重。过去，我们传统医院打针、发药、检查都只是叫"几床几号"，而不叫患者的名字。但邵逸夫医院不一样，他不叫"几床几号"，而是叫名字，很有亲切感。后来，我们所有的医院都向邵逸夫医院学习，也开始称呼患者的名字，这就是尊重患者的体现。

让邵逸夫医院先进理念得以推广，使更多的医疗单位受益，是我不遗余力支持邵逸夫医院发展的目的所在。我非常肯定邵逸夫医院的生命支持体系的建立，要求全省医院借鉴学习。我本人也参加学习。我在胡庆余堂名医馆坐诊，也对全体医护员工进行了这方面的培训。一次下班途中，我突遇一位心搏呼吸骤停倒地的老人，我立即扔下手中的包，跪下对这位老人进行心脏按压，与四位护士、两位针灸医生一起为濒死的老人做心肺复苏直至他恢复呼吸、心跳，并把他送上120救护车。3天后，我派唐丽护士长到省中医院随访。老人一周后康复出院。

与邵逸夫医院交往越多，感触越大，感动越深。特别是美方院长韩得利，有几件小事令我印象非常深刻。这几件小事，有的是我暗自观察到的，有的是我听来的，也几乎是邵医人人皆知的事。韩得利院长是一位病理学专家，他有院长办公室，但他经常不"坐着办公"，而是"走着办公"。第一件小事是，个别患者卫生习惯不好，随意吐痰，但痰液中有很多病菌。每天关注着医院院内感染的韩得利，一发现痰迹就马上蹲下身先用纸巾擦干净，后洒上消毒水再擦一遍，非常细致认真，这是我亲眼所见的。第二件小事是，在邵逸夫医院，韩得利院长经常被人误以为是一名认真负责的保洁员。韩得利发现后勤人员打开水后经过病房通道时，开水瓶底会有水滴下来，他担心地面有水易导致患者滑倒，于是，后勤人员提着开水瓶在前面走，他就跟在后面一路擦。院长的认真精神，促使病房人员管理更精细化，更加重视一些细节。病房集中打开水时，就把一只只开水瓶放在推车上，用车子推。拎一两只开水瓶打开水时，则在开水瓶上套一只塑料袋，从此就不再有滴水问题了。第三件小事是，每逢寒冬和炎夏，邵逸夫医院开启中央空调保暖和降调酷热，老院长都会逐层检查窗户并关上敞开的窗户，他用不十分流利的中国话说："这样太浪费了，要节约能源！"

这听上去确实是几件小事，但值得邵医人永远记取。说是小事，实为大事。因为这些小事的本质就是以人为本，就是倡导邵逸夫医院每名医务人员、后勤服务人员忠实践行"以患者为中心"的管理理念。正是这些小事，构成了邵医人的精神谱系——"给您真诚、信心和爱"。邵逸夫医院走过30年了，这几件小事我记忆犹新，相信一代又一代邵医人更不会忘记，其中所蕴藏的精神永远值得每位邵医人学习和传承效仿。

原本我也有到邵逸夫医院当医生的机会

（您是著名的中医专家，您对邵逸夫医院的全力支持是否会让人觉得您对浙江医学的发展更偏重于西医？在实践中，您是如何平衡中西医关系的？）

中医学和西医学基于不同的理论与思维模式，它们各自有自己独特的理论体系和治疗方法。这两种医学方式对人类健康都有着不可替代的作用，但可相互借鉴、相辅相成。并且在某些情况下还可以结合使用，达到更好的治疗效果。我是中医出身，怎么看待中西医问题，这是一篇大文章，我这里不作赘述。

对中医这个职业，我是充满热爱的。从厅长位置上退下来 20 余年，我一直工作在中医诊疗第一线。但我从来不排斥西医，对待中西医也从未有过厚此薄彼。因为从我内心来讲，中西医真的同样重要，没有你好我坏、你先我后。中西医对立是人为的、愚昧的、无益的。

然而，令人欣慰的是，按国际模式管理的邵逸夫医院也非常重视中医学科的构建，不仅在建院之初就设立中医科，而且对其定位不是"辅助"和"补充"，而是着力要"做大做强"。而"做大做强"的关键是人才，特别是领军人物。这里有一个小插曲，1998 年我从厅长位置上退下后，因为我是主任中医师，所以可以到医疗机构工作。吴金民院长找到我，十分诚恳地邀请我到邵逸夫医院工作，让我负责中医、中药，包括推拿、针灸、康复在内，建立一个完整的中医大科。我经反复考虑，最终婉言谢绝了吴院长的一片好意。我知道，邵逸夫医院医护人员的英语水平都非常高，交接班用英文，病历书写也用英文。我初中学的是英语，高中学的是俄语，大学学的是日语，初中学的一点英语早就遗忘了，我觉得到邵逸夫医院工作确有困难，所以选择了诚谢和婉拒。

卫生厅厅长是我的行政职务，职责也主要体现在行政管理和医疗技术上。但遇到一些与业务相关的问题时，邵逸夫医院对我这个老中医的建议还是很尊重的。建立独立的 ICU 病房是我最早向全省医疗单位提出的，因为进入 ICU 的患者都是危重的，多个患者在一个房间内难以控制交叉感染。最好有单间或者隔膜——我的这个建议提出后，邵逸夫医院就率先在全省创造条件——进行建立单人 ICU 抢救室的一些准备工作等。

尊重是相互的。1994 年，省卫生厅在全省开展医疗质量大检查，我是带队到邵逸夫医院检查的组长。我是中医专家，我觉得仅凭我的能力水平是不够的，完全让一名中医专家对西医的医疗质量"评头论足"是对院方的不尊重、对西医的不尊重。基于这样的考虑，我邀请了省内两位非常有名的西医专家，一个内科，一个外科。邵逸夫医院对他们很尊重，虚心接受他们的意见和建议，对指出的问题切切实实予以整改，过程非常愉快。

邵逸夫医院能干事，执行力强，我对他们自然就多了一份信任和信心，也想着给他们压担子。邵逸夫医院的腹腔镜手术是医院的金名片，建院之初就开展了，技术非常成熟，在全国有名。但当时我想，作为一家综合性医院，技术发展必须是全面性的，"一招鲜，吃遍天"是难以为继的。1996年，我请他们把肝脏、心脏和心肺联合移植手术开展起来；并且，我给浙江省人民医院、浙医一院、浙医二院等都"分配"了任务。我告诉他们："我的厅长任期快到了，你们把这个移植手术搞成了，我就可以安心离开卫生厅，到省政协报到去了。"后来，我在省政协工作了7年，67岁退休。在我离开卫生系统后，我省三甲医院和市、县、乡镇卫生院都有了更好、更快的发展，令我十分欣慰。

与邵逸夫医院的感情简单、纯粹、美好

（在人类历史长河中，30年弹指一挥间。对一家医院来说，30年的历史确实不算长，然而邵逸夫医院在有限的"长度"里，赢得了骄人的"厚度"，除建院之初就形成的最大特色——国际化外，您最欣赏的是哪一点？）

无论什么时候，只要有人给我提及邵逸夫医院，我都会说我对邵逸夫医院有感情。这份感情不仅因为我在它的建设发展过程中做过一些工作（严格地讲，这也是我职责范围内的事），而且因为邵逸夫医院本身就是注重感情的。"给您真诚、信心和爱"的服务理念就建立在"人情味"的基础上。

我离开岗位已有20多年了，我觉得邵逸夫医院一直没有忘记我，院庆他们会请我到会，新员工入职他们会请我给年轻医师、护士、员工讲课……而我对邵逸夫医院也从不"见外"，有什么事经常会想到邵逸夫医院，当然这些事都不是我的私事，也都是好事。我当了21年浙江慈善总会副会长，扶贫医疗是我负责牵头开展的一项工作。为此，我每年都要组织专家走进深山、踏上海岛开展义诊活动。这种义诊，每次都少不了邵逸夫医院的专家，而且被我"点到"的专家没有一个不去的，这是他们对我一个86岁的老中医的尊重，这种感情是任何物质代替不了的。

我曾经为一位来自闲林埠农村的患者看诊，因病重、诊断不能明确，我推荐他去邵逸夫医院。经检查，病情确实危重，接诊医生立即安排他住进ICU。因为这位患者找我看诊过，我心里就有一份牵挂，邵逸夫医院ICU主任也经常给我汇报这名患者的情况。对一位普通患

▲ 2023 年 8 月 2 日，邵逸夫医院新员工培训，张承烈特意赠予医院一幅亲笔题写的书法作品，祝贺邵逸夫医院即将迎来的建院 30 周年庆

者他们都如此认真，这让我感动不已。

对患者，邵逸夫医院每个医护人员都是有感情的，从上至下，一以贯之。2022 年新冠疫情期间，省内一位 80 多岁的医学专家，也是一位老院长、我省妇产科的"一把刀"，新冠病毒感染后住进了邵逸夫医院，但其病情严重，血氧饱和度很低，情绪也很低落。我知道后，试着给蔡秀军院长打了电话。因为我知道，疫情期间，一家大医院的院长担子有多重，工作有多忙。一通电话，蔡院长就告诉我他在昆明机场，准备回杭州。听了我的情况通报后，蔡院长说了 6 个字："我负责，您放心。"那天，他一下飞机就乘车直接赶到这位老专家的病床边，立马组织会诊和救治工作，使这位医学老专家治愈出院了，并重新活跃在我省乃至全国学术讲台上。我很钦佩蔡秀军院长的医德和为人，视患者为"天"，切实履行救死扶伤的神圣职责。

对蔡秀军院长，这里我还想多说几句，他的整个形象就是一名外科大夫，一位医院的管理者。虽然他身居高位，但是他非常务实，没有一点架子，很接地气。蔡秀军院长既是从政者、从医者，又是从师者，培养了很多优秀的博士。从这一点来讲，他给我留下了非常深刻的印象。

我当了 6 年省卫生厅厅长，没有在邵逸夫医院吃过一餐饭，到医院谈的全是工作，而邵逸夫医院也从未向省卫生厅要过一分钱，我与邵逸夫医院的感情简单、纯粹、美好。

锚定一流竞风流

（邵逸夫医院初建设时，您担任浙江医科大学的党委书记，您对邵逸夫医院基建项目非常关注，说明医大对该项目极为重视，您可以回顾一下当时的情况吗？）

我曾是华东野战军的一名卫生兵，经历过炮火硝烟的洗礼。1949年5月3日杭州解放，我于5月7日随后续部队到达杭州。

1958年，我考入浙江医科大学。1963年，毕业后留在了浙医二院工作。1985年，我调至温州，任温州医学院院长、党委书记。1988年，我又从温州调至省卫生厅，任正厅级副厅长。1991—1996年，我任浙江医科大学党委书记，与郑树校长搭班子。

当时，邵逸夫医院基建项目是郑树校长在全力推动的，作为校党委书记，我全力支持和配合她的工作。1992年，郑树校长跟我讲，邵逸夫医院基建项目到了关键时刻，此前坎坎坷坷不少，希望我多兼顾和关心这个项目。我知道这个项目对省里和医大都很重要，我毫不犹豫地答应了。自此，我便与邵逸夫医院结下了特殊的缘分。虽然只有短短两年时间，但能亲自参与这一具有国际影响力的现代化医院的建设，我深感荣幸，也为之骄傲。

30年，人类历史长河中的短短一瞬，但对邵逸夫医院来说，走

人物简介

吕世亭，主任医师，教授，擅长颅脑肿瘤、颅脑损伤、脑血管疾病、神经功能性疾病、脊髓压迫症和周围神经有关疾病等诊治。原浙江医科大学党委书记、邵逸夫医院基建项目负责人。

▲　1989年10月31日，吕世亭（左二）参加邵逸夫医院奠基典礼（左一为时任浙江省顾问委员会副主任刘亦夫，左四为时任浙江省省长沈祖伦）

出了一路精彩，成为人才积聚的高地、技术创新的高地、全面走向国际化的高地……如今，在移动互联时代，邵逸夫医院的数字化、智慧化医院建设也走在了全国前列。"邵医模式"已经受到业内广泛关注，成为学习研究的对象。邵逸夫医院的发展速度之快，在国内也是个典范。

回过头来看，当年我们要办这样一家医院，决策是正确的。浙江医科大学争取到这个项目，首先，对医大的发展很重要，医大办学必须有强大的附属医院支撑；其次，这个项目是改革开放的成果，自然也就成为展示浙江省对外开放的一个重要窗口；但归根结底，最终是为了让人民群众享受到更好的医疗服务。

到邵逸夫医院，我除负责基建工作外，还有一项重要任务是人才储备。对于医院的建设，浙江省政府、医大和邵逸夫先生都提出了很高的要求。特别是邵先生提出了"三个一流"——技术一流、服务一流、管理一流。为确保工程质量，我每天都要到工地上查看，发现问题，解决问题，并且充分尊重捐资方的修改意见。其中，有两件事令我印象深刻。一是美方院长方则鹏向邵逸夫先生报告说项目中有些地方的天花板用了石棉瓦，石棉瓦粉尘对人体有害。邵先生则马上派方逸华小姐来调查，我们根据方女士要求，对石棉瓦作了更换处理。还有一个是美方管理团队提出的，病房窗户不能太多，窗户多了，影响空气净化。对于这个建议，我们也采纳了。

即便是现在，我也始终关注着邵逸夫医院的发展，因为我觉得我与它之间有割不断的"血缘"关系。医院开始也有一些做法引发社会争议，比如取消门诊输液、病房不加床等，但我对此是感到欣喜的，因为我看到了他们领先国内医院的先进理念，看到了他们的与众不同，创造"一流"大有希望。

沧海横流方显英雄本色。30年，邵逸夫医院坚持一流，不负一流，是中国医院改革发展的"英雄"，我为它点赞！

▲ 1990年3月11日，邵逸夫医院开工典礼

▲ 1995年11月8日，时任浙江省委书记李泽民（左六）到邵逸夫医院视察（左五为吕世亭）

回黄转绿，又透春消息

人物简介

郑尧天、金枫天，香港文汇报文汇贸易服务有限公司原副总经理。

用行动赢得信任

（邵逸夫医院这个项目能落户浙江，你们兄弟俩从中发挥了重要作用，特别在一些关键节点，据说这与你们同邵逸夫先生有深厚的私交有关。请问你们这种私人交情是如何建立起来的？）

郑尧天：邵逸夫医院这个项目，我和我弟弟金枫天是积极推动者，基于两个原因：一是我们是杭州人，希望为家乡做点事；二是我们与邵逸夫先生私人交情不错，也有能力推动这个事。这里我先讲一下，我与邵先生的私人关系是如何形成的。

我于1980年初来到香港，担任香港文汇报文汇贸易服务有限公司副总经理。媒体人本身就是社会活动家，我这个身份认识邵先生不难。平时在一些公开活动上，我经常见到邵先生，而他每年年底也会宴请我们这些媒体人，但这时候我和邵先生还只能算熟悉。得到邵先生的认可并成为朋友，主要缘于一件事。

大概是1984年，新华社香港分社的副社长李储文告诉《大公报》副总编陈彬和我，说邵先生计划出资1000万港币，在内地捐建一个项目，想听听媒体的意见，投在什么地方比较好。我马上表态，说这个事我可以去联系。我知道邵先生一直热衷于教育、科技和文化的发展，当即与浙江大学常务副校长胡建雄联系，希望他能拿出一个方案。一周后，两位副校长、三位设计师带着科技馆设计图到香港拜会邵先生，给他看了设计图，并对设计理念一一作了解读。邵先生非常高兴，称赞浙江大学的办事效率高，对浙江大学的认真态度表示肯定。

▲ 1989年10月，香港文汇报文汇贸易服务有限公司原副总经理金枫天（右一）带着邵逸夫先生的建设邵逸夫医院的文件从香港飞到杭州，时任浙江省政府副秘书长马寿根（中）到笕桥机场接机

这次会面，对邵先生来说，创下了三个第一：第一次在内地捐建项目；第一次接受内地机构的宴请（这次宴请由《文汇报》安排，参加人员有邵逸夫先生和浙江大学来人等）；第一次同意《文汇报》对他的捐助行为进行公开报道。在促成邵先生捐建浙江大学科技馆的同时，也促进了我与他的私人关系。他认为我办事踏实、可靠。

浙江大学科技馆项目是邵先生在内地开展捐赠的一个良好开端。第二年，他与原国家教育委员会达成长期捐赠协议，每年捐赠1亿港币支持内地教育事业。同时，浙江大学与邵先生也一直保持着亲密联系，浙江大学领导经常带一些家乡的茶叶、丝绸和大闸蟹去香港看望邵先生。在科技馆项目落成后，邵先生又捐建了浙江大学体育馆。

把差点断了的线连上了

（邵逸夫医院项目在洽谈阶段曾出现"卡顿"，您知道是什么原因吗？这个差点黄了的项目又是如何被捞回来的？）

金枫天：邵逸夫先生是香港著名的实业家，也是一位慈善家。1987年，他想在内地捐建一家医院。此前，他捐助的项目主要集中在教育、科技和城市基础建设领域，而捐建医院更

▲ 2014 年 4 月 30 日，邵逸夫医院建院 20 周年庆典上，郑尧天（右一）等嘉宾接受"特别贡献奖"颁奖

能体现慈善的本质。

刚开始，邵先生想将这家医院放在北京，认为北京是首都，辐射面会更广。于是，我和新华社香港分社副社长张浚生等一起做他的工作。张浚生也是从浙江调到香港工作的。我们告诉邵先生，北京大医院已经很多，优质医疗资源很集中，相比之下，浙江更需要医疗资源。同时，原浙江医科大学校长郑树等为此也积极争取。

邵先生真心实意想在内地捐建一所医院，而时任浙江省省长沈祖伦十分期望项目能落户杭州，所以前期沟通总体比较顺畅。但不为人知的是，这个项目中途出现卡顿，也可以说差点黄了。

1988 年的一个周五下午 5 点多，我哥哥郑尧天突然接到郑树校长的电话，说邵先生很气愤，表示不愿意捐这个项目了，因为省里个别人提出医院建成后，如出现亏损，要捐建方负责。邵先生说医院是我无偿捐给浙江的，不赚一分钱，怎么亏损还得他承担，他认为太不可思议了。非常气愤，甚至拒听省长、浙江驻香港富春公司董事长和她的电话。郑校长急坏了，浙江方面已落实好医院建设用地，且成立了筹建工作组，人员全部到位，就等着签订合同，项目即可动工。

郑尧天：我得知这一情况后安慰郑校长不要着急，我答应马上去做邵先生的工作。半小时后，邵先生答应会见浙江方面的代表。

星期一的上午，郑树校长、吴金民院长带着沈祖伦省长的亲笔信和邵先生见面，阐明了浙江省政府的态度，10 分钟，邵先生就拍板同意捐赠，项目终于起死回生！

金枫天：一天，我正和《大公报》副总编陈彬在世贸中心喝咖啡，邵先生正好走过来，然后和我们谈了一下午。我希望双方早日签订合同，医院早一天建成，百姓就能早一天受益，并说浙江方面很重视，建院地块已经实现"三通一平"（通电、通路、通水，土地平整）。邵先生一听，马上说，你明天到我办公室取合同。第二天，我从邵先生办公室拿上他签了字的合同直奔机场，飞往杭州。当时在杭州笕桥机场接机的是浙江省政府时任副秘书长马寿根。

我把这份凝聚很多心血，也包含很多人希望的合同郑重地交到马寿根副秘书长手上，不禁长舒了一口气，千钧重担终于落下了

浙江省政府签订合同后，当天下午我立即赶回香港，把合同交给邵先生。邵先生非常爽快，立即将首批资金 7000 万港币取出，并表示必须存入中美双方合开的银行账号。美国罗马琳达大学受邵先生委托，全权管理医院，所以这笔款必须由中美双方共同管理。恰好罗马琳达大学医学中心副院长安德森先生在香港，于是我通知郑树校长尽快来港开设账户。浙江方面动作很快，马上安排他们来香港。于是，我陪他们去中国银行开户，结果中国银行的经理询问 7000 万港币的来源，我们回复是邵逸夫先生捐给浙江建造医院的，他说你们不能开设账号，两个人都不行。于是，我对郑树校长说："既然中国银行不让开户，那我们去华侨商行开户。"之后华侨商行很快就给我们开好账户。后来，中国银行方面得悉此事，将我们诉诸张浚生处，我详细解释了事件的缘起及经过。张浚生说后来回复中国银行，这个事情合情、合理，没有不合法的地方。

▲ 邵逸夫医院筹建处制作的邵逸夫医院模型，被送往香港给邵先生

1989 年 10 月 31 日，我们陪邵逸夫先生的代表方逸华小姐、香港中文大学校长马临（担任邵氏基金会主席）到杭州参加邵逸夫医院的开工奠基典礼。之后，我就不再过问这个项目了。

后来有一件事情，我印象比较深刻。浙江方面根据设计图制作了一个医院模型，想送到邵先生家。这个模型又大又沉，我便到深圳罗湖桥接他们，我和吴金民院长一起抬着模型过罗湖口岸。在邵先生家，他指着模型上的"邵逸夫第一医院"对我说，他还想捐建第二家医院。我说你捐就好，现在这家医院叫邵逸夫医院，如果再捐一家，叫邵逸夫第二医院也是可以的。邵先生十分高兴，说好，就听我的。邵先生是一位好人，他有着一颗慈善之心。

说实话，我和我哥郑尧天是 20 世纪 80 年代初到香港的，对家乡怀有深厚的感情，我们为浙港交流做了很多事情，也都是自愿的。如为了邵逸夫医院这个项目，我在香港、杭州间往返多次，机票钱都是自己出的。我自己是杭州人，能为自己的家乡做一些事，值得！

遨游于梦中的那片海

人物简介

游向东，原浙江医科大学校长秘书，参与邵逸夫医院早期筹建，曾任浙大二院办公室主任、心脏中心副主任、副院长。现为浙商创投股份有限公司总裁、浙商总会大健康委员会执行主席。

（大学毕业后，您留校担任校长秘书，这意味着有更多的发展机会。而将您派到邵逸夫医院筹建处办公室工作，您认为这是不是一次好的机会？）

2024年1月7日，我应邀参加邵逸夫医院在庆春院区举行的纪念邵逸夫先生逝世十周年追思会。蔡秀军院长给我们报告了一个好消息，即邵逸夫医院在2022年度全国三级公立医院绩效考核中表现不俗，在全国2112家三级公立医院中位列第9名，创历史最好成绩，连续5年进入A++序列。20世纪80年代，香港知名实业家邵逸夫爵士向浙江省政府捐资，希望建造一所技术一流、设备一流、管理一流、服务一流的现代化、国际化的医院，并能进入全国十大医院行列。2006年，邵逸夫医院成为中国大陆首家通过国际医院评审（JCI）的公立医院。如今，又如邵逸夫先生所愿，邵逸夫医院进入全国三级公立医院前十。我想，这一骄人业绩的取得，是对邵逸夫先生的最好纪念。

同时，邵逸夫医院的发展也令我倍感自豪。我虽不是邵医人，但胜似邵医人。

人生之路，邵医起步。1987年6月，我从浙江医科大学毕业，留校担任郑树校长的秘书，负责校长的行政事务，协助校长做一些教学、外事方面的辅助工作，及处理公文、信件。

但担任校长秘书的时间不长，我的工作重心就转移到了邵逸夫医院的筹建项目。当时我是筹建办第一个到岗的人，后来作为邵逸夫医院筹建办公室负责人参与早期筹建。说实话，开始我有点无所适从，一个从未离开过校园的人，面对校外一个完全陌生的领域，没有相应的经历和经验，凭什么开展项目筹建工作？

郑树校长看出了我的犹豫和顾虑。她说，做这么大一个项目，她和学校都没有经验，但路是人走出来的。郑树校长

▲ 2024年1月7日，游向东参加邵逸夫医院组织的邵逸夫先生追思会

的一番话，让我充满了信心，她是一位引路人，也是影响我一生的导师。

导师的影响，不仅是言教，更是身传。我个人认为，没有郑树校长的坚持，就没有今天的邵逸夫医院。

为了这家医院，她用心良苦。到香港拜会邵逸夫先生时，她的行囊里既有省长写给邵先生的亲笔信，还有她的"自选动作"——六个奉化大芋头，因为她知道邵先生是有家乡情结的。

为了这家医院，她日夜不休。因为医院的管理方是美国罗马琳达大学，鉴于时差关系，许多事情的沟通她是在晚上进行的。在我的印象中，她就像一颗不停旋转的陀螺，不知何为疲倦。每次她出国回来，我去上海机场接她前，她都会要求我带上她不在杭期间的公文、信件，有厚厚的一大叠，坐在车上边看边批示。即使在晚上回杭，她也要先回办公室，为了与美方打电话联系。

为了这家医院，她不遗余力。从学校和附属医院抽调大批骨干力量投身于邵逸夫医院的建设和发展，鼓励浙医大毕业生到邵逸夫医院建功立业。她办事风风火火，走路大步流星，我在她身后往往一路小跑方能跟得上。

为了这所医院，她牵肠挂肚。项目不顺时，她有过愁眉不展；而当拿到第一笔捐赠款时，她又像个孩子似的喜笑颜开，就像一首歌所唱的"幸福着你的幸福，快乐着你的快乐"。可

以说，邵逸夫医院是郑树校长生命中重要的组成部分。

我和团队自觉对标郑树校长，为邵逸夫医院的建设倾心倾力。筹建办的工作量非常大，每天都要面对一大堆困难和矛盾。邵逸夫医院这个项目比较特殊，是项目在前、审批在后的。1989 年 10 月初，我们接到指令，要在 1989 年 10 月 31 日举行邵逸夫医院奠基仪式，而此时土地征用手续还没有办理下来。无奈之下，我们只有向杭州市江干区四季青镇定海村先借了一块地。当时这是一块菜地，上面还有猪圈和粪坑。为了这个奠基典礼，我们组成一个临时班子，从学校和浙医二院抽调了部分人员参加。临时办公地点设在浙医大，我们在现场制定工作计划倒排表，分解推进各项工作，每天早会布置任务，晚上碰头汇总情况。我记得总的时间不到 20 天。

除场地平整、道路铺设、主席台搭建等大项外，还有无数琐碎之事，不胜枚举，对于我这个行业白丁来说，这些都是考验。因为奠基仪式有国家领导人、外宾参加，既要体现庄重、热烈，又要确保安全。在奠基仪式上，要有锣鼓队、腰鼓队，还要放飞和平鸽与气球。在当时情景下，这些都不是小事，我们不敢有丝毫马虎。为了和平鸽，我们跑了好几趟吴山路花鸟市场，因为要几百只，一个商家没这么多鸽子，我们就把几个商家凑在一起，不仅要谈租用价格的统一，而且还要检验不同商家的鸽子能否和谐共处，一起起飞？新的课题太多了，比如奠基的石头，城里没有，应该去哪里找？邵逸夫先生的题词何时能收到？找谁来刻字？谁又刻得最好？类似的事情每天都在发生，每天都要解决。

31 日，事先未经彩排和预演的奠基仪式进行得非常顺利，达到了庄重、热烈、安全的预期目标，得到了参会各方的好评，这也让我们久久悬着的心终于放下了。

郑树校长是我的引路人，我很感谢她，是她给了我一个全面锻炼和提升自我的机会。从她身上学到、悟到的，是一生都用不完的财富。她为邵逸夫医院所做的一切，相信邵医人是永远不会忘记的。

（邵逸夫医院的背景很特殊，若没有各方的支持和帮助，筹建工作是不是很难开展？）

邵逸夫医院是项目在前、审批在后，就如先上车后补票，所以背景很特殊。但我们的筹建工作相对顺利，这需要感谢省、市、区、村对我们的大力支持。浙江省政府将这一项目列为省重点工程，也是沈祖伦省长亲自抓的"省长工程"。杭州市亦十分重视，分管副市长为此多次召开协调会。有一次会议，有 20 多个部门负责人参加，要求他们带上公章，现场办公。我们也专门委派一位姓叶的同志，每天到规划局等部门跟进审批进展。原本审批需要半年，结果一个月就走完流程了。

建院用地涉及杭州市江干区四季青镇定海村和三叉村（现杭州市上城区四季青街道定海社区和三叉社区），尽管时间紧、任务重，但村民们都十分配合，他们认为建造医院是造福千家万户的大好事，特别是村干部们起到了很好的带头作用。有些还成了我的好朋友，直至今天仍保持着联系，我一如既往地为他们寻医问药，提供咨询和帮助，纯洁的友谊绵绵长长。

筹建时期难处不少，但相比之下，我们获得的支持更多。开始时筹建办没有专门的办公地点，后来是浙医二院将院长办公楼腾出一层，专门提供给筹建办用于办公。当然，浙医二院对邵逸夫医院的贡献也远不止于此，邵医人永远铭记于心。

（邵逸夫医院先进的理念在医院的设计和建造过程中就不断显现出来，您能具体说明一下吗？）

在完成立项、审批、征地等各项工作的同时，筹建办早期的重点任务就是设计和建造。建造一家什么样的医院？现代化、国际化如何呈现？浙江省政府把这项任务交给了浙江省建筑设计研究院，风格和布局则由浙江医科大学和邵逸夫医院决定。为此，郑树校长带领一批相关人员到美国参观学习，吴金民院长带领另一批相关人员到国内各大医院参观学习。在参观学习的基础上，最终设计了三个模型，并送到香港供邵逸夫先生选择，邵先生选择了一号模型，就是今天邵逸夫医院1号楼的雏形。

针对一号模型，邵逸夫先生提出了修改意见。原本急诊和门诊在大门进口的同一个立面上，急诊有很多危重患者和创伤性患者，频繁进出的救护车，以及搬运患者（尤其是外伤患者），可能影响同在一侧门诊进出的患者、家属以及医院工作人员，因此我们将急诊调整到1号楼后面，与门诊不在同一个立面上；医院经常要面对死亡，重要的是尊重逝者，遗体送往太平间时不要暴露在人群面前，因此我们又调整设计，使电梯直接到达地下室，地下室到太平间的通道全封闭……

门诊大厅设置有中庭，把自然光线引入大厅，让患者感受到温暖和希望；一人一诊间，尊重患者的隐私……这些人性化的设计，奠定了邵逸夫医院"给您真诚、信心和爱"的服务理念。这些理念，直至今天仍具有先进性。

邵先生不仅捐资建造医院，更关键的是，他还引入了当时国际上先进的管理模式和医疗技术，这体现出他的远见卓识，我敬佩他深谋远虑。

然而，中外文化背景各异，经济基础不同，我们在接受国外新理念的同时，又要权衡项

▲ 1989年，勘察人员在进行测量，这是邵逸夫医院奠基之前的空地，在这片"希望的田野"上，游向东和筹建小组同事一次次在这里踩点、丈量

▲ 1989年10月31日，邵逸夫医院奠基典礼现场

目的经费和国内的相关规定，其中的不易可想而知。从医院的设计和建造，到之后的流程管理、安全管理、医疗质量管理，以及医生、护士、患者的管理等，医院系统共有近上千项制度。整个过程中，美国管理方与我们不断地讨论，甚至可能不断地"争吵"。

当初仅仅是医院走廊的宽度，双方都要进行长时间的协商。对于外方提出的走廊宽度，我们很难实现，因为我们需要控制成本；同时，我们参观了国内许多医院，很少有医院设计这么宽的走廊。但外方说，必须考虑到两张床位相向而行的情况，并且床旁边还会有附带设备和医护人员，所以走廊必须保证足够的空间，抢救患者争分夺秒，不容许有"路堵"。

"争吵"的结果是理念的趋同，也是价值观的提升，同时也植入了国际化、人性化的邵医基因。

（您在年富力强，事业处于高峰时，突然转战医疗产业投资，勇气从何而来？未来会与邵逸夫医院建立怎样的关系？）

1990年，我结束邵医筹建办的工作，回到浙医二院从事临床医疗工作，并在13年内从住院医师升任主任医师。自2006年开始，医疗业务与医院管理"双肩挑"。

2016年，我告别医院，正式步入医疗投资行业，陆续担任浙商创投股份有限公司执行总裁、总裁。这次"跨界"让我又一次踏上了创业的道路。

过去，作为一名医生，我能为一部分患者解决一部分问题；而作为一个管理者，我尝试用组织的力量服务更多的患者；现在，作为一个医疗产业的投资者，我想以医疗服务为轴心，联动生物医药、智能装备、创新支付、互联网＋等，在成果转化与产业发展上进行开拓，扩大医疗服务的广度和深度。

那么，我为什么会有这样的胆气？我想这与邵逸夫医院筹建的工作经历和磨炼是分不开的。那个地方是我梦中的一片海，它让我学会了如何与风浪搏击，也给我创造了认识自我的条件。

转战医疗产业投资，缘于我发现身边许多教授、医生不仅承担着临床、教学工作，还从事研究工作。但是，将有价值的研究成果转化成产品，然后将产品投放到市场，这个过程仅凭教授、医生的一己之力往往是难以实现的；同时，来自临床需求的科技成果转化，又是源头创新，是解决部分"卡脖子"技术的重要路径之一。

我和团队的工作也得到了浙江大学的支持，我们共同成立了"浙大未来创新基金"，专注于将教授、专家、医生的科研成果进行转化。浙江大学发起并参与了该基金的设立，基金专注于投资早期项目，旨在引导和吸引更多社会资本参与浙江大学医学中心公共服务平台、生物医药、医疗器械、医疗服务、手术机器人等创新性项目的投资，从而形成资本追随知识和技术源头的创新生态系统。这一高校＋资本推动科技成果转化的模式在全国开了先河。目前，该基金已投资 20 多个项目，浙江大学老师和校友的项目约占 2/3，其中邵逸夫医院有两个项目。邵逸夫医院骨科范顺武教授的再生生物材料，我认为应用前景十分广阔，该技术是将幼猪的骨头进行脱落细胞技术处理，避免了免疫排斥反应的发生，又保持了骨细胞的活性，目前已完成临床试验，未来会解决整个行业的一个痛点。

将科研成果转化应用于临床，是目前衡量国内医院科研实力的一个重要维度。作为邵逸夫医院一名曾经的建设者，我时刻关注着它的发展，对它的未来充满信心，也会更多地投资它。

与一群教授、医生、创业人士共同为医疗科技转化贡献力量，是一件令人愉悦的事情。

"并蒂莲花"的"梦想之花"

人物简介

徐闯、相惟蓁，曾是浙江省建筑设计研究院建筑师。

年少的闯荡

（您作为邵逸夫医院最早修建的那幢大楼的设计师，能否跟我们分享下您的故事？）

徐闯：准确地说，我是邵逸夫医院最早修建的那幢大楼的建筑设计师之一，还有一位设计师是我的夫人相惟蓁。我是在她构思的基础上，与她共同完成设计方案并深化的。

邵逸夫医院如今发展变化很大，撇开医疗水平和管理不说，单从建筑规模上讲，就与建院之初有着天壤之别。建院之初，庆春院区里只有一幢楼，现在总共有八幢楼。此外，邵逸夫医院还发展了六个院区。

我们当年设计的这幢楼，现在编号为庆春院区1号楼。

三十年过去了，虽然1号楼看上去有点陈旧，但仍可见当年特立独行、引领建筑时尚的风格。在我和夫人相惟蓁的心中，不管岁月如何变化，时代如何变迁，这幢楼在我们心中永远是最美的。

我和夫人的一些经历，对我们的设计是有影响的。

我是浙江杭州人，夫人是江苏扬州人，我俩是清华大学1960届

▲ 1990 年 3 月 11 日，邵逸夫医院开工典礼，徐阁（后排右二戴眼镜者）、相惟慕（前排左二戴丝巾者）与相关工作人员合影

建筑设计专业的同班同学。1966 年毕业时，我俩一同被分配到中南（湖北）煤矿设计院；1967 年底，我俩被再分配到河南平顶山矿务局，当普通工人，接受再教育。平顶山市是一个环境污染严重的煤矿城市，癌症高发。1976 年以后，夫人身体状况不佳. 1983 年她生了一场大病，在平顶山市的一家军区医院做了第一次手术，一年后复发，到上海肿瘤医院做了第二次手术。1984 年后，夫人身体逐渐康复，那时我们也都 40 出头了，决定静下心来，找个安稳的地方工作、生活。

我们想回杭州，原因有二：其一，我是杭州人，杭州是我的老家；其二，夫人在上海做的手术，从杭州去上海复查也方便。

1978 年，全国科学大会召开后，尊重知识、尊重人才成了社会最强音。费尽了周折，我们终于被调到浙江省建筑设计院。浙江省建筑设计院领导看重我和夫人清华毕业生的身份，在他们的努力和帮助下，1985 年，我们被调入浙江省建筑设计院二所，从事民用建筑设计。

自此，我们终于回到了生我养我的地方——浙江杭州。

我很感恩，也下定决心奉献于浙江。

患者的需求与建筑师的构思

（当时，邵逸夫医院的建筑非常令人瞩目，好似一道风景线，请问您的构思从何而来？）

相惟綦：我们想改变过去普遍为"工"字和"王"字的医院建筑布局，所以在设计时，我更多地考虑医院建筑的功能性与实用性。换言之，我是以患者的身份去构思。此前我曾多次住院，其间总觉得医院布局不太合理，挂号在这幢楼，看病去那幢楼，拍片又要去另外一幢楼。患者需要在医院内跑来跑去，非常辛苦，更何况患者本来体力就不佳。后来我就构思出了1号楼。直到现在，许多人对1号楼的设计都是赞不绝口的，原因就在于除了病房楼的外观是个等腰三角形之外，主体建筑均为45度转角的正方体的组合，它完全不是过去医院建筑传统的建筑风格。

邵逸夫医院是由邵逸夫先生捐资而建，最终是由邵逸夫先生、美国罗马琳达大学、浙江省政府和杭州市江干区政府共同出资建造而成的。建筑方案则出自我和先生这两个本土中国人之手。我们没有在国外工作与生活的经历，也没有出国参观与考察的机会。我的构思就是一名住过医院的建筑师的所思——以患者为中心，想患者之所想。

作为患者，每次住院我都希望被分到朝南的病房，因为朝南的病房采光好，特别是冬天，有阳光洒进来，心情会要好很多。我想，这应该是所有患者共同所愿。所以，我将所有病房都设计为朝南的。此外，因为有过长时间的住院经历，所以我对护士工作的辛苦感受较深。比如，一名护士在工作岗位上每天巡回要走大约两万米。为此，在设计中，我将病房楼集中在一块，让病房围着护士站转，以缩短护士的行走路线，从而形成了45度角，这就是"三角形"的由来；另外，让医护和患者各自有自己的活动空间，互不干扰。我还特别设计出相对独立的区域供医护人员工作与休息，实现动、静分区。

这就是一名中国建筑师基于患者住院的实际体验和医院建筑特点而构思出的设计方案。

徐闯：得益于在校时的课程《医院建筑设计》、罗马琳达大学和邵逸夫医院筹建处提供的许多医技科室设备样本及协助筹建的浙医二院相关领导和科室成员的帮助，结合自身对医院的要求和就医的深切体会，我们开始设计现在邵逸夫医院庆春院区的1号楼。

设计之初，我们从《世界建筑》《建筑学报》和日本的《病院建筑》等资料中吸取了许多有益的营养，明确了邵逸夫医院建筑要具备的特点。

集中式布局：邵逸夫医院的门诊楼、急诊部、医技科室、病房楼、手术部等集中布置在一栋建筑物内。

▲ 徐闯画的邵逸夫医院油画

　　布置医疗主街，贯穿于医院的各个部门：将医院的各个部门串接在一起，保证医生、患者只要走进一个门，就可以到达所有诊室。

　　人性化的设置，使患者有温馨感：门诊楼内设三层通高的中庭，大厅的一层是患者的候诊区，中庭的玻璃顶使得阳光可以直射到一层。解决中庭内侧诊室的采光问题，加上垂直绿化的布置，创造一个温馨的就诊环境。

　　暖色调：楼道从内到外，采用浅棕、深咖啡色的暖色调，让其不再只是一栋冷冰冰的建筑。

瑕不掩瑜

（当时，这个项目相关各方是如何看待您的设计方案的？）

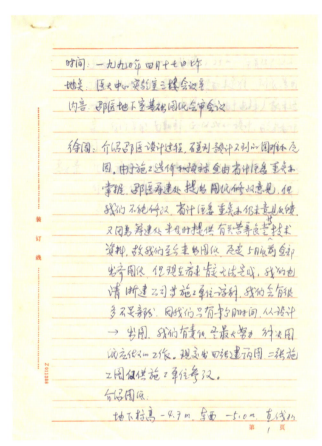

▲ 1990 年 4 月 17 日，邵逸夫医院地下室设计图纸审议

徐闯：这个设计任务，是 1989 年省里交给我们设计院的，院领导相当重视，在院内公开征集方案。当时浙江医科大学郑树校长希望我们抓紧时间，她担心时间过长，项目黄了。为了赶时间，我们加班加点地画图，经常干通宵。那时候没电脑，全部是手工绘制。

我们设计院短时间内在所内征集到 8 个总体设计方案，从中选取了 3 个提供给委托方。时任设计院院长董孝伦非常认可我和夫人的设计方案，将我们的方案排在了第 1 号。

在对 3 个方案进行讨论时，邵逸夫医院美方首任院长方则鹏先生直接选定 1 号方案。当然，后来我们对局部做了如下调整：首先，我们在原方案中设计了一个外挑走廊，是用来做手术室污物通道的，但在讨论后，院方认为手术室污染物的量有限，打个包带出手术室处理就行了，没有必要建专门通道；其次，在病房楼里取消每间病房的独立小阳台设计；最后，将急诊出口设置在东侧，方便患者进出。之后，我们根据大家提出的意见和建议进行修改，修改后，将设计方案做成模型送到香港，请邵逸夫先生审看，最终得到了他的完全认可。

当时，我是邵逸夫医院项目的设计总负责人，参与了从方案设计、初步设计、施工图设计到施工的全过程，一方面督促检查建设单位按设计方案施工，另一方面参与协调和解决设计与施工中出现的矛盾和问题。我尽最大努力把工作做细，保证呈现最佳的设计效果。比如，门诊大厅地面，设计用材是水磨石，我不仅在设计时就明确注明每块水磨石的长、宽及颜色，而且实地查看、测量和放线，同时和工人一起施工。

落成后的邵逸夫医院大楼成了杭州的地标性建筑之一，前来参观的兄弟医院接二连三。

要说遗憾，肯定是有的，其中最大的一点就是可供设计的空间太小，建筑面积不足 3 万平方米，要容下一个 400 床医院的一切，这是有难度和挑战的。这导致病房、诊室及公共区域略小一点，还有各功能区块过于集中和统一，辨识度不高，容易让人迷路。

还有一个遗憾就是门诊安装电梯的事。当时我向省政府有关部门汇报时，建议装电梯。有位负责人说，门诊总共只有三层楼，没有必要装电梯。其实最主要的原因还是建设资金紧张。回来后，我把设计图改了一下，在门诊大厅西北侧，设计安装一台小电梯，再次将图纸送给那位负责人，他没说什么，估计他根本没看到有个小电梯。美方院长方则鹏看出来了，也没说什么，因为他也一直认为门诊楼应该有电梯。

刚得知最近邵逸夫医院在重新装修 1 号楼时，在我原本设计预留电梯位置的东区，安装了一台宽大的观光电梯。这实在太好了！也算弥补了我三十多年前的一个遗憾。

我在办公室的墙上挂了一幅邵逸夫医院的油画，这幅画是我画的。实际上，邵逸夫医院不仅被画在了布上，也画在了我们的心上。

成功设计邵逸夫医院的建筑后，我们在业界名声大振，全国各地有多家医院前来委托我们做医院设计，我们由此也走上了专业从事医院建筑设计的道路。"以患者为中心"，处理好功能分区与流线组织，营造绿色生态环境，这是我们当年为邵逸夫医院做建筑设计时抱有的理念，几十年从未改变过。这也是我们的初心。

第二章 勠力同心 奋楫笃行

创业艰难百事多
越是困难越向前
与一般人相比
你们扛起的
更多的是责任

责任是什么

责任是一种能力
胸中有沟壑
腹中有乾坤
思路一变天地宽

责任是一种精神
舍我其谁
功成不必在我

功成一定有我
使命和担当
就是你们闪亮的足印

我是中国人，真心想为祖国做点事

人物简介

方则鹏，曾任美国罗马琳达大学教授、罗马琳达大学医学院附属医院大外科主任，邵逸夫医院首任美方院长。

漂洋过海，临阵挂帅

（您是邵逸夫医院首任美方院长，当年您来邵逸夫医院是主动要求来的还是有什么别的原因促成的？）

我到邵逸夫医院来，是应美国罗马琳达大学的要求。实话实说，开始我是极不情愿的。我是中国人，老家在安徽旌德县，就在黄山脚下，7岁随家人离开中国。当时我不愿意就任邵逸夫医院院长，不是我不爱国，而是我在美国的事业正处于一个上升期，在罗马琳达大学做教授，同时是附属医院的大外科主任，正值医疗、教学、科研项目出成果的时候，还有就是家庭的原因，当时我的家庭状况也不允许我出远门，爱人身体不好，需要有人照顾，还有三个孩子在读大学，经济压力很大。

罗马琳达大学为什么会选中我？我想，一方面，因为我是中国人，在感情上是亲近中国的，愿意帮助中国。这一点，他们对我的认可是对的。另一方面，恐怕就是我的资历和影响力。我从医多年，是

◀ 1989 年 10 月 31 日，邵逸夫医院举行奠基典礼，方则鹏致辞

▶ 建院初期，邵逸夫医院洒满阳光的候诊大厅

罗马琳达大学有名的外科专家，可以胜任院长一职。

我跟医学院谈了自己的难处，医学院表示我是最合适的人选，希望我帮帮他们，并说，他们曾在很多事情上帮助过我。后面这句话是很有分量的，甚至让我觉得无话可说。

20 世纪 80 年代初，罗马琳达大学想与中国医学界建立学术交流，而我正好认识苏州医学院心胸外科的专家钱学昌教授，于是在中间搭了一个桥。正好那时，中国医疗界的冠脉搭桥手术技术还不是很成熟，苏州医学院邀请我派人去做心脏冠脉搭桥手术。于是，我组织了各方推荐来的人，包括各科需要的人员，手术医生、体外循环师、麻醉师和手术护士等，组合成一支心脏外科手术的队伍到苏州医学院做冠脉搭桥手术。苏州医学院把这次手术过程录制下来，并在全国医学界分享。自此，我们与中国医学界的交流也拉开了序幕，因此结识了北京协和医院、中国医学科学院阜外医院的专家们，我也与北京协和医院的吴蔚然教授成为了朋友。

后来吴英恺、黄家驷等人来美国访问，他们听说我在罗马琳达大学，于是几经周折找到

◀ 2014 年 4 月 30 日，邵逸夫医院建院 20 周年院庆，方则鹏被授予特别贡献奖

▶ 当年医院专门给美国罗马琳达大学专家提供住宿的专家楼

了我。他们委托我帮忙，把国内一批经验丰富、对中国医学有贡献的高年资医生引荐到美国来深造。那时候中国改革开放刚开始，中国医学界与世界医学界还没有交流的渠道。于是，我成为两国医学人才交流的桥梁。

那些年，为了促进中国医学发展，我在海外持续发起募捐活动，用筹集来的款项补助中国医护人员的教学经费，并安排 160 余人赴美国研习，希望他们将西方技术带到中国。为此，我本人还获得了罗马琳达大学颁发的"终身成就奖"。我安排到美国研习的医护人员中，多数就在罗马琳达大学研习，医学院确实给了我很多帮助，我的内心是充满感激的。人都是有感情的，他们既然把给予过我的帮助说了出来，我还有啥好说的。走，到中国去！

前往中国之前，我了解到，在美方院长人选没有确定前，相关部门已经确定了医院的开工之日，而等到明确由我担任院长时，距开工已经没有几天了，原来我是临阵挂帅。为此，各方催促我赶快到任，否则医院开工却没有院长，会闹出笑话来。

随即我踏上中国之旅，匆忙得连签证都来不及办，幸亏旅行社不知道通过什么办法，让我顺利过关了。就这样，我来到了中国浙江，来到了位于杭州的邵逸夫医院，翻开了人生酸甜苦辣的一页。

百事艰难，我不畏难

（平地起高楼，邵逸夫医院在田野上崛起，这在当时非常引人瞩目。其实，从我们采访多位老邵医人讲述的邵医故事来看，光鲜的背后，艰难无比。请问，您的感受如何？）

艰难，无比的艰难，这一点我比任何人的感受都要深。当时，虽然有中方院长和美方院长之分，但明确是美方院长负责制，我负责医院的一切，医院的一切由我负责。因为罗马琳达大学给邵逸夫先生出具了一份推荐书，上面写着"方则鹏医生代表美方全权负责邵逸夫医院"，涉及医院筹建、设计、管理，等等。医院建成后的5年内，我还要继续担任医院的美

▲ 1994 年 11 月 4 日，方则鹏（前排左五）返回美国前和邵医同事合影

方院长，把美方的医院管理制度和模式移植到邵逸夫医院。邵逸夫先生对我说："我要你全权负责医院的管理。"所以，医院出了什么事都找我，我被邵逸夫先生和医院主管方浙江医科大学领导问责是常有的事。那个时候，我就觉得自己是个"小媳妇"，是个"受气包"，但受气归受气，我并不气馁，因为我有一个信念，我到中国来就是想帮助中国的。没有这个信念，罗马琳达大学是说服不了我的，我不但在事业和家庭方面做出了牺牲，而且放弃了每年50万美元的年薪。因此，只有把事情做好了，我才对得起自己，对得起中国。

当时最大的难事，就是没钱。邵逸夫先生捐赠的款项，用于基建和设备采购都显不足，而一个医院需要用钱的地方是很多的。如同你买了一辆豪车，没钱加油或维修，这车不就是一个摆设吗？

医院要立足，要发展，有两点很重要：一是人才保障，二是资金支持。种什么因，结什么果。前面我提到过，我曾作为发起人，联合安息日会华人医师协会把160多名中国医护人员带到美国研习，仅北京协和医院、中国医学科学院阜外医院等几家大医院就有140多人。当时我

和协会通过努力让他们都能够在罗马琳达大学医学院附属医院上手术台，这在当时的美国是没有一家医院能这样做的，我们也是破天荒做成了这件事。后来到美国研习的这批人回到中国之后都成了专家、教授，成为业内的翘楚。邵逸夫医院不能光有漂亮的外表，得有会看病、看难病，会动刀、动大刀的医生。于是，我想到了他们，诚邀他们加盟邵逸夫医院，得到了他们的积极响应。后来，这批人中有些成为邵逸夫医院部分科室的指导专家。得益于他们，邵逸夫医院的医疗、教学和科研得以迅速开展。

当时邵逸夫医院是浙江医科大学的附属医院，它的建设是得到浙江省政府支持的。我想，我们面临的困难也应该让上级领导知晓。浙江的领导很务实，时任省长万学远在上任第一天就到邵逸夫医院视察，他表示这个由著名爱国人士邵逸夫先生捐资建设的项目一定要搞好，它是浙江对外开放的窗口项目。在万省长视察医院的过程中，我有意带万省长看了那些墙体开裂、油漆脱落的地方，万省长眉头紧锁，问我："这是怎么回事？为什么不用好材料？"我告诉万省长："不瞒您说，我们没钱，买的是最便宜的材料。"万省长"哦"了一声，没再多说什么。过了几天，他给邵逸夫医院批了2000万元，算是解了我们的燃眉之急。我知道，这背后，万省长付出了很多努力。

1992年9月，在无数人的帮助和支持下，医院终于在杭州城东的庆春东路和秋涛路交接处，拔地而起，让所有关注这个项目的人为之振奋。邵逸夫先生也难抑激动之情，说："真没想到，这家医院真的建起来了。"时任香港中文大学校长、邵氏基金会主席马临教授也朝我深深地鞠了一躬，敬了一杯酒，以此表达他的敬佩之情。

坚守良知，不负未来

（您曾说自己是很有个性的。关于这一点，邵逸夫医院的许多同事也是这么认为的，而且大家都举了同一个例子，您能想起是哪件事吗？）

不用说，一定是石棉瓦天花板事件。这件事的影响力实在太大了，惊动了各个方面，可以说是一场风波。

这件事的起因是，我发现医院整幢大楼内的吊顶用的是石棉瓦。对此，我感到非常震惊。因为石棉瓦对人体的伤害是多方面的。石棉瓦是由石棉、水泥加水拌合后压制而成的波纹板或平板，对人体的危害通常不大，但石棉瓦在开采、生产加工、运输的过程中会出现大量粉尘，人体皮肤长期接触这些粉尘后，可能会出现接触性皮炎、角膜炎、结膜炎等。另外，石棉瓦积为2100M²的简易车库、维修部、动物房、浴室等（现核定面积为1400M²），以上三项需新增资金缺口为215万元。

2、开院前应将现病房楼、门诊楼、急诊楼、专家楼的天花板（FC板）全部更换为无石棉制品（约33860M²，估价约150万元），理由是石棉制品有致肺癌作用。而我们已从生产厂家了解到现用FC板于1987年5月通过部级鉴定，鉴定认为"FC板新产品达到了ISO 396／1－80国际标准规定的主要性能指标。在国内处于领先地位，……具有良好的防火、防水性能、易施工等优点。"有关情况正在进一步核实中。该项目如需进行，则大大增加资金缺口和严重延缓医院开诊日期。

▲　方则鹏坚持更换石棉天花板的文件记录

粉尘被吸入体内，还有可能引发尘肺病、急性支气管炎、肺癌等。

我想，这件事处理起来不会太复杂，把石棉瓦换掉就行了。作为院长，我是能办到的。没想到，我的话不好使，没人听。有人说我危言耸听，石棉瓦没那么可怕，大家都在用的。也有人说，不当家不知柴米贵，可这个方院长当家，咋也不知道柴米贵呢？这一拆一换就要损失50万元。20世纪90年代初，50万元可是一笔巨款，对捉襟见肘、恨不得一分钱掰成两半花的邵逸夫医院来说，谁要造成50万元的损失，简直罪不可恕。于是，我把自己推到了风口浪尖上。

对我提出的拆换要求，在医院里、在浙江医科大学内都遭到了反对。有人问我："你坚持要拆换，损失谁来承担，你愿意拿钱吗？你不愿意拿钱，就不要那么固执己见。"我说："我们得对患者负责。"我这话一出口，马上就被人堵回来了，说道："患者就在这里待几个小时或者住院几天，会马上就因为石棉瓦导致尘肺病、急性支气管炎、肺癌？你不觉得可笑吗？如果真的是这样，石棉瓦不就是洪水猛兽，应该开展全国围剿了吗？

可是，明知有害的东西，不处理，还继续用，我的良知过不去。我下定决心，斗争到底。即使不当这个院长，我也要坚守我的良知。我对一些人说："退一万步来讲，你们不认为患者在短短几个小时或者几天内会受到石棉瓦的毒害，那么我们邵逸夫医院的医护人员，他们长年累月在病房内工作，他们的健康我们要不要考虑，该不该负责？"

原本我以为在我的职权范围内、在医院范围内可以解决的一件事，结果惊动了许多院外领导，包括浙江省政府的领导。但是，我一直没有得到我想要的结果。怎么办呢？我想到了邵逸夫先生。邵先生是一位有情怀的慈善家。捐资建邵逸夫医院就是他的一个伟大善举，他百分百希望把它建设好——医院建筑高质量、医疗高水准，符合现代化医院要求。因此，在这个项目的合作谈判上，他提出了医院开业前5年委托美国罗马琳达大学管理的条件。无奈之下，我把这件事反映给了邵逸夫先生，这件事得到邵逸夫先生的高度重视，他让方逸华小姐督促过问此事。后来，对身体有害的石棉瓦，终于被拆换了。

这件事虽然解决了，但有一段时间我总感觉自己像做了错事似的，在一些领导面前抬不起头。多年过后，我得知，在邵逸夫医院只要提到方则鹏院长，大家必提当年的石棉瓦事件，无一不是褒奖。

苦累再多，亦无悔

（俗话说，"万事开头难"。前面您提到过没钱的难题。除此之外，您还经历了哪些苦和累，有过后悔吗？）

有些事，回想起来觉得很辛酸；而有些事，感觉很温暖。有一天，有一个六十多岁的男子经过我宿舍门口，朝室内看了一眼，同我打了一声招呼，"方院长好！"，就走了。我也没在意，心想肯定是医院员工。我刚来，医院人多，不认识也是正常的。当时我在宿舍整理东西，宿舍设施简单，一床一桌，奢侈一点的是一台电视机。我有很多书，因为没有书架，只好顺着墙边堆放。

隔了一天，这个人扛着一个木架子又来了。他对我说："方院长，我是医院的木工，昨天看你把书都放在地上，这样书容易受潮，我用废木料给您做了个木架，上面几层放书，下面放鞋子，您看这样好不好？"这位木匠很有心，我很感激他。他的名字，我现在想不起来了，但如果让我再见到他，我一定会把他认出来的。

想到温暖的事，当然得提时任副院长昌锦霞了，大家都叫她"昌妈"。虽然我比她大许多，但是我也叫她"昌妈"。大家为什么会叫她"昌妈"？我想主要是因为她会关心人，让人想起"妈妈的爱"。我在邵逸夫医院期间像个"单身汉"，自己不会做饭，又经常忙于事务误了食堂饭点。昌妈说："这样下去胃要弄坏了。"于是，她经常给我送她亲手做的馒头。自此，我就不再饿肚子了。

苦一点我是不怕，比如半夜里，我接到电话，说地下室进水，我马上赶到现场，和工人一起搬机器设备。天亮了，人累得如虚脱一般，但看到机器设备没有受损，人员也都安全，我还是挺开心的。

我这个人个性比较直，实话实说，当年有许多人和事令我感到很心累。比如，夏天蚊虫多，我提出给我的宿舍装个纱窗。为了这个纱窗，我催问了一年都没搞好。我很后悔，当初自己买了就好了。

当时有好多事情让我感到气愤，我个人从美国买了一台超声设备捐给医院，后来设备不见了，我追查的结果却是，有一天半夜三更设备被人拿走了。至于谁拿的，为什么要拿，拿到什么地方，则成了永远的谜。

一天，我转到锅炉房，发现有两张病床，问锅炉工怎么回事。锅炉工回答说病床是他们从病房搬过来睡觉的，反正现在空床很多的……遇到这样的事情，我能不生气吗？能不发火吗？于是，有人认为我说话太冲，不会团结人，到处树敌。我这样做为了什么？还不是为了医院好，为了医院的长久发展，如果我只想当一天和尚撞一天钟，我犯得着到处得罪人吗？后来，这些锅炉工看到我，朝我鞠躬说："方院长，我们过去做错了，您当年批评我们是对的。"

我何尝不想同大家搞好关系？"人心齐，泰山移"，团结就是力量的道理我不懂吗？我经常自己掏钱，请医院各部门的人吃饭，当然吃饭不是目的，目的是大家相互交心，共谋医院发展。

现在回想这些事，我心里早就没有怨气了。辩证地看，几十年前，在改革开放初期的中国，在一家新的医院，发生一点这样的事是正常的。如果啥事没有，反而显得不正常。作为医院管理者，我的责任就是在化解各类矛盾中推动医院进步。

▲ 1994年11月，方则鹏返回美国之际，时任浙江省省长万学远特地致辞送行

今天跟你们絮叨这些事，我的内心十分平和，真的就是在讲故事。但在1994年，医院同事在送我回国的欢送会上，我的情绪是失控的，我哭了，百感交集，酸甜苦辣一起涌上心头。我好几次想讲几句话，大概意思是，我这人说话太冲，希望大家原谅我，都因哽咽而卡住了，后来被来接我回美国的太太牵着走开了。现在回顾在邵逸夫医院的那些日子，我无怨无悔。

说到我太太李爱纯，她对邵逸夫医院也付出了很多心血，在我最艰难的时候，她从美国到中国来照顾我，和我们一起创业，我印象最深的一幕是，她跪在地上清理油漆印迹，后来很多医生护士看到这一幕，也过来和她一起打扫、清理。

医院门口有个小店，就是我太太一手建起来的，为了增加商品的品种，她到香港去采购一些国内没有的商品。后来，医院终于发了第一笔奖金，每人8元，就是这个小店的盈利，分发给各位员工。我感谢我的太太，在我最难的时候，一直无怨无悔地陪伴在我的身边。

关注邵医，关注中国

（您是 1933 年出生的，今年 91 岁，是名副其实的"90 后"，不知道您对邵逸夫医院是否还关注着？）

我已经很多年没有回过中国，但同邵逸夫医院的联系，可以说没有一天中断过。邵逸夫医院是国际化程度比较高的医院，加之与罗马琳达大学的特殊关系，每年都有很多医护人员到美国学习培训，因为我是他们的老院长，他们都会联系我，我总要把他们接到家里看看，一起喝个咖啡吃个饭，像走亲戚似的。近几年，因为受新冠疫情影响，我在美国已经很久没有见到邵逸夫医院来人了，心里多少有些失落。但我同邵逸夫医院不少同事还保持微信联系，通过他们的微信或朋友圈，经常可分享邵逸夫医院取得的成果、获得的荣誉。

邵逸夫医院这三十年的发展是神速的，不仅体量呈几何级扩张，而且在医疗、教学、科研等方面取得了累累硕果，邵逸夫医院进入了中国医疗的第一方阵，也是国内第一家连续四次通过国际医院认证的公立医院。在现任院长蔡秀军的带领下，通过全体邵医人的努力，邵逸夫医院成为中国首家加入妙佑医疗联盟的医疗机构。有生之年，邵逸夫医院必将是我永远的关注。关注邵逸夫医院，就是情系祖国，这是赤子情怀，是绿叶对根的情意。我们这些海外华人，特别关注祖国的发展，祖国好了，我们在外才能挺起脊梁。

1987 年，我到广州，住在白云饭店，一天早上，在饭店门口，看到一个挑着担子的农村妇女，穿着打满补丁的衣服，被几个孩子扔石子围攻，我心里十分难过。我流泪了，同胞之间怎么能这样呢？人性呢？同情心呢？没有社会的进步，何来社会的文明？我明白，这是社会落后导致的现象。这是我下决心回国的动力。当我花大量的时间和精力为中国医护人员到美国研习牵线搭桥时，有人说我傻；当我放弃在美国的一切远赴重洋担任邵逸夫医院这个"穷院长"时，有人说我傻。我不是傻，我只是热爱我的祖国，只是同情我的同胞。

祖国没有令我失望。1994 年，我回美国途经上海，在上海，我逗留了几天，一座充满现代化气息的文明大都市令我流连忘返。在上海市政府门口前，我对着那猎猎作响的五星红旗凝视了许久：五星红旗，我为您骄傲！

我有生之年最后的愿望，就是我们海内外的中国人能团结起来，一起为推动中国的发展奉献自己的一份小小的力量，尤其是海外的科学家，把自己的一生所学奉献给我们的祖国，祝福我们伟大的祖国永远繁荣昌盛。

文化碰撞，让人性光辉更加灿烂

人物简介

吴金民，教授，博士研究生导师，主任医师。曾任浙大二院和邵逸夫医院院长。曾任中国抗癌协会常委及中国抗癌协会乳癌专业委员会副主任委员，中国抗癌协会大肠癌专业委员会副主任委员，浙江省医学会肿瘤外科分会主任委员，浙江省抗癌协会乳癌专业委员会主任委员，浙江省抗癌协会副理事长。

（中美文化存在客观差异，在与美方医疗管理团队合作共事中，您是如何理解和处理这种差异的？）

作为邵逸夫医院的首任中方院长，我认为中美双方在医院管理上有一个很大的区别是在医院文化上。

美国罗马琳达大学是邵逸夫医院全面、长期合作的伙伴。在邵逸夫医院建院初期，美国罗马琳达大学为邵逸夫医院带来了先进的管理理念和医疗技术。由于中美双方在社会制度、意识形态、文化传统、宗教等方面存在的差异，所以在引进外方先进的医院管理方式的同时，也难免会产生激烈的碰撞。不过从建院开始，邵逸夫医院就树立了"给您真诚、信心和爱"的服务理念，而美国罗马琳达大学也有"以人为本"的管理理念。中美双方都重视对患者和员工的尊重，有了这样的共识，碰撞的结果往往是殊途同归。美国罗马琳达大学在坚持自己理念的同时，也展现了文明友好的一面，十分尊重中国的国情和医院管理的实际情况，从未凌驾于邵逸夫医院的管理层之上指手画脚。

有文化差异不奇怪，关键是要相互信任、包容。

我在同美方合作共同管理邵逸夫医院的过程中，感受最深的是

▲ 筹建初期，郑树校长（左一）、吴金民院长（右二）、方则鹏院长（左三）等陪同时任卫生部部长陈敏章（右三）视察邵逸夫医院建设工地

他们以人为本的服务理念，在实际的医疗服务和管理中做得更细致、更深入。我体会，他们以人为本的理念，绝不是包装自己，做表面文章，而是从心里实实在在为员工和患者着想。比如，在服务患者方面，美方医务人员认为有污渍的床单不能给患者铺床。为此，美方院长将带有污渍的床单拿回家清洗，并将污渍洗掉后拿给后勤人员，让后勤人员看到这些污渍是能清洗掉的。这件事后，我把总务部和病房管理人员带到酒店学习，让他们看看酒店是如何清洗有污渍的桌布的，实际上只要用点过氧化氢溶液（双氧水）就能把污渍洗掉了。还有一件事，也让我记忆犹新：美方年逾七旬的韩得利院长曾蹲在地上擦洗地面上的油污，擦得干干净净后给我们看，以身示范，我们都很感动。

邵逸夫医院有规定，不得开窗户。因为美方医务人员认为：第一，外面的空气中有灰尘污染，比房间里要脏；第二，房间里开着空调，如果开窗会造成极大的浪费；第三，窗户敞开着还有发生患者坠楼的风险。这些细微之处，让我感触很深。

美国医生认为，为患者提供清洁的床单、整洁舒适安全的环境和细致入微的服务，是对人的尊重，如果医院管理者把每个细微的问题都考虑到了，患者也就没有什么不满意的了。

◀ 1992年，邵逸夫医院1号楼建成，在100亩的土地上，医院主楼拔地而起，与不远处的民房形成鲜明的对比，凸显邵医的现代化风貌

▶ 建院初期，美国罗马琳达大学来邵医援建的专家

尽管我们难以达到完美，但我们要在理念上、行动上努力追求完美。我们要树立以人为本的服务理念，在新大楼的设计上就更多地考虑了患者的安全（防滑）和舒适问题。我感觉美方医务人员在以人为本的服务理念上做得更深入、更全面、更细致，值得我们学习。

（请问该如何理解"邵医模式"？）

学习和借鉴绝不是简单地照抄照搬，"邵医模式"是在融合中美管理理念和方法基础上的创新。

我们在按照美国的管理理念和管理方法制定和实施新的医疗制度时确实遇到过一些问题。

比如，我们在实行Attending（主诊医师）负责制时，收治患者打破了病区和科室的界限，使得医生要到处跑，他们就叫苦喊累，但管理层还是坚持做了。美国医生来到邵逸夫医院，觉得邵逸夫医院和美国的医院没有太大的差别。邵逸夫医院的很多管理制度和方法是向美国医院学习和借鉴的，但其中也有根据中国国情在融合中美管理理念和方法的一些创新，这部分也得到了美国医生的认同。

又比如，邵逸夫医院实行奖金制度。美方开始不赞成奖金制度。他们认为按劳动的性质和工作量定工资、付报酬就可以了，他们不认可奖金制度。但中国普遍存在奖金制度，奖金是奖勤罚懒的一个手段，能对员工起到激励作用，后来美方也认同发奖金了。

不同文化、理念之间发生碰撞和摩擦，那是必然的。只要经得起实践检验，我们就要坚持。

比如，为杜绝门诊滥用抗菌药物现象，邵逸夫医院决定率先在国内取消门诊输液室，当时不仅有许多患者表示不理解，而且管理层人员和部分员工也有不同意见。为了能取消门诊输液室，美方院长韩得利把这个提议拿到院务会上讨论了 15 次。尽管后来因为取消门诊输液室而多次被患者投诉至卫生行政管理部门，也没有动摇我们的决心。我们一方面继续做好解释工作，另一方面沿着现有改革之路勇往直前。取消门诊输液室的决定实施了 30 年，在邵医已经形成一系列严控抗菌药物使用制度，为医院赢得了良好口碑，也为国内各大医院所效仿，现在有很多医院是没门诊输液室的。

在碰撞中学习，在融合中创新。在不断的摩擦中，邵逸夫医院也学习到了美方先进的管理理念，并加以不断创新，才逐渐形成了今天的"邵医模式"。

（在许多人眼里，您是一位坚定的改革者，可以请您讲讲改革故事吗？）

改革是学习和借鉴先进经验，打破固有的框架和既定的做法，改革也是需要有勇气的。

1992 年，我在浙医二院做过令医疗界内外都震惊的事情：放弃国家每年 165 万元的财政补贴，试行医疗技术劳务收费浮动的改革。改革方案刚推出的几个月，我的日子很不好过。因为我们医院的收费标准与其他医院相比平均上涨了 20%～50%。涨价是一个极度敏感的词，有人预言不出 3 个月就可到浙医二院门口张网捕雀了。但我坚信，改革的目的是让更多人获益。医生疲于应付海量的门诊患者，患者抱怨得不到最理想的治疗，一流的医疗卫生资源得不到合理利用……对于这些长期存在的顽疾，不得不动刀子了。

一份马鞍形的曲线形象表明了改革的成效：前两个月，患者人数下降了 9%；两个月后，与上年持平；之后慢慢上扬。

医疗体制改革之难，难在如何突破重重利益的阻隔，破解体制性、结构性等的深层次矛盾。我不过是一个试路人。

▲ 2001 年 6 月，邵逸夫先生（中）来邵逸夫医院，时任浙江大学党委书记张浚生（左）、邵逸夫医院院长吴金民（右）陪同

在郑树校长的支持下，我在 1995 年 11 月兼任邵逸夫医院院长。

邵逸夫医院的诞生，本身就是改革开放的产物，是中西文化碰撞的医学试验田。

邵逸夫医院开院之初，有些患者怕我们费用高，不敢来这里看病。实际上，我们单项费用看上去高，而患者的总医疗费用并不高，甚至比浙江省其他三甲医院还低一些。有一位农村患者在我院治好病之后，又带了村子里其他人来看病，他们觉得我院服务质量、环境、技术水平高，而实际费用却并不高，我们单项费用可以比浙江省物价规定高 15%，但我们通过改革，让用药、检查等变得更为合理，缩短住院时间，这样算下来，总医疗费用不但不高于其他医院甚至，还低于其他同类三甲医院，如果再算一下间接费用，还能为患者节省更多。

改革的出发点，是一切为了患者。这一点中美双方是共通的。

美国与我们的合同期满后，美方院长不再担任院长，但仍有一些美国医生留在邵逸夫医院工作，我们依然尊重他们，还请他们主持院务会。我们中国人对很多事情是有惯性的，正所谓习以为常，而美国医生在这里可以帮助我们发现一些问题，这对医院的发展是有好处的。美方派员来邵逸夫医院考察后很满意，又与我们续签了 5 年的合同。

（从邵逸夫医院的发展看，中美双方文化的碰撞是有积极意义的，这种文化碰撞给您什么样的启示？）

邵逸夫医院发展到今天，与我国政府尤其浙江省各级党政领导的关怀和支持是分不开的；与邵逸夫先生的无私捐赠是分不开的；与美国罗马琳达大学派遣医生来我院工作是分不开的。美方来我院工作的人员费用均由美方承担，我院只负责提供住房。他们对邵逸夫医院的发展作出了很大贡献，尤其是带来了美国现代管理理念和方法，更有效地培养和提高了邵逸夫医院医务人员的素质。

以邵逸夫医院实行 Attending（主诊医师）负责制为例，有两个好处：一是给年轻医生提供了学习和施展技能的机会，使一些年轻医生脱颖而出；二是增强了医生的责任感，最终增加患者获益。邵逸夫医院的年轻人多，进修硕士、博士课程的人很多，年轻人追求上进使得邵逸夫医院的发展后劲十足。

从中我得到两点启示。一是邵逸夫医院处在中美双方文化冲突的节点上，采取了取长补短的融合方式，在互惠和互补关系中寻求平衡，是邵逸夫医院取得成功的基础。在此过程中，关键是医院领导层的决心。二是文化的冲突与融合在文化发展过程中是辩证统一的，二者既对立又统一，是人类文化不断发展和进步的源泉和直接动力。

邵逸夫医院短短 30 年的发展不负众望，获得浙江人民的信任，成为浙江省内就医首选医院之一。邵逸夫医院拥有 6 个国家临床重点专科，牵头建设 3 个国家呼吸区域医疗中心，共建 1 个国家临床教学培训中心，牵头组建微创器械创新及应用国家工程研究中心；连续多年入榜国内百强医院，并成为国内顶级医院排名进步最快医院，连续两年在全国"进步最快排行榜"位列第一，连续 5 年进入全国参评医院仅有 1% 的 A++ 序列。

这一切，都让我感到无比骄傲和自豪！

▲ 2014 年 4 月 30 日，吴金民（中）参加邵逸夫医院建院 20 周年院庆活动，与郑树（右）、方则鹏（左）合影留念

外国人，也是可以改变的

人物简介

姒健敏，主任医师，教授，博士研究生导师，任中华医学会消化病学分会副主任委员，中国医师协会消化医师分会副会长，浙江省医学会消化病学分会主任委员，浙江省医师协会消化医师分会会长，中华消化杂志副主编，中华医学杂志、中华内科杂志编委。曾任邵逸夫医院副院长，浙江省人大常委会副主任。

（中美两国人所处文化和制度不同，决定着思想和观念不同。您就任邵逸夫医院副院长后，面临与美方管理人员的矛盾和分歧一定不在少数，这种情况下您是如何做到相向而行的呢？）

1996 年，我从浙江医科大学调到邵逸夫医院任副院长，但当时我的人事关系还在浙医一院，同时兼任浙江医科大学的成人教育学院副院长。到邵逸夫医院来，是郑树校长找我谈过话的。其实，早在 1993 年，医院开张之前，邵逸夫医院党委书记鲁端就征求过我的意见，问我愿不愿意到邵逸夫医院来当副院长。而美方院长方则鹏则认为我没在行政岗位上干过，让我先当医教科科长。此事最终因鲁端书记与美方院长方则鹏意见不一而作罢。所以那次郑树校长找我谈话时，我还有点纳闷，医院开张前那时让我去，比较好理解，新医院急需用人。现在医院已经运行进入正常轨道，为什么还要让我去？后来我才知道，医院开张短短两年多时间里，医疗副院长已经调整过好多次了，为的是能找一个与美方院长合拍的人。到我已经是第四位了。如果把鲁端书记曾经兼过副院长那段时间算上，那么我应该是第五任医疗副院长。

当时邵逸夫医院的中方院长是吴金民，同时他也是浙医二院的院长。当时，大科室主任都是美方派来的，也都有助手。几任医疗副院长都是中方的，而我当时作为医疗副院长要管的事情很多，按美方的叫法我是医疗行政副院长，即除医疗业务外，还要负责行政管理上的事务。

医院有多个委员会，如医疗执行委员会、药事委员会、教育委员会、资格审查委员会、伦理委员会、护理委员会、设备采购委员会等。其中，除医疗执行委员会由吴金民院长分管外，其他均由我分管，可以说我要分管的面是大得不得了的。

邵逸夫医院的管理都是按照美方制定的医疗制度来的。开院前，我们有很多人到美国罗马琳达大学培训过，回来后就成立了各种委员会。但因为中美文化的差异，最初在执行上还是遇到一些羁绊的。美方院长韩得利（我们都叫他老哈）想不明白，开会的时候，为什么他的提议总是被反对，而我的意见总会被支持。我告诉他，中国人做事注重事先沟通，充分尊重每个人的意见，这叫民主，最后大家一起讨论决定叫集中。这是中国人做事的习惯。美国人希望把事情放到会议上来争论，大家争论后达成共识，然后顺畅执行，即使在会上吵架都没关系，对事不对人，这一点我也是很欣赏你们的。这需要我们互相学习借鉴。

老哈很聪明，我所讲的话他听进去了，后来在会上，他的提议得到赞同的情况也多了，因为他懂得了"事先沟通"。

那时候，尽管我们存在很多理念上的差异，但沟通交流上没有问题，关系十分融洽。当时医院薪酬是我管的，老哈认为工资最高的首先应该是外科医生，然后是消化科医生，他们工作量大，比较辛苦，但他想不明白，为什么药房有的人工资会比他们高，药房是发药的又不是卖药的。我告诉他，我们人员工资是根据每个人的工作年限、毕业院校、级别等设定的，这是我们国家政策决定的。令他好奇的是，既然有工资，那为什么又要发奖金呢？我告诉他，因为工资大家都一样的情况下，我们可以通过发奖金的形式鼓励工作做得多、做得好的员工，

▲ 建院初期，蚁健敏（后排右二）与消化内科同事合影

▲　建院初期，姒健敏（右）与齐伊耕（左）、吴金民（中）合影

▲　建院初期，姒健敏（右三）与邵医同事、美国罗马琳达大学专家合影

▲　建院初期，消化内科研究生答辩会（前排左一为钱可大，后排右二为姒健敏）

多做多拿，少做少拿，不做没得拿。老哈听后点了点头，似乎是明白了。

为了体现奖金发放制度的公平公正，我们还搞了一个扣点办法，有点像现在交通违章扣分一样，犯什么错，扣几个点，一一对应。

都说老哈非常固执，比如在关窗这个问题上就是寸步不让。但我所了解的老哈，也是可以通融的。老哈反对用紫外线消毒，因为紫外线会对人的皮肤和眼睛造成伤害。我告诉他我们不能没有紫外线消毒，因为我们的卫生行政管理部门有要求。我这样一解释，他也就理解了。

美方团队在改变我们的同时，也接受着我们对他们的改变。这些改变是相互的。美国人在中国也还是喜欢通过开会定事情，但是他们也想不明白，为什么大家会上都举手通过的事情在实际工作中却推行不开。我告诉他们，中国人是要根据文件做事的，会开了但文件没有发下去，人家不执行，是因为口述无凭。后来，我们医疗执行委员会的会议内容全部颁布文件了，执行起来就很通达。

在管理方面，中美双方有一个非常长的一个磨合过程。这种磨合是很有意义的，开始我们没有会议文件，后来认识到会议文件是相当重要的。如果现在回过头来去看那时的文件，我们医疗执行委员会有很多文件规定，一条一条，非常清晰。我们所有的门诊就诊制度、病房制度、收治患者的制度，都是在那个时候建立的。正因如此，我们只用 5 年时间就通过了全国三甲医院评级，这是很了不起的。

有好的制度才会有好的发展。别的不说，就拿采购制度来讲，我们有医疗器械采购委员会，每个科室都可以提出采购需求让大家知道。比如我们消化内科需要超声胃镜，而那时超声胃镜不是放在内镜室，而是要放在超声室，需要超声医生一起做，若是放在内镜室，内镜室医生又看不懂超声，只有两边的医生一起做那才能保证质量。这样的制度对我们学科建设是很有好处的，所以我们的超声发展得很快。

对消化内科来说，当时创下了两项全国第一：内镜下的胃造瘘手术是我们开创的，全国第一；腹腔镜和 ERCP 联合的胆总管技术的处理也是全国第一。"胃癌前病变癌变准确监测和有效阻断评估体系的建立"这项目荣获浙江省科学技术进步奖一等奖，这是我发明的，在全国也很有影响。邵逸夫医院开始没有消化内科，只有一个大内科。消化内科能成为一个独立学科，取决于两大支柱的建立：一个是内窥镜室，一个是胃肠实验室。我们内窥镜技术很强，设备也很先进，是浙江省内最早开展无痛胃肠镜检查的医院。很快，我们的消化内科成为浙江省和医院重点临床专科，技术支撑我们的发展，实验室支撑我们的人才培养。我们只用 5 年时间就开始招收研究生了。现在邵逸夫医院消化内科的人才大多是我们自主培养出来的，同时还向兄弟医院输送了多位学科带头人。

何以超越？弯道加速度

人物简介

何超，教授，主任医师，博士研究生导师；曾任浙江大学医学部副主任、邵逸夫医院院长。

十年 JCI 评审之路

（JCI 的医院认证，是全世界公认的医院服务"金标准"，是全球化趋势下，医疗机构走向国际市场、参与国际竞争的"通行证"。邵逸夫医院是中国大陆首家通过 JCI 评审的公立医院，请您谈一下体会和感受？）

JCI，是国际医疗卫生机构认证联合委员会 (Joint Commission International) 医院评审标准，以满足患者健康需求服务为最终导向，这与我们三甲医院等级评审的理念是不谋而合的。

2016 年 10 月，邵逸夫医院通过第四次 JCI 评审，其中，拥有 22 年历史的庆春院区与开院仅 3 年的下沙院区（现钱塘院区）同时通过评审，这使得邵逸夫医院成为国内首家两个院区同步进行 JCI 评审的综合性公立医院，也是中国大陆唯一一家连续四次高分通过 JCI 评审的大型综合性医院。

"以人为本，永远置患者的安全于第一。"这是邵逸夫医院一"出生"就从美方管理模式传承下来的精神核心，也是根植于每位邵医人心里的"金标准"。

▲ 2004年4月29日，邵逸夫医院建院十周年庆典上，何超（左一）代表医院接受罗马琳达大学赠送的贺匾

▲ 2004年4月29日，邵逸夫先生第三次来到医院，参加隆重的建院十周年庆典

我们20多年前的一些做法，到今天在国内还有许多医院是做不到的。比如门诊诊室的检查床，每一张都配备了一次性复合纸床单，避免患者之间发生交叉感染。全院每年仅一次性床单的消耗量就高达16.38万张，仅洗手液就要用掉20360瓶。这些数据，听起来多少有些"奢侈"，但是这么多年来，邵逸夫医院一直都在坚持。

为了防止交叉感染发生，除了全院配备的一次性床单、锡纸、护目镜等一次性用具一人一换外，胃镜、肠镜的每个镜子里也都植入了芯片，每次消毒和使用都可以跟踪。

邵逸夫医院于2006年在国内率先提出"无痛医院"的理念，并成立了疼痛管理团队。术前、分娩前、胃肠镜检查前，在任何可能产生疼痛的治疗环节前，每名患者都会收到一本有关疼痛知识的小册子，医生还会详细解释该环节可能引发何种疼痛，但疼痛是可以避免的。得到患者的同意后，药剂师专门调配镇痛处方，医生实施镇痛诊疗。所有程序结束后，医院还会指派麻醉科医生与护士对患者定时随访，观察疗效。

外科患者手术后，麻醉师为其配置患者自控静脉镇痛泵——这是一种缓解手术患者术后疼痛的镇痛泵。目前硬膜外分娩镇痛技术已经发展成熟，术中能保留分娩感觉但无疼痛，减少不必要的热量消耗，有利于分娩后产妇身体迅速恢复。除了无痛分娩和术后镇痛外，医院还将无痛技术广泛应用于胃肠镜等内镜检查、各种介入检查和治疗，以及提高晚期癌痛患者的生活质量等。这些理念的提出与执行，使得邵逸夫医院在患者和家属心中变得更可亲可近了。

通过JCI认证，是邵逸夫医院在前十年发展基础上做出的一个里程碑式的大动作，自此现代化、国际化运营成了邵逸夫医院的一个显著特征。有名医院员工在路上遇见我说："何院长，这个认证，把我们医院从人到事、人与人的关系，由上至下做了一个彻底的大扫除，好比我们人体，不论是大血管还是毛细血管，都变得干干净净、顺顺畅畅了。"

"人性化"是铁律

（邵逸夫医院是一家有个性的医院，建院之初，医院有很多"标新立异"的举措，从饱受争议到逐渐被人接受，乃至为同行所效仿，证明了我们的道路是正确的。您可否为我们做一些相关介绍？）

我刚大学毕业的时候，有很多举措在当时看来是无法想象的，但现在都已经逐步实现了。比如，原来需要开胸进行修补的心脏手术，现在通过一根导管就能完成；以往需要打开腹腔才能取出的息肉，现在通过肠镜就能取出。像这样的例子有很多，很多需要行大手术才能完成的治疗，现在都可以通过简便得多的操作方式实现。在操作方式迭代的过程中，如患者的安全保障、患者疼痛的减少等，一直都是我们必须纳入考虑的因素，也是我们一直努力的方向。

改革开放以来，我们完成了硬件的建设，医疗技术水平得到了很大的提高；此外，让患者在接受医疗的过程中既安全又无痛苦，或者只感受到很小的痛苦，邵逸夫医院一直在为此努力，所幸的是，我们做到了。我认为，我们的医疗又迈进了一大步。

我认为邵逸夫医院最有特色的理念就是"人性化"，这个理念完全融入了医院的建设和发展中，也是邵医人必须遵循的铁律。比如，将入院患者的平均住院时间控制在 9 天，既能减轻患者的经济负担、心理恐惧感，又能降低患者在医院的感染率；对于患者家属，医院提供休息室，并向他们动态公告手术室里患者的情况，让家属做到心中有数，不再盲目而焦虑地等待。医院还为复诊患者取消了排队挂号这一环节，并大力推广虚拟挂号服务。做 CT、B 超检查或者取药的患者则可以直接通过电子屏幕叫号系统获知自己的排队顺序，省却了排队之累。此外，医院非常重视患者的隐私保护。改革开放及中美合作办院模式给我们提供了更多走出去的机会，也为我们学习和引进国外先进理念创造了必要的条件。脚步迈出去，理念带回来，这正是国际交流的目的所在，也是医院完成与国际接轨的必经之路。

中美两种不同医院管理模式完美对接，促成了业内独树一帜的"邵医模式"，具有代表性的管理模式有"门诊不输液""全院不加床""一人一诊室""无痛医院"等，在不断提升患者就医体验的同时，也吸引国内同行纷纷前来借鉴。

很多来过邵逸夫医院的人都对其八角形的门急诊大楼印象深刻。其实除了新颖的设计之外，这幢楼还有一个独特之处，就是没有设置门诊输液室。"不设门诊输液室"是邵逸夫医院在建院初就引入的美方先进的医院管理模式之一。

"病房不加床""门诊不输液"，医院这样做就是为了让患者获得更好的服务。医院认为，

浙江大学医学
通过国际医院（JCI）评审
Ceremony of Presentation of the JCI Certif
为中国百姓提供图
Providing the Community with an In

▲ 2007 年 5 月 17 日，邵逸夫医院通过 JCI 评审的颁证仪式在浙江省人民大会堂举行

　　不管是从人力，还是从软件或硬件而言，加床的患者是无法获得足够的医疗支持的，而且医疗质量也得不到保障。对于那些根本就没有必要输液的患者，输液只会增加风险。

　　像这样的国内"首创"，邵逸夫医院还有许多，就不一一列举了。

第一个"吃螃蟹"的人

2010年3月6日,卫生部(现国家卫生健康委员会)副部长黄洁夫在全国"两会"上的一席发言,搅动了无数人的神经。

"实行全员聘任制度,打破目前公立医院事业编制、职员、雇员、临时聘用医生的身份界定,医院自主地设定人员的配置""实行岗位绩效工资制度,医护人员绩效工资不封顶,与工作表现、工作量和技术要素挂钩"……

这一改革新风，冲击着每一名医务人员的神经，引发了全社会的关注。

而在这股新风吹来之前，邵逸夫医院已经做了第一个"吃螃蟹"的人。现在回想起来，真的太不容易了。邵逸夫医院从建院之初就采用全新的人事管理制度——全员聘用制。也就是说，除院领导由浙江大学任命之外，所有员工不论其原来身份，全部实行聘用制。

我曾担任公立医院领导多年，对公立医院传统用人机制的诸多弊端可谓心知肚明。同一家公立医院，同样的医生，却因为事业编制、职员、雇员、临时聘用医生等多种身份的界定，同工不同酬，同人不同"命"，导致医生之间存在诸多不公平。而只进不出、只上不下的用人机制，更是严重影响了医生的工作积极性。因此，改革，势在必行。

全员聘用并非简单地对员工"炒鱿鱼"，表面上看来，全员聘用制确实导致一些医生被解聘、下岗，但它却建立了一种能上能下、能出能进的人才管理模式，这样最大限度地调动了医务人员的积极性，增强了公立医院的医疗服务能力。

每一年，医院都会对全院近2000名员工进行考核，按优秀、称职、基本称职和不称职四个级别进行评级，其中被评为基本称职、不称职的员工通常只有10名左右。对于这部分员工，医院总是想尽办法进行教育开导，帮助他们发现不足，解决问题。

戴上"紧箍咒"，并非真无情。比如，医院收费岗位上有一名30多岁的工作人员，他不但打字速度慢，而且收费速度也慢，患者因为等待时间太长，反应非常强烈。医院领导和科室主任先后与他进行了3次谈话，发现并非这名员工不愿意改变，只是他提高自己的打字速度太难了。但是，该员工很有耐心，很适合和患者打交道。于是，医院决定先让他待岗3个月，然后为他安排了一个更适合的工作点——患者手术等待区，为患者提供引导服务。

在邵逸夫医院，没有一名员工因为年度考核不及格被立刻扫地出门。每一名被解雇的员工都是在经过反复劝说、调解无效之后，最终被客客气气地"请"出医院的。

这一改革，充分调动了人的持续性、能动性和积极性。

生机勃勃的学术周

与美方合作，为我们在技术、管理、运营、服务等方面开启了全方位学习世界先进模式的大门。派出到美国学习的人员或团队组成从专家到普通医护人员都有，专业涉及方方面面。我们曾有30多名科主任到美国最好的医疗机构——妙佑医疗联盟学习过，这在全国医院中是少有的。

在跨出国门向世界先进模式学习的同时，医院的学术周也开展得如火如荼。从2006年举办第一届国际学术周开始，邵逸夫医院国际学术周的影响力就在全国居于领先地位，我们向世界上最好的管理医院学习，我们邀请的讲者是全世界顶级的学术大咖。美国有 10 多位优秀的华人医生曾参加了我们的学术周活动，有不少外国专家则长期留在我们医院工作。

我们的学术周在同行中影响很大，每次学术周，医院从人员、技术、思路、渠道入手，都给人不一样的获得感。上海华山医院院长来了，四川华西医院院长来了，上海市副市长、天津市副市长、安徽省副省长等也都来了，我们有理念，有方法，敞开大门，欢迎他们多听、多看、多学。学习是相互的，"他山之石，可以攻玉。"我们派 30 多人到上海华山医院交流，也到四川华西医院和北京协和医院学习全面开放的医疗模式。看得多了，学习多了，脚下的路自然就变宽了。

此外，我们的学术周是没有围墙的，对浙江省各级各类医院开放，专家学术报告在全省医院共享。全省县级以上医院的 60 多位院长参加过我们的学术周。台湾长庚医院院长也多次来院交流。我们的腔镜技术、床位协调机制、流程运行模式、质量把控体系等资源都是对外公开的。这是我们为推动行业发展、为国家履行的一份责任。

▲　2011 年 11 月，时任邵逸夫医院院长何超（左一）接待日本静冈县卫生厅代表团

印象深刻的两件事

（一个人的价值观和世界观不是天生的。据说您离开邵逸夫医院后，所作所为皆与人类健康有关，请问是这样吗？）

我于 1988 年去了美国，当时对美国医院的运行模式印象非常深刻。他们的值班安排、对急诊的应急反应能力、科室之间的密切配合，以及医院员工学习的态度、在实验室里的研究工作都给我留下了很深的印象。

我当时有个想法，什么时候我们国家也能这样开展医疗服务工作，老百姓进入医院之后就有这么好的设备和这么好的医护人员为其服务。从我 1993 年成为医院管理者到 1999 年转入邵逸夫医院参与管理，没过几年，我觉得邵逸夫医院的就医环境已经和国外大致相同了。

在我家，母亲因为肾脏疾病在她很年轻的时候就去世了，而我们只能眼睁睁地看着她走，因为那个时候医疗资源匮乏，我们一点办法也没有。但是现在，对于像我母亲这样的患者，以现有的医疗条件我们已经完全有能力来帮助恢复、维持生命，不会再让他们过早地离开这个美好的世界。

这两件事情，促使我矢志不渝地做一名坚定的医疗工作者，为人类健康事业奋斗一辈子。

从没有文化到有了自己的文化，从简单模仿到自我觉醒，邵逸夫医院不走寻常路，弯道超车且加速度超车，在超越自我的同时，也在超越他人。我虽然离开邵逸夫医院快十年了，但我一直满怀深情地关注它，因为我对它倾注了太多的心血和爱。邵逸夫医院当下所呈现的科学运营、职业运营、有效运营之状态，让我引以为傲。

我的人生因为有一段在邵逸夫医院的工作经历而精彩，不愧、不遗憾！

高山仰止，有三人

人物简介

沈来根，主任医师，邵逸夫医院原党委书记。

（您曾担任过邵逸夫医院的党委书记，您对邵逸夫医院应该有全面的了解，邵逸夫医院有哪些事和哪些人是令您难忘的？）

1980 年 3 月，我从浙江医科大学毕业后，被分配到浙医一院（现浙大一院）当一名普外科医生，后任浙医一院党委委员兼纪委书记。1999 年，我被调到邵逸夫医院任党委副书记、纪委书记、工会主席，后来任党委书记兼副院长。初到邵逸夫医院，一切都是新鲜的，让我感到这个医院很有活力，有蓬勃向上的朝气。尤其是后勤工作，邵逸夫医院后勤的服务意识特别强。后勤为临床服务，为医院的正常运转服务，真正做到了"有令就行，一叫就到，哪里有需要就奔向哪里"，非常高效。这是我初到邵逸夫医院的一大感受。

到邵逸夫医院后，我还有一大收获，就是认识了一群可敬的人。

美方院长韩得利算一个。在邵逸夫医院，大家都叫他老哈。刚到邵逸夫医院，我首先要做的事情是熟悉医院各方面的情况。与各部门人员交流比较多，每次交流都会有许多人提到老哈，讲到他很多逸事。

比如关窗的故事，我们认为经常开窗有利于空气流通，是对人体有益处的，但老哈则表示，医院开了空调，开窗通风会影响空调

▲ 邵逸夫医院建院初期的行政办公会（右一为沈来根）

效果，是一种浪费，还有开窗后空气流通，空气里的细菌也会跟着一道流通、传播。至于病房空气，他说装新风系统是有质量保证的。尽管他的理念没有错，但国人还是习惯开窗通风。老哈几乎不坐在办公室，而是每天在医院各处巡查，一旦发现有窗户开着，就会立即把它关上。

另有一件小事是跟副院长昌锦霞"对着干"。昌锦霞是分管行政后勤的副院长，是非常细致认真的一个人，晚上除病房外，医院大部分地方没人了，她会把没人的地方亮着的灯关掉，而老哈见有地方灯没亮，又会把灯打开，有的地方一晚上亮一阵黑一阵要反复多次。昌院长坚持关灯是为了节约用电；老哈坚持开灯是为了防止黑暗中行人摔倒，虽然晚上人不多，但谁又能保证绝对没有人呢，所谓"不怕一万，就怕万一"。

还有天桥下"捡"患者；跟在提着热水瓶的女护士后面亦步亦趋，只为擦拭地面的滴水……

大家都说老哈是不做大事的，然而我听了老哈的种种小事后，觉得老哈的形象在我心目中高大起来，他所做的每一件小事实际上都有精神内涵，决定着邵逸夫医院大的发展方向。如今看邵医文化都有这些小事的影子。我与老哈共事时间不长，但对他发自内心地敬重，他离开杭州回国

▲ 芬利教授当年就是在医院附近的农田里种菜

前，肿瘤外科的王林波主任托我找西泠印社的名家给他刻了两方图章——"字在石上""情在心上"。

　　第二位是美国专家芬利教授。他参加过战争，在美国是非常有名望的外科医生。他是一个有趣的人，热爱中国文化，喜欢交中国朋友。邵逸夫医院的美国专家多为美国安息日会教徒，他们吃素食，在安息日，日落以后不能出门了。每当医院年轻人结婚，如逢安息日，美方专家不能参加，也不能吃荤菜。芬利不是这个教会的人员，每遇年轻人结婚，他都和年轻人围坐一桌，一边欣赏中国的婚俗，一边吃着中国美食，脸上带着谦恭满意的笑容。

　　有一次，芬利特地向后勤部门要了一个春节后拆下来的中国结，他说这是中国喜庆的象征，他要带回美国去。他甚至还租了一块地用来种菜，要找一回在中国当农民的感觉。

　　对于邵逸夫医院年轻的医护人员而言，芬利像一位慈父，鼓励并帮助他们进步成长，有好几名护士在他的支持下赴美国读书深造，有的甚至在国外转型成为医生。

　　第三位就是鲁端教授。他也曾担任邵逸夫医院党委书记。他也是一位心血管内科的专家，提起他，我就想到兰花，也是他高洁典雅的象征。他有勤奋刻苦、精益求精钻研专业的精神，为人公道，正直善良，他的优秀品格在邵逸夫医院有口皆碑。他在他人生的最后一段时光还依然坚守在自己热爱的工作岗位上，每次想起，我都忍不住眼睛发红。

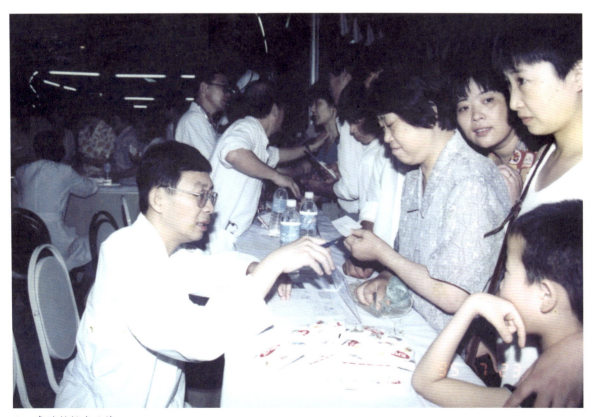

▲　鲁端教授在义诊

2010 年，鲁端教授确诊皮肤癌。他与癌症斗争了近十年。罹患癌症，外加年迈，他腿脚已非常不便，但依然放心不下自己挚爱一生的工作。积极治疗之余，只要能走得动路，鲁端教授依旧以志愿者的身份坚持每周一次门诊、每周两个下午分别辅导实习生学习心电图相关知识，以及为研究生、进修生和住院医师培训心电图相关知识。年迈的他耳朵已经听不太清了，但在门诊中，他依旧非常努力且吃力地倾听患者的诉求，并耐心解释他们的病情，也常常会用自己的病情去安慰患者。2019 年，鲁端的癌症转移到股骨，晚上疼得睡不着觉，但第二天，一位满头银发、身材不高、斜挎一个藏青色发白旧帆布小包、挂着拐杖、颤颤巍巍行走的身影还是会准时出现在邵逸夫医院。这是他在坚持走完自己的行医路。只要他还能往前迈开脚步，他就割舍不掉这份职业信仰和那么多患者的期待。这是超越常人的对自己职业的热爱和恪守。鲁端教授是一位了不起的医学前辈，是医者楷模！

鲁端老师去世已四年了。值此庆祝建院 30 周年之际，许多人在怀念他，特抄录三年前旧作，以表达我的缅怀之情！

夜半乐

民间习俗，人逝后三十五天为重要祭时。当此鲁端老师"五七"之际，调寄夜半乐，韵采中华新，填词三阕以祭鲁翁。

陋室已惯更漏，耕耘耄老，读几何书卷。慰病患多少，厚积深感，缕析论理，齐身著述，擅教方寸随心。哪人曾见，自度曲，嘘吹奏学圈。

邵公慷慨解囊，古城河边，待修新院。临受命，书生加冠双担。务杂纷绪，相违理念，事人起起浮浮，有权曾揽，为私谋，何人已听看？

早丧妻爱，身兼父母，晚年多瘅。恨炙炙挛疼再无缓。更何堪失敏幼子将何嬗？凝泪送，杳杳西趋远。风高虹灿一巍汉。

二〇二〇年六月三日

在邵逸夫医院工作的这几年，我一直坚守着那份医者初心，做人，做事，修炼人品，专注专业。

我们不是侥幸，
是真正练就了实力

人物简介

潘国强，邵逸夫
医院原党委书记。

（您是邵逸夫医院原党委书记，请问邵医有哪些令您难忘的事情，您又是如何看待和评价邵医的？）

1998 年，浙江大学、杭州大学、浙江农业大学和浙江医科大学四所高校合并，组建了新的浙江大学。在此之前，我在浙江医科大学工作。1999 年底，我调任浙医一院党委书记、副院长。2005 年 7 月 1 日，我到邵逸夫医院担任党委书记、副院长。邵逸夫医院是我工作的最后一站，也决定了我永远是邵医人。

邵医 30 年得以高速发展，我认为是赶上了一个好时代。

邵逸夫先生为什么愿意在浙江捐资建造医院？一是他有爱国爱乡情怀，二是改革开放让他看到了国家的希望。对他的善举，我们省里是相当重视的，不管是医院奠基开工、竣工还是开业仪式，省委领导都有参加。

医院开业初期 5 年，委托美国罗马琳达大学进行管理，这是邵先生对我们提出的要求。不得不说，邵先生眼光深远，他真正地想把这家医院办成一流的国际化医院。

中美合作办院让邵医一开始就站在了高起点上，先进的技术、领先的理念及各种创新做法为全国同行所瞩目。住院时间短、治疗费用低、人性化服务、舒适的环境等，也赢得了广大患者及其家属的一致好评。

医院建设，人才是根本。

一是大力引进人才。当时邵逸夫医院中方院长由浙医二院院长吴金民兼任，他知道省里对办好这个医院的决心很大，所以他从浙医二院挖了不少骨干人才过来，浙医一院也有部分骨干来到邵逸夫医院。同时，特聘了浙医二院和浙医一院的一批老教授、老专家为技术顾问。北京协和医院也有专家援建邵逸夫医院。另外，我们还有一支美国专家团队。尽管我们是一家新医院，但我们的技术力量并不弱，并且我们有很多硬件设备是从国外进口的。

二是大力培养人才。我们邵逸夫医院很多医护人员曾赴美国罗马琳达大学学习过，有宽阔的视野、有开放的胸怀，这是邵医医护的一个特质。此外，我们还有专门的潜力医生培养计划，我们在全院范围内挖掘有潜力的医生，建立人才库，给入库人员设定高目标，既有保障激励机制，也有全方位的评价体系。

现在邵医发展壮大的专科越来越多，医院各个专科人员的学术任职人数也逐年增加，科研成果大幅度增长，论文数量和质量也大幅度提高，这得益于人才计划的实施。看着这个喜人的成果，我感到无比自豪。

▲ 2008年5月，潘国强（右三）和邵逸夫医院部分中层干部访问美国罗马琳达大学，与邵逸夫医院第二任美方院长韩得利夫妇（中）合影留念

我们邵逸夫医院整个领导班子非常团结、有战斗力。大家心往一处想，劲往一处使。我们当时也干成了许多大事，为邵医的发展壮大打下了坚实的基础。

　　第一件大事，当属通过 JCI 评审。邵逸夫医院的建院目标就是建设世界一流医院。要通过 JCI 评审，难度是相当大的，完全按国际标准进行评判。我们领导班子态度坚定，我们既然要走国际化之路，就必须为国际所认可。因此，我们在管理、医疗、教学科研、服务等方面对标国际先进，努力与国际先进接轨。终于在 2006 年，我们以高分通过 JCI 评审。曾在浙江大学医学院当过院长的巴德年院士说："同行认可，才是真正的好。"我们不是侥幸，而是真正练就了实力。后来，我们连续 4 次通过 JCI 评审，这在国内公立医院中也是绝无仅有的。JCI 评审过程不仅提升了邵逸夫医院的实力、品牌和声誉，也激发了全院职工的自豪感和向心力，以及对医院的高度认同感。

　　第二件大事是下沙院区（现钱塘院区）的建立。经过十年发展，邵逸夫医院钱塘院区已经成为钱塘江畔一颗耀眼的明珠。这种两院一体化的运行模式，也迅速推动邵医更加发展壮大。而且这种模式是可以复制的，今天的绍兴院区和大运河院区就是它的翻版。

　　作为一名邵医人，躬逢盛世，在推动医院发展的历史进程中贡献了自己的一份力量，那是十分欣慰的。退休后，我虽然不常到邵医来，但对于媒体上有关邵医的新闻我都会很关注。看邵医新闻，如同家有喜事。在我心中，邵医是最好的，但我不会常挂在嘴上；但我的老岳父就不一样，他逢人就讲邵医的好，你若不赞同，他就跟你急。

　　岳父说邵医好是因为他有亲身体验。岳父心肺功能不好，84 岁那一年住进了家附近的一家医院，住了一个多月，状况越来越差，我准备把他送到邵医，但当时邵医急诊室没有床位，即使对我这个老领导来说，他们也不会坏了规则帮我加床的。但邵医是有人情味的，也是有责任心的，他们决定先派医生过去会诊。这位医生就是呼吸内科的周畔主任。周畔到的时候，岳父正在病房跟他的儿子和女儿交代后事。周畔医生先为我岳父做了一番细致的检查，又查看了治疗记录，特别是用药情况，随后对我说："潘书记，我给老人家调整下用药，您看可以吗？"我说："你是专家，听你的。"接着，周畔俯下身，对我岳父说："老人家，你按我开的药吃，今天是星期天，保证你下周五高高兴兴出院回家。"听她这么一说，我岳父的眼里突然发亮，希望重燃。

　　一个星期后，如周畔所说，我岳父安然出院，自此逢人便讲邵逸夫医院是最好的医院。老人多活了整整 10 年，94 岁安然离世，他知足了，作为子女我们也满足了。

看邵医，东南形胜

挡不住的新鲜事物

（到邵逸夫医院之前，您在浙大一院工作了20年。换到一家中西合璧的新医院工作，您的感受是什么？）

2005年10月，我从浙大一院调到邵逸夫医院，先担任党委副书记兼纪委书记，后来又兼任副院长和工会主席，离开邵逸夫医院前的最后一个职务是党委书记兼副院长。截至2012年3月卸任党委书记，我在邵逸夫医院工作了六年半。

浙大一院是传统中国式老牌教学医院，我到了邵医后，满眼是挡不住的新鲜事物。首先，服装就不一样，医生的白大褂是短短的，护士的衣服则是花花的；其次，到处是朝气蓬勃的年轻面孔，热情洋溢；最后是员工对国际化的认同，国际化医疗服务体系落地生根，这对医院的快速发展发挥了重要的推动作用。

我特别看重邵逸夫医院施行的两个制度。

一是主诊医生负责制。在邵逸夫医院，年轻医生只要有副高级职称，通过考核就有独立带组的资格。这在当时的传统医院是很难做到的。在传统医院，别说副高级职称，即使是获得了正高级职称，

人物简介

黄东胜，主任医师，教授、博士研究生导师，曾任邵逸夫医院党委书记、副院长，浙江省人民医院院长、党委书记，杭州医学院校长、党委副书记等。

也未必有独立带组的资格。在邵医不讲先来后到，更不搞论资排辈，"是骡子是马，拉出来遛遛"，铁律就是靠能力说话。

以前，我们总是说，要让年轻人挑大梁，给年轻人压担子。事实上，许多时候，在许多事情中，尤其在医疗工作中，这都是很难做到的。在传统医院做不到的事情，在邵逸夫医院做到了。这对年轻医生是极大的激励，谁不想早日崭露头角，独当一面！我认为这个制度是善政，倒逼带组医生，一是不断学习，不断创新，在给予你权力的同时，也要你承担起所有责任；二是想方设法找饭吃，让他们有压力。而这种压力往往就是动力，促使他们在精细化服务上赢得好口碑，在疑难复杂病症的处理方面提升专业水平，打造自己的"拳头产品"，打造自己的"核武器"，促进年轻人快速成长，促使年轻人注重个人品牌的塑造，同时也提升科室和医院的品牌影响力。另一个是委员会制度，这也是一个善政。质量安全委员会、护理管理委员会、伦理管理委员会、奖惩委员会……在邵逸夫医院，各种委员会有 32 个。委员会是介于院级层面与科室层面中间的一个充分体现民主和公平的管理模式。这个模式带来的好处是，激发员工的主观能动性，唤醒他们的主人翁意识，集中他们的智慧，群策群力，为医院建设发展提供专业的、客观的咨询意见。

当时令我印象深刻的还有一个优秀员工午餐座谈会，院领导和季度先进个人，一人一份盒饭，大家边吃边聊，既让领导听得到员工的意见和建议，也让员工感受到领导对他们的理解和关爱，既拉近了领导和员工的距离，又融洽了领导和员工的关系。这种亲善之举，实际上就是邵医的一种文化。

▲ 2011 年 4 月 23 日，邵逸夫医院乳腺疾病诊治中心成立，黄东胜为郑树教授颁发聘书

攻心为上

（邵逸夫医院的发展速度，在业界有口皆碑，有人说这是抓住改革开放的好机遇，也有人说是抓住了中西合璧的好机制。依您看，邵逸夫医院是抓住了什么？）

抓住机遇或机制，或是机遇和机制都抓住了，我认为皆有道理。但从我个人理解的角度看，抓住的是人心。一家新的医院，开业不久后，全国各地前来参观学习和交流的医院络绎不绝，包括上海、北京等地的知名大医院都派人来。比如，上海华山医院的整个院领导班子都过来了；北京则是当时的卫生局领导带着多家医院院长组团过来的。

我们医院是一家新的医院，学术、学科肯定不能与这些历史悠久的顶尖大医院相比。那么，人家想看我们什么？我们又有什么东西可以给别人看？我们是中国大陆首家通过 JCI 国际认证医院，人家想看的就是我们中西合璧的体系，看我们的管理制度，看新生事物给我们医院快速发展带来的推动作用。

我们医院是全国首家病区不加床的医院、首家取消门诊输液的医院，这些当时在国内都是石破天惊之举。这些举措，打的是服务牌和管理牌，归根结底抓的是人心。这个人心，就是以"以患者为中心"。建院之初，邵医有大批外方医护人员，他们是发自内心地体贴、关心患者，这也深深影响到了中方医护人员，受他们熏陶，"以患者为中心"成为每个邵医人的座右铭。同时，每位邵医人也将这一点体现在医疗服务的点点滴滴实践中。有一次，我们院领导结合科学发展观展开学习，梳理出一批事关群众就诊感受的问题，再把解决问题的责任具体落实到每位领导身上。我领到的任务是解决门诊挂号排长队、拥挤不堪的问题。当时日常的门诊挂号大厅有点像春运时火车站的售票大厅，一位保安坐在一张高高的凳子上，居高临下，拿大喇叭喊话，防止有人插队。

挂号的地方小，人又特别多，要有一个好的秩序确实困难。我提出分区挂号方案，即复诊患者到各个对应的诊区挂号，每个诊区配备一台刷卡机，用原有的就诊卡一刷就能自动打印挂号单。但问题是，挂号费谁来收？如果让护士兼职收，护士的本职工作势必要受影响，而且这也和财务收费管理制度有冲突；若给每个诊区配一名收费员，人力成本支出又会大大增加。在院务会上，领导们意见很一致，先挂虚拟号（暂不收挂号费），待患者就诊完成后再补交挂号费，这样可能有人会漏交或不交挂号费。权衡挂号费少量损失和减少患者排队时间以及改善挂号大厅的拥挤状况的得失，院领导一致选择以患者的利益优先。一切皆值得！

可以说，邵逸夫医院早期的品牌美誉度就是通过极具人性化的服务打响的。

除了关注患者的感受和需求，以患者为中心以外，医院还特别重视对员工的关心与关爱。我在兼任工会主席期间，做过两件事。

一件是在办公楼后搭建了一个钢结构的漂亮健身房，配备了专业级一流的健身器材，供员工健身锻炼，这在当时国内的医院里应该是很少见的。健身房很受员工欢迎，成了许多年轻人下班后的好去处。

另一件是，编印画册《我们的家》。画册中有每个科室的全家福照片，照片下方有每个员工的名字，还有凝练科室文化的一句话。员工人手一册，大家都挺喜欢。有些原来相互并不熟悉的员工，还通过画册成为彼此心仪的另一半。我为这本画册写了两句话，也印在画册首页：让陌生的人变熟悉，让熟悉的人变亲近。

邵医文化，如影随形

（离开邵逸夫医院后，您觉得这段工作经历，给您新的工作岗位带来什么帮助？）

2012 年，我离开邵逸夫医院到浙江省人民医院担任院长，等于又回到了传统医院。但邵医文化对我的影响是深刻的，邵医的国际化、创新、活力和效率，以及邵医的管理体系、服务观念、人文精神等，都给我后面的工作带来很大的影响。

到了新单位以后，我在医院管理方面，着力推行规范化、信息化、人性化；在医疗服务方面，注重人文化、精细化、标准化；在队伍建设方面，重视专业化、年轻化、国际化，尤其重视对年轻人的培养，废除论资排辈制度，给年轻人创造更多更好的成长机会，给医院注入更多的活力。

文化是医院发展和存续的基因，文化是医院发展的软实力。邵逸夫医院快速、健康的发展与其独特的医院文化密切相关。离开邵逸夫医院，到浙江省人民医院担任院长后，我做的第一件大事就是带领"浙人医"的全体员工，花了近一年的时间，建立了"浙人医"的医院文化体系，以及"仁爱、卓越、奉献、

▲ 黄东胜主持会议

创新"的核心价值观，"以患者为中心，以员工为主体"的管理理念，"把医院建设成为百姓信赖、员工自豪、业界推崇的国内一流，具有国际影响力的临床研究型医院"的愿景。这一系列改革的背后，就有在邵逸夫医院六年半的工作经历对我的影响。

我在调离邵逸夫医院时曾有过一番感言，说："人生能有多少个六年，又能有多少个如此充实和美好的六年呢？邵逸夫医院的发展中包含了我的一份辛勤和付出，邵逸夫医院的成就中凝聚了我的一份智慧和奉献，在邵逸夫医院工作期间的美好回忆将永远铭刻在我的脑海里，与同事们结下的深情厚谊将永远珍藏在我的心底。今后，在新的工作岗位上，我将时刻以曾经是邵逸夫医院的一员而自豪，时刻牵挂着邵逸夫医院的发展和进步，时刻期待着邵逸夫医院的喜讯和成就。时刻以邵逸夫医院作为学习的榜样，以邵逸夫医院为追赶的目标，在新的工作岗位上开拓创新、努力进取，为浙江省人民医院的发展作出应有的贡献……"

离开邵逸夫医院这么多年，我一直在履行自己当年的诺言，但邵逸夫医院榜样的力量一直在激励着自己不断努力与进步。至今，我离开邵逸夫医院，已有12年，但我对邵逸夫医院的支持和关注始终如一。我为邵逸夫医院的飞速发展而高兴，为邵逸夫医院跻身国内顶级医院排行榜而自豪！相信并祝愿邵逸夫医院早日实现愿景，成为中国的"妙佑"，成为国际一流的研究型医院，为中国医疗走向世界，服务全人类贡献"邵医方案"，提供"邵医模式"。

过去的30年，邵逸夫医院创造了中国医院发展史上的奇迹；下一个30年，邵逸夫医院必将创造更大、更辉煌的奇迹！

管理中的人文，人文中的温暖

人物简介

陈智，教授、博士研究生导师，浙江大学医学院原党委书记、常务副院长，邵逸夫医院原党委书记、副院长。

记忆是一条长河。人生经历中那些美好的过往就像江河里的浪花，点点滴滴皆是欢快的音符。

2012 年 2 月，学校任命我为邵逸夫医院党委书记兼副院长。2013 年 7 月，我调回浙江大学医学院，离开医院至今已有 10 年。虽然在邵逸夫医院工作的时间不长，但每次回到邵逸夫医院，我都会有一种特别温暖的亲切感。如今，邵逸夫医院已经发展成为国内最优秀的医院之一，我深深为曾经在邵医工作而感到骄傲和自豪。

邵医模式在业界非常有名，如全院不加床、门诊不输液、Attending（主诊医师）负责制等。在临床诊治方面，以目前很多医院实行的多学科诊治模式（multi-disciplinary treatment，MDT）为例，邵逸夫医院从 30 年前建院初期就已采用 MDT 诊治疑难重症患者。在邵逸夫医院工作期间，国家卫生健康委每年举办医院管理学习班，都会安排全国各地的学员来邵逸夫医院实地考察调研。全国各地每年有许多医院管理者慕名来邵医学习。

邵逸夫医院非常注重学术的发展，如每年一次的国际学术周已经连续举办了 17 年，不断提升着邵医的学术水平。再如院内的"3999 抢救系统"，30 年了，仍在高效运转。

……

▲ 2012 年 4 月 16 日，陈智（左一）参加邵逸夫医院牙科种植中心成立揭牌仪式

▲ 2012 年 "5.12" 国际护士节，陈智（右一）给一线护理工作者献花

邵逸夫医院特别重视人才队伍建设，为了培养更多优秀的人才，其在全院范围内不断筛选有潜力的年轻医生，建立了"潜力医生"人才库。医院每个月会定期组织学习和讨论活动，为这些年轻医生提供交流和成长的平台。每次活动，看着会场内那一双双充满活力、充满希望的眼睛，我的内心就非常激动，这些年轻人将来都是医院的中坚力量，他们的成长和成才不仅关系着广大患者的健康和生命，也关系着我国卫生健康事业的发展。如今，这些年轻医生都已成长为医院各临床科室的核心力量，有些还成长为医院管理层干部和学科带头人。例如，泌尿外科的陈艺成医师被派往日本静冈县立综合病院和京都大学医学部附属医院研修泌尿外科诊疗技术，如今已是医院泌尿外科的骨干和浙江省医学会泌尿外科学分会青年委员会副主任委员；又如，耳鼻喉科肖芒主任被派往美国罗马琳达大学参加头颈 – 颌面外科与微血管重建规范化培训，如今已是相关临床专科领域的翘楚了。这些潜力医生的成长和成才，使得医院的人才队伍不断壮大，医疗技术和科研水平不断提高，医院的综合实力不断增强。

　　邵逸夫医院有许多优点和特色，特别是其独特的文化，在医院发展中发挥着重要的作用。在邵逸夫医院，文化不仅体现了传统的医学价值观，更是连接所有员工的纽带。在邵逸夫医院工作期间，我深深感受到这种独特文化的力量。

　　邵逸夫医院非常重视医学人文建设，无论是员工还是患者，只要迈进邵医的大门，就会有回家的感觉。患者喜欢邵医，理由有 N 个，这里的设施设备先进，医护人员技术水平高、服务态度好，环境明亮干净……我听到最多的是，邵逸夫医院护士配比高，患者身边 24 小时有护士，享受到的服务最好。邵医的护理是中西合璧，业界称他们为"奔跑的康乃馨"。邵逸夫医院的水粉康乃馨护士服曾获得国家外观设计专利。其拥有精致的 V 领，挺括的版型，清新淡雅、象征着母爱的康乃馨，代表着医者仁心。这款护士服体现了柔美、关怀、体恤，焕发着护理的独特魅力。护士服的魅力不只在于好看，核心是传递的理念不是"护病"而是"护人"。医院从人文和心理的视角来理解护患关系，重视护士们人性化照护和专业能力。

　　邵逸夫医院的文化体现在员工身上，他们浑身散发着朝气、锐气和才气，让靠近他们的人都能感受到如沐春风的温暖。这种文化让医院充满活力，蓬勃发展，同时也给予患者力量、信心和安全感。

　　邵逸夫医院有一句话很得人心——"以员工为主体"。这不是一个口号，而是体现在员工的实际工作和生活中，是以员工的感受为评判标准，在实际工作中贯彻落实，积极打造一个关爱员工、重视员工福祉的医疗环境。在员工的生活方面，医院精心设计并实施了一系列人性化措施。

　　例如，食堂不仅是用餐的场所，而且是员工放松和交流的空间。邵医食堂的菜品十分丰富，不仅注重营养均衡，而且充分考虑到员工的口味需求和健康，无论是南方还是北方，川湘还

▲ 2014年4月30日，邵逸夫医院建院20周年，时任浙江大学医学院常务副院长陈智为特别贡献奖获奖者颁奖

是淮扬，各式菜肴应有尽有，满足来自全国各地员工多元化的口味需求。食堂从不外包，医院每年给予补贴，目的是让每一位员工吃得好、吃得满意。

健康的身体是员工们辛勤工作的基石。邵医在用房非常紧张的情况下就设立了健身房，为员工提供一个运动健身的场所。无论是有氧运动还是力量训练，这里有完备的设施和器械，许多医护人员喜欢在工作之余到健身房运动和锻炼。此外，医院还利用屋顶修建了一个空中花园，这里绿树成荫，花香四溢，是员工们放松心情、舒缓压力的好去处。在这里，他们可以暂时忘却工作的压力，享受片刻的宁静与美好，以保持充沛的精力和身心健康。

另外，值得一提的是，"邵医咖啡"是杭州首家开在医院内的咖啡店，为医护人员、患者及家属提供了一个休息和交流的场所。一杯咖啡不仅仅是咖啡，而是带来了温馨和放松的氛围，也体现了医院对员工和患者及其家属的关爱。

在邵逸夫医院，人文精神不仅体现在对员工的关怀上，更是影响着整个科室的氛围。在我的记忆中，邵医的同事之间、医患之间关系和谐融洽，互相关爱，彼此帮助，其中有许多故事让我至今十分感动、难忘。这种氛围让每一位员工都感受到温暖与尊重，激发了他们的工作热情与投入，并将这种温暖转变为对患者的关心和关爱。

这些年，我非常高兴看到邵逸夫医院的快速发展，这种发展是全面的，临床、科研、教学、服务齐头并进，奋力前行。

邵逸夫医院以其卓越的医疗实力、深厚的人文底蕴、远大的理想和宽广的胸怀，不断努力成为一家优秀的医院。我为我曾经在邵医奋斗而感到骄傲！

两件"人生大事"在邵医

人物简介

刘利民，邵逸夫
医院绍兴院区院长、
中国医院协会人力资
源专业委员会副主任
委员、邵逸夫医院原
党委书记兼副院长。

一块文化碰撞的试验田

（您曾担任杭城几家大医院的领导职务，到邵逸夫医院前，您对
它了解多少？到邵逸夫医院后，您又是如何看待它的？）

我于 1993 年开始在浙医二院担任院领导职务，之后相继担任浙
医一院、浙江省妇产科医院的院领导职务。在浙医二院任职期间，
吴金民院长兼任邵逸夫医院院长。

邵逸夫医院的诞生，我认为是中西方文化的碰撞，改变了国内
整个传统的医疗行为。

我于 2009 年调入邵逸夫医院，自认为对邵逸夫医院的各种制度、
流程、规范等比较了解，邵医的每一项制度都是我们讨论和分析的
对象，如"病房不加床""取消门诊输液"等，我们会讨论和分析：
这种方法好不好？我们可不可取？

到邵逸夫医院后，我从一个"局外人"变为了"局内人"，才发
现以往对邵医的了解是单一的，也是肤浅的。邵医的许多理念看似
与我们的国情、传统习惯相悖甚至格格不入，但如果深入剖析，其
内涵与我国传统价值观通常存在诸多契合之处。邵逸夫医院所有的

理念都基于人而提出，"以患者为中心，以员工为主体"的管理理念、"给您真诚、信心和爱"的服务理念，与中华文化就是一脉相承的。在邵逸夫医院，我开始慢慢消化和吸收它的先进理念。

我理解了邵逸夫医院的主诊医生负责制，这种责任到人、责任完全独立的做法是经验的积累，也是创新驱动，能促进年轻人成长；我理解了原美方院长韩得利（Hadley）为何在门诊愤怒到拔掉输液针，因为滥输液易导致细菌、病毒感染甚至患者死亡。一家优秀的医院一定给人以极大的获得感和安全感。特别是后者，患者在医院需要安全感，而在医院工作的每个人也需要安全感。有了员工的满意，才会有患者的满意；有了员工的安全，才会有患者的安全。

那么，安全，需要依靠什么来保证？需要依靠内部科学的治理体系，根据制度来解决问题，以制度确保质量。对人的要求是严格遵守各项制度和规范，避免由于人为失误带来损害，触及安全底线。

2019 年，邵逸夫医院获得浙江省政府"质量管理创新奖"，为全省首家且唯一入选的医疗机构。医院的质量意味着安全，安全成为邵逸夫医院含金量最高的金字招牌。

有人说邵逸夫医院是"混血儿"，我认为这个提法是不科学的。一个行业的发展乃至社会的进步都是建立在学习借鉴人类文明成果之上的，是不同文化的试验田，是先进文化和现代文明的融合。医学领域亦如此。

是故事还是模式？

（邵逸夫医院是在一个特殊的背景下创建的，因其独特性，故只能当故事讲，而不能当模式学习，对此您怎么看？）

邵逸夫医院是故事还是模式？邵逸夫医院的建设和发展本身就是好故事。故事和模式不是对立的，而是可以共存的。什么是模式？模式，指事物的标准样式。简单来说，可以用来复制的，就是模式。回头再看邵逸夫医院，邵逸夫医院就是模式。我们在杭州市复制建设钱塘江畔的钱塘院区和古运河畔的大运河院区；我们在浙江省范围内，复制建设绍兴院区；我们在国家区域内复制建设新疆兵团阿拉尔医院。

我对钱塘院区特别有感情，因为这个项目是由我负责的。在邵逸夫医院，我从担任党委副书记到书记，做了大量工作，其中让我铭记于心或让我感到骄傲的有两件"人生大事"，第一件是钱塘院区（当时称下沙院区）的建设。当时很多人认为该院区前景不容乐观，一是位置太偏远，接近杭州与嘉兴海宁的交界处；二是周边主要是厂矿企业和农村社区，相当于城乡接合部。

开院之初，我就提出了"院区模式、一体管理、资源共享、相对独立"的管理模式。除医疗用房等硬件设施外，其他都是按照邵逸夫医院庆春院区建设的，两个院区采用相同的制度规章和管理模式，人员打通，统一调配，资源共享，患者在不同的院区就医，体验完全相同。

与庆春院区相比，钱塘院区位置偏远看似劣势，其实未必，杭州市外的患者在钱塘院区就医可以避开市区拥堵的路况而节省时间。此外，因为钱塘院区是新建院区，病房等硬件条件比庆春院区好，也吸引了很大一部分患者前往就医。现在钱塘院区的体量与庆春院区不相上下，床位数与患者数基本持平。

院区不同，仅是一个地理概念的差别，而发展是一体化的，院区是发展空间的扩大化。以往受空间的限制，部分新兴科室因为没有病房而发展缓慢，如康复医学科、精神卫生科等。钱塘院区建成后，这些科室有了自己的病房，发展十分迅速，如康复医学科成为中华医学会物理医学与康复学分会副主任委员单位。肾内科、产科、神经外科等科室因空间有限，虽然学科发展了，但规模尚未跟上，整体搬迁至钱塘院区后，规模得到大幅扩大，推动了学科的快速发展。此外，还有部分学科在钱塘院区发展了亚专科，如骨科发展了修复重建与手足外科，这是邵逸夫医院骨科近年来迅猛发展的亚专科之一，以不断满足群众的就医需求。

像战士一样去战斗

（在您的带领下，邵逸夫医院赴荆门抗疫医疗队屡创奇迹，圆满完成了上级交给的任务，彰显了邵逸夫医院的"国家担当"。请问在即将退休之际，您为何主动请缨上一线？）

我在邵逸夫医院的第二件"人生大事"就是荆门战"疫"。

2020年年初，新冠疫情肆虐神州大地，全国人民在党中央的领导下团结一心、众志成城，展开了一场空前绝后的疫情防控阻击战。

2月7日，党中央决定"一省包一市"，全力支持湖北省加强患者救治工作。2月12日，浙江省积极响应党中央"一省包一市"的决策部署，决定由邵逸夫医院单独组建重症救治团队作为浙江省首批支援荆门的医疗队出征。接到任务后，邵逸夫医院迅速组建了一支37人的医疗队，涵盖邵逸夫医院重症医学科、感染科、呼吸与危重症医学科、呼吸治疗科等

▲ 2020 年 2 月 12 日，邵逸夫医院重症医疗队驰援湖北荆门，刘利民给队员的手书

35 名医护队员及浙江省疾病预防控制中心 2 位专家，全力支援荆门医疗救治和疫情防控工作。

作为医院党委书记，我亦主动请缨，率队出征。我带着 37 人的医疗队奔赴荆门，我既是这支医疗队的队长，也是浙江对口支援湖北荆门抗疫前方指挥部的常务副指挥长。我们到达荆门前，该市的新冠病毒感染率、死亡率排在湖北省的前几位。我们到达后，了解到当地的危重患者都分散在下辖县市治疗，医疗力量不集中，诊疗方法和标准也不一致。我们立即进入战斗角色，24 小时内就将普通病房改造成三区两通道的 ICU，并向当地党委和政府提出，将所有的危重患者交由我们浙江医疗队实施抢救治疗。第二天，我们就把荆门所有的危重患者收进了邵医医疗队管理的 ICU 病房。

在荆门，我们仅用 46 天就把荆门新冠病毒感染者的死亡率从湖北省的第一降到第五，且保持 23 天零死亡纪录，创造了一个奇迹。那么，这个奇迹是如何创造的呢？面对肆虐的新冠病毒，我们仅有勇气是不够的，还需要懂谋略。所以一开始，我们的工作重点之一是寻找死亡原因。我们很快找到了原因——缺氧，被感染的患者肺泡表面裹着痰液，导致肺功能减弱甚至丧失。通常，抢救一般的危重患者时，是让患者仰卧，身体尽量保持平衡状态；而对于新冠病毒感染者，则需要将患者扶起来，通过拍打后背，促使患者咳嗽。患者一咳嗽，肺泡表面的痰液就会发生松动，氧合指数马上上升，此时给予患者纯氧。我们采用物理的方法，起到了四两拨千斤的效果。

我们在荆门抗疫一线的表现受到了媒体的广泛关注和报道，在我们每个队员身上，都有着令人感怀动容的故事。邵医医疗队也获得了"全国抗击新冠肺炎疫情先进集体"的称号。

下面我说一说自己的心路历程。

在逆行荆门前，我清晰地记得，2020 年 1 月 25 日大年初一清晨，我和蔡秀军院长送第一批抗疫医疗队奔赴武汉支援。在火车站的站台上，我目送载着医疗队队员的高铁远去，心里五味杂陈。当时我就在心里暗暗下决心，如果有需要，我一定要去抗疫最前线贡献一份力

量！收到医疗队名单后，我发现很多队员是 90 后，他们比我女儿还年轻。在这样严峻的形势下，还要去一个完全陌生的地方，他们的精神压力可想而知。我希望我能带给他们力量和信心。

当时，我随手把自己内心最真实的想法记录下来，出发前送给了队员们："这么多的小朋友'逆行'到抗疫第一线，'大叔'我有一万个理由陪着你们。我们一起努力完成任务，安全回家！加油队员！加油荆门！"

在医院，我喜欢和年轻的医护人员打成一片。他们阳光，富有朝气，和他们在一起，仿佛自己也是年轻的，也有一种向上的朝气。大疫当前，国家召唤，他们义无反顾地冲在了第一线。他们大多是 80 后、90 后，在我心里，他们还都是孩子。事实上，我的孩子和他们一般大，我懂得他们的心理，知道关键时候他们最需要什么，我必须和他们在一起。

我们这个团队关系非常融洽，从称呼上就能发现，在队里大家都叫我"大叔"，没人叫我"刘书记"。我没有把自己当书记，他们也没有把我看作书记，我们就是亲密无间的一家人。最开始，一天看到两人死亡，年轻的队员们感到很沮丧。我就分别抱抱他们说："作为大叔，我有一万个理由陪着你们，一起完成上级交给我们的任务。"减轻这些年轻人的心理压力是我的一项主要工作。团队只有保持昂扬向上的姿态，才能战胜一切艰难险阻。

▲ 2020 年 3 月 7 日，刘利民（左一）向时任湖北省委书记应勇汇报荆门市抗疫情况

　　我有一个北京大学校友群，这些同学不仅组织捐赠各种防护物品，还召集各地同学募集到5.8万余元，想捐给医疗队。我不想把这些钱直接发给大家，决定建一个微信群，这个群不谈工作（工作只在"钉钉"例会上讨论），只能谈风花雪月，所以取名为"邵医援荆门雪月群"。我在群里发红包，大家一起抢。忙碌了一天的队员们每个人都可以抢到一个或大或小的红包，心情都十分激动，纷纷让我替他们谢谢北大校友群的叔叔阿姨们。

　　还有队员问我："大叔，您这个红包的频率是什么呀？是临时医嘱还是长期医嘱？"

　　我说："QN（每晚一次）。"

　　于是群里一下子被掌声和鲜花刷屏了。

　　也许是压力和劳累的缘故，这次在荆门，我的痛风又发作了，症状比以往任何一次都严重，全身疼痛，如同有一根针在体内行走，但再痛我也不能表现出来。每天早上，90岁高龄的老母亲都会准时给我打电话："利民，你还好吗？你带去的小朋友们好吗？"在得到我肯定的答复后，她才不舍地挂了电话。她不知道的是，她的儿子到荆门后，备受病痛困扰，难以入眠，每天晚上能睡三四个小时就不错了。

　　但无论疼痛如何，我每天都会精神饱满地出现在队员面前，即使拄着拐杖，我也要和他们站在一起……

　　这是我在邵逸夫医院的两件"人生大事"，值得我永远回味。

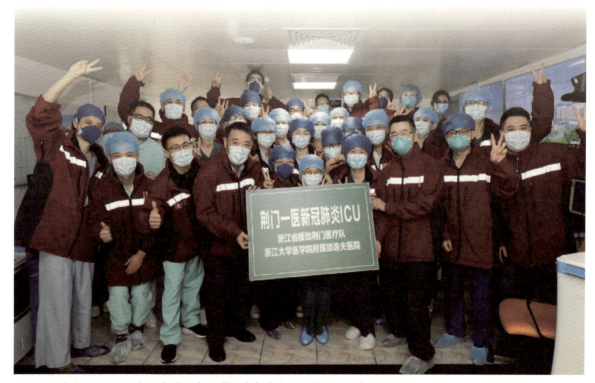

▲ 2020年3月24日，浙江省援助湖北荆门首个重症监护室胜利完成任务休舱

一声"昌妈"，几多真情

人物简介

昌锦霞，邵逸夫
医院原党委副书记、
副院长。

"不管部长"，另一种解读

（您是军人出身，从您现在的言谈举止中我们能感受到您的干练
作风。邵逸夫医院建院时，您是分管行政后勤的副院长，面对一堆"剪
不断，理还乱"的困难，您是如何起好头、迈好步的？）

我当过 24 年的兵，浑身流淌的是军人血液。从部队转业后，我
到了原浙江医科大学，担任营养系办公室主任。也许我身上有太多
的军人特质，如干事风风火火，说话快人快语，像个"女汉子"，因
而被浙江医科大学派到了邵逸夫医院筹建办公室，那是 1992 年。

医院正式运营前，我被任命为分管行政后勤的副院长，后来医
院成立了党委。经过浙江医科大学和邵逸夫医院的考察，我被任命
为党委副书记。

我当时的主要工作是将美方先进的后勤管理模式与邵逸夫医院
的实际情况相融合，这是一个非常坎坷的磨合过程。

一家新医院，面对的困难和需要解决的问题太多了。打个比方，
当时邵逸夫医院就像一个人，穿西装、打领带，外表很光鲜，而里
面穿的可能是布满破洞的背心。医院里颇具风格的建筑，各种先进

▲ 1997年迎香港回归长跑赛

▲ 建院初期，昌锦霞（前排左六）和韩得利（后排左一）带着邵医运动健儿参加浙江医科大学的运动会

的医疗设备，进进出出的洋医生、洋护士，使得这个医院给人高大上的印象，由此吸引了不少人加入，但也有不少人来后又走了，原因是收入低、待遇差、后勤保障跟不上。

问题找到了，努力的方向也就明确了。我作为后勤副院长，从员工强烈反映的问题入手，做好服务保障，营造拴心留人的良好环境。青年职工反映冬天集体宿舍没有热水供应，洗澡困难，于是，我们马上在集体宿舍区改建几间有热水供应的淋浴房，同时，又购买了几台洗衣机，建造了洗衣房；一些双职工反映他们早上上班早，孩子上学没人送，于是，我们安排专车集中接送孩子上下学，让父母安心、放心；夜班医护人员反映，下班后人困马乏，想吃一口热乎的饭菜，于是，开了深夜食堂……我们所做的这一切，可以说惠及了每一个邵医人，也温暖着每一个邵医人。

那时候，我每天满脑子都是事情，眼睛一睁，忙到熄灯，一点不假。当时，但凡别人不管的事情也都归到我这里，所以我有个外号叫"不管部长"，所谓的不管，其实是别人不管的我这里都管。比如，减轻护士负担，把护士还给患者的问题。我在部队医院从事护理管理工作，护士的工作主要集中于专业护理，而病房保洁、患者生活服务等全部是由战士卫生员承担的。我发现在地方医院，护士非专业以外的事情干得太多，比如打扫病房卫生，给患者打水、送饭等，护士工作量很大，其实这样做，对患者也是不好的，因为这样分散了护士对患者的关注度。

这项工作没有明确分工由谁来管，这是医疗管理岗位上的事，我也可以不闻不问，但护士出身的我，对护士工作是有感情的，所以决定将这事揽过来，管好，管到位。我们后勤这一块，有个清洁部，主要负责病房之外的医院公共区域保洁。为了把护士还给患者，我扩大了保洁部保洁员队伍，把他们充实到各个病区，把护士从大量专业以外的事务中解放出来。

也许我管了太多的婆婆妈妈的事，所以得了一个特别的称呼——昌妈。医院上上下下都这么叫的，在医院里有人可能不知道昌锦霞为何人，但一说"昌妈"，大家都知道是谁了。

巧妇难为无米之炊

（作为医院领导，每个人都有其职责分工，从您平常做的事来看，是没有明确界限之分的，以"大家"为重，只要是有利于员工的事就干，是这样吗？）

人们普遍认为医院最赚钱，不差钱，尤其是有名的大医院，每天人满为患，这些人都是给医院送钱来的。其实，这当中是有认识误区的，对于我们这样的公立医院来说，赚钱不是目的，我们仍然是以公益为主，办人民满意的医院。一家好的医院，当然是不差钱，但这钱最终还是回归人民，用在人民健康事业上。但邵逸夫医院开业初期，确实没钱。从理论上来讲，赚钱不是我的事，我不管看病，不管开刀，不管开药，医院的收入来源是治疗费和药费。我负责的是花钱。

医院新开时，患者很少，无钱可进。但我们还是想着要花钱的，没钱怎么改善员工生活，如果后勤服务跟不上，员工的积极性又从何而来？对于这些事，我很犯愁。时任党委书记鲁端也很犯愁。党委书记是做人的工作，要稳定人心，稳定队伍，光有精神而没有物质是坚持不下去的。

穷则思变。我这个自认为没有半点经济头脑的人，被赶鸭子上架，也得想着赚钱了。我和鲁端书记商量后，注册成立了一家公司，他当法人，我任总经理。经营了一段时间，公司有了点收益，我们高兴坏了，给每个员工发了800元奖金。员工们也高兴坏了，邵逸夫医院有奖金发了。此前，是没有奖金一说的。逢年过节，我们想办法给员工发点福利。

医院有困难，大家一起扛。我们在想着赚钱补贴"家用"的同时，也学会了过苦日子，能不花的就不花，一定要花的尽量要花少。20世纪90年代初，通信还不发达，手机更是稀罕物，人与人之间的联系更多是打公用电话。为方便患者和家属对外联系，我想装两部公用磁卡电话。这也是我们行政后勤该做的事。但问题来了，钱从哪里来？有没有可能，让电信部门免费安装？我马上付诸行动，想着即使不成，我们也不损失什么。我找到电信部门的负责人，讲了我们的困难，人家表示不解，认为医院不差钱，这个理由站不住脚。我没有轻易放弃，继续与他磨嘴皮子，称我们医院可以与他们建立合作关系，为他们员工就医或体检提供便利，对方仍不为所动。最后，我急了，告诉对方，我不是求你，我是给你们提供平台，医院人流量大，电话使用率高，在我们这里放上两部，对你们磁卡电话推广是大有好处的，是很好的广告宣传，对你们来说，非但不亏，反而赚了。我以为我的这番话会气恼对方，不承想，对方笑了，说道："你这话说到点子上了，我没有理由不免费给你们安装了。"

"老哈"是根鞭子

（您是医院的领导班子成员，与您共事的领导有中方的，也有美方的，您是如何同他们相处的，又是如何配合开展工作的？）

说实话，我很钦佩美国罗马琳达大学派过来的两位院长，他们很无私，不计报酬，放弃

▲ 鲁端、昌锦霞在院区劳动

▲ 昌锦霞和时任党委副书记卢伟在院区扫雪

原本优越的生活，带着一颗仁爱之心来帮助我们。看到他们，我就想到加拿大共产党员、国际主义战士白求恩。因为有着这样的心态，我与他们的相处是愉快的，虽然会有矛盾、有冲突，但出发点都是为了把工作做得更好，所以丝毫不影响我们之间的友谊。

首任美方院长方则鹏是个工作狂，常常为了工作忘了吃饭，而他自己又不会做饭，加上身边没有家人，饿肚子是常有的事。我是分管行政后勤的副院长，这事我得管。我当兵时在河南待过15年，河南是面食大省，做包子、蒸馒头等是我的拿手好戏。方则鹏是美籍华人，7岁离开安徽老家去了美国。一次，我试着给他送了些自己蒸的馒头，他吃了赞不绝口，说中国"面包"太好吃了。因为他喜欢吃，我就经常给他送，以至于后来他回了美国，每次联系，他都要说："昌妈，想你做的面包了。"方则鹏院长的继任者中文名字叫韩得利，大家都叫他"老哈"。老哈是个急性子，一发现问题就会吹胡子瞪眼，暴跳如雷。老哈是一名病理学专家，但作为院长，他的主要精力在医院的管理上，而行政后勤这一块问题相对较多，也容易被发现，所以我这个分管院长被他盯得死死的。老哈这个人坐不住，在办公室是找不到他的，他就喜欢在医院的各个地方转来转去，一些不为人知的或人们习以为常的问题往往逃不过他的眼睛。

每天我都要接到他的无数个电话，哪个厕所里在哗哗漏水，哪个过道上白天灯还亮着……每次我都不敢耽搁，立即安排人处理。他还喜欢杀回马枪，如果发现问题还没解决，第二次电话打过来就有点气急败坏。

他是个很有意思的人。有一次，他为了检验门口保安的责任心，抱着一台电脑从医院走出，因为他个子高大，一头卷发，每天都在医院转来转去的，所以保安对他很熟悉，知道他是院长，就没拦他。这下他又发脾气了，责问保安为什么不问他抱着电脑去干什么，有没有出门证。保安很委屈，辩解说："你是院长，有这个必要吗？"老哈一听，气更大了，斥责道："院长就可以不守规矩了，院长就可以搞特殊化了？你不问，你就是失职了……"他的这份认真，有人谓之可笑，在我看来是可敬。

对工作我不敢有丝毫懈怠，随时担心鞭子抽下来。老哈就是那根鞭子。有时我又觉得老哈是我身后的眼睛，如芒在背。有段时间，他可能意识到自己说多了，招人烦了，于是不说了，而是把看到的问题拍成照片，其中有消防值班人员睡觉的，有垃圾桶没盖盖子的。他悄悄把这些照片放在我的办公桌上，有图有真相，言下之意——你看着办。

有老哈这根鞭子是一件很幸福的事，他催我奋进，促使我尽心尽责做好自己的工作。我虽然退休多年，但只要一回到邵逸夫医院，耳边就会响起一声声热情的招呼："昌妈好！""昌妈你回来啦？"。

一声"昌妈"，几多真情。

我知足了。

▲ 邵逸夫医院早期掩映在绿荫里的职工食堂

泪飞顿作倾盆雨

孙蔚青，曾任邵逸夫医院筹建处副处长、邵逸夫医院副院长。

（请问您是如何来到邵逸夫医院的？）

我与邵逸夫医院的缘分来得非常突然，没有任何思想准备。记得那是1991年夏的一天，郑树校长叫我一起去邵逸夫医院筹建处。我当时任浙江医科大学校办办公室副主任。这是我第一次去邵逸夫医院筹建处。郑校长是要去见美国罗马琳达大学的安德森先生。安德森先生是该大学派来执行邵逸夫医院项目建设负责人之一。我们是下班后去的，天色有点暗，快到的时候，感觉路况很差，汽车颠簸得很厉害。下车后我们才发现，原本就没有路。

筹建处在一幢极简陋的小楼里，周围是庆春东路尽头的农田，办公室里除了几张简单的桌椅外，没有什么其他多余的东西。我们到的时候，美方代表安德森先生已经在那里了。他是省政府有关部门接送过来的。

郑校长和安德森先生谈完后，就和基建科的小潘一起研究图纸。这时安德森先生主动和我聊了起来。看得出，当时安德森先生是有点兴奋的，因为我英文水平还可以，所以交流基本上没有障碍。

待郑校长看完图纸后，安德森先生突然指着我对郑校长说，这个人他要了，由我担任他的对应搭档，一起参与这个项目。我很吃惊，郑校长也愣了一下，不过，片刻过后，郑校长竟点头同意了。

返回的路上，郑校长对我说没想到我英文这么好，除此之外，我确实也是个合适的人选。因为我就任校办副主任前，曾给杭州市分管文教卫体的时任副市长陈端做过五年秘书，在市里人头熟、人脉广，便于与政府各部门打交道。

很快，我被任命为邵逸夫医院筹建处副处长，处长是从浙医一院过来的鲁端教授。筹建处核定人员三十人，我去报到的时候只有十几人。就是从这一天开始，我开启了全新的工作，并与邵逸夫医院结下了不解之缘。我在筹建处的主要工作是针对项目进行中所产生的各种卡脖子节点，与有关部门沟通协调，理顺关系，解决问题，推进工作；同时，负责医疗设施的配备、人力资源建设，以及医院建制、科室搭建和各项管理制度的制定等。

（基建工作很复杂，而您又完全是个外行，困难是可想而知的，请问您是如何应对的？）

其实我是稀里糊涂接手这一工作的。之前，完全没有想过这个项目有那么难。如今回想起来，确实是荆棘满途，困难重重。

困难倒不在于基建项目本身，虽然我不懂行，但在我们团队里有的是懂行的。最大的困

▲ 1990 年 3 月 12 日，中美专家研讨邵逸夫医院建设工程

难是在与美方的磨合方面。在医院筹建期间，美方和我们在建设细节上不断产生不同意见，我们不断修改、解释、坚持，医院可以说是在不断地争论、解释、坚持、妥协、让步和修改中一步步建成的。产生争论的主要根源，一是当时我们对现代化医院的认识与美方的认识有很大差距，我们与美方管理者之间相互不理解；二是当年国家经济实力还很弱，在资金能力上达不到美方的要求。

记得有一次，美方代表过来了解建设进度，当时主楼已经差不多砌了五六层了。我们原以为，建设是按图施工，而且进度也是符合要求的，美方应该不会有意见。谁知看了手术室之后，美方代表问我们手术室为什么会有窗户？

当时我们也蒙了，手术室不应该有窗户吗？当时中国的手术室都是有窗户的。美方代表解释道："手术室是无菌场所，有窗户就会有外面的空气进来，如何确保无菌，如何保证患者不发生感染？"

这一论点挑战了当时我们对医院建设的传统认知，带给了我们新的认识。虽然改建让我们付出了时间和金钱的代价，但在美方的坚持下，并从现代化医院建设所必需的要求出发，我们听从了美方意见，将手术室窗户全部改成砖墙，并在楼顶夹层安装了完善的新风系统，使手术室的空气得到充分的过滤、消毒。手术室没有窗户，这在当时的中国是一个很前卫的观点，现在可能很普及了。

类似的争论，还发生在中心供应室的建设、备用发电机的置备等方面。这些从现代化医院的使用功能考虑，说实话都是必需的，但要满足这些要求，动辄要破费上百万，这早就超出了邵先生最初的捐赠金额，需省政府另行追加拨款，这对当时的省财政来说是一个巨大的压力。

还有，当时我们缺少认知，医院各楼层天花板使用了石棉瓦。美方认为石棉瓦含有致癌物质，会对患者和医院工作人员的健康造成危害，必须全部撤换。可当时医院大楼已装修完毕，撤换天花板，这无疑又是一笔巨额开支。

现代化医院的管理理念对于当时的财政能力形成了巨大的冲击。我们曾多次试图和美方协商，看看有没有可以妥协或是折中的方案，但美方一直很坚持。所以，我们只好厚着脸皮一次次向省政府提出追加拨款申请，跑断腿、磨破嘴。虽然很难，但最后省政府还是想尽办法给我们追加几次拨款，邵先生也追加了捐赠款。

我还记得当时对于邵逸夫医院项目，省政府承诺提供配套建设用地100亩，先期给了80亩。医院主楼和辅助用房的建设在80亩土地上如火如荼地进行着，可是余下的20亩地却因种种原因迟迟不能到位。美方一直在催问，郑校长也要求我将这20亩用地尽快落实到位。

可是项目报告被卡在了浙江省计经委。当时正值浙江省人民代表大会召开，得知计经委领导住在杭州群英饭店，我决定去那儿堵他。

那段时间不巧我右脚踝关节骨折，行走困难。一大早，单位司机到我家，拿上我的拐杖，把我背下楼，扶上车，送到群英饭店。进了群英饭店，人群黑压压的一片，没法找，我就守在通往省计经委领导房间的楼梯口等大会结束。好几个小时过去了，中午 12 时左右，大会终于结束。领导回房间时，看到我一个瘸子坐在地上，又得知我等了好几个小时，马上让秘书安排我吃饭，同时听了我的诉求，也跟我解释了省政府的难处。我当然理解，政府要用钱的地方很多，也不能只考虑我们邵逸夫医院一家。我自己也觉得强人所难，有点厚颜无耻，但为了邵逸夫医院项目，只能厚着脸皮硬要。最终，省政府还是想尽办法，落实了 20 亩地的征地款项和必要手续。很快，20 亩地上也出现了新景象，征地动迁、安排土地征用、新楼开工，热火朝天。

每次同美方意见不一致时，妥协的都是我们。但也有例外，有一次是美方让步了。为吸引人才，留住人才，我们决定在这块 20 亩地上建员工宿舍。这是当年的国情，各单位都是自行兴建员工宿舍的。但美方想不通，医院给员工提供了工作岗位，发放了薪酬，为何还要给他们分房子？员工住房是他们的私人问题，跟医院没有关系。我们同他们一遍遍讲这是中国的国情，员工住房对医院建设发展很重要，没有住房就吸引不了人才，也很难留住人才。同时，住在医院边上，也能方便员工上下班，让员工把更多的时间和精力用在工作上。这一次，美方终于顺从了我们一回。

就这样，一座现代化医院终于建成了。现在回过头想，这一次次争论、一次次妥协、一次次修改，也是我们一次次的学习过程。不仅仅是医院建造，包括后面的医院管理，我们从美方身上学到很多新的东西，融进了邵医精神和邵医文化，这些必将一直传承下去。

（在邵逸夫医院最艰难的时候，您投身于邵逸夫医院，其中有汗水、有泪水，也会有辛酸、有委屈，还有感慨，请问您能同我们分享一下吗？）

在医院建造和开院初期，我们碰到了许多意想不到的困难，流下了辛勤的汗水，当然也有委屈的泪水。但在前行途中，有着各种力量在支持着我们，包括我们的工作团队、各级领导和全院员工，使我们能够披荆斩棘，不辱使命。

有一件事，我觉得特别值得一提。1992 年，我刚从美国学习医院管理回来，即被告知我们从美国通用电气公司订购的价值几百万美元的放射科设备被扣在海关了，理由是货到后没

▲　孙蔚青（左二）和同事们一起在院区植树

有在规定的期限内提货。由于有几批货已到港几个月了，所以产生了滞纳金，加上罚款共计上千万元。我一下子蒙了，医院当时经济十分窘迫，根本无力交付这笔巨额罚款。不缴付罚款怎么才能从海关取回我们的医疗设备？

我突然想到了找时任浙江省侨办主任杨招棣。杨主任是我同学的父亲，我从小就认识他。他虽身居领导岗位多年（曾担任杭州市委副书记），但非常平易近人，我很敬重他。我当时想，邵逸夫先生是港澳爱国人士，他捐赠的项目遇到麻烦，省侨办可能管得着。我立即赶去侨办，事先也没有预约，那时还不兴这个规矩。我一见他，就脱口而出："杨主任，麻烦了，要劳您大驾了。"

我急速地报告事情的来龙去脉，杨主任很耐心地听完了我的报告，态度冷静，最后说了一句："不用急，我想想办法。"两天后，杨主任邀请了海关关长、有关业务处室的正副处长七八个人，参加了我们的工作餐。会上杨主任就邵逸夫医院的项目向海关做了简明扼要的介绍，大致是说，邵逸夫先生是西方对我们实行全面制裁后，第一位向祖国进行大额捐赠的香港爱国人士。这个项目有重要的政治意义，国家和浙江省政府都很重视。现在邵逸夫医院有困难，我们一定要大力支持。

会上，杨招棣主任徐徐道来，生动风趣，就像唠家常。经过杨主任的斡旋，这批医疗设备很快全部到位，邵逸夫医院得以如期开院。现在杨主任虽已不在了，但我们不会忘记杨主任，不会忘记所有帮助过邵逸夫医院的人。

其中还有一个小插曲。海关在准备放行这批扣押设备前，要求医院要有认错的态度，医院领导要到海关做检讨。这个"光荣任务"自然落在了我的头上。当时因为脚骨折，是司机小徐送我去的海关。我开始以为，检讨就是说几句类似"这次我们错了，一定记取教训，保证下不为例"的话，就能过去的，所以也没好好准备。没想到海关很重视，一进门就看见几个领导正襟危坐等着我。我迅速调整思路，分析错误形成的原因。说实话，这起事件的发生有客观和主观两方面的原因。客观原因是邵逸夫医院的地址是庆春东路 1 号，但其实那时还没有庆春东路，这条路还在规划之中，并不存在这个地址，所以我们没收到提货单。主观原因是我们的工作人员在这方面缺乏经验，而且责任心不强，没有去追查。分析完原因，我又谈了对错误的认识及愧疚之心，表达了改正的决心，保证绝不再犯。我当时的表情应该是很凝重的，检讨听上去应该也是深刻的。回去路上，小徐说，他在门口听我做检讨了，夸我说："孙院长做检讨，不打草稿，也能讲得头头是道。"我这辈子，这么郑重其事地作检讨，这是第一次也是最后一次。

我在邵逸夫医院工作四年多，这是我最艰难和最投入的一段人生经历。其间，多少次成功的喜悦和委屈的泪水，一直陪伴着我。

我家比较早就安装了电话，有电话当然方便。到了晚上，这部电话很多时候是被我和郑校长占用着。那时，邵逸夫医院项目是郑校长工作的中心，而郑校长本就是以作风雷厉风行出名的，她的每次来电都是催进度、提要求，有时我觉得很彷徨和无助，郑校长说的事我不知该怎么着手进行，一搁下电话眼泪就刷刷地往下掉。有一次我女儿正在背诵课本里宋代张俞的诗《蚕妇》，前两句是"昨日入城市，归来泪满巾"。她看我打完电话，说："妈妈每次打完电话都泪满襟"。这稚气的联想，令我哭笑不得。

我经常偷偷抹眼泪，这没人知道，但有一次我竟然忍不住当众大哭。1993 年，在邵逸夫医院试运转前，医院开了一个庆功动员会，郑校长和吴院长亲自做动员。站在台下的医务人员和其他员工都很兴奋，期待已久的开院终于即将实现。在一张张笑脸中，唯有我泪水夺眶而出，忍不住冲出会场。郑树校长和吴金民院长见状追了出来，安慰我，说我的努力和付出他们是看在眼里的。其实我也不知道当时自己是怎么了，可能是这几年的艰难、委屈，面对成功，一下子都爆发出来了。现在想来还挺不好意思的。

在邵逸夫医院筹建处工作的日日夜夜，我们每个人流淌的每一滴汗水和泪水都是值得的，是用心付出的真实表达，也是今天成功的序曲。今天的邵逸夫医院，已是百花争艳、姹紫嫣红，成了国内知名的医院。虽然我离开邵逸夫医院已经快 30 年了，但每每听到邵逸夫医院进步和成长的消息，都会为之兴奋和激动，这份情感是永恒的。

▲　建院初期，邵逸夫医院周边是一片田野

从"心"出发

子夜的一道任命

（在突发公共卫生事件发生时，呼吸内科的医护人员一直是当先锋、打头阵的，您作为著名的呼吸内科专家，也一直身先士卒，请您回忆一次难忘的抗疫经历。）

越是在这种紧要关头，越需要经验丰富和技术娴熟的专家上前线。我虽然已卸任院领导职务，但我还是一名在岗的"白衣战士"。在新冠疫情期间，我既是战斗员，也是指挥员。

记得 2003 年春天，杭州有三姐妹因一同去扫墓而被非典病毒感染，省里决定成立专家组实施救治。医院领导在晚上 11 点多打电话给我，询问我是否愿意担任救治组组长。作为呼吸内科专家，我毫不犹豫地答应了。然而，考虑到我已经不年轻了，丈夫对我的身体能否承受住表示担忧，略带犹豫地说："你这个年纪能吃得消吗？"我回答他："这种时候没有选择的。"

佩戴口罩、面罩，穿 7 层防护服，全副武装后，我顿感呼吸急促。但我顾不上休息，马上投入工作状态，深入病房进行细致检查，确保地面没有滴水、露在外面的电线全部盖牢，不能让病患有任何摔

人物简介

应可净，主任医师，教授，博士研究生导师，曾任邵逸夫医院副院长、呼吸与危重症医学科主任。

跤跌倒的风险。因为患者身体很虚弱，稍不慎就有跌倒骨折的风险。同时，我要求所有组员穿软底平跟鞋，减少与地面摩擦，防止静电和噪声的产生。

起初，病患情绪很不稳定，忧虑、焦躁，而这不利于病情恢复。为转移她们的注意力，我每天安排人陪她们打牌等，尽量让她们赢，或陪她们聊家常，总之，就是想方设法让她们保持愉悦的情绪状态。

在那种特殊的环境中，我们的团队队员也同样承受着巨大的精神压力，饮食和睡眠皆受到很大的影响，因为我们自己也从未经历过如此紧张的状态。在这种情况下，作为团队的领导者，我不仅自己要坚强，而且要让整个团队变得更强大。出发前，我已周密考虑，团队里特地带上心理医生，以便在关键时候可以为患者和我们提供有效的心理疏导。

令人欣慰的是，我和我的团队圆满完成了这一特殊任务。当患者走出隔离病区，看到蓝天白云，感受阳光的温暖，他们对生活的美好有了更深切的体会。

而我们的幸福也很简单，每天下班后脱下厚重的防护服，那一刻，我们就感到很幸福。

医德是心的互换

（您曾提及，小时候以为医生开处方就可以救患者了，自己当医生后才知道，其实当医生很艰苦甚至很痛苦，请问您当了医生后有哪些体会？）

因为从小体弱多病，我经常随父母亲到医院找医生就诊，故而医生在我眼里是了不起的人，可以治病救人，我就跟父母亲说自己长大后也要当医生。

如今，我可以说是坚守了自己小时候的理想，当了一辈子的医生，感触也良多，尤其对责任担当和使命等有着深刻的体悟。然而，感触最深的是，必须从"心"出发。这也是邵逸夫医院的文化传承。

我于1996年加入邵逸夫医院，开始从事ICU工作。曾经有一次，我跟随一位美方医生查房，见到一位十一二岁的小患者，他在前一天接受心脏手术，次日感觉伤口痛，护士正准备为他臀部肌肉注射哌替啶镇痛。美方医生询问，为何选择臀部注射，小患儿是否有静脉输液通道？在得知有静脉输液通道后，美方医生指出，如果选择臀部注射，那就是在给他镇痛的同时又创造了一个新的疼痛，镇痛药完全可以通过静脉输液通道输入，以免造成新的疼痛。这让我们非常感叹美方专家为病患考虑细致入微。

还有一位50多岁的男性患者因车祸被撞得头破血流，送到医院，脸上缝了四五针，留下了一条明显的疤痕。他说："大难不死已经很幸运了，一条疤痕不算什么，再说老婆、孩子都有了，丑一点没关系。"他不当回事，但在我和美方医生这里却是个事，我还是执着地跟他反复建议，当时情况紧急，以止血的标准缝合，皮肤创口比较粗糙，等他病情稳定，可以请整形科医生以整形的标准缝合，这样可以使脸上的疤痕变得不明显。患者为此感到非常高兴。美方医生说我的做法与他们的想法不谋而合。跟随美方医生工作的这些经历，对我影响很大。

还有个患者，根据他的病情，我们给他气管插管，予以呼吸机支持，他通过写字向我们表达气管切开的诉求，他认为气管插管太难受，承受不了。我反复给他解释，苦口婆心地劝他，他的状况无须气管切开，用气管插管就可以了，气管切开切一刀很容易，但愈合时间长，还会留下疤痕，并且有气管变窄的风险。最终，我说服他接受继续气管插管。作为医生，我知道患者刚上气管插管肯定是不舒服的。当时，我已经是呼吸科主任，如果患者半夜有突发情况，我还要从家里赶过来帮他进行支气管镜下吸痰，并安抚他的情绪。但是，仅仅过了3天，气管插管就拔掉了，患者非常开心，庆幸听取了我的建议。这位患者是一位医疗器械经销商，出院后，为表示感谢，还送给我们科室一根进口支气管镜。

我们经常说医德，医德是什么？医德就是真心实意替患者着想，以心换心。

有一位小企业主，刚开始以为是哮喘，来就诊时不太愿意配合检查，我严肃地对他说："你

▼ 建院初期，应可净（右一）与中美同事合影

如果不做检查，我就不予以诊治。"结果，经过检查发现，原来并不是哮喘，而是肺部肿瘤。之后，他接受了手术，病情稳定。他感激不已，称若非我执着和坚持，他恐怕还要继续蒙在鼓里。

后来，他经常来邵逸夫医院做治疗，也经常跟我讲一些他的事情，我们也成了朋友。然而，他的病情实在是很麻烦，肺癌晚期反复感染，不断恶化。他最后一次到邵逸夫医院住院时，我去看他，他随口说他有一个心愿，想立一个遗嘱，等出院后去办个公证。我心里很难过，因为我知道这次他可能没有出院的机会了。这件事情我就一直放在心上。后来，我就再三建议他在医院里进行遗嘱公证。他也接受了我的建议，联系了公证机构人员，请他们到病房进行遗嘱公证。那天，当他的心愿在病床前得以实现时，我看得出他好像卸下了千斤重担。没过几天，他走了，走的时候，他拉住我的手，神色很安详……

故事到这里并没有结束。两年后，他的妻子来找我，一见到我就拿出一大沓钱，说一定要感谢我，我蒙了，这是怎么回事？一问方知，小企业主去世后，几个兄弟争夺财产，把小企业主爱人和儿子排除在外，无奈孤儿寡母只好去打官司。她感谢我帮助她丈夫实现遗嘱，使得孤儿寡母在财产纠纷中获得公正判决，维护了他们的权益。我感慨万分，让她把钱收好，告诉她在医生眼里，能帮助患者实现心愿也是我们的工作职责和心愿。

拳头与胆识

（一个有竞争力的科室，在学科发展上，必须要有自己鲜明的特色和优势所在，呼吸与危重症医学科是第一批委省共建国家呼吸区域医疗中心，你们是如何从最早只有 5 个人的小科室发展到今天的规模的？）

1997 年，邵逸夫医院还没有成立呼吸科，仅在大内科下设有 1 个呼吸组，由 5 个医生组成，我便是其中之一。1998 年，呼吸组从大内科独立出来，成立呼吸科，我担任科室主任。

我们起步晚、人员少，那么应该如何走好自己的路？我们通过广泛征求意见，集思广益，决定走差异化发展道路。在美方专家的支持下，我们将发展方向定在气管镜介入上，形成我们的核心竞争力——我们的拳头。我们全员上阵学习气管镜介入，请专家手把手教。我们当时都很年轻，动手能力强，反应能力强，在短时间内就都学会了并且可以熟练操作。

曾有一位患者从其他医院转过来，当时说是肺炎。到我们科后，经过支气管镜检查和肺活检，病理结果考虑为肺癌。但我们还不放心，因为肺癌症状不明显。美方院长韩得利决定把病理切片送到美国罗马琳达大学会诊，最终明确诊断为肺癌，患者也得以及时接受相应治疗。这件事也更坚定了我们重点发展气管镜的决心。因为像这种情况，气管镜介入检查就可以比较明确诊断了。

后来，我们又接到一位从义乌转过来的患者，当时说是肺癌。结果，经过气管镜检查，发现病因竟是一块鸡脊椎骨。患者表示自己也不知道何时误吸了这个异物。他说，如果没有转诊到邵逸夫医院来，可能要当成肺癌治疗，甚至可能要切掉半侧肺了。

有技术还要有胆识。胆识是基于技术的担当。肺栓塞的严重程度与心梗和脑梗相当。其发病率不低，但人们重视度不高。一旦发生肺栓塞，患者随时有生命危险。

某年大年三十，下午一点多，有位呼吸困难肺栓塞患者送到我们科，其血压不稳定。按常规，需要马上用溶栓药物疏通患者的肺血管，但我们却面临两难抉择：因为这位患者发生过脑出血，并且出院刚一个月，如果用溶栓药物，有可能再度出现脑出血而使病情加重；但不用溶栓药物，患者又有生命危险。

患者只有60岁，求生欲望非常强。我主张用溶栓药物，肺栓塞的问题摆在眼前，虽然担心脑出血是对的，但毕竟还没发生，再者，我们可以请神经外科先做好预案。我大概用50分钟讲解了利弊关系及我们的处置方案，患者接受了。然后，我们给他用了溶栓药物70%的剂量……

新年钟声敲响时，患者转危为安，血压呼吸稳定，也撤掉了强心药，迎来了新的一年。对这位60岁的患者来说，这是一次新生。

那些难忘的人和事

（医生这个职业是伟大的、神圣的。从业几十年，您肯定有很多在您的职业生涯中引以为傲的故事，能分享几个吗？）

有一件事，令人印象深刻：2015年10月，孕妇小李不慎在厕所摔倒，当时腹中胎儿已有6个月。紧急送到我们医院急诊科后，还没来得及抽血化验，她就突发了心搏骤停。我们在对她进行心肺复苏的同时，又迅速进行超声检查，发现她有左下肢深静脉血栓和右心增大，三尖瓣中度反流。考虑到她极有可能并发高危肺栓塞，决定紧急行静脉溶栓。

然而，在关键时刻，妇产科报告胎儿因窒息已胎死腹中。此时，我们所面对的情况非常复杂，患者极有可能并发高危肺栓塞，但我们不仅尚未了解清楚患者有没有出血性疾病，而且还要面对死亡胎儿随时分娩、胎盘剥离引发大出血等风险，那么我们的药物使用是否会加重可能的出血？

我们实施救治的过程可谓步步惊心。我们先小心翼翼地给予小剂量溶栓药物，再酌情增加剂量。经过精细调整剂量，待患者生命体征终于稳定后，我们才进行床旁肺动脉造影，发现尽管溶栓药物已经将大块血栓溶解，但在患者右下肺动脉内仍然还有血栓形成的充盈缺损，可见血栓的严重程度。

至此，23岁的孕妇小李，花样年华，我们终于把她从死亡线上拉回来了。据文献报道，肺栓塞并发心脏骤停的患者抢救后的生存率不到5%。

后来，小李从ICU转到普通病房，但失去孩子对她的打击很大，心情非常低落。我给她留下了自己的手机号码和微信，告诉她有任何事情可以第一时间联系我，同时还请心理科医生一起帮她走出"低谷期"。

一年多后，小李将自己又怀孕了的喜讯告诉我。她其实还意识不到，我们医生的想法与她单纯的喜悦还不太一样，我们为她感到高兴的同时还有担忧。她前次住院时惊险的场景还历历在目，出院后她还需要定期复诊，检测凝血功能、调整抗凝药物及剂量、评估疗效等。对她而言，怀孕意味着极有可能又要跨越一次"生死门槛"，所以我们必须协同产科帮她一起打赢这场艰难的"保胎战"。

小李这次怀孕几乎每周都有新情况发生，她又成了我们的"常客"，直到重3150克的健康男婴顺利出生。小李笑意吟吟地对我说："应主任，请您给我的孩子取个小名吧！"我对她说："就叫逸逸吧，孩子长大了会了解自己降临到这个世界有多不容易，他的妈妈在邵逸夫医院闯过两次生死关才把他生下来。"

作为一名"老医生"，几十年里，我一直在学习怎样做一名让患者敬佩的医生。医者，不仅要治病，还要医心。

一位90岁高龄的池姓老太太住进我们病房，她患有严重的肺炎、呼吸衰竭。这位老太太由于虚弱，时常把痰含在喉咙里，不愿意咳嗽，也不能把痰咳出来。这导致她的氧合指数时常下降，有时还需要用呼吸机吸氧。我们想了许多种办法，后来想到她退休前是一名教师，我们就像老师教学生一样鼓励她："如果您把痰咳出来，我们就给您奖励一颗小红星。"因此，我们专门为她制作了一张卡，上面写"池老师奖励卡"，她每咳一口痰，我们就在奖励卡上画一颗小红星。结果，这位池老太太看到自己每天可以得到这么多的小奖励，每次都会非常尽力地把痰咳出来，最终病情取得好转……这是心的交融，这是爱的呼唤，这就是"医者"。

解码邵医 DNA，孜孜不倦

变压力为动力

（在有别于传统医院的邵逸夫医院，请问您感到过压力吗？）

1993 年 5 月，根据头颈外科筹建的需要，我从当时的浙江省邮电医院调到邵逸夫医院。起步阶段，科室只有高力主任、谢磊医生和我，一共 3 名医生，人手少，头绪多，特别是自己从口腔科医生转岗到临床大外科系列，工作还是非常有挑战性的。尽管我后来在头颈外科只干了 3 年，但这 3 年对自己的锻炼还是很大的，不管是临床诊治经验的积累，还是操作技能的提高，特别是英语水平的提升。当时病历要求都用英文书写，说实话，当时自己已经在其他医院工作两年多，英语已经荒废了一段时间，要重新捡起来对我来说是一个很大的挑战。但压力越大，动力也就越大，有时一份病历要写两三遍，遇到不会的单词，一遍一遍地查阅，慢慢地就有了积累和提高。好在当时医院刚开张，患者少，给了我重新学习、积累、提高的机会。那时，我整天就"泡"在医院里，记得自己当时还有一张气垫床，晚上也经常睡在办公室。

1996 年 7 月，根据工作的需要，我从临床来到医教科，专职从

人物简介

李强，曾任邵逸夫医院党委副书记，现任浙江大学医学院附属儿童医院党委常务副书记。

▲　建院初期，李强（左二）和同事们参加浙江医科大学运动会

事医院行政管理工作。医教科的工作压力同样很大，一是角色发生了变化，二是当时医疗环境不是很好，经常要面临许多意想不到的矛盾和问题。特别是在医疗纠纷处理方面，包括患者家属接待、内部病例讨论、法院诉讼应对等，每次都是对自己应变、协调、抗压能力的巨大考验。

从 1996 年 7 月到 2011 年 10 月，我先后在医教科、门诊办公室、医院办公室等多个行政岗位工作，自己也一直把"脚踏实地做好每一件工作"作为工作的准则。2011 年 11 月，自己有幸担任了医院的党委副书记、工会主席，而不一样的岗位又带来了不一样的责任和压力。"周六保证不休息，周日不保证休息"也慢慢变成了常态，工作日的早上我基本上是最早到行政楼的员工之一。2019 年换了新单位之后，这种习惯也一直在坚持，不管春夏秋冬，我坚持早上 7 点以前到办公室；周六、周日如果家里没什么特别的事情，我一般也喜欢到办公室看看书，静下心来思考一些工作上的事情。

抹不去的烙印

（与兄弟医院相比，您认为邵逸夫医院最大的成功之处是什么？）

从 28 岁到 54 岁，我职业生涯最好的时光都是在邵逸夫医院度过的。从一名外科住院医师到医院党委副书记，26 年的时间里，我经历了医院起步时的艰辛，更见证了邵逸夫医院从活下来、站起来、大起来到强起来的整个历程，并时时为邵逸夫医院取得的每一个里程碑式的进步而感到兴奋和自豪。从 2019 年离开邵逸夫医院，已差不多有 5 年了，但在邵逸夫医院亲历的每一幕都深深地刻在我的记忆中，我也一直以自己曾经是一名邵医人而感到自豪！

自 1994 年建院以来，邵逸夫医院一直致力于打造与时俱进的邵医模式，并始终对品质保持不懈追求。在这过程中，逐渐形成了高效有序的现代医院管理和医疗运营模式、持续改进的质量体系、以人为本的文化理念、和谐有序的生态环境，以及与时俱进的创新理念与技术。而最难能可贵的是，邵逸夫医院在传承、创新、发展的道路上，能够不甘平庸，勇于不断挑战自我，始终保持"创新永远在路上，只有逗号，没有句号"的那股劲，这也是最令人欣慰的。

2019 年初，邵逸夫医院成为全省第一家圆满完成浙江省第四周期三级甲等综合性医院复评的医院，也是我离开邵逸夫医院之前经历的最后一个大型活动。在评审总结会上，评审官说："四天评审，实为最佳的学习机会，邵医精湛的技术、精细的管理、精心的服务，还有敬业高效的团队、浓厚温馨的邵医文化，都令人印象深刻！从此评审有了标杆。"这是对一家建院历史不到 30 年的年轻医院最中肯的赞誉和褒奖。

特别是近几年，在蔡秀军院长的带领下，邵逸夫医院连续 5 年跻身国考前 1% 的 A++ 序列，成为国考第一方阵中最年轻的"优等生"，放眼全国，能做到这一点的只有 8 家医院，真的是非常非常不容易。邵逸夫医院能够实现高质量、可持续快速发展的根源，我认为是所有邵医人都有着共同的理想和追求，有着强烈的"爱院荣院"的责任心，全院上下能拧成一股绳，心向一处想、劲往一处使，有着源源不断的内生凝聚力，我认为这也是邵逸夫医院最成功的地方之一。

文化的力量

（您觉得邵逸夫医院的理念或者经验可以复制吗？）

　　发展是第一要务，特别是医院这样与民生密切相关的单位，社会效益必须是第一位的，要有责任和情怀，不仅自己跑得快，还要带着大家一起跑。这方面，邵逸夫医院可以拿出来晒一晒的成绩实在太多了。不说别的，在 2023 年 4 月份国家卫生健康委员会发布的 2021 年度全国二级公立医院绩效考核中，在全国参评的 3037 家综合性二级公立医院中，邵逸夫医院三家基层帮扶医院获评 A++ 最高等级，江山分院（江山市人民医院）、德清院区（德清县人民医院）、武义分院（武义县第一人民医院）分列全国第三、第四、第六名，这是一份非常了不起的成绩单。2013 年，浙江省启动"双下沉、两提升"工作，当时我以党委副书记的身份兼任地方合作与交流办公室主任，具体分管地方合作和医疗帮扶工作，在蔡秀军院长的亲自关心指导下，在所有科主任、护士长的大力支持下，我们抱着"真心帮扶"的初心，本着"诚实守信、共同发展"的原则，踏踏实实地开展帮扶工作。尽管工作很辛苦，包括要亲自关注每一名下派医疗队员，要定期巡访每一家基层医院，但看到基层帮扶医院在帮扶过程中的成长和进步，自己内心的获得感是非常强烈的。而在这个过程中，我也与基层帮扶医院的很多干部职工结下了深厚的友谊。所以在 2023 年 4 月份看到这份榜单时，我的内心是非常激动和自豪的，也第一时间给蔡秀军院长发了短信，表达了自己的喜悦之情。这张成绩单的背后，既是浙江省加快优质医疗资源扩容和区域均衡布局的充分体现，也是邵逸夫医院在实现自身高质量发展的同时，多措并举积极

▲ 邵逸夫医院第一份英文手术记录

推动基层帮扶医院同步实现高质量发展的生动证明，真正做到了"大手牵小手"。

邵逸夫医院每年都会接待上百批次从全国各地来参观学习的同行，而将邵医模式的管理经验毫无保留地传递给每位来访者，也是邵逸夫医院的一个特点。在分享的背后，是国内外同行对邵医模式的充分认同和信任。现在国内很多医院在实施的经治医师负责制、委员会制

▼ 2018 年 6 月 14 日，李强（前排左四）带领邵医医疗队赴道真县人民医院开展帮扶工作，并帮助该院心内科导管室开展系列手术，填补了该院历史上的空白

度、全院一张床、降低平均住院日等举措，实际上起源于邵逸夫医院。所以从这个意义上来讲，我认为邵逸夫医院的理念或者经验是可以复制的。

我从事行政管理工作已经 27 年了，有比较多的机会与省内外兄弟医院交流，有一点感触是比较深的，那就是医院与医院之间的最大差别在于文化。邵逸夫医院作为东西方文化碰撞的医学试验田，实际上从一开始就是有精心设计、健康完善的组织架构，有良好的体制与

机制为系统提供支撑，又有大批国外医学专家和管理团队的全面加盟，他们以言传身教来塑造邵医员工群体的职业习惯和行医思维，这样独特的资源和背景是有别于国内一些兄弟医院的。

过去，我们与西方发达国家最大的差距并不是技术上的，而是在"以人为本"的安全理念、服务理念和管理理念上。在邵逸夫医院，我印象最深的就是"静脉输液"等很多在当年被国人视为"理所当然的小事"，却成为美方团队"坚决抵制的大事"，并亲历了美方专家的"较真"与"坚守"，他们在一些原则性问题上绝不妥协、绝不打折。

20 世纪 90 年代，国内抗菌药物使用尚不规范，感冒发烧动辄挂盐水。但在美方院长的强烈要求下，邵逸夫医院取消了门诊输液，提高了输液门槛。那时，韩得利院长经常到急诊输液室巡查，而在轮到我们总值班时，最怕的就是韩得利院长发现问题并打电话让你赶到现场去。

建院初期美方专家日常做的那些看似微不足道的小事情，以及他们对安全理念的执着，对服务理念、管理理念的较真，给邵逸夫医院带来的影响是深远的，潜移默化中也积淀了邵医文化中最核心的内容。而被无数细节堆砌出来的这种文化影响，对邵医员工的影响也是深抵根基、深入骨髓的。所以从文化这个层次上来讲，我认为在邵医员工看似习以为常的一些理念和做法，都有着强烈的文化背景和支撑。

邵逸夫医院 20 周年华诞时曾经出版过一本书——《邵医 DNA》，它向大家呈现了一个个真实而独特的邵医故事，我现在有空时还会经常拿出来翻看，常看常新，并细细地回味邵逸夫医院发展历程中走过的每一个脚印。我现在还是分管地方合作和医疗帮扶工作，如果有机会到基层帮扶医院授课，邵逸夫医院的管理理念以及在医院文化建设等方面做的点点滴滴也是我课程中最好的案例。

第三章　海外军团　大爱无垠

你们是一些什么人

漂洋过海

远离家乡

没有任何的名利所图

不远万里来到中国

我们想起一个伟大的名字

白求恩

是的

你们就是一个人

毫不利己

专门利人的"白求恩"

尽管有语言上的不通

有文化背景上的差异

但仁爱之心如出一辙

异域的风掠过

不适是难免的

但每次碰撞过后

是理念的升华

是价值观的趋同

碰撞未必是噪声

锅碗瓢盆的叮当作响

换来的是美好生活的动人乐章

在古老的东方土地上

金发碧眼的你们

黄皮肤黑眼睛的我们

携手创造了太多的"不一样"

太多的"不一样"

让我们与世界同行了

传递七个核心价值观

人物简介

理查德·哈特
（Richard Hart）美国
罗马琳达大学校长

Every time I come here, I think back to 35 years ago, when Sir Run Run Shaw in Hong Kong, China, named Sir Run Run Shaw decided he wanted to build a hospital in his home province and reached out to Zhejiang University and to Loma Linda University that cooperated to launch a series of events leading to the opening of the hospital.

每次我来这里，我都会回想起 35 年前，当时香港的邵逸夫先生决定在他的家乡建立一家医院，他联系了浙江大学和罗马琳达大学着手筹建，最终促成了医院的开业。

Now, it's been a privilege phenomenon to be involved all those years. It's a combination of people coming here for various consultation services, and people coming to Loma Linda University for various clinical skills, administrative skills, and so on. So it's been a wonderful relationship. The part that surprised me, perhaps the most is that running a hospital is a lot of technical, clinical information, logistics information. But even more important here has been the capturing of values and the inner sort of personal feeling that people have. One of our famous ports in America said, people will forget what you said to them, they'll even forget what you did to them, but they will never forget how you made them feel. And that's the value of having values in a hospital. When we come here and have talked about our values at Loma Linda University, there's seven core values that we like to share. That Sir Run Run Shaw hospital has embraced those values, have learned them and modelled them and what they do.

这么多年来我能一直参与其中，是一种荣幸。这是双方的一种结合：罗马琳达大学的人来到这里，带来了专业的意见和建议；邵逸夫医院的人前往罗马琳达大学，学习各种临床技能、管理策略等。这是一段美好的关系。最让我惊讶的部分也许是，经营一家医院固然需要大量技术、临床技能、后勤管理，但更重要的是捕捉价值观以及人们内心的个人情感。我们美国有一句谚语：人们会忘记你对他们说的话，甚至会忘记你对他们所做的一切，但他们永远不会忘记你带给他们的感受。这就是一家医院的价值所在。当我们来到这里谈论我们在罗马琳达大学的价值观时，有七个核心价值观是我们想要分享的。邵逸夫医院已经接受、学习了这些价值观，并树立了很好的榜样。

Let me go through the seven values. Compassion is the first one. Compassion is not just sympathy, not just feeling sorry for someone. It's wanting to do something to care for someone. That's the first value.

▲ 2014 年 4 月 30 日，邵逸夫医院建院 20 周年，哈特博士与方则鹏院长、郑树校长亲切交谈

让我来说说这七个价值观。第一个价值观是慈悲，慈悲不只是同情，或怜悯某个人，而是想做点什么来关心他人。这是首要的。

The next value is wholeness. For the individual, wholeness means not only making sure you have a balanced life yourself, you're getting enough rest, you're maintaining exercise, you're eating well, but also for your patience. Don't just look at the patient as having some disease but look at the whole

◀ 2014 年 4 月 30 日，邵逸夫医院建院 20 周年。哈特博士送来了一份特殊的礼物，旋转着的地球仪上，两颗红色的五角星，一颗代表着来自西方的美国罗马琳达大学，另一颗代表着东方土地上的邵逸夫医院

person. An example I'd like to give on that is that a medical student was presenting his first case to the doctor, senior doctor. He got all done thought he did a good job. And the doctor said, what was the man's dog's name? You've not really seen the whole person in this case that dog was important to that man.

第二个是完整性。首先确保你自己是一个完整的个体，生活平衡、休息充分、坚持锻炼、吃得好；同时也视患者为一个整体，我们不能只看到患者患有某种疾病，而是要将其视为一个整体全面观察并了解。我举一个例子，一个医学生向上级医生汇报患者病历，他完成了所有的工作并认为自己做得很好。但上级医生问："那人的狗叫什么名字？"他认为，学生没有全面、完整地看待患者，因为在这种情况下，狗对这位患者也是很重要的。

The next value is integrity. Integrity is always being honest to yourself and to others. We'd like to say integrity is kind of when no one is watching.

第三个是正直。正直是指始终诚实对待自己和他人，也就是当无人在场的时候，你的行为始终如一。

And the next one is teamwork. We recognize now in health care that a nurse or a doctor or anybody cannot practice good medicine, cannot take care of people without being part of a team, and you have to understand that every member has a critical role to play. So teamwork is another important part of that thing.

第四个是团队合作。我们认识到在医疗领域，医生、护士和其他人必须组成一个团队才能照顾好患者。你必须明白，每个成员都在团队中扮演着重要的角色，所以团队合作至关重要。

The next one is humility. That's a bit of a surprise. Doctors have studied long, they're bright, they do well, why should they be humble? And yet I think it's critical that we may maintain that humility as well. There's a favorite saying I have and it says work for a cause, not for applause, live to inspire, not to impress, don't try to make your presence noticed, make your absence felt. That's the concept that let's keep ourselves in that whole understanding of the role we play.

第五个是谦逊。这有点令人惊讶，医生的学习期很长，他们很聪明，做得很好，为什么要谦逊？然而，我仍然认为我们应该保持这种谦逊的态度。我最喜欢的一句话是这样说的：为事业而工作，不要为掌声而工作；活着是为了激励别人，而不是为了给人留下深刻印象。不要试图让别人注意到你的存在，而是让别人感觉到你的缺席。这样才能对我们所扮演的角色有一个完整的理解。

The next one is justice. That's not easy in the health care world, because sometimes you have one patient that's a wealthy, educated businessman. Somebody else may be a poor peasant from the farm. How do you treat everybody with justice? Treat them equally?

第六个是公正。在医疗领域保持公正并不容易。有时你的患者是一位富有的、受过良好教育的商人，有时是来自乡下的可怜人。你如何公正地对待每一个人，平等对待他们？

And the final one is excellence, and all those things that you do to maintain excellence, the highest standards you can do for yourself.

第七个是卓越，你所做的一切都是为了保持卓越，这是你能为自己而努力所能达到的最高标准。

Those are the seven core values that we talk about. Now, Sir Run Run Shaw Hospital has adopted as well. It's not something that's you each values in a classroom. You teach values by modeling, by showing what you do, how you care for people and so on. I'm just delighted that our faculty who came here saw the difference that made, and said, "that's what we want and bring those values back here." Sir Run Run Shaw talks about love and compassion and these sorts of sincerity. Those are values that are critically important in caring for patients.

这就是我们谈论的七个核心价值观，如今邵逸夫医院也践行得很好。你无法仅仅在课堂上教授这些价值观，而是通过言传身教、以身作则，通过展示你如何关怀患者去教授。我很高兴，我们的教职工来到这里看到了变化，看到这些价值观已经在这里落地生根，这正是我们引入这些价值观的初心。邵逸夫先生也提到了爱、慈悲和真诚，这些都是在治疗患者时至关重要的价值观。

The most important quality for a medical student is some of the core values I talked about. At Loma Linda University, when we recruit medical students, we don't look just at their GPA, how good at grades do they get, how much money they had, who their parents were. We look at what kind of person they are, because that's what's critically important. Are they humbled? Are they teachable? Those are the critical values that we think we want and train doctors for the future.

医学生最重要的素质正是我谈到的一些核心价值观。在罗马琳达大学，我们招收医学生时，不会只看他们的绩点，他们的成绩有多好，他们有多少钱，他们的父母是谁。我们看重的是他们是什么样的人，这是至关重要的。他们谦逊吗？他们可教吗？这些都是我们认为我们想要的关键价值观，并为未来培养医生。我们很快就会有一个历史专业或音乐专业的学生，或者其他有这些特点的人，我们可以教他们科学，但他们需要具备这些个人价值观。

关于邵逸夫医院的成长和变化

It seems like every time I come back, something new has started, and we have built a new tower and done something more, etc. That's always impressive. But what's more impressive is we sit and talk about who we are. One of the things I like to tell my medical students at Loma Linda University, who you are is more important than what you did.Don't let the head get ahead of the heart. Thus, maintaining that kind of compassion,the faculty and the staff and the others here at Sir Run Run Shaw have understood that very clearly.

似乎每次我回来，都会有新的事情发生，我们有了一座新的建筑，做了更多的事情，等等，这些总是给人留下深刻印象。但令人印象更深刻的是我们坐下来谈论我们是谁。我想告诉我在罗马琳达大学的医学生：你是谁比你做什么更重要。不要让头脑走在心的前面，始终怀有仁慈之心，邵逸夫医院的员工现在都非常清楚这一点。

How do you feel about the medical staff here?
"你是如何看待这里的医护人员的？"

I don't know most of them now, but I get acquainted with them when they come to Loma Linda University. It's always that I'd like to watch them, pick up clinical skills, but also see there's something different about this campus. They talk about the Loma Linda University experience coming here and being able to absorb those kind of values.

▲ 2014 年 4 月 30 日，邵逸夫医院建院 20 周年庆典，哈特博士和邵方逸华女士亲切会谈

他们中的大多数我都不熟悉，但是我比较熟悉那些来过罗马琳达大学交流的人。我喜欢看着他们学习临床技能，听他们谈论在罗马琳达的经历，讲述他们学到的不同的东西，并吸收了罗马琳达的价值观。

We have board meetings. I hear Doctor Cai now and the ones before him talk about what they would like to do. Clearly, Sir Run Run Shaw is on a roll. We say it's expanding, it's growing with new hospitals and so on. The challenge of getting bigger is how you maintain those core values. What I'm concerned about is that as it continues to expand, more and more staff will be enrolled in and so on, how do you maintain the compassion that goes into health care. So I'm delighted to watch the growth take place. It says it has a brand. As I watch patients coming off the subway and the metro and coming in here, I think thousands of people say there's a value at this hospital.

我们每年召开董事会，我听到蔡院长和之前的院长们谈论他们想做什么，显然邵逸夫医院势如破竹，正在不断壮大，与新医院一起成长。壮大带来的挑战是如何保持这些核心价值观。我关心的是，随着医院继续扩大，员工越来越多，如何保持对医疗的同情心？我很高兴看到邵逸夫医院的成长，它已经形成了自己的品牌。我看着患者乘坐地铁，来到医院，我想成千上万的人都认同了这家医院的价值。

关于 2111 项目和国际合作

It is difficult for an international medical graduate to come to California or to the United States to study. They can come and observe, but they can't actually touch patients unless they have an American license. The Twenty One Eleven Program allows them to get a license for a period of time. So they can come and actually be practicing and learning techniques,usually for a year at a time, sometimes longer, and then have to go back home after that time. It's designed not to let people immigrate to the US but to give them clinical skills.

对于国际医学生来说，来加州或美国学习很难。他们只可以来访问学习，但除非他们有美国的行医执照，否则他们不能真正接触患者。2111 项目允许他们在一段时间内获得许可证，可以来这里练习和学习技术，通常一次来一年，有时时间会更长，但学习完成之后他们必须回国。这个项目的目的不是让医生移民到美国，而是给予他们机会来美国学习临床技能。

We've had a number of people from here who have gone through the Twenty One Eleven Program. That's a good program. And we're glad to have that occur and continue to offer that service to serve Sir Run Run Shaw. There's a number particular example of a person, but I know that Loma Linda University has been involved in giving technical skills in heart surgery and cancer treatment and various things like that comes back to Sir Run Run Shaw. We're currently talking with them about a possible proton center. That's Loma Linda University has the first one in the world that we may want to help to start in china. There's other sorts of techniques that we can do, and you do those by training somebody, and then bringing them back with the technology they need as well as the skills.

我们这里有很多人参与了 2111 项目。我们很高兴能做到这一点，并继续为邵逸夫医院提供服务。邵逸夫医院有很多人来罗马琳达大学参加 2111 项目培训，我不能给出一个特定的人或例子，但我知道罗马琳达大学一直向邵逸夫医院提供心脏手术和癌症治疗的技术技能培训，我们目前正在讨论成立一个质子中心，一种治疗癌症的新方法，罗马琳达大学拥有世界上的第一个质子治疗中心，我们也想推进这项研究在中国起步。我们可以通过开展培训让接受培训的医生带回他们需要的技术和技能。

There's probably not that much difference in its surgery part. You have so many people that the volume is probably greater than that we have, but the actual surgical techniques are quite similar, because they've been shared among professionals around the world. So it is the way how you treat the patients. I think that's what is critically important,how the person feels, how they understood the confidence they have in those who are taking care of them. And it's interesting to me that it's often not even the doctor or nurse. It may be the woman cleaning the floor who they talk to feel more comfortable and therefore get that sense of satisfaction and confidence in the hospital.

（中国和美国）在手术部分可能没有太大的区别，中国有这么多的人，手术数量可能比美国更大，而且实际的外科技术是非常相似的，因为它们已经在世界各地的医学专业人士之间共享。我认为至关重要的是员工对待患者的方式，患者的感受如何。我感兴趣的是通常甚至不是医生或护士，可能是清洁地板的清洁工，患者觉得和她说话很舒服，因此在医院里获得了满足感和信心。

When science gets together, we all speak the same language. We may need translation, but we all speak the same language. And so that's where global collaboration is important. It gives us all the chance to compare notes. I did it this way. You did it that way. Let me present my skills, my clinical trials and learn from others. And there's no, at the highest level, there's not competition. There's collaboration saying, let's work together to try to help our patients. I think it's not only the technical, but also the values absolutely introduce to the other constitution. It's another story I like to tell. A professor was giving the final test to her nursing students. It was a major test. And the last question was, for 25% of your grade, what is the name of the woman who cleans this room every night? But see, that's look at the everybody around you, everybody that's important in your world and trying to know them and greet them and be have special care for them.

当科学聚集在一起时，我们都说同一种语言。我们可能需要翻译，但我们当都说同一种语言，就是全球合作的重要性所在。这使我们大家有机会交换意见，我是这样做的，你是这么做的，让我展示我的技能、我的临床试验，并向他人学习。最高级别的比赛中是没有竞争的，只有合作。让我们一起努力帮助我们的患者，我认为这不仅是技术上的，还是价值层面的。我来讲另一个我喜欢的故事。一位教授正在给学生出期末考试的题，这道题将占学生成绩的 25%，这道题就是每天晚上打扫这间教室的清洁工叫什么名字？学生们都很生气，但教授就是想让他们认识到，看看你周围的每一个人，每一个在你的世界里的人都很重要，试着去了解他们，问候他们，带给他们特别的关心。

关于未来合作的期许

We keep starting new areas of collaboration. We're now working with dentistry. We started some years ago. Now looking at training dental hygienist, training respiratory therapists, two new disciplines for china. We're just talking about starting a new international academy together. I expect that they'll be continued a lot of things that are in the educational realm. Sir Run Run Shaw doesn't need our clinical expertise as much anymore, but I think the educational involvement is going to be important into the future.

我们不断开始新的合作领域。几年前我们就开始了牙科的合作，现在着眼于培训洁牙师和呼吸治疗师，这在中国是两个新学科。我们在讨论一起开办一所新的国际学院，我希望他们能在教育领域继续做很多事情。邵逸夫医院对我们的提供的临床专业知识需求很低了，但我认为在未来教育领域将会变得很重要。

I certainly wish so and so happy birthday. And as we look back, remembering the roots of where it came from or how it all came about, the Shaw Foundation was critical to this. There is a memorial park here on campus for Sir Run Run Shaw, and that's a delight to watch us. Remember the history that made this the way it is. Where will Sir Run Run Shaw go into the future? I have no way of knowing I'm impressed with the growth that takes place in the quality of care that is here. They are basically moving now into one of the top tier hospitals in the country with the kind of specialists and the kind of procedures and techniques that can no one can match. And that's wonderful to see that occur.

我当然要祝邵逸夫医院建院 30 周年生日快乐。当我们回顾过去，回忆起它的起源或它是如何发生的，邵氏基金会对此至关重要。医院里有一个邵逸夫先生的雕像，他也在高兴地见证着这一切。邵逸夫医院未来将走向何方？我无法知道，我对这里的护理质量的提升印象深刻，这里的护士水平基本上进入了国内顶级医院之一，拥有无人能及的专家、技术和流程，我很高兴看到这样的成果。

▲ 2014 年 4 月 30 日，哈特（左一）参加邵逸夫医院建院 20 周年庆典

跨越太平洋，候鸟留痕

人物简介

乔安娜·杨（Joanna Yang）：美国罗马琳达大学与浙大城市学院合作项目联络主管。

中美联手救患儿

1997 年，一位外省的恶性肿瘤患儿慕名来到邵逸夫医院就诊，他脸上长了一个巨大的肿块。当时国内的医疗水平有限，医生无力救治。

时任院长的韩得利帮忙联系了美国的罗马琳达大学，将孩子送到美国接受治疗。治疗期间，医护人员对远道而来的患儿和家属关怀备至，尊重其饮食习惯，积极予以心理疏导，让他们在异国他乡也感受到了温暖。

术后，患儿的母亲感激万分，写了一封感人至深的感谢信送给罗马琳达大学。当时还是学生的乔安娜帮忙将感谢信翻译成英文，后来感谢信在罗马琳达大学的校刊上发表。乔安娜还护送母子俩返回邵逸夫医院，一路上给孩子经胃管喂食，悉心照护。

尽管罗马琳达大学的医生全力救治，但由于病情严重，孩子依然未能痊愈，最终离开了人世。在邵逸夫医院和罗马琳达大学双方共同的努力和关怀下，孩子走得很安详，母亲也没有留下遗憾，后来她又生育了一个健康的孩子。

▲ 2018 年 11 月 6 日，邵逸夫医院董事会（右排后一为乔安娜·杨，右排后二为丹尼尔·江）

先进理念快速落地生根

乔安娜曾经的上级主管带头将高级临床专科护士（advanced practice nurse，APN）引入邵逸夫医院。她回忆道，他们在办公室讨论了很久，最后确认从糖尿病、伤口造口护理和健康教育三个方面着手。二十多年来，邵逸夫医院不仅将自己的 APN 队伍发展壮大，还推动了 APN 在全国的普及和发展，产生了深远的影响。

2008 年，乔安娜在邵逸夫医院作报告时提到罗马琳达大学正在筹建卒中中心，神经内科原主任胡兴越表示邵逸夫医院也要创建卒中中心。乔安娜惊讶于邵逸夫医院能这么快接受国际先进理念并立即付诸行动。后面几年，双方继续保持合作和交流，邵逸夫医院的卒中中心达到国际标准，并于 2011 年通过 JCI 评审[①]。

母子两代人与邵逸夫医院的渊源

人物简介

丹尼尔·江（Daniel Giang）：美国罗马琳达大学医学中心副院长。

丹尼尔·江的母亲西尔维娅·江（Sylvia Giang）是一名注册营养师。她于20世纪90年代初首次访问邵逸夫医院，此后亦多次来院指导工作。她教授员工食物安全制作规程，并创建了治疗性食谱，还建议员工给患者进行疾病相关的饮食知识教育。

回到美国加利福尼亚州后，西尔维娅还经常向她的家人讲述邵逸夫医院的故事。20世纪90年代初在美国，没有太多人听说过杭州，他们大都只知道北京、上海。西尔维娅一直告诉儿子，杭州是一个历史文化名城，文化积淀深厚，西湖风景如画，他一定要到杭州看看。也正是母亲在邵逸夫医院的工作经历，促成了丹尼尔·江参与这个项目。

2000年左右，丹尼尔·江首次代表罗马琳达大学来到邵逸夫医院。那次拜访让他认识了中国和中国的医疗系统，此后又在神经学科以及医学教育等多方面有诸多交流。初次拜访时，他对邵逸夫医院一号楼印象深刻，当时那是整片郊区最瞩目、最摩登的一栋楼。来到杭州后，他发现母亲对杭州的夸赞一点都不夸张，杭州成为他在全世界最爱的城市之一。

罗马琳达大学和邵逸夫医院几乎是同步创建卒中中心的。有一次丹尼尔·江来邵逸夫医院参观卒中中心，当时医护人员已经制定了一整套完整的治疗流程，但还没有在患者身上实践过。与邵逸夫医院质量管理办公室讨论后，大家决定用模拟患者进行演练，而这个模拟患者就是丹尼尔·江本人。

在演练过程中，大家发现了一些流程上的漏洞和不足，比如某个环节需要花费5分钟，但其实经过合理调整后，这5分钟完全可以节省下来；还比如遇到一些突发状况，在实践中可能会增加抢救时间。这次模拟演练使治疗流程得到进一步的优化与完善，为后续卒中中心的运行和JCI认证奠定了基础。

美好的记忆

2011 年，罗伯特·汉迪赛德第一次拜访邵逸夫医院，那年正好是他和妻子 20 周年结婚纪念日，所以他印象颇深。夫妻俩在北京玩了 3 天，然后来到杭州，受到了邵逸夫医院的热情款待。他说，那次访问让他深切感受到了罗马琳达大学和邵逸夫医院的真诚协作和共同目标，那就是为民众带去更优质的医疗服务。

罗伯特·汉迪赛德第一次听说邵逸夫医院时，还是罗马琳达大学牙学院的医学生。他 1993 年从罗马琳达大学毕业。在他高年级时，牙学院院长曾派罗伊德·鲍姆医生（Royde Baum）前往邵逸夫医院参观，并商讨双方的合作事宜。1999 年，他回到罗马琳达大学深造，再次了解到罗马琳达大学和邵逸夫医院之间的合作，并认识了当时在罗马琳达大学访问学习的吴利群医生。2003 年，盛列平医生也来到罗马琳达大学访学，并与罗伯特·汉迪赛德共事了一段时间。

人物简介

罗伯特·汉迪赛德（Robert Handysides）：美国罗马琳达大学牙学院院长。

邵医三个月，受用三十年

人物简介

史杰瑞（Jeff
Schweitzer），美国麻
省总医院神经外科专
家，毕业于哈佛大学
医学院，曾在加州大
学洛杉矶分校和耶鲁
大学医学院学习神经
外科专业，他除擅长
常规神经外科疾病治
疗外，在帕金森病外
科治疗方面也有深入
的研究，在全球首次
报道将诱导多功能干
细胞成功应用于治疗
帕金森病。在邵逸夫
医院开业之初，史杰
瑞医生曾担任邵逸夫
医院神经外科美方负
责人。

重回邵逸夫医院不是梦

（您的这身装束，运动鞋、牛仔裤、双肩包，给我们的感觉就是
充满活力。一别近 30 年，今天您重新回到邵逸夫医院，感觉怎么样？）

有机会回到邵逸夫医院，我内心非常激动，夸张一点说，感觉
心都要从嗓子眼跳出来了。刚才在来的路上，我就在一遍遍地想，
现在的邵逸夫医院会是什么样？这里有我最美好的一段青春记忆。

1995 年到邵逸夫医院时，我还不到 30 岁。我对中国是充满向往的，
因为我从小就对中文感兴趣，7 岁就开始学习中国的文言文，大学期
间又学习了 3 年中文。当得知自己被选派到中国工作时，我高兴极了。
虽然此前，我没有来过杭州，但我听过有着"人间天堂"美誉的杭州
以及有关西湖的美丽传说。对我来说，这虽然不是我第一次来中国，
但是第一次来中国南方城市，并且能参与筹办建科和直接参加神经
外科临床工作，因此我格外珍惜。

初到杭州，我对邵逸夫医院的第一印象是，这是一家建立在田
野上的医院。当时医院只有一幢楼（现在的 1 号楼），周边全是菜地，
因而特别醒目。打一个未必恰当的比喻，这家医院就是"鹤立鸡群"。

▲ 2023 年 4 月 6 日，史杰瑞在邵逸夫医院接受笔者采访

然而，我却深深喜欢上了这个地方。工作中，我与中国同行密切交流，亲身感受了中国知识分子的理想和追求；工作之余，我骑着自行车，穿行在小路和田间，享受着别具一格的乡间美景。

夏夜，田野蛙鸣一片伴我入眠；细雨之声传入耳中，我仿佛看到农民的菜苗在一点点生长……医生这个职业要求我在工作中必须严谨细致，但我的内心是浪漫的，医院周边的田野丰富了我的精神世界。

约定我在邵逸夫医院工作的时间为 3 个月，一晃就过去了。离开时，我内心充满了不舍，对送行的中国同行表示我一定还会回来看看的。

谁知这一别马上快 30 年了。离开杭州回到北美后，我既要做临床工作，又要从事教学科研，工作十分繁忙，其间虽然来过中国几次，但都是在中国的其他城市，并且日程安排十分紧凑，来去匆匆，而重回邵逸夫医院一直是我的心愿。在离开邵逸夫医院后很长一段日子里，因为没有了青蛙的鸣叫，我竟难以入眠。在我看来，庆春门外的青蛙个个都是音乐家，以此起彼伏、充满韵律的歌唱，让夏天的夜晚变得美妙又生动。它们的歌唱连成一片，犹如来自天堂的乐曲——真的是"上有天堂，下有苏杭"。

这次重回邵逸夫医院，我傻眼了，我魂牵梦绕的菜地和水塘被一座座高楼、一条条宽阔的马路取代了。邵逸夫医院不再是田野上的医院，而是矗立在现代都市中的地标。沧桑巨变，如果没有人指引，我是无论如何找不到邵逸夫医院的。与之相比，我现在供职的美国麻省总医院倒像田野中的医院。

这里的夏天没有了蛙鸣，我会觉得稍有遗憾，但足以令我欣慰的是，邵逸夫医院随着杭州这座城市的发展变化而日益强大。原来的邵逸夫医院只有 1 幢楼，而现在已经有了 6 个院区，扩大的神经外科早已搬迁到了体量相当的钱塘院区，在杭州京杭大运河旁又开一个规模同样很大的院区，绍兴市的院区也即将开业。邵逸夫医院现在是中国医院的标杆，是数字化医院和智慧医疗的先行者，"邵医模式"成为全国医疗系统学习的样本，与全国 30 多家医院建立合作办院关系，毫无保留地向这些医院输送技术和管理。

我为邵逸夫医院取得的非凡成就而感到骄傲，更为曾经是其中一员而感到自豪。这次杭州之行是短暂的，我是利用到上海华山医院访问间隙抽空来的。于我，邵逸夫医院是一本大书，现在打开的还只是扉页，在今后的日子里，我争取用更多的时间来解读邵逸夫医院。我十分乐意将我现在的研究项目与邵逸夫医院的同行交流，特别是使用干细胞治疗帕金森病，以期能造福于中国的患者。这是我一个新的心愿。有梦不觉天涯远，邵逸夫医院，等着我，我还会回来的。

完美的医疗应该给患者以尊严

（您到邵逸夫医院后迅速开展了许多高难度手术，有的是浙江首例，您印象中最难忘是哪一台手术？）

邵逸夫医院是在 1994 年 5 月 2 日正式开张的，但实际上在 1993 年就开始试运行了，一家新的医院各科室力量配备肯定有强有弱、有前有后，不太容易做到一步到位、配齐配强。邵逸夫医院刚开张时，神经外科甘海鹏教授不仅是邵逸夫医院的大外科主任，还带领着为数不多的神经科医生积极开展神经外科工作。当年，与外科其他各专科一样，神经外科还不是独立的专科，而是大外科的一个部分。我在北美听说杭州的这个项目后，积极与相关部门联系，有幸被甘海鹏主任选中成为赴邵逸夫医院的美方医生之一，非常高兴，于是就满腔热情地参与了邵逸夫医院神经外科筹办工作。

来到邵逸夫医院后，看到崭新的手术器械和设备，比我当时在美国医院用的都更新、更好，我也非常兴奋。在手术室、麻醉科和重症监护室的护士及医生的配合下，我与中国同行一起顺利完成了各种脑肿瘤、脊髓肿瘤手术，甚至急诊创伤手术，其中印象最深的是开颅颅内动脉瘤夹闭手术。在我没有到邵逸夫医院之前，神经外科在甘海鹏教授的指导下已经完成了许多手术，但因为一些客观困难因素，尚没有开展动脉瘤夹闭手术。当年，在术前诊断方面没有 3D 脑血管造影，甚至没有计算机体层血管成像（CT angiography，CTA）检查。此外，开颅动脉瘤夹闭手术还有特殊的麻醉要求，以及需要克服围手术期监护等过程中的一系列复杂的困难。在邵逸夫医院第一次开展这种多环节、复杂、高难度的手术，也是相当有困难和压力的。

在我眼里，每一个手术都有它独特的困难之处，但正因为觉得"难"，你才会重视它，精心对待它。患者无小事，再简单的手术，具体到每一位患者身上，那都是天大的事。

另外一件难忘的事情是医疗护理的理念之争。

有一位癫痫患者是个漂亮的小女孩。在做术前准备时，按照惯例需要理全发（剃光头）。在护士准备将小患者的一头秀发剃光前，小姑娘难过得直掉眼泪，护士安慰她说："这是暂时的，手术做完后，头发会很快长起来的。"一旁的父母也劝她，留着长头发可能会影响医生手术，劝她听话。

我对护士说："不用给小姑娘剃光头，甚至不需要在病房里给患者理发。在手术室里完成全身麻醉后，在手术台上将手术切口附近头发剃掉，待手术完成后，可以把周边的头发梳回，完全掩盖手术切口，手术后患者醒过来甚至不会感觉发型有什么改变。这对患者，特别是这个小女孩，是另一种很好的心理安慰。

这看似是一个小事，但我认为是讲美方医疗护理理念的好机会。在美国，神经外科患者"按需备皮"，对于小女孩的情况，只需要剃掉手术切口附近 2 厘米宽的头发，不必剃去全部头发。

我放慢语调告诉护士，每个人都是有尊严的，患者也不例外，特别是女患者，在生病后对周围一切会比较敏感。如果一个小姑娘被剃了光头，免不了会有心理负担。在治疗过程中，不应该衍生出心理问题。完美的医疗应以维护患者尊严为前提。我的这一番话把护士说动了，她最终采纳了我的建议，不再坚持给小姑娘剃光头。

类似理念上的交流常发生于我与中国同行之间。同时，我也学习和体会到了中国文化的许多优秀之处。3 个月的工作不仅仅是在神经外科专业方面的交流，我认为这种文化理念上的交流是更有意义且持续久远的，交流的不断深入还增进了我们的友谊。

纽扣的妙用

（与中国同行并肩作战的日子，您从他们身上看到了什么，学到了什么？）

这个问题好，这是我最想回答的问题。在邵逸夫医院工作的日子，我觉得这里的患者和同行都是我学习的对象。这里的患者都很善良，很配合医生的治疗和医院的管理，有包容之心。而作为医者，我们务必以仁相待。

有个需要手术的患者因某些客观因素，原定的手术被推迟了 5 天。在医生向患者解释后，患者不仅毫无怨言，还表示充分理解医院的难处。我知道这事后，觉得不能因为患者的理解就忽略医院工作上的不足，并且如果这种情况出现在美国罗马琳达大学的医院，可以在一定程度上减免患者的医疗费以示诚意。经我与相关部门协调，终于减免了该患者的部分因手术拖延而产生的住院费用，当我把这个情况告诉患者时，患者非常高兴：这不仅仅是几百块钱住院费的事情，而是直接体现了邵逸夫医院的服务理念——"给您真诚、信心和爱"。

在日常查房时，我觉得手术后患者会感觉切口疼痛，但我几乎从没有见到他们抱怨术后疼痛，他们认为术后有疼痛是正常的。尽管当时我认为患者哪怕有一丝疼痛，就需要用镇痛药。但是，在我回到美国后的多年临床实践中，我也深感滥用镇痛药引起的各种问题，我常常会告诉我的美国同行和患者当年在邵逸夫医院的经验，告诉他们对于轻度的术后切口疼痛不一定需要用镇痛药，而是让患者理解这个过程。

感触最深的是中国同行的敬业、智慧及动手能力和学习精神。在邵逸夫医院做手术，很多器械就出自医生之手，或是医生自己改良、创造的。中国有个成语叫"自力更生"，我认为用在这些中国同行身上是非常贴切的。中国的医生往往是"双料"的，是医师也是工程师。20 世纪 90 年代初，中国的社会经济尚在发展中，有些先进的医疗器械和材料还很匮乏，在没有这些先进器械和材料的支持下，面对一些复杂手术，可以想象医生会面临怎样的困难。但中国医生凭着"有条件要上，没有条件创造条件也要上"的精神，通过刻苦学习钻研，自己创造、自己发明，甚至用一些不可思议的"土办法"，啃下一块块硬骨头。这在美国是不可想象的。在美国，临床使用的所有器械和设备都需要经过认证，医生手术需要用什么特殊器械，相关辅助科室就要提供什么，如果不能保证，医生就取消手术。甚至，某些刻板的制度阻碍了临床医师的临场发挥。因此，我很佩服中国同行，他们有用简单方法解决复杂问题的能力。

受中国医生影响，我也因地制宜，急中生智了一把。有一位术后患者创口愈合情况很差。经过仔细琢磨，我发现原因是糜烂的肌肤失去了承载力。症结找到了，点子立马就来，我扯下白大褂的两对纽扣，让护士立即拿去消毒，然后将这两对纽扣分别安放在伤口两旁穿针引线，利用纽扣承载组织张力，使伤口肿胀溃烂的组织平稳地贴合，一个让人挠破头皮的难题就这么轻而易举地解决了，我好开心，感谢中国同行赋予我"灵感"。这在美国是很难想象的，如果把这种"未经美国 FDA 认证"的材料直接应用在患者身上，我一定会被官司缠身甚至会赔上一大笔钱。

回到美国后，我也在自己的临床和科研工作中不断地运用这种"自力更生"的理念。例如，在对帕金森病患者进行诱导多功能干细胞植入时，我首创了"留置退出法"将干细胞置于大脑深部的神经核团靶点，而不是用传统的"注入法"，从而避免对靶区组织的损伤。

虽然我在邵逸夫医院的工作仅有 3 个月，但这 3 个月中的收获经验让我享用了 30 年，其中许多也成为我教育引导自己学生的好教材。不管走到哪里，我都会这样说，邵逸夫医院是我这辈子见过、留下最好印象的医院，邵逸夫医院的同行也是我最尊敬和推崇的。

回到阔别近 30 年的邵逸夫医院，感觉一切都发生了巨大的变化，唯一不变的是它克服困难、不断前进的步伐。

赴日邵医人，朝气蓬勃

（您曾担任过日本静冈医院中国项目联络人，为邵逸夫医院的建设发展发挥了积极作用，您能回忆一下当时的工作吗？）

我作为一位协调者，主要负责邵逸夫医院报名静冈县立综合病院研修项目的人员与静冈县立综合病院内实际接收研修人员科室之间的联络，以及协调邵逸夫医院研修生来日后的实际研修课程以及日常生活的支援。还有就是两院访问团以及日本国内研修的行程安排以及随行。

邵逸夫医院的来日人员基本没有发生过让我困扰的难题，他们的综合素质都很高。所有访日研修人员都很踏实认真，学习能力也很强，也很善于解决问题。不过，在研修的过程中，由于语言不通，确实发生过互相之间无法准确理解的情况。

（日本静冈医院与邵逸夫医院是如何合作的？有哪些合作项目？）

静冈医院和邵逸夫医院一直保持着密切的学术交流，双方建立了研修人员往来的快捷通道，确保两院之间人员的互相交流访问和研修深造。静冈县立综合病院在 2011—2019 年的 9 年中总计接收了

人物简介

望月守，日本静冈医院中国项目原负责人。

30 名为期两个月的研修生，包括眼科、普外科、药学、放射科、肿瘤科、消化科、泌尿外科、耳鼻咽喉科、护理等。除此之外，我们还进行过多次互联网远程会诊。这样多元互动的学术交流形式大力促进了人才成长。

让我印象特别深刻的是，邵逸夫医院研修人员的综合英语水平都较高，在实际研修过程中，沟通交流相对顺畅。邵逸夫医院的访日人员都非常优秀，都有相当高的资质，在国际交流方面都有都具备了关键的交流沟通能力和国际视野，这是非常难能可贵的。

（联络工作中，邵逸夫医院与您对接最多的人是谁？您能回忆起你们共同开展工作的情形吗？）

2004 年，两院开始开展交流，我和时任邵逸夫医院院长何超的私人友谊便开始了，我每次前往杭州都会和何院长见面，我们的友谊日益深厚。于是，回国后，我向时任静冈县立综合病院院长神原启文汇报了邵逸夫医院的情况，神启院长对邵逸夫医院产生了很浓厚的兴趣。之后，我们又带领了静冈县立综合病院的访问团访问了中国，从此两院便有了紧密交流。

▲ 2012 年邵逸夫医院员工在日本静冈县立综合病院进修。左起：韩钢（药学部）、静冈县立综合病院原院长神原、任宏（放射科）、望月守

当时，我联系最频繁的就是当时的何超院长和国际合作办公室的孙晓敏主任。之后，又与刘利民书记、詹一蕾主任，以及我所属的专业 PET 放射科的访日研修生任宏、钱玉娥、寿蓓丽联系，我还受邀参加寿蓓丽的婚礼，特别感动。目前，我还与肿瘤外科的赵文和主任、金利丹，肾脏内科的陆明晰等保持联系。我多次参加邵逸夫医院国际学术周的演讲，时任院长何超在杭州主办的国际学术周聚集了世界上多家医院的理事长、管理者，真的是一场思想盛宴和学术大餐，我还参加了他们组织的多学科协作会诊，会谈时的感受我至今难以忘怀。

邵逸夫医院的研修人员都很谦虚好学，在他们身上能看到一家年轻医院的朝气，特别有能量。我想这也是邵逸夫医院能在短短的 30 年内发展如此迅速的原因之一，当然也和医院决策层对人才培养的重视分不开。

（您担任中国项目负责人有多长时间？您对即将走过 30 年的邵逸夫医院有什么期待吗？）

从 2000 年开始，我以个人名义与辽宁省沈阳市大连市、浙江省杭州市的医生以及医疗机构开展交流活动。在此期间，我先后担任了日本静冈医院 PET 中心的主管、放射科主任等，同时还担任了日本静冈医院国际交流活动的责任人，直至 2015 年。随后，借着退休契机，我转任静冈县立医院机构（静冈县立医院机构是统筹静冈县立综合病院、静冈县立儿童医院、静冈县立心理中心的上级机构）的国际交流专任官至今，协助参加网络远程学会活动的本院医生以及医疗从业者。

对于邵逸夫医院的发展，每次知悉都会感到震惊，我了解到邵逸夫医院的五期工程已竣工，现在已经是地铁可以直达的一家医院。

在我所了解的中国医院中,邵逸夫医院是最具国际化的医院。无论是运营方式、诊疗水平，还是勇于尝试新事物等方面，都与静冈县立综合病院有相通的地方，在国际交流方面更是出类拔萃。希望邵逸夫医院今后也能持续注重国际交流,建设成为 Global Standard（国际标准）的中国医院，为中国人民健康维系作出贡献。

第四章

峥嵘岁月　激情澎湃

什么叫老骥伏枥
什么叫壮志凌云
从年龄上讲
含饴弄孙
花鸟鱼虫
应该成为你们生活的日常
到什么山头唱什么歌
你们的歌
是"最美不过夕阳红"

青春不在
青山依旧在
看到你们拼搏奋进的模样
不禁想到老将黄忠
和百岁挂帅的佘太君
事业不老
韶华常在

传道授业解惑
你们是不老的老师
融合接轨
你们又是虚心的好学生
可敬的大先生们
你们就是丰碑

不同的肤色，相同的情谊

人物简介

彭淑牖，浙江大学教授、博士研究生导师，美、英、法三国及欧洲外科学院荣誉院士。获国家科学技术进步奖二等奖2项、国家技术发明奖二等奖1项及吴孟超肝胆外科医学奖等20余项，获中华医学会肝胆外科分会"终身成就奖"、国际肝胆胰学会"杰出成就奖"、全国五一劳动奖章、何梁何利基金奖，以及中国"人民名医""十大医学泰斗"等荣誉称号。

过往可鉴

（您是国际著名肝胆胰外科专家，邵逸夫医院大外科的建设凝聚着您无数心血，回望邵医30年，您有哪些难忘的事？）

点点滴滴，令我难忘的事情太多了。

最早，我听说邵先生是准备将这个项目放到北京的，后来又听说准备放在宁波，最后郑树校长争取到杭州来了。在这个项目中，郑校长的贡献是非常大的，我对她很了解，她是一个非常能干事的女中豪杰，她想干的事情没有干不成的。当年，我已经在英国当医生，也是在她的诚邀之下回国的，回到杭州那天，她还亲自到机场迎接我。她对我有知遇之恩，我很感激她，也很钦佩她。没有她就没有今天的邵逸夫医院，这话一点也不夸张。

在邵逸夫医院建院之际，我接到任务，到邵逸夫医院担任大外科主任，与美方专家一起建设普外科。这个任务是郑树校长交给我的，我必须得服从安排，但其实内心也是很乐意的。新的医院，如同一张白纸，可以让我们画最新最美的图画。我不但自己很乐意过来，而且还带了几个学生过来。彼时，他们在浙医二院已经是中坚力量了，

▲ 建院初期，彭淑牖（左四）和美国专家霍夫曼教授（左五）、普外科同事合影

其中就有现在的邵逸夫医院院长蔡秀军，当时是他积极响应并带头过来的。他那种积极向上的精神非常可嘉。

当时，医院管理套用的是西方模式，非常严格，作风上不得有半点稀松拉垮。那时，外科的齐伊耕主任天天站在电梯门口点名，看谁衣冠不整，看谁迟到了，迟到多长时间等。

老百姓对这家医院的认识有一个过程，开始以为这个医院看病贵不敢来，后来知道那是讹传，这家医院用药严格、流程规范、住院时间短，看病的费用反而会比别的医院低。

我们都知道，邵医有一个非常好的多团队协作机制。我认为，这个基础从建院之初就打好了。当时，郑树校长和吴金民院长经常就某个复杂病例组织各个专家开展讨论，集思广益，寻找最佳突破路径。因此，邵医一开始就可以做许多高难度手术，治疗效果也比较好，医患关系也好。

当时，邵医的外国专家有很多，有一待就是几年的，也有候鸟式的，半年在中国，半年在美国，他们都有奉献精神，我和他们的合作都很愉快，关系也很密切。2004年，我当选美国外科学会荣誉院士后，每年都要去美国参加美国外科学会举办的年会，因为他们中许多也是外科界的大咖，经常会在会议上碰到他们，我们互相拥抱，互致问候，亲热得不得了。会议间隙，我们一起喝咖啡，一起聊他们在中国的日子，他们表示那段日子非常美好，非常值得留念，看得出他们对中国人民感情深厚。

是的，他们是带着真情、带着先进的前沿的医学技术来的，我们邵医有口皆碑的腹腔镜技术最早就是他们带过来的，当然能形成品牌更离不开邵医人的不断钻研和创新。特别是蔡秀军院长，他是腹腔镜技术的实践者，也是推广者。邵医首例腹腔镜肝切除手术、首例腹腔镜十二指肠切除手术都是蔡秀军院长完成的。他的腹腔镜技术获得国家科学技术进步奖二等奖。腹腔镜手术的优势是以"微"见长，切口小、出血量少、恢复快等，在医疗上更能体现"以患者为中心"。现在腹腔镜微创手术在邵医得到广泛应用，可谓遍地开花。蔡秀军院长也成了有名的"大微"，但成绩并未影响他们前进的脚步，邵医在"微"道路上没有止步，没有停顿，继续向深而行，借机器人辅助又将腹腔镜手术推向了一个高峰。

当时从四面八方汇聚到邵医的各路专家也都很厉害，各有各的招数，各有各的绝技。比如我的老朋友章士正教授，1993年从浙医二院过来的，是邵医首任放射科主任。肝癌消融，全国做法都是一样，打乙醇溶液、射频；但章主任认为这个办法不是最好的，射频有热量，反而会促使一部分癌细胞生长。他用了一个人们想不到的"土办法"，效果却出奇地好。这个办法就是用开水将癌细胞烫死。我老家是广东的，广东朋友比较多，我也不知道他们是如何知道章主任有这绝招的，介绍了很多患者，通过我请章主任帮忙，章主任有求必应，我很感谢他。他说："医生就是给人看病的，这是医生的本分，不用客气的。"

这"土办法"能将95%的癌细胞烫死，我作为一名肝胆胰外科医生也很惊奇，很想知道他是怎么想到用沸水的？我好像问过他，他没有直接回答，说有人攻击他这种做法没有科学道理，他悄悄尝试就行了。至今，这还是我的一个疑问。什么是科学？对我们医生来说，患者好了就是科学。我的许多发明创造一开始也是有争议的，但效果最终堵住了异议者的嘴。

我佩服老友章士正，不仅是专业上的"怪才"，而且对待工作非常认真，为人亦十分谦逊，尽管放射科是辅助科室，放射科医生无需到病房，但他还是经常到病房来，了解患者情况，以保证自己诊断准确。他一丝不苟的专业态度对我们的年轻医生影响很大。

把我推向国际医学舞台的"摆渡人"

（邵逸夫医院不仅是年轻人干事创业的平台，对你们这些当年已经功成名就的大专家来说，也是再展雄风的机遇，因为这里有许多外国专家，让你们离国际医学舞台更近了，据说有的成了您的毕生朋友，可以谈谈你们的友谊吗？）

我到邵逸夫医院时，已年逾六旬，早就作别青春了，但邵逸夫医院干事创业的氛围让我热血沸腾，老夫聊发少年狂，恨不能向天再借 60 年。在这里，我特别要感谢一位外国同行，也是我的毕生好友，他不仅让我在邵逸夫医院干得欢天喜地，也让我满怀豪情融入国际医学大舞台。他就是来自美国罗马琳达大学的克莱克·霍夫曼医生（Clark Hoffman）。他与我年龄相仿，专业相同，都是腹部外科。我觉得他情商很高，非常懂得鼓舞和激励人，每次我从手术室出来，只要碰到他，他就会对我说："每当我看你走下手术台时，仿佛能看到一道胜利的光芒在你的眼里闪烁着。"

有时候，他听说我正在做一个疑难手术，也会到手术室来，像个学生一样，恭敬地站在一旁，目不转睛地看我的一招一式。手术一结束，他立即竖起大拇指："彭教授，你不是在手术，你是在进行一场艺术表演。"

霍夫曼是个性情中人，也很真诚，我相信他对我的肯定是发自内心的，这对我产生了巨大的推动力。

我们两个人不仅经常在一起切磋、探讨各种疑难病例，在业余时间，霍夫曼还是我的网球教练。他的儿子在美国是专业的网球教练，霍夫曼的儿子教会了霍夫曼，霍夫曼又教会了我和邵逸夫医院的一群年轻医生。

1999 年，霍夫曼完成了在邵逸夫医院的指导工作，回到美国。我内心充满不舍，他也饱含热泪，拥抱着我说："我爱可爱的中国和智慧的中国人民。"

霍夫曼虽然回到了故土，但我们之间的关系并没有因为距离而疏远，我们经常在线上做各种学术交流。我们在邵逸夫医院共事的那几年，霍夫曼对我的刮吸手术解剖法、捆绑式胰肠吻合式等发明创造了解得比较透彻，尤其是对彭氏多功能手术解剖器。他评价说："这把'神刀'是继 200 年前镊钳发明以来外科器械最伟大的发明。"他认为我应该带着这把刀走向国际医学舞台，让国际医学舞台见证中国的医学发展。

机会终于来了！ 2004 年，在霍夫曼的极力推荐下，经过多轮严谨的审核，我非常荣幸当选为美国外科学院荣誉院士，成为美国外科学院百年历史上第三位获此殊荣的中国大陆专家。此前获此殊荣的中国大陆专家：一位是中国胸心血管外科和心血管病流行学奠基人之一、中国科学院院士吴英恺；另一位是著名头颈外科学家、中国头颈肿瘤学奠基人之一屠规益教授。

颁发荣誉院士证书的仪式非常隆重，当我站在领奖台上接受那至高荣誉时，我注意到领奖台下的霍夫曼先生及其夫人一直在为我鼓掌。会前的一个小细节也是我忘不了的。那次活动对所有出席人员的着装有着严格的要求，细致到袜子的颜色必须是黑色的。可我把这件事忽略了，幸好有霍夫曼在，他将自己一双准备换洗用的黑袜子给了我，解了我的难……

▲　2004年4月29日，邵逸夫医院建院十周年院庆上，老专家们合影。后排左起：黄素霞、李君达（普外科）、甘海鹏（神经外科）、卢伟、蔡秀军、沈来根（普外科）、何超、钱可大（消化内科）、许敬尧（病理科）、潘永观（妇产科）、曹德聪（血液内科）、高锦程（皮肤科）、陈湫波（妇产科）、周敏好（耳鼻喉科）、徐端珩（内分泌科）；前排左起：彭淑牖（普外科）、李泽坚、韩得利、方则鹏、高立（呼吸内科）、齐伊耕（普外科）

我很庆幸有邵逸夫医院的这段工作经历，有机会认识像霍夫曼这样品格高尚的国际同行，他是引领我，也是引领中国医学走向国际医学舞台的摆渡人。在我家里的醒目处摆放着一个蓝色透明的玻璃球，这是霍夫曼当年送给我的纪念品，他说这是火山爆发后的大自然造化之物。看着它，我仿佛就看到了霍夫曼那双清澈、迷人的眼睛。

如今，老友已去天堂追寻他的医学之梦了，但我始终觉得他并没有远去，他就在我心里。

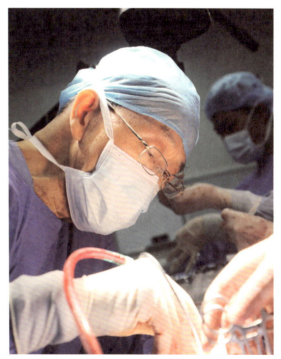

▲　老骥伏枥，彭淑牖教授在邵医手术室做手术

猎虫图鉴，正本清源

从专家到"砖家"

（您的经历非常丰富，丰富的经历为您打下了扎实的专业基础，也开阔了您的眼界。1993 年，您已经是浙江省内非常有名的放射科专家，您为什么会选择到新建的邵逸夫医院？）

我的经历确实比较丰富。1963 年，我中专毕业被分配到丽水市青田县人民医院，并在那里工作了 16 年。我是从基层医疗单位一步一个台阶走出来的。在这 16 年里，我一边工作，一边努力学习，向往有机会获得更大的平台，为更多的百姓服务。也许这就是人们常说的"情怀"吧。

1979 年，我在青田县人民医院担任副院长，后我又考取北京协和医科大学北京协和医院研究生。北京协和医院是中国医疗界的"大牛"，我为自己自豪。因为我在基层干过，能吃苦，在学习上也非常努力，加之有丰富的临床经验，这些因素叠加后，导师当然会认为我十分能干。1982 年研究生毕业，我毫无悬念地留在了北京协和医院。北京协和医院很注重人才培养，第二年就送我到德国学习，成为第一批赴德国学习全身 CT 诊断的中国医生。1984 年，我就顺利晋升

章士正，教授，主任医师，博士研究生导师，曾任邵逸夫医院放射科主任。

▲ 1994年5月2日，邵逸夫医院开院典礼，邵逸夫先生（前排中）与时任卫生部部长陈敏章（前排右一）参观放射科，章士正（左一）陪同

为北京协和医院的主治医师。

　　我在北京协和医院的发展可谓一片光明，但我还是决定要回到浙江，因为在到北京协和医院读研究生之前，我已经结婚并且有孩子。回浙江工作是为了解决夫妻两地分居和孩子读书的问题。北京协和医院舍不得让我走，让我等一等，他们说想办法把我爱人调到北京。我知道要弄一个北京户口的名额非常难，不知要等到什么时候。一个要走，一个不放，这事一时僵住了。好在这时，我的贵人出现了，她就是原浙江医科大学校长郑树。她爱才是出了名的，她了解到我的情况后，表示人才难得，求之不得，调动的事交给她。郑校长报请时任浙江省省长薛驹，将我作为人才引进。1985年，我们夫妇二人同时调到杭州，被安排在浙医二院工作。郑校长把这事办成也委实不易。北京协和医院的校长虽是她的校友，但也不肯轻易松口，最后双方商定，用5个人换我一个人。背景是这样的：1984年，浙江医科大学第一次选送了6名学生到北京协和医院实习。浙江去的这几个学生聪明、勤奋，北京协和医院很想把他们全部留下来。而浙江医科大学送去的这几个学生属于地方经费培养，毕业后要回到浙江省工作。这次为了我，浙江省政府忍痛割爱，最终同意北京协和医院留下5名学生。

　　在浙医二院，我可以说是顺风顺水，很快评上副教授，又再次到美国哈佛大学进修，回国后又开展了许多新技术。

1992 年，郑校长动员我到邵逸夫医院。邵逸夫医院是新建的医院，要靠白手起家。想到郑校长对我有知遇之恩，而新建邵逸夫医院又是她主抓的一个项目，思考再三，我同意了，就算是报恩吧。我之前也做好了吃苦的心理准备，我自认为是个想干事的人，苦不怕，怕的是没事可干。为筹建需要，学校于 1992 年下半年送我赴美国罗马林达大学医院放射科学习。

1993 年元旦后，我来到邵逸夫医院，承担组建放射科的任务。创业艰难百事多，刚到邵逸夫医院时，第一感觉是这是村里一个未完工的建筑项目，周边是菜地和水田。到了医院，呈现的是一片杂乱，碎砖瓦砾，到处都是建筑垃圾，墙边野草丛生，长得比人还高。我在问自己，这是医院吗？既来之，则安之。我调整好心态，迅速投入由放射科医技人员组成的劳动大军，持锹挖土、弯腰搬砖、弓背推车，大家干得热火朝天，希望通过自己的努力，让医院早点开业。这样的劳动大概持续了两个月，人晒黑了，皮晒脱了，但人更精神了，我自嘲像个"砖家"。

施工现场的劳动结束后，我继续进行"搬运工"的工作。不过，这次搬的不是砖头，而是各种各样的设备。这些设备都是从国外进口的，既精工又娇贵。因为是室内安装，无法使用大型吊机，所有设备都要靠我们人力搬移。为了避免搬移中造成设备损坏，我们没有请外面工人帮忙，而全部依靠自己科室人员力量。这活既费力又费脑。因为在搬移过程中，我们要考虑每台设备的平衡问题，要预防震动，因为稍有不慎就会造成巨大损失。因此，在搬移每台设备前，我们都会做好方案。比如一台 CT 机有好几吨重，尽管只是从一楼搬到二楼，但如果靠人力走楼梯，得有多少个人才能将它抬起？即使人多力量大把它抬起，那么多个人如何保持步调一致？楼梯宽度有限又怎么保证那么多人能站得下……因此走楼梯显然是不通的。那么剩下就是用电梯，但同样面临巨大的困难。一个问题是如何把设备装进电梯。电梯升降、张合都有一定的震动性，会对设备有安全影响，那么如何保持平衡又是一个问题。好在我们充分发挥聪明才智，最后采用一个物理方法解决了这两个难题。我们在 CT 包装箱下安放铁滚棒，将其一步步移进电梯。预先在电梯顶上安装起重葫芦，用缆绳与设备四角相连，人工牵拉起重葫芦一点点提升到放射科所在的二楼，再用铁滚棒将 CT 机慢慢移至 CT 机房。在医院建设前期我们确实很辛苦，干了无数出大力、流大汗的事。然而，现在回味起来，那汗水无疑是值得。

人心齐，泰山移。在全科人员的共同努力下，放射科成为全院最早开始工作运转的科室，我们在医院正式开院的一年前即运转 CT、接受杭州市兄弟医院患者的 CT 检查。财务告诉我们，医院的第一笔收入就来自我们放射科。我们非常高兴为医院作贡献了。

那段日子是令人怀念的。刚开始，我们在邵逸夫医院基本工资不高，也没有奖金。我原来在浙医二院每月有一千余元的收入，但在邵逸夫医院只有两百多元，中间相差好几倍。但我们精神饱满，心中有梦，相信未来。

30 年前的邵逸夫医院与现今的邵逸夫医院自是不可相提并论。然而，我始终坚信，昔日那股坚持不懈、积极进取的"搬砖"精神不应遗忘，它实为我们的宝贵财富。

明察秋毫，洞若观火

（在业界，您被誉为像神一样存在的专家。有人称赞您明察秋毫、洞若观火，能够在错综复杂的人体病灶中找到蛛丝马迹，一举揪出藏在人体内兴风作浪的"妖孽"，请问您是如何练就这种卓越能力的？）

哈哈，我没有传说中那么神。能够得到一些肯定，不外乎肯学和肯干。而邵逸夫医院是一个再合适不过的学习和干事的平台。邵逸夫医院创立之初，尽管员工收入水平不高，但医院科室建设的起点颇高。以放射科为例，科室所配备的整套设备都是世界领先水平的，其中有部分设备在当时为国内独家拥有，有部分为省内独家。医院开业不久，便有省内其他医院推荐患者到我们放射科进行影像检查。当时有一位患者在一家大型医院接受针灸时不慎在臀部断了一截针灸针，然后外科医生在手术台上搜寻许久未果。后来转到邵逸夫医院，借助刚刚安装好的透视机清晰地发现了那截针尖，仅用几分钟就成功拔出针尖。

我们有先进的设备，我们要做到物尽其用，就要努力去学习和掌握，这是一股动力。如此，我们放射科人员的业务水平提升很快，这也是我们的优势。

一名优秀的放射科医生不仅需要熟悉各种影像表现，还需要掌握常见的临床医学知识。影像诊断是一门经验性学科，需要依赖大量读片不断积累专业知识，犹如神枪手之技艺源于大量射击实践，并无捷径可循。多年来，我在消化系统 X 线诊断、计算机断层扫描（CT）诊断、磁共振成像（MRI）诊断及介入放射学等方面积累了不少经验，这些经验正是实践的结晶。

曾有一位年长的患者在体检中发现肺部有小结节，内心非常忐忑，不仅辗转于省内多家知名医院，还赴北京、上海找了多位知名放射科医生。这些专家均认为这个肺结节是恶性的。这名患者曾向我咨询，当时我明确告诉他这是良性的结节，无须担心。但也许是我一个人的声音太微弱了，这名患者最终选择到北京一家知名医院做了肺结节切除手术。结果，术后病理切片显示结节为良性。

影像学是一门重要的学科，理论阐述太复杂，为便于理解，这里我可以再讲两个猎虫的故事。曾经有一次，一家兄弟医院转过来一位被诊断为晚期弥漫性肝癌的患者。我们经 CT 检查发现整个肝脏确有弥漫性病变。在阅片过程中，我产生一个疑问：如果是弥漫性肝癌，那么肝脏体积应该缩小才是，但是这位患者的肝脏非但未见缩小反而呈现明显肿胀、增大。我据此推测是寄生虫感染，建议患者进行血检。结果显示，患者血吸虫指标偏高。后来，消化内科果然从该患者的十二指肠中找出蛇鞭节虫。"元凶"找到了，就可以对症治疗了。

这位患者是一位小企业主，很年轻，对生命充满了渴望，刚转到邵逸夫医院时就对医生表示，只要能治好他的病，倾家荡产都愿意。可他做梦也没想到，在邵逸夫医院只花 76 元钱配了药，他的病就治好了。

此类病例屡见不鲜，患者及家属虚惊一场。但这种现象令我不安。尽管我纠错不少，但如果少点误判岂不更好，让人"虚惊一场"也是一种伤害。当时有一位正在攻读博士学位的年轻人，因为头痛就诊于多家医院，经过磁共振检查，均被诊断为脑多发性硬化。自此，父亲陪他踏上了求医路，到北京、到上海，结果均被告知诊断为脑多发性硬化，治疗结果也都不理想，认为他的病状是不可逆转的，只会越来越糟糕。在浙大，他已经病发多次，校方同意给他延长学籍一年，若病情无法得到控制，他将面临退学困境。

后来，父子俩就诊于邵逸夫医院，想碰碰运气，寻找合适的专家看看。这次，他们碰到我了。针对患者病情，我安排了增强 MRI 检查。结果，影像显示应该不是脑多发性硬化，而是脑囊虫病。此类疾病通常是由食用米猪肉所致的。随后进行的血液检测进一步印证了我的诊断。在有效治疗下，患者病情迅速好转，很快就康复了。这对心力交瘁的父子满含热泪，特地给我们送来锦旗以表谢意。

学习是永远的加速器

（邵逸夫医院影像学的发展始终处于全国领先地位。起初，先进设备的引入无疑是推动其发展的关键因素之一。然而，在技术更新速度日益加快的当下，当初的那些先进设备估计已经淘汰完了，再与其他机构在设备上竞争已无太大意义。那么，您认为究竟是什么力量使得邵逸夫医院依然走在影像学发展的前列呢？）

设备是死的，人是活的。邵逸夫医院放射科能不能走得更远，关键是学习和人才。

临床医学是一门经验积累性的学科，优秀的放射科医生必须紧密联系临床，向临床医生请教，这样才能持续积累经验。此外，什么病高发，我就着力研究什么，这样才能服务大

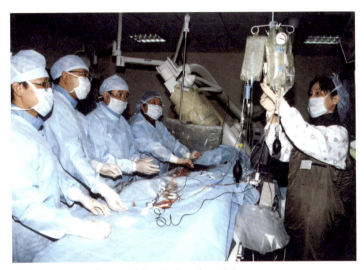

▲ 建院初期，章士正（左三）在做介入手术

众。鉴于体检检出肺结节的现象日益增多，我投入大量时间和精力研究各类肺结节。其中，从院内收集的肺结节影像学资料就有500多份，我通过跟踪患者诊治情况，反复研究总结，对这种"流行病"形成持续的敏感度和判断力。因此，在面对前述被诊断为恶性肺结节的患者时，我并未盲目附和，而是果断地提出其肺结节是良性的诊断。

任何学科都不是孤立存在的，影像学也不例外。放射科医生的职责并不是简单地摄片阅片。一名优秀的放射科医生不仅要全面掌握临床医学知识，熟悉人体各个部位的解剖结构，还要熟悉各类诊断仪器的成像原理。我对学生的要求，首要的一条就是热爱学习。当年我自中专起步，成为北京协和医院的研究生，就是因为学习。学习使人进步，这是颠扑不破的真理。

我们邵逸夫医院放射科得以长足发展，核心是因为我们有一支学习型的队伍。我为自己是这支队伍中的一员而感到自豪。正是通过不断学习，我们才逐步积累了底气与自信。回忆邵逸夫医院发展的30年，也是邵逸夫医院放射科保持高涨学习热情的30年。建院初期，每天晚上9点之前，整个放射科灯火通明，年轻人都在专心致志地学习。每天早上，科室会组织业务提问，这也激发了员工主动学习、不断更新知识的动力。

如今，邵逸夫医院放射科依然保持着建院以来科室业务学习的传统，在每周四下午对疑难病例的术前影像诊断和术后病理进行比对，以期发掘不足之处，进而优化改进。

学习是顺应时代的推动力。岁月流转，邵逸夫医院放射科已从建院初期的10余人的小团队，发展到如今有180人的专业团队，且逐步拓展多个亚专科领域，成为全省首个建立医疗影像数字系统、率先尝试多学科诊断的放射团队。我深感欣慰，在时代变迁的洪流中，自己并未落伍，而是与邵逸夫医院放射科一起逐浪成长。

百米冲刺，救人一命

（急诊，面对的是突发疾病的患者，生与死往往就是一线之差，所以对从事急诊的医护人员有着极高的工作要求。您是邵逸夫医院的首任急诊科主任，而您本人在就任此职前是一名心血管内科的专科医生，在此情况下，您是如何带领一支由清一色的年轻人组成的团队的？）

我是 1993 年被任命为邵逸夫医院急诊科主任的，当时医院还没有正式开业。那一年，我 55 岁。此前，我在北京协和医院当了 17 年心血管内科的专科医生，其后又在浙江省儿童医院小儿心血管专业组工作了 12 年。老话说，"做生莫如做熟"，我内心是不太情愿担任此职的。急诊对专业要求比较全面，换言之，什么都要会，什么都要懂，也就是说既要会创伤急诊又要会非创伤急诊，这个是邵逸夫医院急诊的特殊要求。一旦接手此职，我有太多的东西需要从头学起，这对并不年轻的我是个很大的挑战。但我想到自己是为了解决与家属两地分居问题才调回浙江的，能进邵逸夫医院也确实不易，要珍惜这份工作，不该挑三拣四。如此一想，心里也就释然了。干，而且一定要干好！

连我在内，急诊科医生当时只有 11 人，大家都非常年轻，有的

人物简介

鲍德国，主任医师，邵逸夫医院原急诊科主任、全科医学科主任、全科医学教研室主任，《全科医学临床与教学》杂志原执行副主编。

是学校刚毕业分进来的，有的是从医院各科室抽调过来的住院医师。我这个领头的是个"外行"，手下的又全是新兵，这工作如何展开？开始我是愁绪满头，但后来发现，我的许多担忧是多余的。因为我们这个医院是委托美方管理团队（美国罗马琳达大学）全权管理，我们的一切工作流程、诊疗规范等都要学习美方的。这对我们这个年轻的团队来说是一件好事，只要我们把美方的一套东西学好了，就能把工作做好。所以，我对团队的学习抓得很紧，自己带头，不但白天学，晚上也要学。正好那段时间医院刚刚开张，患者很少，让我们有充足的学习时间。这个学习不仅是业务上的，还有职业操守上的。

学习使人进步。通过学习，我们这支年轻的队伍成长很快。当然，这和美方严格的监督和管理也是分不开的。美方院长韩得利对急诊科的工作极为关注，这位参加过二战的老兵，把战略战术都用到了医院管理上。每天凌晨 5 点，他会骑着自行车到急诊科转一圈，你可千万别以为他只是简单转一下就没事了，他是有目的的。

一个小时后，他又骑着车回来了。这是"找事"来了：前面我看急诊室有 10 个患者，现在怎么还都在这里？这里有几个是轻症患者，又有几个是重症患者？一个小时过去了，轻症患者应该处理完回去了，重症患者也应该收进病房了，为什么他们都还在这里？你们在干什么？美方院长的这种"严苛"，对我本人和整个团队的成长是有好处的。我们强化了责任心，摒弃了散漫之心，树立了国际上有关急诊管理的先进理念。

不得不说，我们从美方身上学到了点真东西，当然也是好东西。在美方对我们开展的诊疗规范培训中，有一项名叫"生命支持"的项目，通俗一点讲，就是通过人工呼吸、心脏按压、体外除颤等抢救措施，对突发心脏疾病患者实施救治。现在这不算稀奇了，可当时杭城没有一家医院对医护人员进行过这一培训，更没有医院将其列为诊疗规范。我们开始也不理解，并质疑："人家都不搞，我们为什么要搞，这样搞有意义吗？"而我的一次亲身经历告诉我，美方的规范化培训是对的，学好了有好处。要成就自己，就得老老实实向先进的医院学习，学习先进的技术，学习先进的观念。

开院后不久的一个晚上，我们医院的一位职工在家里睡觉时，突然发生抽搐，随之陷入昏迷，呼之不应。这是猝死的表现。他的爱人是另外一家医院心电图室的医生，懂得一点急救知识，马上把他挪到地上平放，进行胸外按压。大约进行了几分钟，他没有一点好转，于是他的爱人叩开对面邻居家的门。那位邻居是一位身高 1 米 9 的五官科医生，见此危急情况立即背起患者直奔邵逸夫医院。因为患者是本院职工，医院各科主任立即被呼叫到抢救室准备抢救。此时，他仍处于昏迷状态，呼之不应，没有呼吸，颈动脉搏动无法触及。

此时抢救室内虽然挤满了人，但是谁来指挥抢救？患者该如何处理？谁先上？大家一时竟怔住了。这时护士长突然问："怎么鲍主任没来，鲍主任呢？赶快通知鲍主任。"那天我不值夜班，是在被窝里被电话叫醒的。我火速套上衣服，顾不上穿鞋，光着脚就冲出了房门，一路狂奔。我住的是医院宿舍，宿舍与医院之间有一道铁栅栏，为了抢时间，我翻过了铁栅栏，"嘶啦"一声，裤子破了。我也顾不了这么多了，以最快的速度赶到抢救室。

到了抢救室，我稍微平复了一下心情，当即开始指挥"战斗"：胸外按压、电击除颤、注射肾上腺素、气管插管、球囊过渡、连接呼吸机，而此刻心电监护仍然显示心室颤动。重复，重复，重复；坚持，坚持，坚持。大约一个小时后，患者终于恢复了窦性心律，呼吸也逐渐恢复。这时我才注意到身边站满了人，包括好几位医院领导，他们都长舒了一口气，每人的脸上都露出了胜利者的微笑。

在指挥抢救时，我始终觉得我被一双眼睛紧紧注视着。待我有时间观察时，才发现紧紧注视着我的是患者的父亲——另外一家医院的骨科主任。后来他紧紧抓着我的手，使劲握了又握，什么话也没有说，但我知道他想表达的意思尽在这一握中。

因为患者、患者的爱人和患者的父亲分别在杭城的三家医院工作，所以这件事在杭城的医疗圈迅速传开。再后来，许多医院也把生命支持列入诊疗规范，在他们的培训课上我们这个例子也经常被列举。

这是个成功范例。

两个懵懂少年的"不幸"与"所幸"

（"急诊患者尽管病情各异，但急诊科医生对患者不能没有统一且规范的评估标准。只有这样，在关键时刻急诊科医生才能做到紧张但不慌张、忙碌但不忙乱。"这是您常说的一句话，也应该是您在实践中的感悟吧？）

这方面的感悟确实很深，实例也有很多，这里举两个例子，一个是花季少年，一个是花季少女。花季是美好的，但如果当年处理不细致、不得当，那他的花季就会不复存在，她的花季就会与痛苦做伴。

先说这个花季少年吧。他是一位初中生。放学途中，他在路边买了一串油炸臭豆腐，边吃边走，不承想，被一辆出租汽车撞倒了。司机将他扶了起来，他拍了拍身上的灰尘，也没感觉到有什么地方痛，就让司机走了。他走着，走着，就到了邵逸夫医院门口，因为当时医院开业不久，医院很空旷，没啥患者，他就好奇地想："不如到医院问问医生看，自己被车子撞了一下，虽然现在没问题，那以后会不会有问题呢？"

这个孩子很活泼，他给我们讲了事发经过。值班医生凭直觉判断应该没啥问题，但从职业道德要求出发，还是决定对他做评估。评估是创伤患者诊疗规范的一个重要方面，必不可少。其中的内容包括气道通不通畅、有没有呼吸困难、血压是否正常、心跳是多少次、意识清不清楚，等等。通过评估，这孩子一切都很正常。这时负责检查的医生要去吃饭，孩子也提出要回家。当时我正好也在场，我让医生先去吃饭，但劝孩子留下。因为评估内容中有一条是观察再评估，我想对他再观察一会儿。

没过一会儿，一股异味传来，是这个孩子突然发生剧烈呕吐，并倒在地上，牙关紧闭，脸色发紫。我马上组织相关人员开展急救。原来这个孩子被撞后，脑部受到震荡，导致颅内高压而引起呕吐，又因呕吐物黏稠堵塞气管，最终导致窒息。我马上给孩子用上开口器，将嘴巴里的异物挖干净，这时原本已经意识不清的孩子也逐渐清醒了，坐了起来，好了！如果当时我不在现场，这个孩子就会因窒息而丧命。几十年过去了，现在回想起来，我还是感到挺后怕的。当时，如果我也去饭堂了，或者让小孩走了，后果不堪想象……

再说一个花季少女吧。当时她穿着长裙，在放学的路上，骑自行车被汽车刮倒。开始情况同前文男孩有点相似，现场看看人和自行车都没啥事，但司机不放心，还是决定把她送来我们医院检查一下。

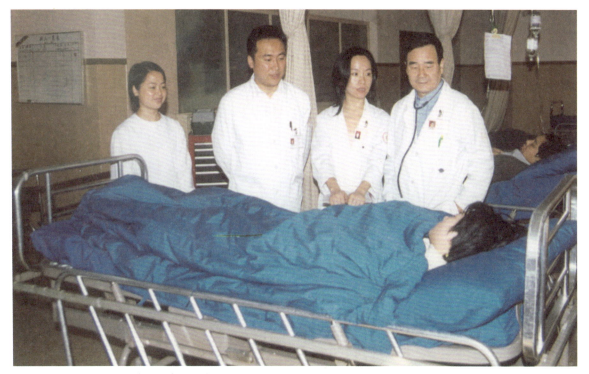

▲　鲍德国（右一）和同事们在急诊室查房

我们的检查是严格按照诊疗规范进行的，从头到脚，从前面到后背，从显露部位到隐秘部位，认认真真、仔仔细细地做了一遍检查，但没有查出任何问题。没有查出问题，小姑娘急着要走。我还是不放心，因为前面做检查的是男医生，一些隐私部位未检查。诊疗规范要求"全面细致"，显然还没有完全做到。于是，我把小姑娘拦了下来，请一位妇科医生为她做补充检查。这一查，问题可不小，小姑娘的阴道和肛门都有撕裂，于是我决定将其收治入院进行手术。手术分妇科和肛肠外科两场进行的，很顺利。但如果当时未能及时发现、不及时手术，就会导致这个小姑娘遭受阴道结疤变窄、大便失禁等并发症，将令其痛苦终生。

这两个孩子虽然遭遇了不幸，但幸运的是他们找到了邵逸夫医院。通过这两个孩子身上发生的事，我经常对急诊科医生说："重要的事情说三遍，评估、评估，再评估；观察、观察，再观察。"

事实一再教育我们，要虚心学习国外先进的管理理念和经验及其先进的医疗技术。但这种学习不是简单地照抄照搬，要懂得灵活应用，举一反三。

1996 年，我科申请了两个国家级继续教育培训项目，"创伤性患者生命支持"和"现代心肺脑复苏：新概念、新技术"，即 BLS（basic life support，基本生命支持）和 ACLS（accelerated cardiac life support，心脏除颤生命支持）。后一个项目一直延续至今，并在全省乃至全国进行推广。

假患者，真考核

（建院之初，驻我院的美方医护人员比较多，他们除了参与一线的临床医疗工作外，还承担一项重要使命，即对中方医护人员进行学习培训。您怎么看待他们组织的学习培训，这种学习培训对临床实践作用如何？）

前面我讲过，医院刚开张时，患者很少，我们从早到晚就是学习。这种学习，我认为是完全必要的。即使患者很多，我相信院方也会挤出时间来安排的。因为医院是委托美国罗马琳达大学管理的，所有运行法则都是套用他们的。不经过学习，肯定无所适从。

美方组织的学习，贴近临床，方法灵活，注重实际。他们买来小猪，训练中方医护人员如何在猪的脑袋上钻孔，怎么给猪气管插管；买来鸡腿，训练中方医护人员练习骨髓腔内输液等。做人工胸外按压、气管插管：做对了，亮绿灯；做错了，亮红灯；反复训练，直至完全过关，获得证书，才能上岗。

这种学习不是走过场，美方组织者是认真的，中方医护人员作为学习者也不敢马虎，因为每一次学习后，都要进行一场严格的考试，不合格不能上岗，直到合格为止。

美方组织的考试既独到又严格，没有规律可循，旨在检查你真正的学习效果，检验你是真掌握了还是滥竽充数。我印象最深的一次考试，是美方一位女医生让其先生假扮患者，到急诊科看急诊，这位假患者穿西装、打领带，精神气十足，外表看不出什么，但实际上女医生在他身上做了不少手脚，比如在他的头发里、头皮上抹红药水、屁股上打 X、背部打 X，考验急诊科医生在评估时能不能把这些问题部位全部找出来。

更绝的是，接诊医生根本不知道这是一位假患者，更不知道自己正在进行考核……

美方是很认真的，要求很严格，有时近乎"苛刻"。我们急诊科有名年轻医生，20 多岁，才在别的科轮转不久。一次，美方院长韩得利在查看他写的病历时，认为他给患者开的药每次 40 毫克，剂量不对，韩得利说指南上要求每次 80 毫克，而这名年轻医生说他没有错，中国人每次 40 毫克就够了，不同国家的人，有不同的个体差异，特别是体重差异。中国人与美国人用药剂量完全相等是不合适的。两个人为此发生了激烈争吵，吸引许多人围观。他们两人唇枪舌剑，好像在进行一场英语辩论。第二天，在全院大会上，韩得利又对这名年轻医生提出了批评。

在这件事上，我觉得他俩没有对错之分。韩得利没有错，年轻医生也没错。我没有批评这名年轻医生。我告诉韩得利："这位年轻医生工作是认真的，你这样公开批评，会打击年轻人的积极性。"韩得利若有所思地点了点头，一场风波就此画上句号。我也经常与韩得利及美方管理团队争论，这都是常态了。不过这种争论都是为了工作，也是有利于工作的，我们从未结怨。现在回想起来，这些都是美好的回忆。

一代人的执着

侦探老哈

（您是病理专家，美方院长韩得利教授也是病理专家，你们接触交流会不会多一些？可以列举几件令您印象深刻的事情吗？）

提及美方院长韩得利教授，我们习惯性地称他为"老哈"。也许因为老哈也是一位病理专家，所以经常到我们病理科来，我们在一起有许多话好讲。

在邵医，老哈给人们的印象就是抓住各种小事不放，但我不这么认为。他很认真，会揪住某些事不放，而这些事虽看似小事，但其实是大事。

要谈我对老哈的印象，还是在各种"小事"上。当然，这"小事"是加了引号的。从现代医院或国际化医院管理的要求看，他抓住不放的这些"小事"实则与医院的安全、秩序、环境等息息相关，是医院发展的基石。

老哈对环境卫生的重视程度，老员工都深有体会。刚开始，我也认为他认真过头了。比如，老哈要求清洁部要每两个星期给门诊、病房的地板胶打一次蜡，我们一开始认为没有这个必要，因为我们

人物简介

许敬尧，曾任浙江大学病理学教研室副主任、法医教研室主任、邵逸夫医院病理科主任，兼任中国抗癌协会全国大肠癌专业委员会委员、全国大肠癌病理研究协作组组长。

觉得医院的卫生已经够好了，可是老哈依然坚持这么做。每次打完蜡，地板都光亮如新。每个走进医院的人都被舒适明亮的环境所吸引，甚至有人说邵逸夫医院的空间环境堪比星级酒店，患者就医有如家般的舒适和温馨体验。医院如此的环境卫生要求，放到现在我们会认为是很正常的，要的就是这种角角落落都时刻保持干净的感觉，但那是在30年前，老哈就是用这样超前的医院管理理念要求我们。

老哈像爱护家一样爱护医院，关于医院卫生的任何事情，他都会冲在前面。这里，我讲一件亲眼所见之事。有一天，老哈到我们病理科闻到一股异味，他皱起眉头，询问异味来源。我使劲地嗅探，却未察觉明显异味。他紧接着径直走向楼梯。我们病理科在二楼，三楼为检验科，二楼至三楼的楼梯中间有一个公共厕所。他进入厕所，很快找到了异味的来源在厕所，他随即又快速地走了出来。我原以为他会通知保洁人员前来处理。谁知，他很快又折回来，手里多了两样物品，一瓶消毒剂和一瓶空气清新剂，再次走进了厕所。他在厕所里忙活了好一会儿，出来后，他笑眯眯地问我们现在厕所的卫生情况是否令人满意。

这就是老哈，这就是我们邵逸夫医院堂堂的院长。干净让人舒心，舒心就是最好的就医环境。试想，如果医院又乱又脏，能够让患者放心吗？

老哈是病理学专家，他的专业是在显微镜下捕捉病变。然而，在邵逸夫医院，他还有一双比显微镜还要厉害的会发现问题的眼睛。这话虽有点夸张，但他的洞察力一定是值得肯定的。邵逸夫医院自建院初期就建立了严格的陪客管理制度，一名患者一般有一位家属陪护，目的是给患者提供安全、安静、有序的诊疗环境。刚开始，有些患者家属不理解，有时会有家属探望后不愿意离开，这也给病房管理带来了一些挑战。

老哈当然也知道这项制度推进的难度，但是为了患者的诊疗安全和环境舒适，他依然雷厉风行，坚持将陪护制度落实到每一个病区。他每天晚上都会到病房查房，他查房与医生护士有所不同，他着重于管理，尤其是对病房陪护人员的管理。有一次，他查房发现有一位患者床边有三位家属陪护，老哈劝说其留下一位陪护即可。当其中一位家属对他说自己是邻床患者的家属时，老哈指着邻床患者突然问道："你知道他叫什么名字吗？"对方措手不及。老哈便将事情交给吴金民院长来处理。那天我正好在现场，在陪他离开时，我问他怎么看出那个人不是邻床陪客的，他告诉我说，一个人若没讲实话，说话时神情会有异常。

这些往事，这些细节，都展现了老哈的严谨与敬业，他是我们邵逸夫医院的楷模。

老哈目光敏锐，嗅觉同样灵敏。有一次，我们知道他要过来，准备"捉弄"他一下。当时，全院人都知道老哈最反对开窗，尤其在使用空调时开窗，不仅浪费能源，而且还导致苍蝇、蚊子和病菌进入房间。而我们中国人习惯要经常开窗，保持空气清新流通。可以说，开窗和

▲ 建院初期，许敬尧（中）和韩得利院长（前排左三）、谢鑫友（前排左一）、金梅（前排左四）等同事合影

关窗问题一直是老哈和我们"斗争"的焦点。我们病理科有个取材室，这次，我们把取材室的窗打开了，而且要让老哈看见了也无话可说。我们一位医生想到在取材室的桌上和地上洒上自来水，却声称福尔马林打翻了，而福尔马林不仅气味难闻，而且还有一定的毒性，刺激性也很强，所以需要开窗散发，看这回老哈能说什么。我们等来了老哈，他一见窗户开着，马上让我们关上，我们告诉他福尔马林打翻了，他狐疑地看了我们大家一眼，又弯下腰凑到桌前闻了闻，接着哈哈大笑，说道："你们想欺骗我这个福尔摩斯吗？打翻的是自来水吧？"这回他没生气，西方人喜欢幽默，我们的这个"恶作剧"被他视为幽默了。

建院初期，这些老外专家都和老哈一样，将邵医视为自己的家。他们身上有我们经常提及的奉献精神，他们对待"小事"的认真态度，正是因为他们将邵医视为自己的家，并致力于追求邵医的完美。

记忆犹新是家人

（您是名副其实的业内大咖，曾获得"中国病理事业突出贡献专家"荣誉称号，请问您在病理诊断上有哪些难忘的事？）

在人们一般的认知里，病理科医生与患者之间似乎没什么关系。然而，这其实只是表面现象。实际上，病理学基于临床，甚至直接关乎患者，是至关重要的。病理学既是医学基础学科，又是实践性很强的具有临床性质的学科，可被称为诊断病理学或外科病理学。诊断病理学的主要任务是研究人类各种疾病的病变特点，从而做出病理学诊断和鉴别诊断，直接为临床防治疾病服务。

虽然我们很少与患者直接接触，患者对我们了解也有限，但我们内心深知救死扶伤是我们的职责所在，为患者提供优质的服务是我们的本职工作。我可以记得许多病例的情况，但对患者的具体姓名等并无深刻印象。

而一些与医院同事有关的病例比较不易忘记。比如，有一年，我们医院一位医生被查出腮腺结节，他自己知道腮腺位置所长的结节恶性程度比较高，特意请了上海方面的专家来手术。手术中取了一段标本给我，我马上进行冰冻病理切片检查，结果是良性的，没有任何问题。我把这个好消息告诉他，我想他一定异常高兴，结果我的判断错了，他仍然愁眉不展，说："许老师，请你不要把我看成是医生，也不要当成是你的同事，我现在就是你的患者，作为患者，我有权利了解我的病情，请你告诉我实情吧。"

我见他那认真的样子，忍不住笑了，告诉他："X主任，你也是医生，我犯得着瞒你吗？你那就是普通的淋巴结。再说，我也是医生，我能拿这事开玩笑吗？"

这下他终于高兴了，买了一大筐新鲜草莓送到病理科，慰劳我们。我拿起一颗草莓，对他开玩笑道："X主任，我给你报告了好消息，这草莓我有权利吃。"还有一件事，与我非常敬重的彭淑牖教授有关。他是一个非常细致认真的人。那次，他做了一个胆囊癌手术。作为国际著名的肝胆胰外科专家，手术进行得还是比较顺利的。手术过程中，需取样做病理切片，这项工作由我负责。

人体是由细胞构成的。人生病，本质上就是病变组织或器官构成的细胞发生病变。如果能观察到细胞的变化，就有可能从形态学上判断疾病，从而进行病理诊断。这也是我们病理医生工作的意义所在。

人类疾病种类繁多、千奇百态，有时候医生仅通过患者的临床症状和体征难以做出诊断，即便进行辅助检查，如影像学检查、生化检查等，仍然难以判断出疾病，特别是肿瘤疾病，这时可能需要病理诊断以确诊。临床医生通过手术把病变组织切除并送到病理科。病理医生把病变组织切成 3 ~ 4 微米厚的薄片，将薄片贴附在载玻片上制成病理切片进行观察。借助显微镜观察病理切片，观察到细胞改变，从而判断疾病类型并做出诊断。

然而，那天就很奇怪。第一次取样切片进行检测时，并未发现肿瘤细胞，这种情况也比较多见了，于是我们决定进行第二次检测。第二次检测依然没有发现肿瘤细胞。又进行了第三次，结果第三次依然未见肿瘤细胞。这样的事我也是第一次碰到。彭教授对此也感到十分困惑，因为从术前影像学报告看，胆囊癌高度可疑，那么问题出在哪里？彭教授和我都深信对方的工作素养，我相信彭教授不会弄错，他有极其丰富的临床经验；彭教授也相信我不会弄错，他对我严谨的工作作风也是非常认可的。

于是，我静下心来，告诉助手："只要彭教授认为有必要，我们就一遍一遍做下去，即使 10 次、20 次也要做。"终于，在送检的第 8 个样本中，我们发现了肿瘤细胞。那一刻，彭教授和我都露出了欣慰的笑容。

这份执着，就是我们这一代人所崇尚的精神品格。

他山之石，善假于物

人物简介

李君达，主任医师。曾任邵逸夫医院医疗行政副院长，大外科主任、普外科主任。先后获王季午医学教育奖、浙江省科技进步奖，并享受国务院政府特殊津贴。

架不住好言相劝

（您到邵逸夫医院之前，已经是浙医二院的中坚力量，是什么让您选择了邵逸夫医院？邵逸夫医院有哪些方面吸引了您？）

我已经从邵逸夫医院退休多年，但我是邵医人，这一点不可能改变；而当初来邵逸夫医院不是我的本意，这也是客观事实。作为邵医人，我此生无悔。

1993年6月5日，我到邵逸夫医院报到，之前我在浙医二院外科工作。当时我已近50岁，年资较高。当时我对邵逸夫医院不是很了解，听说大家不太愿意调过去，主要是觉得邵逸夫医院的发展前景不明朗。

我没主动关注这件事，认为与自己没有关系。当时我是浙医二院外科的住院总医师，100多人的科室只有一名住院总医师，在事业上还有很大的上升空间。一天，有人突然问我是不是要调到邵逸夫医院，并说大家都在传。我说不可能，我对此事没有想法，也没有哪位领导找我谈过此事，纯粹是空穴来风。

就在我郑重"辟谣"的两天后，吴金民院长找我谈话，表示组织要调我去邵逸夫医院，这让我很为难。在浙医二院，吴院长的专业水平和人品有口皆碑，组织也非常信任他，由他兼任邵逸夫医院的中方院长。一人肩挑两家医院的院长，这在浙江医科大学的历史上是首次。邵逸夫医院能不能办好，吴院长的责任很大。人才是决定医院发展的根本，吴院长想调我去邵逸夫医院，表示他对我的能力十分认可，也是对我的器重。而我内心则舍不得在浙二医院打下的良好基础，但又无法直接回绝吴院长，只好对吴院长说让我考虑考虑。

我想有个回旋余地，于是找一个中间人做吴院长的工作，这个人就是彭淑牖教授。彭教授是浙医二院的大外科主任，我的上级领导，他可以从工作需要、科室发展等方面说服吴院长把我留在浙医二院。我找到彭教授，他说吴院长没跟他说过这事，他不会同意我调走。彭教授这么一说，我心里安定了许多。但是，1993 年的年三十晚上，彭教授找到正在值班的我，态度来了一个 180 度大转变，认为我去邵逸夫医院好，"虽然开始会很辛苦，但让你负责组建一个科室，对你各方面能力的提升会有很大帮助，相信你在白纸上可以画出最新、最美的图画"。彭教授晓之以理，动之以情，我估计他被吴院长"洗脑"了，两人形成了同盟。彭教授又对我说："我知道你对浙医二院有感情，现在那边还没开业，你可以先在这里继续工作，

▲ 建院初期，邵逸夫医院各学科专家合影（右起：李君达、范正钢、李泽坚、朱先理、虞渝生、齐伊耕）

有事再过去，慢慢就会接受了。"

架不住吴院长和彭教授的好言相劝，于是我便答应了，说道："感谢组织对我的信任，坚决不反悔！"

精挑细选每个人

（来到邵逸夫医院后，您的首要工作是什么？您是如何开展工作的？）

邵逸夫医院对我寄予厚望，由我担任大外科主任兼普外科主任。大外科，一个"大"字，就让人联想到人员众多、兵强马壮，而事实上，当时的我就是一个"光杆司令"。所以，我到邵逸夫医院后的首要任务就是负责招人，组建团队。因为要创建一个大外科，所以需要招聘很多医护人员，而新医生招聘则由我亲自把关。

当时，杭州几家大医院的医生大都不愿意来邵逸夫医院，因为他们已经拥有很好的平台，但也有全国各地的医生想到邵逸夫医院工作。其中原因有很多，有的省外医院的医生老家是在浙江，想借此调回家乡工作；有的医生认为"上有天堂，下有苏杭"，若能到邵逸夫医院

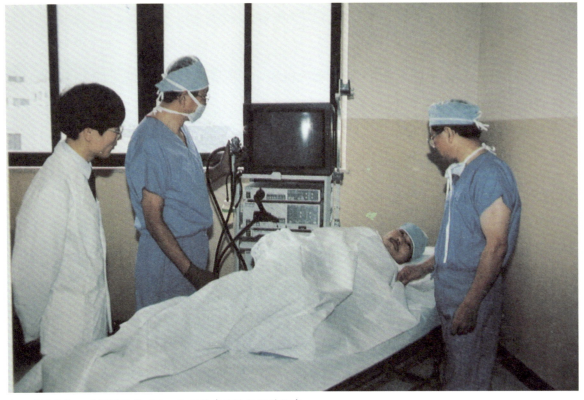

▲　建院初期，方则鹏院长（右一）指导李君达做肠镜检查

工作，就能把家安在杭州；更多的人则认为邵逸夫医院是一家新创建的医院，其背景特殊、理念先进、管理超前，来邵逸夫医院可以干事创业。

我对新进人员的把关标准是，一看是否真心想来邵逸夫医院工作，二看技术能力水平。特别是第二条，不能仅看他们的材料，而要听他们如何说，更要眼见为实。那时我就像一个跑外调的，经常前脚走出这家医院的门，后脚就迈入另一家医院，对应聘人员进行零距离考察，观察他们如何做手术、如何查房等。

把好进人关，就是强队伍。我记得，当时东北来应聘的人比较多，他们吃苦耐劳，后来都成为大外科的骨干力量。

此外，还有一股"外部力量"在推动科室的发展。因为邵逸夫医院是委托美国罗马琳达大学管理的医院，所以院内有许多来自美国各地的医护人员，有的医护人员在当地非常有名。例如，大外科的芬利教授就是一位业务能力相当强的外科专家，他是参加过第二次世界大战的老兵，我们年轻医生都很崇拜他，从他身上学到了许多东西。

协调中方医生与美方医生的关系是我的主要工作之一。由于文化上存在差异，双方不可避免会产生一些矛盾，但大家对生命权的要求是一致的，以患者为中心的管理理念是趋同的，于是矛盾也就慢慢化解了。经过一段时间的磨合，双方形成了良好的互动关系。

达不离道

（无论是一个科室还是一家医院，要做大做强，就需要有人才的支撑，即达不离道。在人才培养模式上，我们需要借"他山之玉"吗？）

有了好的人才培养模式，我们就会有源源不断的后续力量。人才培养不是一蹴而就的事，要做好久久为功的准备。在美国，培养一名外科医生，需要经历一个千锤百炼的过程。一个医学生大学毕业，如果分配到普外科，那么第一年到内科轮转，第二年到各个小科室轮转，第三年回到普外科，成为一名准住院医生。到第五年，方可参与手术，但绝对不是主刀医生，如果单独操作，就违规了。

经过5年，此时你仍不是一名执业医生，有一个专门机构会对你5年的学习和工作情况进行审查，审查通过后再面试，面试通过后，方可获得执业资格证明。这个机构是独立的，与你所在医院没有任何关系。那时国内医院也有很多培训，往往重理论轻实践，选人、用人看分数，挑成绩好的，这就带有很大的片面性。

初始我们对美方的这种培训制度不理解，认为周期太长，但事实教育了我们，经这种制度培训后的医生独立操作能力特别强，擅于对复杂病情做出判断，用中国一句老话说，"磨刀不误砍柴工"。

大外科的外方主任经常在会上说，医生是一个严谨、保守的职业，要有绅士风度。他对医生的外在形象有严格要求，如上班一定要穿白衬衫，有时他还要翻一翻医生的白衬衫衣领，看看脏不脏。

我们有许多年轻医生被送到美国罗马琳达大学学习培训，他们回来后精神面貌都焕然一新，自信满满，我也打心眼里喜欢他们。护士长开玩笑说："李主任，你喜欢他们，就让他们当你的女婿好啦！"我笑着回答说："我也是这么想的，可我没那么多女儿啊！"

学习使人进步，我国古代励志向上的哲人们一直提倡向他人学习，汲取他人之长。孔子曰："三人行，必有我师焉。"美国的专家团队给我们带来了世界前沿的医学技术，为我们打开了一扇向世界学习的大门。

腹腔镜技术是邵逸夫医院的优势技术，一直领先于国内其他医院，而这需要感谢美国专家。最早开展腹腔镜手术的是法国人。1992年，广州一家医院购买了一套腹腔镜设备，但不知如何使用。之后医院聘请一名香港医生，使用这套设备实施了一例腹腔镜胆囊切除手术，这是国内第一例腹腔镜手术。后来云南迪庆一家医院也购买了这套设备，请这名香港医生实施了一例腹腔镜胆囊切除手术，这是国内第二例腹腔镜手术。而第三例腹腔镜手术是在邵逸夫医院实施的。

当时我们的腹腔镜是邵逸夫医院首任美方院长方则鹏教授带来的，只有他会使用该设备。方院长实施了邵逸夫医院第一例腹腔镜手术，他选我作他的助手。美方专家十分乐意传授技术，在他们的带动下，我们都开始学习腹腔镜手术。现在腹腔镜手术已在邵逸夫医院全面普及，每名临床医生都掌握了该项技术。腹腔镜手术疼痛小、恢复快、费用低，故得到了患者和家属的广泛认可，也成为邵逸夫医院一颗闪亮的明珠。

荀子在《劝学》篇中将学习看作站在他人肩膀上对自己的提高。他说："君子生非异也，善假于物也。""善假于物"就是善于向他人学习，善于借用"他山之石"来磨砺自己。正所谓泰山不让土壤，故能成其大；河海不择细流，故能就其深。包容和开放，邵逸夫医院正如其所说。

在邵医工作，畅快淋漓

京师求学，院士垂青

（您是国内非常知名的心胸外科专家，师从"中国胸心外科第一把刀"吴英恺院士，吴院士曾极力想把您留在他身边，是吗？）

是的，恩师对我的影响太大了。至今想来，我对当年放弃留在他身边工作，仍心存愧疚。

在京师求学期间，我有幸得到了吴英恺院士的垂青。吴院士作为中国胸心外科的奠基人之一，对我影响深远。我 1955 年从浙江医科大学毕业后，在浙医一院外科和胸心外科工作 8 年，而后考取了吴英恺院士的研究生，成为他当年唯一录取的学生。

吴英恺院士是中国科学院院士，被誉为"中国胸心外科第一把刀"。

他在国内最先成功开展食管癌手术，对食管癌的病理、发病因素、防治均有创见；此外，他还是我国胸心外科的开创人之一，建立了我国第一家胸科专科医院；他在国内率先开展心血管病的流行病学研究及人群防治。他不仅在学术上有着卓越的成就，而且在胸心外科和普通外科人才培养上倾注了大量的心血。他组建的三家医院和五个外科都具有时代特色，并在医疗、预防、科研、教学和国际医

人物简介

叶丁生，主任医师，教授，曾任浙大一院心胸外科主任、兼任邵逸夫医院心胸外科顾问。

学学术交流等方面作出了巨大贡献。他于 1956 年创建中国医学科学院阜外医院，并任阜外医院院长及心血管病研究所所长，直至 1980 年。

在研究生期间，我深得吴院士的喜爱，他对我的学术成长给予了极大的关心和指导。研究生毕业后，我留在阜外医院，但当时的我并未真正融入其中，因为我的人事关系仍在浙江。吴院士提议我可以在工作期间办理调动事宜。

考虑到妻子工作和孩子上学，1968 年我决定返回浙江工作。学校对我的归来高度重视，任命我为浙医一院胸心外科负责人。此后，我便专心致志地投身于浙医一院胸心外科的发展。在之后的岁月里，我获聘浙江大学医学院附属第一医院终身教授，享受国务院政府特殊津贴。我开展的人工心脏瓣膜手术获得了浙江省科学技术进步奖二等奖。我很感恩同事们在此过程中给予的支持和鼓励。

两度邵医终不悔，不是邵医人胜似邵医人

（邵逸夫医院曾给您颁发了"杰出贡献医生奖"，请您介绍一下您与邵逸夫医院的关系，以及为邵逸夫医院所做的工作。）

我曾两度与邵逸夫医院结缘。初次接触邵逸夫医院，正值医院初创，医院医疗技术力量匮乏，只能承担一般手术，但真正心脏大血管手术、换瓣手术尚不能开展。当时，邵逸夫医院领导和心胸外科负责人联系我，希望我能到邵逸夫医院帮忙指导。浙医一院与邵逸夫医院同为浙江医科大学附属医院，理应相互支持。而且，我也深知一家新医院的成长是患者之福。因此，作为一个把患者看得比天高的医生，为他们提供必要的指导和帮助，我义不容辞，希望邵逸夫医院能够迅速发展壮大。

▲　叶丁生、金少明伉俪一起审稿

在邵逸夫医院初创阶段，心胸外科只有五六位医生，我带领他们查房，交代需要注意的细节，传授手术技巧，最终培养了一批技术精湛的年轻医生。如有手术，我通常让他们做，我在旁边看，给他们当助手，让他们得到锻炼，他们很快上手。

我非常欣赏邵逸夫医院的年轻医生们，他们热爱学习、勤于钻研，使得许多原本无法开

展的手术得以顺利实施。在这个过程中，我也收获了满满的成就感。

邵逸夫医院所特有的团队氛围令我印象深刻。医生、护士和其他医疗人员之间协作默契，人际关系简单真诚。很多时候心脏手术的实施不是一个人在战斗，比如体外循环，邵逸夫医院就做得非常好，我认为其中的关键就是这种团结协作的精神。

邵逸夫医院的年轻人好学好问，对于他们提出的问题我都毫无保留，耐心解答。我经常对他们说："有什么问题，尽管来找我。"有一次，有名护士问我，患者术后换药多次，但切口还是愈合不好，出现渗漏现象，不知怎么回事？查看患者的伤口后，我告诉她，责任不在她或医生。医生使用的是电刀，虽然电刀在切割和止血方面有显著优势，但电刀同样存在不足，即温度过高，可能导致组织被烤焦、肌肉坏死，从而影响切口愈合。随后，我告诉年轻医生，虽然电刀可以使用，但不能简单地采取"一刀切"的做法，尽管这样切口看起来美观，但仅是短暂的表象，后期愈合困难，反而造成不良后果。后来，我教他们采用点灼的方法，问题得以顺利解决。

在邵逸夫医院的这段时间里，心胸外科的同事们对我十分尊重和照顾。科室里每周的学术活动他们都会邀请我参加；对我们夫妻嘘寒问暖，每逢节假日，他们组织与家人的户外活动，也一定会邀请我们夫妻；科室年轻人结婚，有时我也受邀担任主婚人。如今回想起那段岁月，感觉特别温暖。

在邵逸夫医院成立之初的几年，我往返于浙医一院与邵逸夫医院之间，尽可能为邵医提供帮助。直至心胸外科步入正轨，我与邵逸夫医院才结束了这种协助关系。2001年，我与邵逸夫医院再次建立紧密联系。这一年，我退休了，浙医一院返聘我，主要出专家门诊，工作量相对减轻。随后，邵逸夫医院再度向我发出邀请，聘请我为顾问，于是我欣然接受。

我的一个想法是在退休后发挥余热。另一个想法是在邵逸夫医院开展新工作的阻力小，购置新设备的审批流程少，只要确实是临床和科研所需，皆可很快落实到位。于是，我在退休后将主要精力投入邵逸夫医院的工作中，将自己的经验和知识传授给年轻的医生们，与他们共同成长，不知不觉间，这一干已达十年之久。

这十年间，我在邵逸夫医院的工作充实而有意义。在这里，我感受到了团队的力量和温暖的人文关怀。我的付出得到了同事们的认可和鼓励，这让我倍感欣慰。

回首我在邵逸夫医院的岁月，我深感无悔。虽然我不是邵医人，但我为能够为这家医院的发展贡献自己的力量而自豪。

两度邵医终不悔，这段经历将永远被铭记在我的心中。

医学即人学

人物简介

钱可大，教授，主任医师，曾任浙大二院消化内科主任，中华医学会全国理事、中华医学会消化内镜委员，浙江省医学会消化学会、消化内镜学会主委，浙江省抗癌协会副秘书长，省、市两级医疗保健专家组成员，国际胃肠内外科医生协会委员。

我在浙大二院工作 60 余年，从内科行政主任离任后，兼职在邵逸夫医院工作 7 年余，任大内科中方主任。我首先考虑的是如何在中美共同管理的医院里工作。邵逸夫医院有美方医护人员的医疗工作方法及理念，有先进的医疗设备，而中方医务人员多来自浙大医学院附属医院，或是外聘，或是医学院刚毕业的医生及护士，主要是青年。

在新型的管理环境里，要谦虚谨慎，团结与尊重双方医务人员，但也不能妄自菲薄，要展现自己最好的一面。美方医生的敬业精神、服务态度值得我们学习。如每天早会前半小时，一位年轻医生用英语选读一篇近期的外文医学期刊文章，向与会的同事和实习医生介绍，既帮助大家了解了学科前沿信息，又提高了大家的英语水平。我将此学习方法带回到浙大二院消化内科，同样受到了欢迎。

邵逸夫医院的医务人员关注人文关怀和医患关系，要求医生的白大衣必须整洁，男医生要打领带；护士要着素花的短衣，长发必须盘起；要求姿态庄重又不失亲和力，这些都是对患者的尊重。在公共场所不谈论患者的病情，看病的时候要专注，不聊天，不接无关紧要的电话等，这些都已成常态。他们还取消了门诊输液，严控抗菌药物的应用，提高病床的利用率（任何科室有空床，都可以收其他科的患者）；每位医生都有一个随身携带的小电脑，保存经管患者的相关检查资料备查。邵逸夫医院的这些特色，在全国很多三甲医院的领导参观学习后，被借鉴和应用。

浙大二院是历史悠久的教学医院，有比较丰富的教学经验。医生采集患者病史和体格检查后，要列出检查和治疗计划，经上级医生查房，随着病情的改变，调整治疗方案，说明理由，并书面记录。定期在各科选择疑难病例讨论，各级医生参与讨论成为常规的工作。这些教学经验也被我带到了邵逸夫医院。我们对年轻医生教学循序引导，对案例分析抽丝剥茧；我们很重视物理诊断学，如视、触、叩、听，这是临床医师必备的基本功。以讲座的形式，对实验室、影像学检查等知识进行集中培训学习。我们的这一系列具体举措不断落地，得到美方医生的参与和认可。美方医生重视基础医学，以量化标准、循证医学来确立诊断及治疗。交流中，加强了中美医生感情及学识的融合，合作还是很愉快的。在新一辈和老一辈人共同努力下，邵医30年的快速发展是有目共睹的，获得了良好的口碑。

邵医是年轻的国际性医院，许多医生有硕士研究生、博士研究生学历，外语水平较高，接受新事物快，如心血管检查、药物镇静内镜检查等新技术开展较早，而且持续不断地更新。

▲ 建院初期，钱可大和美国罗马琳达大学的麦克法伦医生在医院门口合影

当时，邵医人员编制较少，领导就邀请三甲医院的高年资退休医生，如黄汝英、包玮、孙莲子医生等，承担了大量的门诊工作，使病房及检查室工作有序进行。

我们还在家门口承办大型的学术会议、接触著名的专家，有助于更多的青年医生参与。我在学会工作期间，争取到在邵医举办浙江省内首次消化内镜会议，即全国第8次超声内镜手把手演示会，通过电视传输，将手术室现场操作传输到会议室，反响很好。香港消化内镜协会会长曹世植教授、中华消化病学会分会副主任委员许国铭教授热情指导年轻医护人员操作内镜新技术等，赞赏邵医办了个成功的会议，提升了邵医的知名度。

邵医有潜力，希望在青年。

邵医待我如初恋

人物简介

单江，主任医师，教授，博士研究生导师，曾任浙医二院心内科主任。

我就是个帮忙的

（当年邵逸夫医院开张时，若没有一批您这样的专家前来坐镇，医院运转肯定是困难的。邵医人说忘不了您这样的"老功臣"。对此，您怎么看？）

这话说反了，我没为邵逸夫医院做过多大的贡献，但我从邵逸夫医院得到的收获远比所谓的贡献大得多。

当时，我是浙医二院心血管内科主任，本身工作任务也是比较繁重的。因为我们的院长吴金民同时兼任邵逸夫医院的中方院长，这个新医院能否正常运行，他肩上的担子是很重的，所以邵逸夫医院刚开张的时候，浙医二院有一批科主任或老专家到邵逸夫医院兼职。

我去的时候，患者还不认可我是专家，他们以为新医院的医生肯定都是新人，老医院才会有专家。那个时候，我一般一周去坐诊一次专家门诊。邵逸夫医院心血管内科的年轻人特别好学，每次去他们总积极、主动地向我请教许多问题，我非常喜欢他们。他们这些人现在是邵逸夫医院心血管内科的中坚力量，我们一直保持着联系。他们视我为老师，我则把他们当朋友。

因为邵逸夫医院的定位是国际化医院，所以我在这里得到了多次出境、出国学习交流以及与国内外同仁切磋、探讨的机会，开阔了视野。在不长的时间里，我先后受邀去香港大学玛丽医院、罗马琳达大学访问与交流。

邵逸夫医院发展很快，但资金投入是有限的，主要靠邵医人，他们从上至下都有一股拼劲。我所在的心血管内科，开业不久，冠脉搭桥、瓣膜置换、起搏器植入等难度相对较大的手术，都全部有声有色地开展起来。

实际上，我当时就是一个帮忙的，而且也就是在开科前面那几年去帮忙，但这么多年来，,邵医人对我念念不忘，经常邀请我回去参加一些学术活动，让我尽享尊荣。其实，我内心是非常惭愧的。

几十年过去了，邵医待我如初恋，我又拿什么奉献给邵医呢？

我能做的，一是鼓励自己的学生到邵逸夫医院去工作，因为邵逸夫医院是家好医院，在

▲ 2018 年 8 月 19 日，首个中国医师节，邵逸夫医院颁出"杰出贡献医生奖"，表彰建院初期援助邵逸夫医院的老专家们。持鲜花者左起：沈来根、李君达、潘永观、许敬尧、程源深、钱可大、邹荣必、彭淑牖、郑树、鲁端、叶丁生、陈湫波、甘海鹏、徐端珩、单江、鲍德国、章士正

那里他们一定会有用武之地；二是推荐患者到邵逸夫医院去，告诉他们，到好的医院才能得到好的治疗；三是不说邵逸夫医院一句坏话，谁说邵逸夫医院不是，我就跟谁翻脸。

仰望高人

（每个人在心中都有自己学习的榜样。在邵逸夫医院，您是多数人学习的榜样。反过来，邵逸夫医院有您的榜样吗？）

邵逸夫医院是一家很有魅力的医院。其中，我很敬佩一个人，他是国际著名的肝胆胰外科专家，现在有"中国十大医学泰斗"之称的彭淑牗教授。他当时兼任邵逸夫医院大外科中方主任。他大我10岁，像兄长一样关心我。不管是我个人还是科室里的事，他都有求必应。

▲ 单江教授在门诊

那次我阑尾炎发作，痛得要命，我给彭教授打了一个电话，说想开刀，他说让我找个手术台先躺下。我以为像这种普通手术，他随便派个医生过来就行了，没想到他一路小跑亲自过来给我做了手术。

彭教授在学术上取得的成就，一直让我敬仰。他是一位大器晚成的医学大家，功成名就后，依然谦逊低调。他是我学习的榜样。

人生当有趣

（从您给我们留言落款"学生单江"来看，您是一个非常有趣的人，这是您的一种人生态度吗？）

医学是一门严谨的学科，我们对待医学要有敬畏之心，要一丝不苟，慎之又慎。但人生可以是多面的，有人说我是老顽童，乐观、幽默，跟我在一起很开心。是的，我希望我的人生，简单、充满快意。

在这一点上，我也有一个学习榜样，他就是艺术大家黄永玉先生。可以说，他是"全中国最有趣的老头"。

有一次，老头儿跟亲友讨论他死后骨灰如何处理的问题。他说："我死了，立即火化，火化完了，骨灰放到抽水马桶里，就在厕所举办个告别仪式，拉一下水箱、冲水、走人。"说完，他自己哈哈大笑，好不开心，好不快意。

有次在接受记者采访时，我也曾讲到自己的身后事。我期望的情形是这样：别人在传我走了的消息时，说道："啊，他走了，听说他昨天还在给人做手术呢！"如此，人生无憾矣。

第五章

庆春门外 青春无敌

青春注定是躁动的

没有躁动

青春如何闪亮

为了闪亮

你们来了

在一张白纸上

留下了最新最美的图画

世界很大

太多的新奇令你们着迷

击水三千

扶摇九万

探索是有趣的

苦累不言

年轻的履历上就四个字

干在实处

实干兴邦

实干亦兴业

历尽千帆

不问岁华有几许

……

新生代

极目看未来

既脚踏实地

又锐不可当

渴望超越

梦想荣光

未来

等着你们来

担当与胸襟，只为学科发展

人物简介

汤建国，主任医师，邵逸夫医院耳鼻咽喉－头颈外科原主任，浙江省康复医学会常务理事，浙江省医学会耳鼻咽喉科学分会副主任委员，中国老年医学会耳科分会常委，中国医学装备协会耳鼻咽喉科分会常委。

医生的价值

（医院文化，是一种精神价值观,是靠医院全体职工在实践中提炼,并被每个职工所认可的,您认为邵医文化对您的最大影响是什么？）

1998 年，我到邵逸夫医院面试。一大早，看到一个高大的美国人在走廊上弯腰捡垃圾。我当时很好奇,邵逸夫医院是美国人管理的，难道保洁人员也是从美国"进口"来的？后来面试时，我才知道他是美方院长韩得利。

现在，我有了个低头走路的习惯，就是要看看地面上有没有什么垃圾，准备随时捡起来放进垃圾桶。我觉得自己成了 20 多年前的韩得利。这就是邵医文化对我的影响。创造一个整洁良好的就医环境，体现的就是邵逸夫医院的管理文化。

2004 年，在邵逸夫医院一次中层干部会议上，我就医院文化与个人文化冲突问题谈了自己的见解，讲到了主诊医生负责制，这是邵逸夫医院的一大创举，让年轻人有更多自主权，有助于对年轻医生的培养，也是一种激励文化。但也有人担心过，如果有些事超出主诊医生能力范围，不经过科室和医院、不经过大会诊是不是会惹

▲ 汤建国

出大麻烦？其实，这种担心是多余的，给了他们权利，这种权利是公开的，同样也是接受监督的。我是这一制度的坚决拥护者，也是这一制度的受益者。权利就是责任。我当主诊医生时，作任何决定都会把医院、个人、患者考虑进去，只有不脱离医院的文化，才能实现医生的价值。

医生的价值是社会的价值，也是公众的价值。这种价值的实现不仅需要个人的努力，更需要医院的文化环境，即当下所谓的最佳雇主单位的文化环境，包括人文关怀、工作条件、与时俱进的设备和技术、人才培养模式等。从 2000 年开始，我科就着手筹建解剖实验室，从 1 号楼的地下室，到营养室 2 楼，再到 3 号楼 8 楼，最后到目前的临床技能培训中心 2 楼，共搬迁 4 次，最终建成一个设备比较完善的头颈解剖实验室。2012—2023 年，我们共举办国家级、省级临床解剖学习班 7 期，既培训了自己科室年轻医生的临床基本技能，又扩大了科室在全国的影响力。

担当与胸襟

（科室建设一定要有文化支撑，方可变得不断强大并独具气质，您如何看待您科室的文化？）

我从科室主任岗位上退下多年了，看到科室发展不断走向新高，我是欣喜的，也是骄傲的。

这里凝聚着无数前辈的心血，如林俊鹤，当年是浙医二院耳鼻咽喉科副主任，后来过来援助我们，因为有了他的帮助，我们科才得以正常运行。对于帮助过我们的人，我们要永远记在心上。

在这个科室工作几十年，我对它就像对自己的孩子，盼着天天向上。年轻医生们确实也在天天向上。2000年以来，邵逸夫医院先后选派了我科9位年轻医生赴美国、德国、澳大利亚及日本进修，他们学成归来在各自工作岗位上发光发热，为患者尽心服务，为医学生的教学付出辛勤的劳动。一股集体的力量在日常的临床工作中积聚，逐渐转化为为患者服务的巨大动力。

在年轻的科主任肖芒身上，我感受到了这种力量。他有过留美学习经历，在美国完成头颈-颌面外科及微血管重建规范化培训，擅长各种头颈—颌面、颅底复杂肿瘤（如喉癌、甲状腺癌、颌面肿瘤、鼻窦肿瘤等）的手术切除，并运用各种局部皮瓣及游离皮瓣对头面部缺损进行外观整形及功能修复。同时，在前颅底及侧颅底疾病治疗方面也成绩显著。他是专业上的"大牛"，他这个年龄加专业造诣在国内恐怕也不多见。在专业上是"大牛"，实际工作中他又是一头"老黄牛"。除非外出，在医院没有一天不是做手术到晚上10点左右的，到凌晨一两点也是常有的事。很多医院不愿做的手术，他都做。一方面，他确实有能力、有水平；另一方面，更重要的是他有担当。如果担心手术风险或是只想着自己的名利，许多手术他也可以不做的，但患者在他心目中有至高无上的地位，与患者的生命健康需求相比，个人名利又算什么呢？！肖芒的这种担当带动了科室团队，这也是年轻人愿意跟着他干的重要原因，也让晚期头颈部恶性肿瘤患者有了希望。

曾有一位晚期喉癌患者，在临床上是不具备手术指征的，但这个已经不能说话的患者求生愿望非常强烈，他给肖芒写下了"我要手术，救救我！"的字条。肖芒拿着这张字条，内心也十分纠结。从理性来讲，这个手术做不了，但作为一名见惯生死的医生，他更懂得生命的可贵，谁没有生的渴望呢？哪怕只有0.01%的希望，也要作百分之百的努力。肖芒要做这个手术的决定，在我们科里也引起巨大的争议。大家听完详细病情，一度陷入沉默。肖芒说："我们如果能把颈部肿瘤切除并进行有效修复，至少能提高他现有的生活质量。"我虽然没说什么，但我内心对他是肯定的。肖芒承受着巨大的压力，我只能无声地支持。

肖芒的团队用了十几个小时成功地完成了手术。术后，有年轻医生问肖芒为何坚持手术，他说："对于一个肿瘤末期的患者而言，经验告诉我们希望家属能早做打算。可患者及其家属心中总是有一线希望，不想放弃。我们作为医生更不能放弃，我们虽然不相信会发生奇迹，但是不想给活着的人留有遗憾。"

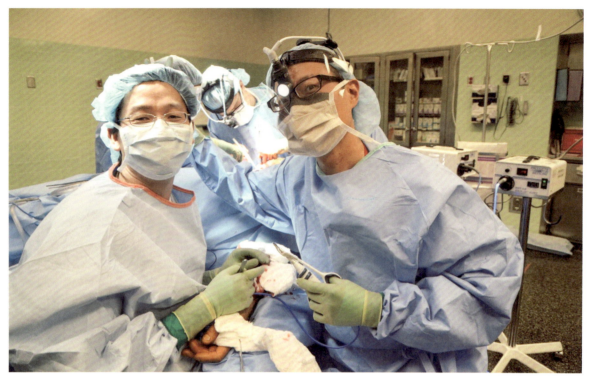

▲ 肖芒（左一）在美国罗马琳达大学接受培训

　　他的这番话道出一个医者的责任、情怀和担当，以及一位学科带头人的作为。

　　在我们科，我还有一个钦佩的人——副主任胡孙宏。他也是业内"大咖"，从事医学临床、教学和科研工作近 20 年，有较高的临床耳鼻咽喉–头颈疾病的诊断和治疗水平，积累了医学教学和科研的丰富经验，曾在德国基尔大学学习耳鼻咽喉–头颈外科并获博士学位，也曾先后赴美国、澳大利亚进修学习，擅长鼻疾病及耳鼻咽喉–头颈肿瘤诊治。说到他，我就想到一个成语——高风亮节，形容他再合适不过了。他的资历要比肖芒深得多：他 1993 年就到了邵逸夫医院，他原是科室主任；他和肖芒都是江西医科大学毕业的，按辈分他还是肖芒的师叔。他当科主任时对肖芒的工作也是全心全意支持，为肖芒的发展创造了良好的空间。当肖芒在科研上不断有新成果时，他由衷地为肖芒感到高兴，同时，为了提升肖芒的学科影响力，胡孙宏主动让贤，退让浙江省医学会耳鼻喉–头颈外科学会副主任委员，助力肖芒进入常委，进而成为副主任委员和候任主任委员。牺牲自我，成就后生，成就邵医，这种胸襟难能可贵。

　　科室的这种氛围催人奋进，不努力就会有无地自容的感觉。我尽管年纪大了，但丝毫不敢有放松学习的想法，每天都要找年轻医生要新的文献看。我有三个邮箱，每天上班第一件事就是打开邮箱看看有没有新的文章。学习使人进步，学习也使人年轻。

走自己的路，走又快又好的路

人物简介

高力，主任医师，
医学博士，曾任邵逸
夫医院头颈外科主
任，中国抗癌协会甲
状腺癌专业委员会常
委，浙江省抗癌协会
头颈肿瘤专业委员会
主任委员。

（邵逸夫医院成立之初，头颈外科还不是一个独立的科室，人员组成上包括您在内也只有三个人，能请您介绍一下科室的成长史吗？）

一切从零开始

我是浙医二院培养的博士，导师是原浙江医科大学校长郑树教授。1994年，我毕业后立即被调到邵逸夫医院。当时我夫人在浙医一院，我也可以留在浙医二院，这样一来，两人都在附属医院工作，生活是很安定的。当时邵逸夫医院周边是郊区农村……可我还是来了。因为要不负老师所望。记得我当时是骑自行车去医院报到的，办完入职手续，骑着自行车在院内和院外转了一圈，医院除了房子是漂亮的，好像再没有令我心动的东西了。

一切从零开始。医院想开设头颈外科，而国内一般综合性医院没有这样的设置，头颈这一块，有的是与口腔科合在一起的，有的设置隶属于肿瘤外科，到现在许多医院也是这样设置的。

当时，新设的头颈外科医生只有三名医生，即使想建立一个单独的科室也不现实。我和另外两名医生就只能作为一个小组挂在肿瘤外科名下。

就我们三个人，像种子一样，开始了科室创建。我们不因小而甘于落后，在业务上求精求进，慢慢地，技术水平上去了，慕名而来的患者也日益增多。直到很久很久以后，医院看到我们的工作成绩显著，才慢慢地开始给我们一些人力发展的支持。现在回想，从当时的三人小组发展到后来独立成科，令人不禁感慨。时至今日，我们科不仅在浙江省内，而且在全国范围都有了相当的影响力。

现在我们头颈外科有 35 名医生、5 名技术员，在人力和技术方面积累基本到位，可以毫不夸张地说，从工作量和诊治能力上看，在全省名列前茅。每年到邵逸夫医院观摩我们手术的国内同行络绎不绝。

技术是"牛鼻子"，邵逸夫医院头颈外科的"牛气"从何而来？我认为至关重要的一点就是，在技术上快人一步，高人一招。在这方面，我非常钦佩蔡秀军院长，一直强调科技创新，以信息化和数字化引领医院发展，医院科研氛围浓厚。良好的环境，有利于开花结果。关于这一点，我是有深刻感受的。就拿我 20 多年来一直在做的微创内镜手术研究来说，确实是医院的环境为我们能取得一系列成果提供了良好的土壤。比如，在国内外率先攻克了限制内镜技术在头颈部方面运用的系列关键技术难题，先后成功研发出了"小切口内镜甲状腺手术""小切口内镜辅助颈淋巴清扫手术"等具有国际领先性的新术式。目前，这些

▲ 1994 年 5 月 2 日，开院典礼上高力（中）与谢磊（左）、李强（右）合影

新术式及其相关技术均已转入临床实际应用，可在保证操作安全和治疗彻底性的同时，大幅减少手术本身造成的操作性创伤和颈部外形毁损……

有一次，我受邀到台湾长庚医院拜访。该院院长也对我说过，邵逸夫医院的大胆改革、大胆尝试，让他看到了什么叫勇者无畏。

▲　高力（身着白大褂者）和同事在院区打扫卫生

"60后" IT 男

（我们知道，医生工作压力很大，6000余台手术和一系列创造发明成果是最有力的佐证，但我们也知道，您还很喜欢玩，是资深"驴友"。您是如何做到累并快乐着的？）

60岁之前，我的工作重心是为科室的生存和发展而努力。从如今科室的规模和影响力来看，我的努力是有效果的，成果是看得见的。对工作，我问心无愧。

60岁是人生的一道分界线。一般来说，一个人60岁以后就不用再为工作打拼，而正是应含饴弄孙，享受人生美好。这没有什么错。我也想过这样的生活，但这些不会成为我生活的全部。与其中的苦累相比，我觉得从工作中获得的快乐更多，更别说从中获得的成就感，应该是其他行业难以体会的。我们的使命就是维护人类的健康和生命安全，这是一份神圣的使命。因为人最宝贵的是生命。医生是一个职业，更是一项事业。职业有工作年限，而事业是无限期的。我们医院有很多老专家，八九十岁高龄，依然坚守在门诊和手术一线。患者需要他们精湛的医术，年轻一代医生也离不开他们的"传帮带"。这一点，我最仰慕的就是国际著名肝胆胰外科专家彭淑牖教授。92岁高龄了，彭教授照例奔赴全国各地讲课、做手术。他喜欢驾驶，所以很多时候还是自己开车出行。在彭教授的人生字典里，是没有"退休"二字的。

几年前，我办了退休手续，不过也是退而不休，门诊和手术照旧，只是行政性事务减少了许多，得以空出不少时间，可以用来做一点自己想做的事。刚才你们问到，我喜欢玩，这一点不假，我喜欢自驾游，常常是那种"千里奔袭"探险性的自驾。

我和医学泰斗彭淑牖教授亦师亦友，我的这一爱好和他是趋同的。他说自己是外科医生，必须有娴熟的手法，而开车就是锻炼动手能力、训练娴熟手法的一种好方法。大师就是大师，就是有透过现象看本质的本领。眼下，我正在规划自驾大西北的路线，我不怕路生路远，有挑战才有激情。作为一名外科医生，没有一点挑战精神，如何去攀登医学高峰呢？

我把这种自驾探险旅游，视为对自身综合素质和能力的训练与提升。把自己真正想做的事情做好，这是一名老医生的"再出发"。

我有一个在做的项目，名叫"甲状腺癌临床决策支持系统"，得到了浙江省科技厅的扶持。通俗一点讲，这个项目就是建立看病用的数据库，实际上是开发一个医用工具软件，旨在借助计算机的高速运算能力，对癌症患者进行数字化筛检。这无论在国内还是国际上，都是首创。《中华医学杂志》刊登了我们的相关论文。这个工具软件在头颈外科应用后，不但减轻了门诊医生重复劳动的负担，而且使得诊断更精准。过去，我一个上午专家门诊要看40多位患者，一般要到中午12点多才能看完，用了这个软件后，上午门诊10点钟就能结束。

为了这个项目，我花了8年多研发。我每天带着两名软件工程师写代码，做技术上的攻关，因此被同事戏称"60后IT男"。经过10万次的磨合与实践，我们成功了！

如今，我们总在讲运用大数据。目前，甲状腺癌的发病率在肿瘤疾病中已经排在前10位了。这就是一个大数据。那这数据与地域、种群、遗传等因素有怎样的关联？其分子状态、疗效、预后等情况如何？我们自己开发的这个数据库很有意思，把很多内涵都嵌进去了。通过高效关联分析后，数据库可提出准确的决策与建议，能准确地提取所有原始检查和化验报告中的疾病相关源信息，其分析结论精准、客观，可为医生的临床诊疗提供高质量、多环节的决策支持，是一个较理想的信息化工作平台。用数据为我们说话，解决了"不正确"问题的一面。

我现在还在琢磨肿瘤的基因检测问题。这项工作与杭州一家诊断技术公司联手，一干就是四年。现在看来，新开发的筛查式甲116 Panel完全符合临床基因突变检查的实际需求。在此基础上，如果能继续坚持深入研究，应该能迎来甲状腺癌"分子+形态"诊断的新时代。

目前，这项检测已经在临床上初步使用，检测结果证明，它可以让我们的临床诊治进入诊断、病情分析、预后判断的闭环流程，使患者获得个体化的精准疗效。

30年前，邵逸夫医院是国家改革开放政策下的新鲜事物；30年后，邵逸夫医院仍然是改革创新的先行者。作为医院的一名老员工，我只要还有时间和精力，愿意继续尽自己的一份力量。

给患者一个好的结果

人物简介

郦志军，主任医师、副教授、硕士研究生导师，邵逸夫医院胸外科名誉主任。浙大二院心胸外科、邵逸夫医院心胸外科长期从事临床、教学、科研工作。

风生水起

（都说万事开头难，但邵逸夫医院开业不久，您所在的心胸外科就赢得了很响的名头，请您介绍一下这方面的情况。）

这要从我当初为什么选择邵逸夫医院说起。1993年9月，我到邵逸夫医院报到。当时医院还没有正式开张，处于试运行阶段。此前，我在浙医二院心胸外科工作。那年，我37岁，刚好是年富力强的年纪。

到邵逸夫医院报到时，我刚刚结束在澳大利亚两年零八个月的进修。这段时间的进修学习对我选择到邵逸夫医院工作产生了重要影响。国外先进的医疗技术和理念让我看到了我们和别人的差距。邵逸夫医院的创建激发了我的浓厚兴趣，一方面，它是一家以英语为工作语言的医院，而我的英语水平比较高，语言环境十分适合我；另一方面，它完全采用西方医院的管理模式。在澳大利亚，我已经习惯西方医院的管理模式。

初始，我们胸外科只有8个人，但每个人能力都很强，都可以独当一面，领头羊是副院长李泽坚，他来自北京协和医院，兼任科室主任。李院长是业内知名专家，是一位富有传奇色彩的人物。

1974—1976 年，他参加北京协和医院西北医疗队，前往西藏阿里地区行医 2 年。在极度恶劣的条件下，他在海拔 5500 米高原成功为动脉导管未闭患者及需肺叶切除患者实施开胸手术。1987 年，他随卫生部副部长陈敏章带领的慰问团奔赴老山前线为伤病员治疗，从火线上挽救了大量胸部战伤战士的生命……

　　我们胸外科拥有技术高超的医疗团队，也配备有先进的进口设备。科室第一位患者是一位知青，她对邵逸夫医院并不了解，直觉告诉她，环境这么优美的医院，又有这么多外国医生，医疗水平肯定不会低。她患有房间隔缺损，我们为她成功实施了手术。因为她是我们科室的第一位患者，所以我们还减免了她的相关费用。在建院 10 周年时，我们邀请了这位患者来参加庆典。

　　良好的开端之后，接着可谓好戏连台，一个又一个高难度手术成功实施。例如，有一位 3 岁的小患者患有法洛四联症。法洛四联症是一种先天性心脏畸形，基本病理为室间隔缺损、肺动脉狭窄、主动脉骑跨和右心室肥厚。有 25% ～ 35% 的重症者 1 岁内死亡，50% 于 3 岁内死亡，70% ～ 75% 于 10 岁内死亡，90% 会夭折。法洛四联症主要是由慢性缺氧引起红细胞增多症，导致继发性心肌肥大和心力衰竭甚至死亡。我们通过手术一次性消除了潜在风险。

▲ 建院初期，美方专家的家属为员工上英语课（后排右二为郦志军）

又如，我们为一位先天性三尖瓣下移畸形患者，在心脏不停跳的情况下实施手术，手术刀在神经的缝隙中穿插，变畸形为正常形。11年后，这位患者因三尖瓣关闭不全，我们又为她更换了"门"。

再如，一位小患者患漏斗胸。漏斗胸是指胸骨、肋软骨及一部分肋骨向脊柱呈漏斗状凹陷的一种先天性胸壁畸形。畸形严重者，胸骨和椎体几乎接触，或者胸骨凹陷于椎体旁槽，使心脏明显受压向左移位，影响心肺功能。治疗漏斗胸十分困难，我们先对夹杂其间的两支大血管给予充分保护，然后用锤子一点点将凹陷部位敲平。

随着我们的声誉不断提高，越来越多的患者慕名而来，而我们对每一位前来就诊的患者一直保持严谨、认真的态度。例如，有一位大动脉转位患者，我对她成功实施了功能性二尖瓣＋室间隔缺损修补术。术后这位患者出现严重低心排血量，为了随时观察患者的病情变化，我在重症监护室密切观察患者1周，直至患者完全脱离危险。我们高超的技术和认真的负责态度，使得邵逸夫医院心胸外科初面世就风生水起。

好医生的幸福

（ 一位好医生，一定会有很多患者朋友，而您就是这样一位医生。请问您是如何做到的？ ）

几十年在临床一线工作，确实有很多患者与我成为朋友。医生能与患者成为朋友，最关键的是，能用精湛的医术缓解或消除患者的疾苦。同时，在诊疗的全过程中要将患者视为亲人。

例如，有一位食管癌晚期患者，食管已严重穿孔，导致发生食管支气管胸膜瘘。患者慕名前来邵逸夫医院就诊。在诊疗过程中，因为文化差异和语言障碍，美方医生不知如何安慰他。于是我每天和他拉家常，聊一些能令他开心的事，同时也向他讲述自己的童年和家乡。后来，他直接对我说："小郦，这次手术你来做，你做我心里踏实。"这次手术需要将食管肿块、支气管胸膜瘘的肺叶切除，然后将胃和食管连接起来。手术很成功，出院后，他邀请我到他的家乡体验"乡村一日"。三年零八个月，患者因癌细胞扩散转移最终辞世。临终前，他说感谢郦医生让他多活了这些日子，他十分知足。

又如，一位食管癌患者在实施腔镜手术后，进食困难，说话发不出声音，因此情绪非常低落。我发现后，便告诉他这是术后的正常反应，并劝慰他手术很成功，淋巴清扫很干净，现在咽喉会有麻木感，无法进食，可以采用鼻饲，一段时间后症状即会缓解。后来，这位患者逢人便说："郦医生对患者很有耐心，他不厌其烦对我讲了很多，尽管有些我听不懂，但

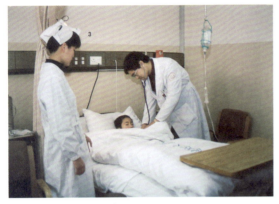
▲ 郦志军在给患儿查体

▲ 建院初期，出院患者给郦志军送鲜花致谢

我知道他都是为我着想。"一个月后，他可以正常进食、发声了。有一天，他兴奋地说："我想好了，以后我一定要让儿子读护校，像你们一样，为更多的患者服务，这个职业是很崇高的。"听了他的话，我十分感动，我们自然就成为朋友了。后来，他的儿子顺利就读护校，护理学专业本科毕业后就职于一家大医院。

每个人都有对幸福的渴望。得到患者的信赖，是每一名医生的幸福。

心的修复

（您目光高远，仁心仁术不仅体现在医院和病房中，更彰显于承担更大社会责任的实践中，您能否介绍一下援助孤残儿童的情况？）

"只要人人都献出一点爱，世界将变成美好的人间。"人间有爱，社会才会有温度，且一定是和谐美好的。

当得知杭州开展"援助孤儿大行动"活动，需要有医生参与时，我主动报名，积极投身其中，先后成功为来自浙江省各地福利院的 46 名患有先天性心脏病的孤儿实施了心脏矫正术，修复了无数颗受伤的心，改变了这些孩子的命运。

我忘不了这些孩子，因为在我心里，他们就是我的孩子。这些孩子都怀有一颗感恩的心，如来自丽水孤儿院的 3 个孩子，他们把我当作父亲，我们一直保持着联系。这 3 个孩子因为患有心脏疾病被父母抛弃，他们十分不幸，每次面对他们，我的心都隐隐作痛。虽然父母抛弃了他们，但社会用温暖的胸怀拥抱了他们。

一个叫丽苗的女孩，长大后在一家单位从事会计工作。结婚时，她给我寄来她和新郎的合影和喜糖，与我分享她的喜悦。

一个叫丽称的女孩，长大后读了护校，现在在杭州一家医院做护士，工作很出色，每年都被评为先进工作者。

一个叫丽国的男孩，我见到他的时候他才 4 岁，患有双腔右心室合并室间隔缺损，病情十分严重。经我治疗康复后，一对美国夫妇收养了他，养父是一名牙科医生，养母是一名律师。现在他是一个阳光帅气的大小伙子，他与我联系时经常说："在中国，他有一位好爸爸，他的名字叫郦志军。"

我救的是心，塑造的是心灵，让他们坚信，这个社会是向上、向善、向美的。

听诊器、小刀子及小梳子

（一个人的成长，环境很重要。良好的环境实则是一种文化，对人起着潜移默化的影响。请问您是如何被邵医文化影响的？）

邵逸夫医院的老专家、老教授们给我留下了十分深刻的印象。时间越久，留在脑海里的印象就越清晰，对我的影响就越深远。

例如，首任美方院长方则鹏先生就是一位绅士，日常他都会系领带，腰杆挺得笔直，为保证头发始终一丝不乱，他的白大褂口袋里装有一件必备之物——小梳子。后来，他还专门送给我一把小梳子，于是我也养成了在白大褂口袋里放梳子的习惯。这个习惯几十年都没变。

又如，我们科室有一位美方老专家，他的白大褂口袋里的必备之物是一把小刀。他说，白喉患者易突发气管堵塞，透不过气，此时只要有一把小刀，在患者喉部扎一刀，就可以救回一个生命。这位老专家也送给我一把小刀，我一直珍藏着。

再如，目前邵逸夫医院的医生白大褂口袋里会放一个听诊器，这也是当年受国外专家影响留下的习惯。

我印象最深的是我的导师，享有"浙江省心脏移植之父"之称的严志焜教授。他以医院为家，不管是除夕还是大年初一，他都会到医院来。退休后，只要一听到科室忙，他就会带着望远镜赶过来帮忙。为什么他要带着望远镜？其实这是他多年来保持的一个习惯。上班前，严教授会站在窗口，用望远镜观察科室医护人员的穿戴，如果你没有穿白衬衣，或者你穿的是牛仔裤，就会被他挡在病区门口，让你回去换上工作服再来。

还有一位老专家朱家光教授，退休后他经常提着菜篮回科室帮忙，忙完才去菜场买菜……

严谨细致，执着认真，爱院如家……他们，是我们的圣人。

力争立潮头

咬定青山不放松

人物简介

方力争,主任医师,硕士研究生导师,邵逸夫医院全科医学科原主任,浙江省全科医学科重点学科负责人,教研室主任、全科医学基地主任,中华医学会全科分会副主委,中国医师协会全科分会副会长,浙江省医学会全科医学分会主委。

(邵逸夫医院全科医学学科在全国起步早、发展快,示范引领力强。请您介绍下全科医学在邵逸夫医院的诞生背景?)

全科医学是维护全民健康的重要学科。全科医学在国外发展得已经非常成熟,但在中国起步较晚,邵逸夫医院是国内最早引入全科医学并推进其发展的医院之一。这主要得益于邵逸夫医院是一家开放型、国际化的医院。

建院初始,邵逸夫医院虽然没有设立独立的全科医学科,但在服务理念上,注重对患者的整体评估和全人照顾。

全科医学在邵逸夫医院的发展也经历了一个艰难的过程。一是医生普遍志不在全科,认为什么毛病都能看都会看,形不成专而精的专业优势,长期下去,就会让自己变得平庸;二是百姓对全科不了解,有病总希望看专家,各专业的专家专长鲜明,能力显著,受人尊敬等。在老百姓的认知里,头痛找治头痛的医生,脚痛找治脚痛的医生,目标明确。一旦明确不了病因,他们想到的一定是病情很复杂、很严重,这时他们更加要找各路专家。有时候一位患者挂四五个专科号，请一个又一个专家诊治，最终仍未能找出病因，无法对症下药。此时，百姓会觉得看病真难。

要改变现状，首先得改变人的观念，然而转变观念并非一蹴而就，需要时间、需要探索精神、需要坚定的意志、需要有所牺牲，还需要经得起考验、耐得住寂寞，锲而不舍，咬定青山不改。浅尝辄止，则必定半途而废。

邵逸夫医院全科医学的发展正是在不被外界看好，同时专科发展欣欣向荣的时候建立的，最初由急诊科主任鲍德国兼任主任，实际上是在急诊科下设立的病房。当时，全科医学的发展理念尚不完善，专业特色也未凸显。我们需要把它做大、做强，建立真正独立的全科医学科。这是医院领导的决策。

任尔东西南北风，我们坚信邵逸夫医院以其独有的开放文化为全科医学的植入提供了良好的土壤，全科医学在邵逸夫医院一定能生根。2004 年，完全独立的全科医学科终于成立了，我是首任主任。由此，邵逸夫医院迎来了全科医学发展的全新局面。

科室成立之初，我率领同事们到门诊大楼的导医台，先给护士们科普了什么是全科医学科。

当时国内专科发展正如火如荼，大多数行业内人员还不知全科医学是何物，人民群众就更不了解了。在这样的时代背景下，全科医学科在邵逸夫医院作为一个"弱势"科室，发展

▲　2006 年，第一届全科医学住培生毕业合影（前排左四为方力争）

前景尚不明朗，但是没有被忽略，没有被轻视，相反，邵逸夫医院为我们制定了特殊政策，积极为我们搭建平台，创造机会，调配人员。尤其是"走出去"和"请进来"的政策开阔了我们的视野，为我们学科的建设和发展奠定了良好的基础，我很感谢医院。有医院的支持，才有我们全科医学科的今天。

初建学科的几年我们先后派出几批医生，走出国门，学习交流，借鉴先进经验为我所用。2006年，医院又邀请美国的华人全科医学专家到医院访问交流，并具体指导全科医学的发展，这对我们全科医学的发展起到了很大的推动作用。我们由此提高了对全科医学的认识，明确了未来全科医学发展的方向，并通过学习，结合我国国情认真思考中国的全科医学应该怎么做，将来能发挥什么样的作用，在医疗过程中将占据什么样的地位等，提出并建立了既符合国情又与国际接轨的全科医学学科建设和全科医学人才培养等模式与方法。

自此，邵逸夫医院全科医学科坐上了驶往春天的高铁。

"我找到救星了"

（全科医学科是临床学科，评价的标准是患者的体验。请问邵逸夫医院全科医学科在患者心目中的地位如何？）

一位义乌企业家，在体检半年后找到我，说体检的时候查出肿瘤标志物癌胚抗原（carcinoembryonic antigen，CEA）增高，其他没有什么问题。这半年来他每2周去医院复查，但CEA始终没有正常，波动范围在20～60ng/mL。他去过多家医院，医生都没有给出明确的诊断。因此，他非常担心，越担心，就越想弄明白，于是到处找医生，找一次医生，做一次检查，越查越慌，以致整夜睡不着觉，体重也明显下降……

找到我的时候，他问的第一句话就是："我什么时候生癌？"他精神状况非常差，有一种死到临头的颓废感。首先，我做的是稳定他的情绪，告诉他CEA不是确诊肿瘤的指标。其次，告诉他，CEA受很多因素影响，也与炎症、消化道疾病、吸烟史等有关，不必过度惊慌，但仍需重视。患者听了我的话，神色轻松了许多。他说跑了多家医院，是第一次听到医生给他这样解释。他说："此前，我每去一个医院，总要看几个科室，结果医生都是给一张化验单，检查、取结果，查不出病因，离开。如此往复，我感觉自己得了不治之症。这次经人介绍，找到了您，我找到救星了。"

说者无意，听者有心。我马上问："为什么要看多个科室？"他说自己有糖尿病和心血管方面的老毛病。听到这里，我马上想到用药问题，仔细询问，发现他同时在服用两种他汀类药物，心内科医生开了一种，内分泌科医生也开了一种。"应该是用药过量了，这样会对肝脏造成损伤"，我心想，马上决定让他做个肝功能复查。结果出来后，果不其然，显示他肝功能有异常。我帮他调整了用药，并告诉他定期复查。他听了，非常感激，并积极配合着治疗，随后他的焦虑情绪也逐渐得到了缓解，体重也恢复了，精神状态明显好转。患者对我说："找到您，我太幸运了，邵逸夫医院有全科医生真好，不仅解决了困扰我长久的心理问题，还同时管理了我的多种慢性病。医生，我认定您了，您就是我的救星"。

患者的认可，是对医护人员最好的鼓励。我们的团队成员几乎是清一色的年轻人。他们好学、有激情，工作累并快乐着，患者的认可，良好的工作氛围，让他们体会到了全科医生的价值。

年轻全科医生的成长，为邵逸夫医院全科医学的发展插上了腾飞的翅膀。

全科医学中国化的"邵医方案"

（邵逸夫医院全科医学的发展，与国际接轨，走在了国内全科医学的前列。那么，在壮大自我的同时，你们全科医学科又是如何引领全国全科医学的发展？）

全科医学人才队伍建设是我国建立分级诊疗制度的"网底"工程。然而，我国全科医学教育起步晚，但是全科医生需求量大，所以目前国内全科医学发展仍然存在对于全科医生的培养与需求脱节、课程缺乏全科特色、临床思维专科化、全科实践能力不足、考核评价单一等瓶颈。

我们在遵循医学教育规律和全科专业特点的基础上，通过20余年的实践、探索和凝练，一方面根据医学人才成长的三个阶段，即学院教育—毕业后教育—继续教育不同的目标要求，通过"知识植入、能力培养、职业提升"序贯融合的教学方法，解决全科人才培养中存在的诸如基层全科医生能力不足、培养模式缺乏方法、培养与需求脱节，全科人才培养专科化等一系列问题；另一方面，在国内率先提出全科人才培养"四早四进"，即"早进临床、早进门诊、早进基层、早进社区"的全科医师培养策略，构建基层全科医生继续教育的新模式，基于全科医生核心能力，医院—社区一体化，建立"分层递进，级联辐射，绩效挂钩"的实践教学等新方法，为国家培养毕业后就能"下得去、用得好"的卓越的全科医学人才。

20年来，我们为全国培养了大批全科住院医生，每个月有10多位来自全国各地的全科医生在我们科室进修学习。每年招收"5+3"的住院医师20余位，我们曾连续3年为深圳市培训住院全科医生。经过培训，这些全科医生在他们各自的岗位上成绩斐然，有的荣获

"深圳市劳动模范""全国优秀住院医生""全国优秀全科医生""中国十佳青年全科医生"等称号，以及"最美家庭医生优秀奖"等荣誉；有的通过首批高级家庭医生认证，前往英国阿伯丁大学继续深造，等等。

实践中，我们与国际接轨，搭建了每周一次的中美全科住院医生核心

▲ 方力争（右一）在重症监护室工作时，带着进修医生

课程平台；开发了微课堂、慕课（MOOC，开放式网络课）等课程；运用信息化智能辅助诊断人工智能（Artificial Intelligence，AI）模式，建立虚拟诊疗平台，进行全科临床思维训练等。

同时，邵逸夫医院还是浙江省住培全科专业质控中心和全科技术指导中心主任所在单位，拥有一支高质量的"导师型"全科师资团队，现有高年制师资 15 人，成为国内全科医学领跑人。我本人曾荣获"国家卫计委中华全国总工会特殊贡献奖""第十一届中国医师奖""第四届国之名医优秀风范奖""第三届吴阶平全科医生奖"等荣誉。戴红蕾主任医师曾荣获"第五届吴阶平全科医生奖"。来自基层的杭州市上城区四季青街道社区卫生服务中心副主任胡芳曾荣获"吴阶平全科医生奖""宋庆龄最美基层呼吸医师""全国优秀全科带教师资"等称号，成为中国医师协会全科医师分会委员，曾任吴阶平基金会家庭医学部青委青年委员会副主委、国家全科住培基地评估专家和第一期全国全科卓越人才培养班班长。

邵逸夫医院全科医学科的这一批优秀的全科医生，不仅临床能力得到社会和用人单位认同，而且在科研上也取得优秀的成绩。例如，住院医师徐志杰在全科医生培训期间就在《柳叶刀》（*The Lancet*）、英国《英国全科医学杂志》（*British Journal of General Practice*）等杂志上发表多篇论文和短评，主创"浙江青年全科医生论坛"；谭美洁荣获深圳市"五一劳动奖章"；陆益婷荣获首届"威克利·伍连德奖（Wakley-Wu Lien Teh Prize）"优秀奖等。

2016 年，我非常荣幸地接到英国皇家全科医师协会主席的亲笔信通知，经过英国皇家全科医师协会反复论证和实地评估，最终决定授予邵逸夫医院全科医学培训基地以皇家全科医师学院（Royal College of General Practitioners，RCGP）的教育资质认证，并允许我们使用这样一个教育资质。我们是中国唯一的一家，也是除了英国本土以外国际认证的第一家全科医学培训基地。

邵逸夫医院全科医学科一路走来，我们在其发展中不断总结经验，创新发展，赢得了国内外同行的认同和肯定。我们将一如既往，继续努力！

零投诉与"抢"着救

人物简介

顾跃英，副主任护师，香港理工大学护理学理学士、澳门科技大学工商管理硕士。邵逸夫医院第一任门诊部科护士长，参与门诊部的筹建和建设。

零投诉是怎样实现的？

（门诊是医院的窗口，门诊服务直接关系到医院的口碑和形象。作为邵逸夫医院的首任门诊部科护士长，您对早年的门诊工作有哪些记忆？）

我是邵逸夫医院任命的第一批科护士长。此前我一直没有去门诊的打算。当初接到去门诊部帮忙筹建的任务时，恰逢离病区开张还有很长一段时间，我便抱着完成临时任务的态度，匆匆忙忙接下了这个任务。我和时任外科护士长陈小航说今后病区开张我还要回到病房工作，因为我觉得病区工作更具有护理专业的发展前景，哪知道从此我一辈子就钉在这个岗位上了。工作大约半年后，有一天下午美方首任院长方则鹏叫我到他办公室去，一路上我的心情很忐忑，不知道院长找我什么事。记得那是一次很严肃的谈话，谈了大约十几分钟，他说门诊是医院重要的窗口，要管理的内容很多，希望我要有高度的责任心，把患者服务做好，把医生服务好，让患者满意，争取做到零投诉。方院长的一番话打消了我认为门诊管理缺乏专业性、门诊管理不重要的想法。

▲ 2014年4月30日，邵逸夫医院20周年院庆，顾跃英（右二）和曾经援建邵逸夫医院的美方专家丽兹（Liz）、门诊同事钱小玫（右一）、陈建萍（左一）合影

医院开业初期整个医院都在强调"顾客服务"（customer service），当时我是第一次听到把患者叫作"顾客"。我们对门诊服务的认识都来自外方专家一次次的指导和面谈。当时每个科室都要定期写汇报材料，内容包括对服务的认识，以及计划、决心和态度等。

医院刚开业时，门诊患者很少，每天患者仅有不足百人次，门诊人员主要把时间和精力用在保持环境整洁和卫生上。当初医院外面的马路还没修建，一眼望去，还有很多农田，有的患者到了医院门口都不敢进，担心把地面踩脏了，担心收费很高。

关于"怎么服务好患者"，外方医生给我们做出了好的榜样，比如，患者进诊室，他们是站着以笑脸相迎。如果患者状态还好的，他们以手势请患者坐下；如果患者有体虚无力等状况，他们则会搀扶着请患者坐下。若要患者躺下做检查，他们会弯下腰来帮患者脱下鞋子，一点都不嫌脏……他们对患者真的很好，无可挑剔。护士陪着医生们，一边学习诊疗技术一边学习英语……

顾客服务是第一位的，以服务取得顾客的信任，不能有任何投诉，这是当时美方门诊护士长丽兹（Liz）女士反复叮嘱我们的话，要求我们对每位进入门诊的初诊患者都要测量血压并记录到病历中，这是我们医院的新做法——门诊患者评估——当时在国内是首创。开始患者少，我们倒也不觉得这是一件什么大事；后来患者多了，我们要一刻不停地忙于"捏皮球"（捏老式血压仪上的充气球）。一天下来，护士都觉得太累了，虎口部位很酸疼。

与国内别的医院的门诊护士相比，我们门诊护士的工作范围要大得多，在别的医院，患者日志（当时疾控中心的要求）信息都是医生写的（包括姓名、诊断、住址），而在邵逸夫医院，都是由护士写。门诊护士每天都要填写一大堆门诊日志，虽然护士辛苦了，但这样一来医生就能有更多的时间与患者沟通。我们虽苦犹甘，那是一段特殊的经历。

美方第二任院长老哈（中文名韩得利）对门诊工作相当重视，他每天都要来门诊转悠几次，衣袋里总装一把小铲子，如发现地面上有口香糖残渣等不易打扫的脏物，马上蹲下铲掉，用纸包起来，再扔进垃圾桶。有一次，他发现我们护士提着热水瓶，一边走，瓶底的水一边滴在地面上。于是，他也就跟着边走边擦，因为他担心患者踩在有水渍的地面上滑倒。为了解决这一问题，他要求我们门诊的相关人员给热水瓶灌好水后，用塑料袋把瓶底包上，再提走。后来发展到全院统一要求，并派人在热水间边上守候，发放塑料袋，避免热水瓶的水滴在地面上。这件事对我触动很大——一切以患者为中心，时刻关心并服务患者。"门诊患者防跌倒"的概念就是在那个时候形成的，这也是国内首创的护理理念。

　　老哈是让我们敬畏的人。在他的眼里，原则高于一切，医院决定的事一定要遵守。我们医院是一开始就取消门诊输液的，但有些员工自己还是保有传统观念，认为发热了还是输液好得快，曾经有一名医院员工躲在办公室输液，被他发现了，他毫不留情地问道："是扁桃体化脓很痛吗？是肺部感染吗？还是吃不下东西？"那名员工吓得大气都不敢出，而老哈则一个劲地说："No，no，no"，意思你是医院员工，不可以搞特殊化，破坏医院的规矩更是不可以。执行这一规定，门诊医生看病就更麻烦了。一般的感冒发烧，老百姓都希望挂盐水，好得快，但医院里规定不可以，医生为此经常要给患者做思想工作，有时候和患者还要为这事争吵，这样的情况至少持续了两年多。后来患者终于知道了，邵逸夫医院没有门诊挂盐水的服务。

　　一切为了患者。这在邵医不只是说说而已，我们在做好传统服务的基础上，不断拓展服务新渠道。比如，预约挂号，最早是从我们医院开始的。老外医生为我们做了手工预约登记本，用订书机装订好送来，告诉我们怎么做预约服务，因此我们对外公布了专家预约电话。患者打进电话，专家门诊护士就按照医生出门诊的时间做好登记。这种现在看起来很原始的做法，在当时却代表着先进的门诊服务理念。

　　服务规范有了，医院环境优美，患者纷至沓来。刚开业的时候，我们每天数患者，今天5个，明天8个，患者人数破百的那一天，大家欢呼雀跃。后来，我们不数了，因为患者多了，数不过来了，我们忙于服务患者也没时间数了。

　　患者多了，我们的服务也日臻完善。很多首创的服务我们也都坚持下来，"顾客服务"是摆在首要位置上的，只要对患者好，有利于医院发展，我们都尝试着去做，并且做成功了。患者的就医体验感好了，自然没有投诉。所以，我也可以骄傲地说："零投诉，我们做到了！"

　　"给您真诚、信心和爱"，始终贯穿于我们的门诊服务中。

老哈"捡"患者

（ 在一家医院，一般门诊碰到的事情最多，因为患者到医院必须先到门诊。您在门诊几十年，最难忘的是什么事？ ）

有一件事，在邵逸夫医院可以说是人尽皆知，包括新员工，因为新员工入职后，一定会学习院史，这件事是肯定绕不过去的，再加上这件事也被写进了很多书里。

这件事与老哈有关，折射的是邵逸夫医院的仁爱精神。这件事背后也有一个我，这点不太为人所知，还有一些此前没人提到过的细节，我也一起说说。

这就是老哈从天桥下"捡"回两个患者的事。我们医院门口有座天桥，老哈喜欢蹬着三轮车在医院周边买菜，天桥是必经之路。一天，老哈从天桥下经过，发现两位三十多岁患大脖子病（专业名称为单纯性甲状腺肿）的女子。她们在沿街乞讨。老哈一问得知她们是俩姐妹，再问为什么不去看病，她们回答因为没有钱。老哈问她们如果不用花钱愿不愿意去看病。她俩非常惊讶，表示当然愿意，因为她们脖子前的肿物已像甜瓜一样大，已经覆盖了颈前部面并部分挂到了前胸上，走路时会摇晃，还影响到呼吸了。老哈决定帮助她们，于是踩着三轮车，把这俩姐妹带到医院，把患者交给了一名普外科的医生，同时让我给她俩挂号，他自己拿了500美元交到门诊收费处。

谁知，第二天这两名女子不见了，问谁都不知她们的去向。老哈很生气，要求我对这事负责，想办法把她们找回来。我带着一名护士，先到老哈碰到她们的天桥下找。我几乎把天桥下的人问了个遍，他们都说她俩昨天被一个外国老头带走后，就没有回来过。离开天桥，我们到附近的街道办事处，请他们协助寻找。工作人员得知我们医院是在做好事，十分配合，并提供了线索。之后，我们很快就找到了这姐妹俩，也正是因为她们的大脖子太引人注目了，所以周边的人都知道她们。

我问她俩为什么要离开医院，她们说听医生讲要开刀，她们害怕，另外还担心开刀是要花钱，如果那个外国老头给的钱不够了怎么办？我告诉她们，这个病不看好会越来越严重，会对喉咙部位造成压迫，呼吸和吃饭都会越来越困难，她们听了连忙说自己现在就有这种感觉了。我还让她们放心，那个拉她们到医院的外国老头是我们医院的院长，说话一定算数的。听我这么一说，她俩放心了，表示再也不跑了。手术很成功，康复出院后，她们也回家了。

在我的记忆中，老哈还从解放路的教堂里捡过一位患者。这是一位四十多岁的女性患者，面部和颈部烧伤后瘢痕挛缩牵拉把鼻孔都封闭了。患者很痛苦，说话、吃饭时嘴巴都无法张大，又仅能靠嘴巴呼吸，老哈又个人掏钱让她在我们医院整形科做了瘢痕松解手术，从此解决了吃饭和呼吸的问题。

"以患者为中心，以员工为主体"，这个管理理念在邵逸夫医院早就有了根脉。

邻家大伯邵逸夫先生到我家

（邵逸夫医院承载的是香港实业家邵逸夫先生伟大的爱国爱乡情怀。听说邵先生曾去过您的家里，请您介绍一下当时的情形？）

人人都知道我们邵逸夫医院是邵逸夫先生捐赠一亿港币建成的，但真正接触过邵逸夫先生的人并不多。幸运的是，我是其中的一位。2000年夏天，我家迎来一位尊贵的客人，他就是94岁高龄的邵逸夫先生。

那是8月的一天，我像往常一样在医院工作。刚吃完午饭，我突然接到医院办公室的来电，通知我赶紧回家一趟，有领导要来参观家属宿舍。开始我也是一头雾水。后来一想："我住的是单位新分配的房子，是不是医院要组织卫生检查？"，想到这，我就三步并两步一路小跑回家。一方面觉得我家挺干净的，另一方面也来不及再收拾了，于是我就傻乎乎地站在窗口，等待卫生检查人员。

没多大一会儿，楼下有动静传来，想着应该是检查卫生的工作人员来了，我就从窗口向下张望。一看确实有好几个人向我家的方向走来。人群中间，有位老先生，坐在轮椅上，大家都簇拥着他，我仔细看了看，总觉得在哪儿见过，但是又记不起来。当我看见他旁边还有我们医院的吴金民院长，我恍然大悟——那位老先生是邵逸夫先生！顿时，我的心怦怦跳，我很紧张，从没有见过这种场面，不知道如何是好。可是，不容我想，电梯门已经打开，我看见邵逸夫先生坐在轮椅上，就在我对面。在大家的搀扶下，他从轮椅上缓慢站起来，走进了我的家。

邵先生说话稍带宁波口音，声音不高，一点架子都没有，非常和蔼。他关心地问，我家里有几口人？生活得怎么样？幸不幸福？说着说着，我紧张的情绪就没有了。邵先生还参观了我家的卧室、厨房、阳台，每个房间都走走停停，问问看看。在我家大约待了十几分钟，随行人员好多，还有时任浙江省副省长鲁松庭和浙江省外事办的陪同人员。邵先生准备走时，旁边的工作人员提醒我和邵先生合影留念，因此才有了这张我和邵逸夫先生珍贵的合影。这是我一生都值得骄傲的一件事，是我的荣幸。

▲ 2000 年 6 月，邵逸夫先生第二次来医院，到顾跃英家中亲切看望员工生活情况

　　1994 年，我们医院建院的时候邵先生曾来过，那时我只是在门诊一楼规定的地方远远地看他在台上致辞，从没想过能近距离地和他说上话并握手。那天，在窗口看到邵先生的时候，我特别紧张，但当他真的进到我家里来跟我说话后，我反倒放松了。他的衣着非常朴素，上衣就是一件非常普通的横条纹长袖 T 恤。他人很和善，眼睛炯炯有神，笑眯眯的，就像邻家大伯一样。他非常关心我们基层医务工作者的工作与生活情况。

　　2014 年，得知邵逸夫先生去世的消息，我心情很沉痛，一天没吃下饭。他的这份做慈善的精神和爱国的情怀值得我们发扬与传承，也已融入了我们邵医文化中，我们永远都会记住他的。

　　20 多年过去了，直到今天，一回想起当年的场景，我的心情仍然无比激动。

　　永远怀念邵逸夫先生！

美国来的"活雷锋"

人物简介

黄金文，血液学主任医师，硕士研究生导师，邵逸夫医院血液科原主任。

（创业艰难百事多，1991 年，邵逸夫医院尚处于筹建阶段时您就过来了。三十余年弹指一挥间，初创时期有哪些事是您至今仍记忆深刻的？）

我于 1991 年入职邵逸夫医院。当时医院还是一个建筑工地，周围是一片田野，用"荒郊野外"来形容一点不为过。

当时，医院的大楼还在建造中，我作为医生当然干不了什么与专业相关的事，只好在工地上管管建筑材料，晚上打个电筒，各个楼层走走看看，相当于一名保安。

有这么几件事，我印象很深刻。

我们知道，邵逸夫医院于 1994 年 5 月 2 日开业。但此前，关于何时开业，美国管理团队与浙江医科大学（现浙江大学医学院）有过多次意见不一。学校希望早点开业，接收患者。美国管理团队则认为工程项目还存在这样那样的问题，不完全具备开业的条件。

有一天，有位患者主动找上门来，说要看病。这个时候如果告诉患者医院还没开业，估计患者也不会有啥想法，去别的医院就诊即可。谁知这事让美方首任院长方则鹏教授知道了，他表示不能就这样把患者打发了，这是对患者的不尊重，也会影响医院的声誉。

于是,他拦下患者,叫了一辆三轮车,把患者送到浙江医科大学附属第一医院(简称浙医一院,现浙大一院)。患者在浙医一院看完病后,方则鹏院长又把患者接到自己家里,为其烧饭做菜,奉为上宾。

在邵逸夫医院,方则鹏院长自掏腰包干的事情还真不少。手术室不够用,他掏钱建造新的手术室。邵逸夫医院的第一台腹腔镜也是他花钱从美国带回国的。他是真心把医院当家。方则鹏教授是美籍华人,他7岁就离开了家乡,但他始终不忘根在中国。

接替方则鹏教授担任美方第二任院长的是美国人韩得利,大家都叫他老哈。每个邵医老员工都有关于他的好故事,我知道其中大多数与搞卫生有关。有件事,至少我在邵医没听到别人提起过。当年院里有一个篮球场,这个篮球场怎么来的,很多人不太清楚,总以为是医院为丰富职工业余生活建造的。其实,这个篮球场是韩得利院长个人掏腰包建造的。他见员工活动地方少,而当时医院内恰好有一块空地,他就自己拿出5万元建造了这个篮球场,只为了让年轻员工多一个好去处。这位平时不苟言笑的严肃老人,内心是十分温暖的,他心里既有患者也有员工,后来他又掏钱建造了一个网球场。

想起他们,我就想到白求恩毫不利己、专门利人的精神,想到雷锋全心全意为人民服务的精神,以及先人后己、大公无私的作风等。我就觉得他们像雷锋,美国来的"活雷锋"。

邵逸夫医院在建院之初,目标就很明确——面向国际化。2015年,邵逸夫医院血液科就与世界知名的美国妙佑医疗联盟(简称妙佑)骨髓瘤专科展开深度合作,成功搭建了国内唯一一个血液病疑难病例妙佑远程会诊及直接转诊服务平台,为邵逸夫医院血液科患者提供高性价比的妙佑会诊及转诊服务,得到了患者的信任及高度赞誉。妙佑是世界一流的医疗机构,综合排名居于全美第一位。邵逸夫医院是妙佑医疗联盟会员,当时这个会员在美国以外只有5家医院,而邵逸夫医院是中国唯一的一家。

妙佑医疗联盟会员的含金量相当高。成为会员,意味着医院可以享用世界一流医学中心的宝贵资源,而这又是无价的。妙佑医疗联盟经常安排医生前来帮助指导,推动邵医高质量发展。此外,作为会员,邵逸夫医院享有的权利有:每个医生都有自己的账号密码,可登录妙佑网,关于病案怎么处理,都有内部文献可供参考,也可与妙佑的专家对话交流;对于疑难复杂病例,只需将资料发给妙佑,他们就会组织专家给予免费会诊;可以每年派员工到妙佑接受培训,这种培训既是对高端人才的储备,又是为了面对未来的厚积薄发,利在长远。

原浙江医科大学校长郑树曾说:"看世界,邵医是一个窗口。"透过这扇窗,我们真正看到了很多美好的事物。例如,外国专家教学查房的方式是启发式的,而不是填鸭式的,不框死,让每个人都学会动脑,去寻找问题,分析问题;再如团队合作,只要你有想法、有计划,

▲　韩得利捐赠的网球场

▲　邵逸夫医院的网球场

旗帜一举，马上就会有一帮感兴趣的人向你靠拢，建一个团队完全不是问题。如雨后春笋般涌现的亚专科就让我见证了邵逸夫医院团队合作的力量。亚专科的学科分类更加详细，这可以使患者接受更系统、更准确的治疗，对患者和医生都有益处。

窗外有太多的风景，让人目不暇接。

30 年邵医，且行且珍惜。

太多感动，就在身边

身边的感动

（北京大学国家医疗数据中心曾推出过一个中国最佳临床学科评估排行榜，邵逸夫医院消化内科榜上有名，居全国第 14 位，您认为邵逸夫医院消化内科获得这一荣誉，主要靠的是什么？）

在这个排行榜上，前 13 位都是国内拥有悠久历史的知名医院，如北京协和医院、上海仁济医院、四川华西医院等，相比之下我们医院和我们学科都非常年轻，能排在第 14 位实属不易。在这么短的时间内能取得这样的成绩，靠的是前辈的指导、帮助，科室全体人员——一群不计得失、埋头苦干的"老黄牛"——共同拼搏。另外，邵逸夫医院作为国际化医院，国际合作为我们学科的提升也起到很好的推动作用，比如，我们连续成功地主办了五届美国胃肠病协会中国学术论坛，获得了很好的反响，深化了我们和国际顶级消化病专家的合作；加上我们在顶级期刊上发表了一系列原创性论文，奠定了我们在国内消化内科领域内的学术地位。

首任消化内科的主任是张启宇，作为学科的创始人，张主任为消化科的后续发展打下了良好的基础。他调离邵逸夫医院后，我于

人物简介

戴宁，教授、主任医师，博士研究生导师，内科教研室主任，内科住院医师规范化培训专业基地负责人，邵逸夫医院消化内科原主任，中华医学会消化病学分会食管疾病协作组副组长，中国研究型医院学会神经胃肠病学专业委员会副主任委员，浙江省医学会消化分会副主任委员。

1998 年从浙医二院来到邵逸夫医院，当时消化内科一共只有 5 位年轻医生。钱可大主任为我们学科建设和年轻医生的培养倾注了很多心血，每周组织疑难病例讨论或教学查房，使得我们年轻医生对疾病的诊治能力有很大提升。由于人手不够，科室外聘了孙莲子、包玮、晏远方等退休主任医师承担了大部分门诊工作。

说起"老黄牛"，我要特别提一下王建国，我们科的副主任。他 1994 年就到了邵逸夫医院，是消化内科的第一位硕士。作为老邵医人，他每天只知道拼命干活。同事生病，同事的夜班由他来顶；同事出差，同事负责的患者他来管。科里有什么困难，他都会主动揽过来。他不图名利，每次有记者采访，他都躲得远远的。院里评先进，他总是把机会让给年轻人。副主任这个位置，当初他也是推托了多次，后来领导告诉他，这不是什么官，是为了让你多干点活，这样他才接受。像王主任这样的"老黄牛"，在我们科室还有很多，比如吴加国主任，他也只求奉献，不求回报，对同事有求必应，受到众多医护的一致好评。医院曾经有个投票评奖活动，他高票获得"最乐于助人医生"和"浙大好医生"的荣誉称号。

另外，作为内科教研室主任，我得说说我们教研室的前一任主任，虽然他已经离开了我们——我非常敬仰的鲁端教授。鲁端从浙医一院调至邵逸夫医院任党委书记，担任过我们内科教研室主任。他钟爱三尺讲坛，一生桃李满天下。现在一提起他，我想到的就是，他癌症晚期了，疼痛非常厉害，还要给我们学生上课，实在顶不住，就打一针止痛针，他说："我不是为了什么，我只有在给学生们上课的时候，才会忘记痛苦。"实际上他是想在有限的生命里，把自己的思想、经验、读到的文献传授给学生，他很热爱教学。鲁端教授两袖清风，虚怀若谷，是令我高山仰止的人物。他生有重病，爱人去世早，儿子又身有残疾，家庭经济并不宽裕，而他把教学奖金当作党费上交给组织了。临终前，他对组织的最后一个请求是，捐献遗体，供医学解剖研究之用。

这就是邵医人！

▲　戴宁在门诊

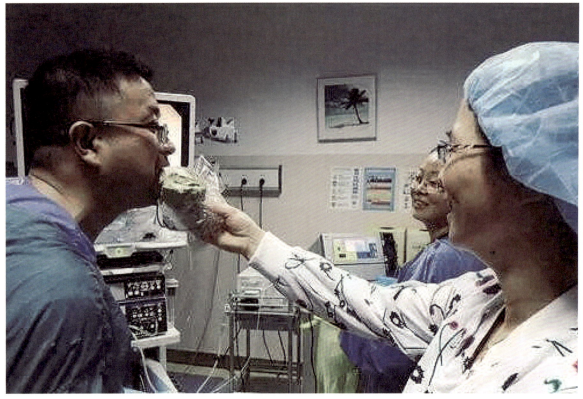

▲ 护士给於亮亮医生喂面包照在互联网上走红，感动无数人

一张"网红"图片

（您曾拍过一张照片，在互联网上流传很广，引发更多人敬重医者。对此，您有什么样的感触？）

拍这张照片的时候，我是没有多少想法的。就好像有一个人，在路上行走，看到脚边有一朵漂亮的花，或天空中有一片好看的云彩，随手一拍就是了。

这张照片呈现的画面是，一位护士在给做手术的医生喂面包。

照片上的手术医生是我们消化内科副主任於亮亮。那天他有四台手术，上午庆春院区一台，下午下沙院区三台。上午只排了一台手术，是因为他考虑到患者的病情有点复杂，食管内肿瘤体积过大，把食管堵牢了，而且肿瘤位置也不好，在心脏、纵隔、血管旁边，需要留足手术时间。

手术风险还是比较大的，因为患者食管壁比较薄，在切除肿瘤时，稍有不慎则会伤及食管壁，导致血管破裂而血流不止，患者可能当场死亡。

这是一台需慢工出细活的手术。於医生先用双极刀将肿瘤切割成六小块，再用网篮将它们捞出来。因为手术操作空间狭小，切除难度大，整个过程都得小心翼翼。

我是医生我知道，做这种手术得打起十二分精神，全神贯注，不容有任何差错。因为注意力都集中在手术上，於医生忘了时间，也忘了吃饭。中午护士换班，一名叫刘启芳的护士知道他一直没下过手术台，就给他带了一个面包，但他也没顾上吃。下午两点左右，护士刘启芳看到，计划切成六小块的肿瘤才取出来两小块，而汗水已湿透於医生的衣背。其间，於医生没吃、没喝。因为医生的视线不能离开患者，手上的动作也不能停，刘启芳只能趁着於医生看手术屏的间隙，匆忙给他喂上几口面包。

这一幕，正好被刚结束手术的我撞见，于是拍了下来。

下午4点半，经分割、切除、捞出，分成六小块的肿瘤终于被完整取出。直到这时，於医生已经整整六个多小时没移过脚，左手拿着内镜、左手手臂弯成直角状的姿势也一直没变过。而内镜四五斤的重量全压在他左手的大拇指上，橡胶手套已经磨破了……后来，我听护士说，整台手术结束已经是下午5点多了。从手术台下来，於医生双腿一软，瘫倒在凳子上。缓了几分钟，他又起身和几个护士一起将患者推出手术室……

一般来说，内镜手术时长不会超过两个小时，而这台手术竟史无前例地持续了近9个小时。内镜手术不像外科手术，可以中途换人，所以於医生从头做到尾，其中的辛苦可想而知。

我为於医生的敬业而感动。我将这张照片发到微信群和朋友圈，希望与大家分享这份感动，也让大家对我们的工作多点了解。

现在想来，这张图片一夜爆红，看似偶然，实则必然。好医生一定是受人敬重的，医生对患者的情有多深，患者对医生的爱就有多深。这是我的感触，相信也是於医生的感触。他曾对我说：有一次，一个老患者来看他，知道他中午在门诊经常吃不上饭，专门煮了玉米带过来。那是一位来自桐庐六十多岁的老太太，她怕玉米冷了，特意用棉絮做的袋子包着。她进诊室坐下来，将袋子慢慢打开，把冒着热气的玉米递给於医生，让他先吃了再看病，别饿着。

我们经常说，要视患者为亲人，其实患者也是一直把我们当亲人的。

我们怎么做？好好当医生，做个好医生。

问诊如同断案

（您是一位临床经验丰富的医学专家，医治过众多疑难杂症，可以谈谈一些发生在您诊室里的故事吗？）

有一件事情，虽然过去很多年了，但我印象仍然深刻。丽水的一户人家，先后有 3 个人找我看病。患者的状况是，剧烈腹痛，肚子胀得要命，有时好几天都不能排便，吃不下饭也喝不下水。在来邵逸夫医院之前，他们在当地医院经历了 B 超、CT、胃镜等一系列检查，中药、西药吃了一大堆，没有任何效果，非常无奈，只能寄希望于杭州的医院和杭州的医生了。

我先见到的患者是周女士，她陈述的症状不止她一人有，而是一家三口都有相同症状，而且他们的发病时间差不多。直觉告诉我，这一定是有原因的，大概率与"进口"有关，吃了什么不该吃的东西，或者喝了什么不该喝的东西。比如食用了什么不知名的野生菌，或者野外的蛇、鼠、蛙等动物。但经过我反复询问，他们的饮食和饮用水与之前的都是一样的，没有任何变化。

问题出在什么地方？这时周女士的一句嘀咕引起我的警惕。她说会不会跟那把新水壶有关，我马上问怎么回事。周女士说，家里本来有把锡壶是祖辈传下来的，2012 年，母亲把这把家传的旧锡壶给了打金属的师傅，让他把旧锡壶回炉，重新打出 5 把新壶，分给周女士的兄妹几个。分到一把新壶，不久后，周女士就用这把壶盛酒，放在灶台上炒菜的时候用，偶尔在炒菜时还会对着壶嘴喝上一口。

常识告诉我，问题可能就出在这把锡壶上。我分析这锡壶可能并非纯锡，而是锡铅合金，装了酒类等饮料后，壶中的铅慢慢析出融入食料中，长期使用就会发生铅中毒的情况。

为证实自己的判断，我和护士长做了一个实验，在周女士提供的锡壶里倒了一些自来水，刚倒进去的时候，水是清澈的。第三天，从这把小壶里倒出来的水竟然白得像牛奶一样。打开壶盖发现，壶盖底部和壶的内壁上布满了白色的结晶，倒进一次性杯子里的"牛奶"下方也沉淀着很多结晶。至此，凶手"小壶"被"缉拿归案"。

找到致病原因，接下来的治疗就有针对性了。让他们增加饮水量，并使用药物，我们采用这样的方式帮助他们将铅毒素排出体外。

这个病例告知我，医生博学，能耐心、细致地询问病史，具备缜密的临床思维很重要。

神经内科的"瑞士军刀"

人物简介

胡兴越，主任医师、医学博士、博士研究生导师，邵逸夫医院神经病学学科带头人，浙江大学脑医学研究所副所长，中国神经科学学会神经毒素分会副主任委员，中华医学会神经病学分会帕金森病及运动障碍学组成员，浙江数理医学学会神经病学精准诊治专业委员会主任委员。

治中风，急如风

（卒中，即我们通常所说的"中风"，这是世界上最凶险的疾病之一。邵逸夫医院卒中中心是一个创造了无数生命奇迹的"安全岛"，请问这个"安全岛"是如何打造的？）

1993 年 7 月，我从浙江医科大学附属第二医院神经内科调到邵逸夫医院筹建神经内科。为了在高手如云的医疗环境中，使学科快速发展，我们选择特色亚专科如卒中中心、运动障碍和肉毒毒素治疗中心、头痛和自发性低颅压头痛中心、睡眠中心进行建设。认知障碍诊治中心和癫痫中心等从无到有，从小到大，从大到强，逐步在业内拥有了很高的知名度。学科的发展和个人成长都离不开邵逸夫医院的规范化制度和先进的理念。我印象比较深刻的是医院推行的主诊医生负责制，一位患者从门诊到入院，从入院到出院，从出院到随访，都由主诊医生团队负责，这对提高医疗质量与医生个人能力和水平起到了重要作用。

"以问题为导向的教学模式"，对医生的临床思路培养和诊治水平提高起到了积极作用。另外，医院还推行持续质量改进模式，即不断发现问题，改进流程，解决问题，提高质量，带给临床的变化就是持续不断的医疗质量改进。具体到卒中的诊断治疗，我们就是及时、合理地"以快制快"，用时间换取患者的生命和生存质量。

有数据显示，在中国，平均每 21 秒就有一人死于脑卒中，病死率居于所有疾病的第一位。在存活的患者中，约有 75% 存在不同程度的残疾，其中 40% 为重度残疾。

卒中虽然很可怕，但如果预防得当，80% 的脑卒中是可以避免的。对于中风者，

▲ 1994 年 5 月 2 日，胡兴越在邵逸夫医院开院典礼横幅前留影

如果在发病 1 ～ 2 小时内送医，不致残率为 70% ～ 80%。而 4.5 小时内送达的患者，不致残率只有 30% ～ 40%。因此，4.5 小时是中风有效抢救的黄金时间窗。

如何为患者争得时间？我们要求护士在第一时间根据患者口角有无歪斜、言语是否清楚、手有无力气、上肢能否抬起做出判断，筛查是否发生中风，有一种症状的，发生概率为 60%，有两种症状的，发生概率达 80%。

溶栓是目前治疗脑梗死最有效的手段之一。在这个方面，邵逸夫医院卒中中心一直表现出色，全国各大医院溶栓抢救的平均比例为 4%，而我们达到了 10%。为此，邵逸夫医院卒中中心还荣获了"中国卒中学会卒中先锋奖"。静脉溶栓治疗便捷、有效，但要求在发病 4.5 小时内用药，并且对大血管闭塞性卒中疗效差；对于合适的患者，动脉取栓可放宽至 24 小时，对大血管闭塞性卒中疗效好，但对技术、设备要求高。因此，要快速将卒中患者转运至有条件开展超急性期溶栓和取栓治疗的医院，而邵逸夫医院是全国最先开展超急性期溶栓和取栓治疗的中心之一。

早在 2008 年 12 月，邵逸夫医院就成立了卒中中心，并于 2011 年 12 月成为全国首家和唯一通过 JCI 认证的卒中中心。JCI 是国际医疗卫生机构认证联合委员会对美国以外的医疗机构的质量进行认证。除要求患者入院快外，医院多学科协作是快速救治的关键，包括神经内科、急诊科、检验科、放射科及护理等部门，通力合作，第一时间对患者进行治疗，至关重要。

邵逸夫医院卒中中心将卒中急救、重症监护、神经介入、神经内外科、康复训练、心理咨询和健康教育等学科进行有机结合，这是世界上公认的治疗卒中最有效的方法。我们一直

在和时间赛跑，要举全院之力，在黄金救治时间内让药物注入有适应证的患者体内。大部分患者就是因为耽误了治疗的"黄金时间"才留下遗憾的。

那么，邵医卒中中心是如何和时间赛跑的呢？这里有"两个30"至关重要。一是提早30分钟：经过卒中中心这一绿色通道，患者从入院就诊到注射溶栓药物的时间，从最初的90分钟缩短到60分钟，目前已缩短至30分钟左右。绿色通道的最大优点就是快，从初诊、CT检查、检验、取药到治疗一路绿灯，患者先治疗，后付费，省去排队付款、等待检查的时间。二是接受溶栓治疗的患者，在卒中发生后3个月，发生最低程度残疾或不留残疾的概率增加30%。

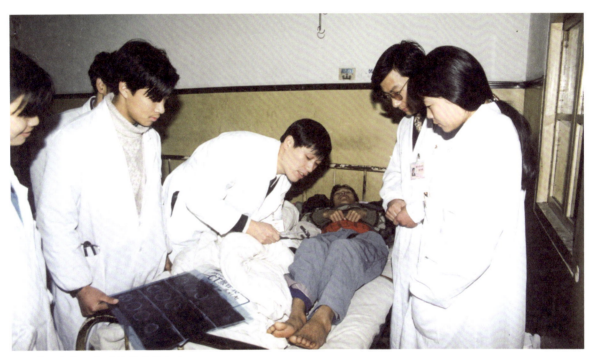

▲　建院初期，胡兴越带同事查房

只要"战胜"了时间，中风就没有那么可怕了。

肉毒毒素是个宝

（以患者为中心的邵逸夫医院有多个中心，打破了一般人对医院部门设置的认知。前面您介绍了神经内科的卒中中心，在你们科还有一个号称亚洲最大的中心，即肉毒毒素治疗中心，请您再给我们介绍一下这个中心的情况吧？）

肉毒毒素，是肉毒梭状芽孢杆菌分泌的一种神经外毒素，能使痉挛的肌肉松弛、腺体分泌减少，并缓解疼痛，对运动障碍的患者有很好的治疗效果。

其实，我们身边运动障碍患者十分常见，如面肌痉挛患者，他们是十分痛苦的。如有一位患眼睑痉挛的青年男性,他会经常不自主地闭上眼睛。一次在公交车上,他的眼睛又闭上了,谁知司机来了一个急刹车,他随着惯性撞在一个青年女子身上,他连忙道歉,女子强忍住怒气未发。过了一会儿,他的眼睛又不自主地闭上了,这时又一个急刹车,他又撞在了前面那位女子身上。这回她被彻底激怒了,揪住他的衣服,大喊"抓流氓"。在其他乘客的帮助下,这个男子被送进派出所。在派出所,小伙子讲述了他眼睛经常不受控制闭上,为此还到邵逸夫医院就医的情况。后来派出所联系我们,我们为这个小伙子做了证明,派出所才将小伙子放了。

肉毒毒素治疗中心的建立与邵逸夫医院走国际化发展道路有很大关系。头5年,中心是委托美国罗马琳达大学管理的,这个阶段我们对外交流合作比较频繁,不仅在技术上,而且在理念、治疗方案方面都得到了极大提升。我们在1994年就开展了肉毒毒素治疗,但赴罗马琳达大学参观学习,得知罗马琳达大学采用肉毒毒素治疗运动障碍有一套完整的方案和机制,且已运行多年,非常成熟。受其启发,我们决定重新建设卒中中心。

在重建卒中中心的过程中,我们充分发扬了艰苦奋斗的精神。设计、施工乃至后来的保洁,都由我带领团队亲自承担。开始某些肌电图看不懂,我们就在干中学,学中干,终于建成了一个有模有样的肉毒毒素综合治疗中心。

目前肉毒毒素综合治疗中心已名扬四方,誉满全国,截至目前已举办相关全国学习班26期,培训学员共计1300多名,培养进修医生100多名。每天有来自全国各地的患者前来中心就诊,现在中心每周要收治100多位从全国各地甚至海外慕名而来的运动障碍型患者。有一位知名弹唱歌手,弹吉他时手指会不自主弯曲,他到许多医院治疗,但越治疗越弯,甚至根本无法弹奏吉他,他以为自己的演艺生涯到此结束了。后来有医生推荐他到我们中心就诊,我们对他进行了肉毒毒素治疗,两周后,他那弯曲的手指变得灵活自如。肉毒毒素真的是个"神药"。我们对面部痉挛、抽搐患者进行治疗后,发现患者面部的皱纹消失了,这给了我们一个惊喜。于是,我们着力开展肉毒毒素基础研究和临床研究,揭示了肉毒毒素在治疗痉挛、抑郁和慢性偏头痛等方面的作用机制,且发现肉毒毒素使用范围十分广泛,康复科、皮肤科、整形科、消化科、肛肠科和泌尿科患者都适用。比如,肛肠科的肛裂患者在注射肉毒毒素后,能有效缓解疼痛;消化科的患者经常在食管与胃连接处出现卡顿(贲门失弛缓症),使用肉毒毒素后,"坎途变通途"。此外,我们还发现肉毒毒素能缓解抑郁情绪,这对抑郁症患者而言又是一个好消息。

鉴于肉毒毒素显著的多功能效应,美国《时代周刊》将其比喻为临床治疗中的"瑞士军刀"。目前,肉毒毒素综合治疗在邵逸夫医院花开正艳,风景独好。

一条"通路"，贯通全国

人物简介

李华，主任医师，曾任邵逸夫医院肾脏内科主任、血管通路中心主任。

老外教我当医生

（您是邵逸夫医院最早的一批员工之一，跟从美国来的一批医护人员有较长一段时间的共事经历，请您谈谈对他们的认识？）

来邵逸夫医院前，我已经在别的医院临床工作多年。怎么当医生，对我来说，完全不是个问题。但到了邵逸夫医院，和外方医生一起工作后，我发现当好医生还有很多东西需要学习。

中方医生与外方医生相比，最大的差异首先是人文理念。例如，在为患者做体检时，外方医生非常注重保护患者的隐私，一人一诊室，除医生和患者外，如果有其他人在现场，必须征得患者的许可。再如，病房内床位之间有隔离帘等，以保护患者的隐私。每做一项检查，医生都需要告知患者检查的目的，以示尊重患者，并得到患者的同意和配合。而以往我们的意识里，我是医生，对方是患者，我们只关注"病"却忽视"人"，这可能是当时医学教育存在的不足。

其次，是仁爱精神。外方医生对患者的关爱是发自内心的，从他们对待患者的态度和检查动作可以发现，医生这个职业对他们而言是神圣的。例如，对一位下肢水肿的患者进行检查，如果遇到需要脱去袜子的情况，通常我们就是吩咐患者"把袜子脱了"，至于怎么脱，则是患者和家属的事。外方医生却不这样操作，他们先是蹲下来，一边给患者腿部做简单的按摩，让患者腿部肌肉放松，一边轻声询问患者的感受，然后亲自脱下患者的袜子，整个过程一丝不苟，给我们的感觉是动作非常自然，可见他们日常工作就是这样要求的。

再次，是认真的工作态度和敬业精神。有一次，我陪一名美方医生查房，他询问是否已采集一位患者的尿液，患者回复已经采集并放在指定地方。通常这种情况十分正常，接下来就是等待检验报告。可美方医生似乎言犹未尽，接着询问患者留取样本的时间、如何采集等问题，最后他提出请患者配合一下，由他亲自收集尿液，然后又立即携带收集的尿液到检验室，亲自离心尿液，对尿沉淀进行定性分析，并在显微镜下观察尿液中红细胞的形态，判断红细胞的数量。他认为只有亲力亲为，结果才是可信的。什么是对患者高度负责，我从这名美方医生身上又学到了很多。

如何做名好医生？我从老外身上学到了很多。他们的行为，都是教科书式的。

打通一条路

（您在邵逸夫医院工作几十年了，您认为邵逸夫医院肾内科最大的特色是什么，或者您在邵逸夫医院肾内科做得最成功的事是哪件事？）

经过 30 年的发展，我认为邵逸夫医院肾内科学科特色明显，综合临床能力在浙江省内居于前列，这可以从今年疾病诊断相关分组（diagnosis related groups，DRG）指标发现，肾内科的三项指标都进入浙江省前三名，特别是血管通路指标一直名列第一。

肾内科最具特色的亚专科是血液透析血管通路的建立和维护，血液透析血管通路对血透患者非常重要，被称为血透患者的"生命线"。肾内科建科初期就开始着手做这方面工作，当时血透患者不多，主要是建立自体动静脉内瘘，技术也十分简单；而随着血透技术的提升和管理水平的提高，血透患者的生存期增加，透析龄明显得到延长，特别是糖尿病、高血压导致尿毒症的患者增加，血透通路问题也日益突出，原有的技术无法满足临床需要，此时我们不但要建好"通路"，还要维护好"通路"。

基于这个理念，我们建立了整套的血管通路建立和维护技术体系，包括可开放手术、腔内介入及复合手术，并在国内开创了超声血管通路介入治疗，由于解决了临床上很多棘手的问题，吸引全国各地的患者前来就医。

▲ 建院初期，李华（后排左四）和同事在杭城各个社区、车站义诊

　　血透是肾脏病患者终身的替代治疗，患者每周需要透析 3 次。而大量血透患者集中在基层医院，基层医院往往缺少专业的医护人员，为此我们开设培训班、接收进修生来提高基层医院医护人员的诊疗水平。目前，我们已举办 15 期短期通路培训班和手术示教，8 届中国钱江血管通路论坛，接收 500 余名来自全国各地的医护人员进修。浙江省内从事通路的医生基本都在我们科室进修过，他们回到医院，即成为科室技术骨干，在基层解决了很多通路问题。

　　目前，我们的血液透析血管通路作为适宜技术推广项目，已经在国家卫生健康委和全国卫生产业企业管理协会健康服务适宜技术分会立项，将向更多医院推广，惠及更多患者。

　　在此基础上，肾内科的血管通路亚专科建设亦具特色，无论是人才培养还是技术水平，在国内都位居前列且享有盛誉，为肾内科医生从事介入肾脏病学提供了一条崭新的路。同时，可以为患者提供更好的服务，因为肾内科医生更理解通路的重要性，可以在第一时间发现问题，及早解决问题。

情在山水间

　　（除了正常的门诊和手术外，您也去浙江山区或海岛，把技术和服务送到百姓家门口，这份情从何而来？）

　　血液透析是尿毒症患者维持生命的主要方法之一，而血管通路是保障血液透析患者的"生命线"。我们发现先进的通路技术，就应该造福更多的患者，特别是山区和海岛的群众。

　　近年来，我在浙江衢州、湖州、台州、金华及嘉兴等地建立了多个"李华工作站"，大力推广血管通路技术。每到一地，我和我的团队对透析患者的血管通路进行细致的超声检查，并对血管通路筛查过程中有疑问或异常的患者进行耐心指导，并建议下一步的治疗方案。

　　我对患者和基层百姓充满感情，对他们遇到的困难、遭受的病痛感同身受，而这与我的出身和经历有很大关系。我出生于舟山定海，父母都是部队医务工作者，我从小生活在部队医院大院里。从我有记忆起，就觉得父母特别受人尊敬，非常了不起，他们不为名利，辛苦工作。

　　1978年，我考入浙江医科大学医学系，自此与医学结下了不解之缘。

　　毕业后，我回到舟山，在一家基层医院当医生，进村入户送医送药是常事。这是一段非常充实的时光，对我正确人生观和价值观的形成起到十分重要的作用。因为在基层医院，我直接面对的是普通群众，他们勤劳、朴实、善良的品格深深打动了我。我下定决心，要善待每一位患者，为他们服务一辈子。

　　另外，我还有一段当海岛医生的经历。当时组织安排了一项医疗任务，需要在某个海岛上工作3个月。这个海岛四面环海，小船是岛民和外界联通的唯一方式。岛上的生活很简单，晚上停电。岛上群众对我们医生非常尊重，如遇台风季，船只过不来，岛上物资供应紧张，他们主动给我们送来他们节省下来的蜡烛、蔬菜等生活必需品。

　　岛上没几个医生，我们每个人什么病都看，包括内科、外科和儿科等，是真正的全科医生。

　　海岛上的医疗条件极其简陋，楼下是诊室，用于看诊；楼上就是医生的住所，晚上患者来就医，在楼下喊一声即可。我到了海岛上，主动承担了夜间值班，天天上班，日子过得十分充实。一位岛民看我孤单一个人，就送了我一条小狗，让它晚上陪我值班。多年以后，即使我在杭州工作，在美国也工作学习了3年，这3个月的海岛行医仍是我最难忘的经历。

　　在邵逸夫医院工作30年，见证了医院发展壮大。肾内科也从无到有，形成了学科特色明显的专科。我参与了科室的建设，为科室的发展出了一份力，深感荣耀！

如履薄冰，
成就患者的人生美好

人物简介

程浩，主任医师，教授，博士研究生导师，邵逸夫医院皮肤科主任。

攻"尖"不畏难

（我们知道，疫苗可以刺激机体产生抗体，对真正的病原体入侵起到预防作用，而从您早年的经历看，您的主要精力都集中在疫苗研究上，请您介绍一下这方面的情况？）

我是1998年5月来到邵逸夫医院的，主要负责做临床试验，有一支20多人的团队，考核排名位列全院第三。之前，我在浙二医院工作，主要是临床医生，也带教，负责皮肤病理研究。

吴金民院长决定调我来邵逸夫医院时，我刚从澳大利亚昆士兰大学的免疫与癌症研究中心（CICR）回来不久。那时我在人乳头瘤病毒（HPV）疫苗发明者周健教授的实验室学习疫苗的构建和动物实验。周健教授因为发明HPV疫苗而获得国际发明奖。他是杭州人，他的姐姐是我在浙二医院的同事。周健教授对我的学术生涯影响很大，是我做HPV研究的领路人。到邵医几个月之后，我就去了德国，在海德堡德国癌症研究中心（DKFZ）继续做HPV研究。这是在我未调到邵医之前就定下的计划。吴金民院长与我讨论我来邵医工作时，我问他我得去德国把研究项目完成后再到邵医可不可以。吴院长说："你先到邵医报到，我保证，你要去德国，我随时让你走。"见吴院长这么爽快，我觉得邵医非常有包容之心，也立即表态说："德国研究结束后，我一定回到邵医工作。"

德国癌症研究中心的应用肿瘤病毒所由诺贝尔生理学或医学奖获得者哈拉尔德·楚尔·豪森（Harald zur Housen）创建，在HPV致癌机制的研究领域成绩斐然。德国癌症研究中心汇集了众多国际顶级科学家，能在那里从事病毒生物学研究，我深感荣幸。我所在的研究室阿隆索（Alonso）教授对我非常友好，使得研究工作进展非常顺利，让我得以按时回国，回到邵医工作。

我研究的HPV主要针对尖锐湿疣展开。尖锐湿疣属于性传播疾病，发病率高，还难治，给患者造成较重的心理负担，影响其家庭幸福和生殖健康，但研究的人比较少。到现在，我已经做了二十多年的HPV研究了。我并不感到孤独，在我的身后也有为我加油鼓劲的人。德高望重的浙江医科大学老校长郑树就是其中一位。1997年，我前后两次到澳大利亚做实验的机票钱都是在她的帮助下解决的。我在澳大利亚共做了6个月的实验，从分子克隆到病毒颗粒纯化，从给小白鼠注射疫苗到看疫苗效果……时间虽短，但不虚此行，让我从一个纯粹的临床医生即科研小白，变成了可以独立完成一系列疫苗研究的科研工作者。1999年，我在德国的研究结束了。尽管德国海德堡癌症研究中心的阿隆索教授竭力挽留我，研究中心也有非常好的工作环境和条件，甚至许诺给我先生安排计算机相关的工作，但包容的邵医有一种特殊魅力在吸引着我，而且我答应过吴金民院长要回来的。自此，我终于回到了邵医，在职业生涯里翻开了一页新篇章。

当好领头羊

（环境变了，角度变了，承担的任务也就变了。回到邵医，您是如何应对各种变化的？）

回到邵医，当时我是一名研究生导师，担任皮肤科副主任，主持工作。算上我，全科共有人员5名。此时，怎么管理一个科室，怎么带学生，对我来说也是一个新课题。但有几点我是明确的：一是自己要一心扑在工作上；二是要求别人做到的，自己首先要带头做到；三是，遇到问题多向他人请教，好问无须脸红。当然，我也有自己的强项，比如做科研。因为我们是教学医院，所以科研水平决定着科室能力和实力。我可以把科室人员的科研积极性调动起来。

但当时我们科室的家底太薄了，电脑、打印机、扫描仪等现在看来极其普通的设备都没有，学生要用电脑，只好到我家里，用我的私人电脑。我们虽然缺硬件，但不缺国际化的研究思维。2002年，我们第一次申请到了国家自然科学基金项目，大家都高兴得不得了，感觉一个小科室，也能在邵医大院挺起腰杆了。我说："这只是开始。"果不其然，2003年，我们又拿到了一个国家自然科学基金项目。我们的实力，已经不容小觑了。2006年，医院为我们建了实验室。这是我早就期盼的也是我坚持会实现的，当年我从国外带回来的很多东西，这下都能派上用场了。

在回到邵医的短短几年间，我和科室同事共申请到国家自然科学基金项目10余次，医院领导夸赞我们的项目标书"思路好、写得好"，但我心里清楚，医院和学校的支持、各兄弟科室的配合，才是最重要的。

皮肤科虽然是个小科，但是随着科研水平的提升，其重要性也得到了凸显。之前新冠疫情防控的紧要关头，也正是我们发挥重要性的时候。新冠病毒感染者，受损的是免疫系统，而皮肤病也是免疫系统方面的疾病，且病种多达6000多种。对付免疫系统疾病，我们很有经验。疫情防控时，我们科多名皮肤科医生支援兄弟科室参与抗疫，很受欢迎。

▲　2005年，程浩（右四）的第一个博士研究生毕业，合影留念

有个女孩叫"奇迹"

（有位红斑狼疮的女性患者，对自己的疾病康复，甚至生存，没把握，没信心，但在邵逸夫医院，你们不但救了她的命，而且还圆了她一个想当母亲的梦。请问这个奇迹是如何创造的？）

这位患者，叫小邹，我对她印象深刻，我们现在也还保持着联系。她自己能活下来已经很不容易了，后来她还坚持生了孩子，圆了一个做母亲的梦，我不想说这是个"奇迹"，只能算是万幸。现在想想我很后怕，如果再遇到这种情况，我不知道自己还能不能有勇气帮助她生娃。

小邹是江西人，患有系统性红斑狼疮，而且是狼疮性脑病。这是红斑狼疮中最严重的一种。2014 年，她看了我的专家门诊。根据她的描述，她 10 多岁的时候经常会突发抽筋，刚开始是脸部抽筋，后来是半侧身子，同时还伴有头晕、头痛。多年来，家人没少带她寻医，但一直查不清病因。有人说她是脑部神经有问题，也有人说她脑子里长瘤子。因为身体不便，小邹很小就辍学，跟着做生意的父母来到杭州。

在经过一系列检查后，她被确诊为狼疮性脑病。那年，小邹才 21 岁。我记得她眼睛大大的，双眼皮。但她的病情实在不好。红斑狼疮是自身免疫性疾病，即结缔组织病，而系统性红斑狼疮则是全身各个器官都可能发病，比如头部、心肺、肝肾、肠胃等，会造成脑水肿、心肺积水、血管栓塞、骨梗死等各种严重并发症，死亡率很高。

因为长久没有得到对症治疗，小邹的脑组织已出现坏死，这也是她头晕头痛、视物模糊、老是摔跤的根源。小邹这个孩子与我很投缘，在我第一次给她看过后，她就认准了我，在我这里定期治疗。狼疮性脑病通常会用大剂量糖皮质激素冲击治疗，但副作用也会明显增大。但她的情况比较严峻，只要激素的量一减，病情就复发。因此，需要一点点减量。

最初，小邹要用 20 片激素，最终我用了五六年才帮她减量到 2 片。在这个漫长的过程中，即便病情出现反复，小邹也始终积极地配合治疗，所以总体情况一直在变好。后来，在持续治疗期间，她跟随父母回到老家定居，但仍坚持每个月坐火车赶来杭州复诊，她的病情总体趋于稳定。

2021 年春节前，小邹来复诊时，带来一个令我震惊的消息：她怀孕了。她这种情况的红斑狼疮患者，孕产过程要经受非常大的考验，风险极高。

从医这么多年，我接诊过无数女性红斑狼疮患者，她们当中怀孕生子，甚至生二胎的都不在少数，但那些都是病情相对稳定的患者。显然，小邹不属于这类患者。因为孕期性激素水平会发生改变，所以怀孕会加重患者的病情，引发许多不稳定因素。我也遇到过一些怀孕的患者，其中有流产的，还有更惨烈的，胎儿和妈妈最终都没能保住。

对于要不要这个孩子，小邹和妈妈之间产生了巨大的分歧。妈妈的态度很坚决，孩子不能要，因为怀孕后小邹的病情会加重，她守护女儿这么多年，好不容易看着女儿长大，她不想冒任何风险。小邹的态度则是，最初很纠结——她想留下孩子，但又担心自己的身体状况不允许。因为觉得这可能就是她做妈妈的唯一一次机会了，最终，她还是选择留下孩子。

母女之间的斗争持续了很久，谁也没能说服谁，最后请我拿主意。我想了很久，郑重地对她们说："如果你们愿意，我们会调动医院多学科的力量，尽全力为你们保驾护航。"听了我的话，望着女儿倔强的神情，最终邹妈妈同意了。

给出这样一个建议，我的压力其实很大。小邹在我这里随诊多年，我看着这个女孩慢慢长大，不仅熟知她复杂的病情，也了解她坚韧的性格。有希望，还是想争取一下。尤其是，在这些年的治疗过程中，我并没有让小邹服用过不利于胎儿发育的药物，这为孕育的生命创造了有利的先决条件。

为了小邹和小宝宝，医院发起了数次多学科会诊：皮肤科、风湿免疫科、妇产科、神经内科等相关科室组建起专家团队，对小邹的病情进行了充分评估，并制定了详细的方案。小邹怀孕期间，每月来复查时，我都要多问一句产科检查结果，不仅担心她的病情，也操心胎儿的发育，得知一切平安，就会长舒一口气。小邹和她肚子里的小家伙，也成了我们整个科室的牵挂。

在此期间，小邹也确实遭遇过几次惊险：反复发了多次单纯疱疹。红斑狼疮患者发生疱疹病毒感染是非常危险的，因为很容易继发颅内感染，那就是致命的。

幸运的是，由于治疗及时，小邹挺过了一次次危险，病情没有恶化，胎儿也在健康成长。整个孕期如同奇迹一般，在多学科专家团队的用药调整下，原先担心的那些最坏的情况都没有出现。2021 年 9 月，产程开始的时候，小邹曾出现抽搐，产科医生当机立断，及时实施剖宫产手术，宝宝平安地来到了妈妈身边。妈妈给宝宝取名为"小奇迹"。

这是生命的奇迹，也是爱的奇迹！

包容与托举，邵医的两大密钥

我想有一块可以自由播种的田

（您原来是浙医二院骨科医生，浙二骨科无论在业内名气还是在百姓中口碑，都非常大，而您当时已经是浙二骨科的中坚力量了，医疗成果和科研成果频出，为什么还会选择邵逸夫医院？）

当初我选择到邵逸夫医院，很多人不理解，认为我的选择不理智，更不明智，是放着金饭碗不要，去捧泥饭碗。

"挖掘机哪家强，中国山东找蓝翔"，这是国人耳熟能详的广告语，在浙江，不用打广告，看骨科哪家强，肯定是浙二骨科无疑了。浙二骨科是块金字招牌，我个人在这块金字招牌下干得也是如鱼得水。我的两位导师夏贤良和杨迪生是业内非常有名的大咖，他们为人谦和，也十分器重我，全心全意指导、帮助我。夏老师有创新的思维模式，杨老师有包容、开放的心胸，无论是他们的学识还是人品，都令我无比钦佩，我从他们身上学到了很多东西。

在选择去邵逸夫医院前，我在中华系列的医学杂志上连发了8篇论文。如果单从学术角度考虑，选择留在浙二，发展势头肯定会更好。对于我选择离开浙二，老师们虽然充满了不舍，尤其是杨迪

人物简介

范顺武，医学博士、浙江骨科学二级教授、博士研究生导师、浙江大学求是特聘医师、邵逸夫医院骨科主任、浙江省卫生领军人才、浙江省医师协会骨科分会会长、浙江省医学会骨科学会前任主任委员、中华医学会骨科分会委员，《中华骨科杂志》《中华关节外科杂志》编委。

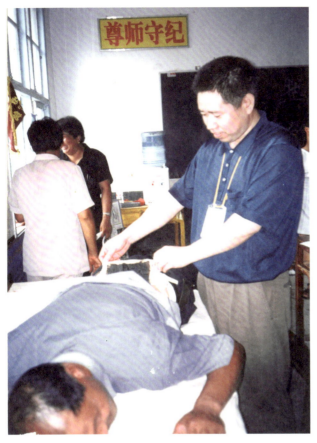

▲ 建院早期，范顺武下乡义诊

生老师，我可以明确地感受到他内心充满了矛盾，一方面舍不得自己培养学生的调离，另一方面又希望我出去闯一闯。杨老师是一位非常优秀的领军人才，在浙江省骨科界的威望十分高，但由于种种原因，他本人没有太多机会带领浙江省骨科界向前走得更远，所以我的离开也有点代师出征的意味！

我自己也有一点志向，我选择邵逸夫医院，是想有一块可供自己自由耕种的"田地"。邵逸夫医院给了我这样的田地，由我组建邵逸夫医院骨科。

我的这一志向，源于童年农村生活对我的深刻影响。在村里，每家每户都有一块自留地，但同样的地，有的每年庄稼长得特别好，而有的则长期处于荒芜状态。因此，我打儿童时代就在想，如果我有一块自己的田地，一定要种出更好、更多的庄稼。

如今，我在邵逸夫医院骨科这块田地上耕种了20多年，对一个学科的建设和发展来说时间不算长，但取得的成果还是足以令人欣慰的。我1999年到邵逸夫医院时，骨科年手术200台，现在每年13000台；当年科研一片空白，现在连续4年国家自然科学基金重点项目立项数都达两位数，每年立项率为在编人员的15%左右。2023年，更是取得了历史性的突破，立项16项，其中包含2个KPI：国家优秀青年科学基金项目和重点项目。更值得骄傲的是，我们完成的一些重大科技发明，在国际上都产生了极其深远的影响。

我们自豪，但从不懈怠。我们还年轻，我们成长的路还很长。

包容，是邵医文化的核心

（邵逸夫医院以超常速度发展，已经成为一种现象，它的发展奥秘是什么？您能给大家解析一下吗？）

　　解析邵逸夫医院快速发展的奥秘是个大课题，不是我一个普通科主任能够说得清楚的。我可以从普通员工和骨科自身的经验来谈点看法。我想强调的一点是，文化的重要性。医院发展的关键要素是人，而凝聚人心的则是文化。邵医文化是独特的。建院之初，邵逸夫医院采用的是美方管理模式，中美文化在此经过碰撞实现共融。共融就是彼此接纳，相互包容。在我看来，包容就是邵医文化的核心。

　　包容不是抽象的，这里我可以用一个例子来加以说明。邵逸夫医院建院之初，也是它比较弱小的时候，优秀的医学生会争相选择浙一、浙二，而选择邵逸夫医院的则相对少些。但邵逸夫医院发展壮大后，它也成了优秀医学生争相而入的医院。在这种情况下，医院的门槛自然水涨船高，医学生没有博士学位，就达不到入门的条件，即使拿到了博士学位，也并非想进就能进的，还要经过严格的考核审查程序。但任何事情都不是绝对的，只要你足够优秀，有发展潜力，就能突破这些条条框框。我认为这就是包容。

　　邵逸夫医院是一所医疗、教学和科研三位一体的综合性三级甲等医院，是浙江大学的教学医院。有明文规定进临床学科的人员原则上都要有博士学位，但当时，我有两个科研能力很强的硕士研究生，他们想留在医院工作，我也非常希望他们能留下来为医院做贡献，但这未达到邵逸夫医院招聘要求中的"硬件"要求，我抱着试试看的心态，找到了蔡秀军院长，介绍了这两名学生的情况。没想到蔡院长明确表态，邵逸夫医院是中美方文化融合、开放、包容的医院，只要他们足够优秀，我们应该"不拘一格降人才"，接纳他们！

　　请大家记住这两名留下来的硕士研究生——林贤丰和陈鹏飞。他们的优秀很快就"逆天"了。由他俩主创在国际上首次实现将植物光合作用的类囊体跨物种递送到动物衰老病变细胞内，为动物细胞提供能量，以此敲开逆转细胞衰老的"时光之门"，其从 0 到 1 的研究成果于 2022 年发表在《自然》(*Nature*) 上。这是我国骨科界第一篇完全原创的 CNS 正刊论文。论文发表之后，引起了国内外学界的积极关注，正如《科学》(*Science*) 最新综述评价：曾经被认为是医学未来的事情，现在成为现实。国内众多权威媒体如新华社冠以"重大成果！中国科学家又有新突破"进行报道。菠菜，曾因"大力水手"这个卡通形象给许多 70 后、80 后留下了深刻印象。如今，菠菜除了照常出现在餐桌上外，科学家们对真正赋予了它使人"力大无穷"的功效充满期待。

　　这只是发生在骨科的一个典型事例。海纳百川、有容乃大！像大海能容纳无数江河水一样，邵逸夫医院拥有宽广的胸襟，凭借容纳和融合形成超常大气，实现跨越式发展。

竭尽所能去托举

（成就他人是一种格局，在邵逸夫医院骨科，您是"人梯"，视年轻人的成长进步为使命，要求他们像"棘轮"一样，您不担心被超越吗？）

年轻是一种活力，我们都是打年轻时候过来的。当我们不年轻了，要懂得呵护活力，欣赏活力，保持一颗年轻的心。一个人，心不老，人就不会老。

我很乐于同科室年轻人打成一片，了解他们的思想动态，帮助他们解决工作、学习和生活中碰到的难题。特别是在专业上，鼓励他们大胆创新。同时科室约定，项目成果按贡献大小次序署名，让年轻人有更大的成就感，作为科室领导和上级医师即使给予年轻人一些支持和帮助，那也是应该的。这也是一种文化。

▲ 2015 年 1 月 15 日，首届"浙大好医护"评选结果揭晓，范顺武教授获得"浙江大学好医生奖"

年轻人的成长，一定要靠传帮带，得有人托举，有人鼓掌。关于这一点，我个人体会是很深的。我的博士研究生导师是著名的国际肝胆胰外科专家彭淑牖教授。你们也许奇怪，我是骨科医生，怎么会师从肝胆胰外科专家呢？事情是这样的，彭教授当年是浙二的大外科主任，我报考博士研究生时选择的是骨科，但当时骨科还没有博士研究生导师，我就拜入彭教授门下了，属于彭教授的"挂名弟子"。虽然我们专业不同，但彭教授依然很用心指导我。我一有点进步，他就提出表扬。因为他是医学泰斗，认识的记者多，这些年，只要我有一点科研成果或完成什么高难度手术，他就向媒体推荐宣传。我心里感到非常温暖，他就像一位慈父关心自己孩子似的，希望学生能够快速成长。

如何对待学生，对待年轻人，彭教授是为我做出榜样的。中国有句俗语，"教会徒弟，饿死师父"。但是人类一代人比一代人优秀，那是历史的必然，否则人类社会就会倒退。因此，我们不能逆于历史潮流而行，我们应该放开胸怀全力以赴培养学生，"青出于蓝而胜于蓝"，被学生超越是一件非常光荣的事情。我经常同他们开玩笑说："若你们的水平比我差，师父老了找谁看病？找水平比我差的人看，我能放心吗？"这一点，我们不但意识到了，而且已经做到了。多年以来，我不仅教年轻人技术，而且会把患者的人情往来主动移交给年轻人，让他们尽快建立自己的患者群，并通过多实践、多历练，快速成长，就像一种叫作棘轮的齿轮，其特点是只能向一个方向旋转，而不能倒转，即永远向前，对年轻人不断地加以引导。医疗行业，是个积累的过程，医生永远都要思考。不会思考的医生，不会是好医生。所谓思考，就是抬头看路。我们要引导年轻人把"埋头苦干"变为"抬头苦干、抬头巧干"。

爱因斯坦说过，"提出问题，比解决问题更重要"。在科室业务学习中，我们不断鼓励年轻人围绕临床实践提问题。我们在全国开展最早、效果也是最好的腰椎微创手术，就是年轻人提出来的。他们中有多位的手术水平已超过了我，因此我也经常向患者介绍年轻医生——"需要做腰椎微创的，找他们，他们的水平比我的高。"

由于优秀年轻专业人才群体的涌现，现在腰椎手术的患者大量地涌入邵逸夫医院。我很赞同一位名人所言，"一个家族的意义，不在于有多殷实、富贵，而在于每一辈人都能够竭尽所能，去托举下一代更上一层楼"。老一辈医学大家夏贤良、杨迪生、彭淑牖等托举了我，我也要像他们托举我一样去托举我的学生，才无愧于他们的厚爱。

其实，托举是双向的。这二十多年来，团队的年轻人同样在推动我们整个科室乃至整个医院更上一层楼。

"一花独放不是春，百花齐放春满园！"这可能就是我们邵逸夫医院今天和明天最靓丽的景色！

邵医最早 IT 男，
功夫全在一双手

人物简介

乔凯，曾任邵逸夫医院信息中心主任、钱塘院区党委副书记。

铁心就在邵医干

（俗话说，人往高处走，水往低处流。您有一身本事，放着月工资几千元的单位不去，守着月工资几百元的邵逸夫医院埋头苦干，请问您当时是怎么想的？）

不好意思，我先纠正一下你们的提法，我个人认为，钱多的地方，不一定是高处，钱少的地方未必是低处。

我是在 1989 年从浙江医科大学毕业的，专业是生物医学工程，毕业后留校。1990 年 8 月 1 日，学校安排我到邵逸夫医院，说医院缺少技术人才，我的专业与医院是对口的。就这样，我到了邵逸夫医院。

当时，邵逸夫先生专门拿出 400 万美元从美国购置设备。这些设备买回来后，需要会安全使用和维修的技术人员，于是我被派到这些公司学习培训。能参加这种学习和培训，我是非常喜欢的。用家里大人的话说，我从小就"手欠"，凡是家里能拆开的东西，比如

▲ 乔凯在办公室

手表、钟表、收音机等，都要拆开重装。为此，可是没少挨揍。

我去学习培训过的公司就有十几家，因此邵逸夫医院所有设备的使用和简单维修都不在话下。作为一名技术人员，能有一身的本领，心里还是蛮得意的。渐渐地，我在这些厂家的外包公司也有了名气，他们纷纷做起了我工作，想让我跳槽。

这些公司挖我的套路都是一样的，先问我收入多少，然后提出高于我工资几倍的数字，请我加盟，并承诺分红、提成之类的。我当时月收入 300 元，而这些公司中给我开价最低的是月薪 2000 元。但我想我是浙江医科大学派过来给医院做事的，我有这几把刷子也是医院送我出去学习培训才有的，我不能就这么跑了，不用讲大道理，将心比心，那样做人不地道，于是铁心就在邵逸夫医院干了。

在邵逸夫医院，我们设备科承担的任务可不轻。1994 年，还很少有人提及信息化，但我们随着邵逸夫医院的开业就一起启动了信息化建设，可以说是全国第一批搭上互联网快车的医院。而信息化建设的工作就是由设备科承担的，具体的就落实在我一个人头上。当时，美国罗马琳达大学给医院赠送了 2 台小型计算机服务器。怎么安装使用投入？没有人教我的，我的老师就是随机器一道过来的两柜子的外文资料。我用了大半年时间看资料、做编程、调试机器、在全院布网。这些事都是我一个人干，既没有人力支持，也没有资金支持。但有的钱是非花不可的，比如在全院布网，网线长度就要几十千米，如果要用国外的网线，那么按那时每米 3 美元的价格计算，这一项支出就是百万元级的。我根据线的形状，在江苏一家电缆厂定制了一批网线，价格要比国外便宜很多，仅此一项就为医院节省近百万元。当时，这套系统是国内最先进的，是东南亚银行用的机器，我们用在了住院管理上。开院时，我向邵逸夫先生介绍道："把计算机技术用于医院现代化管理，邵逸夫医院是圈内第一家。"邵先生听后频频点头："我们只有时时处处走在别人前头，才会成为世界一流。"

当时的我确实干得很苦很累，关键还是缺少相应的人才。1994 年底，分进来一批大学生，但到 1995 年就有 6 个人同时走了，外面干一个月的收入比在邵逸夫医院干一年的还要多，真留不住人呀。到 1998 年，我们设备科做 IT 的也只有 4 个人。那时，我压力太大了，网络故障要找我，消毒锅、血透机坏了也要找我，白天黑夜都在医院守着，唯一的解压方法就是喝点小酒，当然量是绝对控制好的，否则误事了，责任就大了。

"手欠"干的是好事

（说某个人某方面能力强，一般要强调一下"天生的"，据说您的动手能力很强，是不是也是天生的？这对您的工作又有哪些帮助呢？）

在邵逸夫医院，有些事情确实是我自找的。开院时，美方院长方则鹏从美国带过来 20 台血透机，后来我得知是美国一家破产医院的。这批东西其实都达到了报废标准，没有一台可以使用。我这人从小"手欠"，喜欢把东西拆开重新组装。不知道这算不算天生。因此，当我见到这批血透机时，眼睛一亮，立马感到手痒难耐。于是，我忙里偷闲把这 20 台血透机全部拆开，然后选择好一点的零部件，拼凑出了 6 台可以使用的血透机。

最初，这 6 台血透机用用还可以，但时间一长也会闹点小脾气，比如温度高了，马达坏了，因为机器是我装的，我知道怎么对付它们，只要血透室一告诉我机器有故障，我马上就赶过去，可谓是"手到病除"。但我也因此被血透室束缚住了，轻易不敢离开医院，那时候还用 BP 机，BP 机一响，一看是血透室号码，不用回电话，直接奔过去。我真要出去办事，得提前跟血透室报告一下。后来，血透室无论有什么活动都会邀请我参加，说我是"血透室的荣誉员工，少了谁，也不能少了我"。

现在想想，这事还真是我自找的，但也确实没找错，因为我是邵逸夫医院的人啊！

信息化无止境

（日新月异、瞬息万变，这是人们常用来形容信息化发展的。一招鲜，吃遍天，那肯定不是信息化，请问您是如何做到让邵逸夫医院在信息化路上不停步的？）

2017 年 8 月，我们邵逸夫医院成功通过美国医疗信息与管理系统学会（Healthcare Information and Management Systems Society，HIMSS）七级认证，成为国内首家同时通过 JCI 评审和 HIMSS 七级认证的大型综合性公立医院。作为国际权威医疗信息系统评级标准，HIMSS 七级几乎代表了医院信息化建设的最高水平。

在同行们看来，我们邵逸夫医院信息化建设几乎触顶，已经很难再上一层楼了。但在 2018 年 11 月，浙江省政府采购中心的一项 4400 万元信息化升级改造招标项目中，邵逸夫医院再一次成为主角。

这次升级改造重在核心平台建设，实现基于数据治理基础上的数据应用，包括临床服务、知识库和临床决策支持、科研教学、业务管理、患者服务、多院区服务等系统。

我在邵逸夫医院工作 30 多年，这是邵逸夫医院历史上规模最大的一次信息化改造，当时计划用 3 年时间完成。我个人认为，不是要不要改的问题，而是必须要改的问题，在这一点上，我们邵逸夫医院的管理者有高远的战略眼光。

从信息架构来看，邵逸夫医院已经在 HIMSS 七级认证过程中将药品、检验、检查、母乳、输血和手术闭环一一打通，还上线了临床辅助决策系统。但真正在临床应用过程中，仍旧存在一些潜在问题。

比如说，在性能方面，仍受制于过去老旧的 C/S 系统架构。其根本原因在于，医院信息化的顶层架构尚未梳理得足够清晰。为了评级和临床应用，将医院各部门提出的各种需求拼凑在一起，难以形成整体。

当然，这也是集团化管理带来的新需求。邵逸夫医院现在有多个院区，这次改造项目从医院集团化管理的需求出发，构建以院本部为核心，针对不同院区，建立支持医联体信息互联互通的架构体系。

信息化发展是无止境的。我对邵逸夫医院的信息化建设饱含深情，一路过来，我是见证者，更是参与者。

建院至今，邵逸夫医院的信息化建设有几个关键节点。

1994 年，邵逸夫医院正式建院，当时美国给医院赠送了 5 台小型机。那时，他使用的编程语言还是 RGP。在此基础上，我成功编写了一套住院信息系统。

1997 年，医院的小型机故障频发，我咨询后被告知维修费高达 10 万美元。衡量成本后，我们决定将小型机系统搬到 PC 上。

2000 年，邵逸夫医院上线门诊电子病历系统。之后，医院的信息化发展逐步进入了快车道。

2019 年，邵逸夫医院决定对信息系统进行全面改造。

……

在信息化时代，我们这些 IT 人要有居安思危的意识。我常对年轻人说，别看我们现在通过了 HIMSS 七级认证，好像已经领先了，但信息化发展速度很快，如同逆水行舟，不进则退。

这次信息化升级改造项目并非完全把原有的技术推倒重来。我把它比喻成在旧城区的基础上，再造一个漂亮的新城区，由新城区带动旧城区实现底层改造。汽车开久了，难免要保养，换机油、换轮胎，这次我们只是把保养做得比较全面、彻底而已。我对这事也是格外认真，因为这可能是我在邵逸夫医院参与的最后一件大事了。船到码头，车到站，现在这件大事尘埃落定，我也光荣退休了。

离开了，心里挺踏实的，相信这批孩子们！当年，我一个 IT 男，干成了许多看似干不了的事；今天，我们拥有了独立的信息技术中心，有 30 多个 IT 男和 IT 女，哪怕有再多再难的事，最终也能比出"V"字手势。

精湛且微创，神经亦无界

一针见水，分道而流

人物简介

王义荣，主任医师，硕士研究生导师，邵逸夫医院神经外科主任，浙江省医学会神经外科学分会副主任委员，浙江省医师协会神经外科分会副会长，浙江卒中协会常务理事兼神经外科分会副主任委员。

（神经外科作为邵逸夫医院成长曲线比较长的科室，培养一名优秀的神经外科医生至少需要 10 年，您如何看待它的发展？）

邵逸夫医院开院时即设立神经外科，设施先进，开展业务齐全，但规模较小，原因有二：一是医院刚组建，人员和技术力量短缺；二是这类疾病年发病率低（1/10 万）。

1998 年，我从浙医二院被调到邵逸夫医院。早在 1994 年，我就曾被派到邵逸夫医院帮忙 4 个月。当时就感觉这家医院的设备真的是一流，清一色的美国和德国品牌，直接与国际接轨了。这也是我后来心动来邵逸夫医院的一个原因。

我们神经外科在邵逸夫医院是发展速度不算快的一个科室，在庆春路病区有一个病区，后随着患者人数不断增加，又在钱塘院区增加了两个病区，真正走了一条从无到有、从小到大的路。眼下，我们正奋进在向强的路上。

其实，强一直是我们追求的目标。强指专业能力强。我们的能力在很大程度上已经得到了证明，比如科室的迅速扩张。

在专业上，我们不放过每个细节，因为我们知道，对患者来说，身体上的事情都是大事情。我们医院有个同事的家人，患了常见且不复杂的颅内肿瘤，我建议尽早手术治疗。但是，后来他选择到另一家更大的医院去做手术。这种颅内肿瘤常见且不复杂，但也存在术后精细化综合管理的问题。术后，患者逐渐出现行走不稳，刚开始由家属扶着还能走几步，后来情况越来越糟糕，只能完全依靠轮椅，复查后发现患者有脑积水的情况。

颅脑手术后并发脑积水很正常，但需及时发现和处理。同事很不好意思地又找到我，希望让我们来处理。我听了情况介绍判断目前脑积水的情况一定要通过手术处理，期望随着时间推移或者药物治疗使脑积水自己好转那是不现实的。这次患者家属选择信任我们，尽快做了脑室腹腔分流手术，让积在脑室里的脑脊液通过精密的可调压分流泵引流到腹腔吸收。术后第 3 天，患者情况恢复至与正常人一样，可以自如行走出院了。

我们团队的密切配合、医院的先进设备，使我们能够快速精准地完成操作，最后的缝合我们做得也非常细致，我们缝合的手术切口与对侧外院术后切口形成了鲜明对比，获得了患者的称赞。

脑积水发病率不低，患者常表现有头痛、头晕、记忆力下降、视力模糊、行走不稳、小便难以控制等症状，尤其是以痴呆样症状为主要表现的正常颅压脑积水好发于老年人，起病隐匿，常被误诊为痴呆而错失治疗良机，严重影响患者生活质量，增加家庭和社会的负担。脑积水患者如能及早到医院就诊，做到及时诊断、及时治疗，往往能取得较理想的效果。

邵逸夫医院采用借助电磁神经导航辅助穿刺模式，对患者的侧脑室进行穿刺，可谓"一针见水"，不但精准度高，而且把手术损伤降至最低。邵逸夫医院该手术操作的成功率达到了百分之百，在国内是开展最早的医院之一，已连续多年举办省级脑积水诊治继续教育学习班。

"天下第一痛"，一针了之

（坊间传说邵逸夫医院神经外科什么稀奇古怪的毛病都能治，真的这么神奇吗？）

不敢说神奇，但百姓口中稀奇古怪的毛病其实是早就存在的疾病，这类疾病一般病因比较复杂，一时间可能找不到好的治疗办法，加上这类疾病往往又不致命，因此患者即使很痛苦也只好忍着。

之前，有位蒋阿姨就被一种"稀奇古怪的毛病"缠上了。其最明显的症状就是痛，右脸莫名其妙痛，说话痛、刷牙痛、洗脸痛、微风拂面也会痛……令她痛不欲生，这种痛不是痛一阵子的，也不是痛三天五天。阿姨也说不清为啥痛，辗转多家医院，最终被诊断为号称"天下第一痛"的三叉神经痛。虽然诊断清楚了，但却没有好的治疗方法。一开始靠吃药来镇痛，但药吃多了，人体产生了耐药性，镇痛效果越来越差。加上，长期服用镇痛药副作用明显，患者频繁出现头晕，经常摔倒。药是不能继续再吃了。经业内专家推荐，她到省外一家有名的三甲医院做了三叉神经微血管减压术。手术是成功的，术后她的右脸确实没再痛过，内心充满欢喜。

不承想，过了一段无病无痛的开心日子后，阿姨的左脸又开始痛了。对照以前右脸疼痛，"久病成医"的她判定这次肯定还是三叉神经痛。她知道吃药是解决不了根本问题的，干脆直接住进了省内一家三甲医院，做了左侧面部的三叉神经微血管减压术，手术后左脸也不痛了。这一次，这位阿姨感到万事大吉了。

可两个月后，就在阿姨兴高采烈地向邻居宣传她的手术效果时，一件很诡异的事情发生了，她右侧脸颊忽然传来一阵触电样的疼痛……多年前的那种感觉又回来了。

阿姨彻底糊涂了，照理说左右两边都做过手术，应该不是三叉神经痛呀，会不会是牙齿问题呢？她到口腔科就诊，医生告诉她，牙齿很好，没有任何问题。

后来，阿姨经人推荐找到了我，想请我给她再做一次手术。她告诉我，手术管用的，她已经做过两次了。

我告诉她，手术不是不可以，但与前两次相比，再次手术的风险和难度都要大得多。因此，建议她尝试另一种手术方式。

这种手术方式就是三叉神经经皮球囊压迫术（percutaneous balloon compression，PBC）。这种手术方式不用开颅，通过经皮肤穿刺，在 X 线监视下导入球囊腔压迫三叉神经半月节，以消除或缓解面部疼痛。蒋阿姨跟家里人商量了一番，决定试一试这种手术方式。手术过程很顺利，术后第一天除右脸有轻微的麻木感外，没有其他不舒服；术后第三天，蒋阿姨就笑逐颜开地出院回家了。

日常生活中，人们经常将三叉神经痛误以为是牙痛、偏头痛、鼻窦炎等，从而耽误就医时间，导致迟迟未能得到正确诊治。因此，提醒大家，对于莫名其妙的疼痛，不要麻痹大意，任何疾病的诊治都宜早不宜迟。

专业专注，冷静细致

（面对脑子里装有"定时炸弹"的患者，神经外科医护人员的工作就是"排爆"，与死神赛跑，你们的工作状态是怎样的？）

神经外科医生的工作状态，外界可能了解不多。通过影视作品，人们看到了手术室里普通外科医生在患者腹部开刀的紧张画面，这一般不是我们神经外科的手术场景。

神经外科的手术是不见硝烟的战场，也存在惊心动魄。就拿非常多见的颅脑出血举例，这种疾病突发性强，往往是因为人脑内深埋着不被发现的"定时炸弹"，若不能在第一时间"排爆"，一旦炸开了，后果非常严重。

过去，颅脑出血患者以老年人居多，老年人基础疾病多，脑血管衰老，因此特别易出现颅脑出血。但现在，颅脑出血患者中，年轻人逐渐增多，这是需要警惕的一个现象。年轻人脑出血的原因与老年人不一样，他们往往是脑血管本身出现了问题，就是我们常说的脑内埋着不被发现的"定时炸弹"。冬季是脑出血的高发季节，我们1个月就要接诊三四十例颅脑出血患者。有的颅脑出血患者因耽误时间太长，送医途中人就不行了；有的虽然保住了性命，但多多少少会留下一些后遗症。

作为医生，我们虽说不畏惧死亡，但面对年轻的生命突遭不幸，心情还是非常沉重的，我们能做的就是争取救治的时间快点再快点，救治的水平高点再高点。好在我们不是一个科室在战斗，邵逸夫医院举全院之力，组织多个科室一起形成"多学科联合作战"的模式。

记得在多年前一次台风中，一位警察在抗台任务中因脑出血倒在了工作岗位上。送到就近医院时，他已陷入深度昏迷，瞳孔散大，当时的头颅CT显示颅内广泛蛛网膜下腔出血、脑室内积血，生命垂危。

我参加了会诊，建议将患者火速转到邵逸夫医院。

一到邵逸夫医院，由我和放射科郑伟良主任医师、ICU潘孔寒主任参加的多学科联合会诊迅即展开，我们一致认为需行全脑血管造影明确这位警察颅脑出血的原因。而造影诊断结果与我们预判相符，出血原因就是右侧椎动脉瘤破裂出血。

找到出血原因后，神经外科联合放射介入科等多科立即开展争分夺秒的抢救工作，由放射介入科先通过介入栓塞技术处理破裂的动脉瘤，再由神经外科进行手术治疗放置侧脑室外引流管来引流血性脑脊液，且逐步降低颅内过高的压力。手术衔接紧凑，紧张顺利。术后经过一段时间的治疗及康复，患者恢复良好。

虽然我们有高效的抢救机制，但我希望这类突发性疾病不要再发生。因为对患者来讲风险太大、伤害太大，也因为奇迹不会降临到每个人的头上。

在我看来，颅脑出血的年轻患者逐年增多，除脑血管本身存在的问题外，与不良的饮食习惯、长期不规律的作息、经常不运动、过多的社会压力等都有很大关系，这些会导致其超重、肥胖、血脂高，甚至年纪轻轻就有高血压。而这些患者认为自己年龄不大，往往不规律甚至拒绝服用降压药，导致血压控制不理想。此时，一旦遭受不良刺激，突发意外，很容易引发高血压性脑出血。

血压高就像温水煮青蛙，患者自身没有感觉但并不表示没有危险，万一忽视了血压情况，等有感觉时，病情往往已经非常严重。很多高血压病患者没有头晕、头痛等不适症状，就自认为病情好转而自行停药了，殊不知这样做是非常危险的。

在此，我提醒高血压病患者，即使没症状，也不可随意停药。记住：高血压病是需要终生服药的。

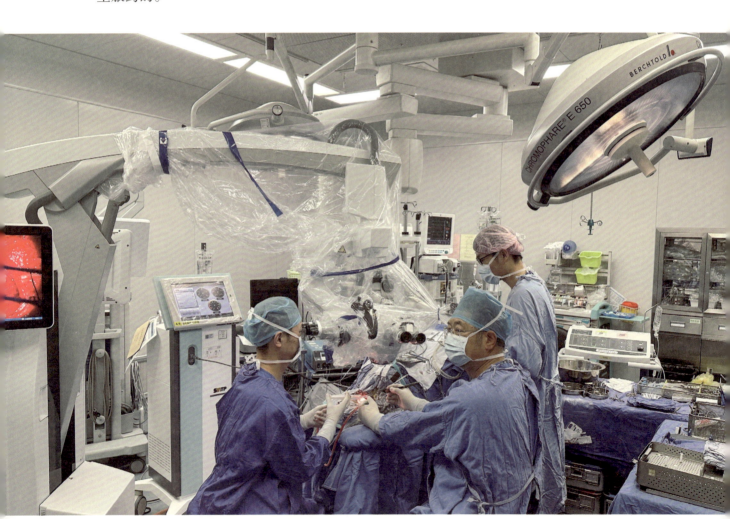

▲ 王义荣（中）在手术中

大春的春天

人物简介

周大春，主任医师，邵逸夫医院麻醉科副主任、麻醉科第一党支部书记。中华医师协会浙江省麻醉医师分会委员，中国抗癌协会浙江省麻醉与镇痛专业分会副主任委员，国家药品监督管理局医疗器械技术审评中心专家，浙江省医疗器械审评中心专家，浙江省医学会医学鉴定专家等。

诲人不倦

（邵逸夫医院是医护人员学习的天堂，有丰富的学习机会，并且专家带教好，使年轻医生在专业方面得以迅速成长，请问您有这方面的体会吗？）

邵逸夫医院被誉为学习的天堂，我认为是恰当的。建院初期，邵逸夫医院有一大批医护人员到美国学习培训过，也有不少美国专家来院指导，这是邵逸夫医院的优势。这得益于邵逸夫医院国际化建院的发展方向。时至今日，在邵逸夫医院有国外学习培训的医护人员比比皆是。国际化视野已成为邵逸夫医院医护人员的一个鲜明特质。

我在 1992 年就加入了邵逸夫医院筹建组。在此之前，即 1991 年，我就确定由浙医二院抽调至邵逸夫医院。这年春天，我就被医院选送到美国罗马琳达大学进修麻醉专业，为新医院的麻醉科做准备。医院首任美方院长方则鹏很有办法，竟然在美国给我办理了行医资格证。这使得我在一年进修期间不只是跟着老师听和看，而是可以独自操作，深入参与临床实践，这是学习也是工作，体验深刻，收获满满。

医院开张后，我担任麻醉科负责人，当时我还仅仅是一名住院医师。医院不拘一格用人，对我来说，是压力也是动力。如何承担，唯有学习。

2006 年，我在医院工作几年后，又一次被派往罗马琳达大学进行基础研究。医院要发展，学校要创双一流，需要提高临床科研教学水平。

国外的学习和工作开阔了我的眼界，在发现自身不足的同时，也明确了学习追赶的目标。邵逸夫医院之所以被誉为学习的天堂，是因为我们有太多优秀的老师，既有医院从浙一医院、浙医二院及北京和上海等地聘请的高年资专家，也有美方医疗团队专家和人员。他们的任务有两个：一是帮助邵逸夫医院迅速开展各科室业务，二是为医院长远发展培养人才。因此，只要愿意学习，老师无处不在。每周三上班前的全院大查房，为拓展知识面提供了良好的平台。这一传统，邵逸夫医院已坚持 30 年。

▲ 建院初期，员工们接受培训（前排左一为周大春）

这里我不得不提一个人，他就是副院长李泽坚教授。李教授来自北京协和医院，擅长处理各类胸外科疑难病症。我从他那里受益良多。有一次，我参加由他组织的疑难患者的手术讨论，这是一名胸腺瘤伴重症肌无力的患者，李教授的讲解从病理和生理展开，从细胞因子讲到全身症状，从手术要点讲到麻醉要点，特别提醒肌松药的使用注意事项，剂量的控制……这是一次手术讨论，我觉得我也是听了一次学术报告。李教授知识渊博，作为一名胸外科医师，连麻醉都讲得这么专业到位，令人敬仰。同时也觉得身边有如此诲人不倦的医学大咖，实为幸事。这些年来，我从学生成长为"大春老师"，我亦秉持诲人不倦的态度，认真带教。

小推车里堆满了"认真"

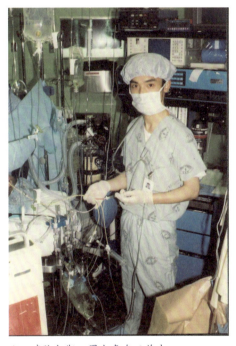

▲　建院初期，周大春在工作中

（在医院建院初期5年，外国同事比较多，我们在采访当年外籍专家时，他们对我国同行普遍给予了高度评价，如工作上能吃苦、学习上肯钻研等。那么对外国同行，您怎么看？）

参与我们麻醉科筹建的有位美国年轻医生Andrew Sun，中文名字叫沈达安，是一位美籍华人。他带着夫人和不满一周岁的儿子来到中国，他虽然资历很浅，刚刚完成住院医师培训，未曾担任过带教老师，但我却真心把他当老师。他年长我几岁，不仅对人特别关心、特别友好，更重要的是，他所带来的西方医疗的先进理念和先进做法正是我们所缺的，也是我们需要学习的。

筹建医院，白手起家，诸多东西缺乏。就拿我们麻醉科来说，当时就缺一个放麻醉药物的推车。当时国内没有可购买的产品，他就凭着记忆与我一起画图纸，设计出类似美国麻醉科使用的推车。我和沈达安在采荷找到一个校办厂，请他们制作。他认真介绍图纸情况，反复交代制作要求。数日后，我们去工厂看样车，沈达安又对照图纸，用尺子仔细核量了车子的各个部分，对边边角角的毛刺也都要求抛光。经过多次整改，一批崭新的麻醉推车终于完成了。医院开业时，每个手术间都配备了这款设计合理、做工精良的本土推车，与进口的麻醉设备相得益彰。这种追求极致的认真，正是我们每个医者不可或缺的精神。

沈达安的认真体现在诸多方面。他组织学习，从来不是学过就算，而是每学到新知识都要组织考试，以检验学习效果。当时，我们科室有六七个人，每个人都要参加考试，没有专门的考试场地，我们就在存放物品的仓库里，趴在待拆封的麻醉机上考试答题。

沈达安在麻醉科仅工作了一年，在医院开业前就回美国了，但他给我留下了一些珍贵的、永远带不走的东西。在沈达安的指导下，我们把西方先进的管理理念融入麻醉科的规章制度里。通过交流，我们邵医麻醉科的一些做法也得到了浙江省临床麻醉质量控制中心的认可，并在省内推广。

不同的信仰

（与外国专家交流，除专业问题外，还有什么其他印象深刻的故事？）

沈安达等外籍医护人员舍弃舒适的生活和工作环境、丰厚的收入待遇，不远万里来到中国，他们同样怀揣着理想和追求。尽管我们制度、信仰各异，但我们为病患服务的初衷是一致的，因此我们合作很愉快。

在与沈达安共事的日子里，我们逐渐成为无话不谈的朋友。他曾认真地分享过他的人生观，还邀请我加入基督教。我告诉他说："我是一名共产党员。"他听后愣住了，许久才说了一声"哦"。我不清楚他为何如此惊讶，也不知道他来中国前对中国共产党了解有多少。

在我表明身份后，他再也没有提宗教的事情。我倒是几次向他介绍，某某朋友也是共产党员，工作非常出色。我希望他通过认识我这位朋友，能够更新他对共产党员的认识。我不知道如何用英文解释"全心全意为人民服务"，但我相信他能感受到共产党员的敬业和奉献精神。

腰挂 4 个 BP 机的"陀螺"

（建院初期，邵医人个个都像"拼命三郎"，好像有使不完的劲，也有干不完的活，您可以给我们举例讲讲吗？）

干劲冲天是当时每个邵医人的精神状态。在新的环境里，每个人都想证明自己，也都深知只有大家共同发力，才能使医院不断发展壮大，医院强大了，个人的价值方可得到体现。

我是一名共产党员，工作中我特别注重发挥先锋带头作用，时时事事冲锋在前。当时，我们都腰挂 BP 机（寻呼机），时刻听从调度。BP 机每天的呼叫此起彼伏，不分昼夜。24 小时全天候工作成为我的工作常态。在接到抢救插管的呼叫时，时间尤为宝贵，争分夺秒。有一天，我腰里挂了 4 个 BP 机，除一只是私用的外，另外 3 只都写"公机"——医院配一个、麻醉值班一个、总值班一个。

规范培训，技不压身

（邵逸夫医院建设初期，队伍非常年轻，如何保障医疗质量和安全？）

为保障医疗质量和安全，医院一直非常重视员工培训，医院有统一的培训，麻醉科也有自己科室的培训。就急救培训而言，邵逸夫医院一直做得特别好。对于心肺复苏等基本急救技能的培训，从员工到院长要求培训合格，人人过关，还每两年重新考试一次。由于培训得当，抢救规范有序，抢救成功率也得以提高。在抢救过程中，麻醉科医生担任重要角色，抢救插管和气道管理是我们的强项。

在医院内救死扶伤，在医院外面也责无旁贷。有一次双休日，科室同事在富阳新沙岛游泳，突然见岸边围了一群人，原来是一名十七八岁的女孩在河里游泳时遇潮水上涨，被卷入深水处下沉，被过路群众发现打捞上来。科室同事们见状，马上分开围观人群，大声说道"我们是医生"。当时女孩已经没有呼吸、心搏，科室同事们马上对溺水女孩做心脏按压和人工呼吸，把她从死神手中抢了回来。心肺复苏在当时的普及率并不高，这位女孩遇到我们，实属幸运。

窥"一针"，不知全貌

（您在临床一线工作了近 40 年，现在也快到退休年龄了，请问您现在的日常工作是怎样的？作为科室负责人，是不是以管理为主？）

作为一名临床科室负责人，我的工作还是以业务为主，以管理为辅，没有"脱产干部"一说。科室的管理是围绕业务进行的，负责人不参与业务、不熟悉业务也是无法实施管理的。

我的工作状态几十年如一日，早上 7 时左右到科室，8 时左右将麻醉药缓缓注入第一台手术患者静脉。注入麻药这看似简单的操作，我每天要重复 10 多次。如果把麻醉医生的工

2024 故事里的邵医 *SRRSH in Stories*

作看成是仅仅打一针麻药的事，那么医院可能就不需要麻醉医生了。其实，麻醉医生的工作涵盖手术全过程。

▲ 建院初期，周大春（右）和沈达安（左）一起研究输液架的设计

麻醉是一门专业学科。麻醉医生不仅是术中镇痛服务的提供者，更是与患者进行术前沟通交流的值得信赖的专家，是手术室里的内科医生、重症医生、急救医生，也是帮助患者术后快速苏醒、恢复的康复医生。

我们的工作贯穿手术的全过程。

术前，我们到病房或在麻醉评估室，询问患者病史、过敏史、用药史等信息，在充分了解患者病情和身体状况后，制订最适合患者的麻醉和术中监护方案，同时与患者签署知情同意书，备好麻醉和抢救所需的各式药品、器具，确认仪器设备正常运转。

术中，我们要实时监测患者血压、脉搏、心率、血氧、呼气末二氧化碳、麻醉深度、尿量、出血量等10余项数据指标，及时控制患者呼吸、补液，在科学控制麻醉药物、内科药物剂量的基础上保障患者手术安全。

术后，我们要护送患者到恢复室，指导护士进行吸痰、拔管、复苏等一系列操作，评估患者肌力恢复、意识恢复、疼痛控制情况，并在病房提供术后镇痛服务。

"严于术前、精于术中、勤于术后"是我们麻醉医生的职业信条。麻醉医生的多面手形象逐渐清晰起来，正打破大众对于他们"只会打一针"的传统认知。

随着医学技术的进步，直接由麻醉导致意外死亡的发生率已经降低到1/20万。但麻醉医生如何参与提高外科手术患者的恢复质量和康复速度，如何让原本没有条件耐受麻醉接受手术的危重患者得到救治机会，给麻醉工作提出了新的要求。麻醉科要建设成为围术期医学科，要在落实快速康复外科中贡献自己的力量。邵逸夫医院麻醉科也有幸成为全国第一个挂牌的"国家 ERAS（快速康复外科）规范化培训及示范基地"。

回顾麻醉科30年的发展历程，这一路的风雨兼程，我每每想起，总是感慨万千，但是一切值得。

带着"邵医模式"一起飞

人物简介

冯金娥，中国、美国、科威特、纳米比亚注册护士。2008 年，被授予罗马琳达大学护理教育硕士学位，主任护师。1991—1993 年，在中东科威特执行护理援外工作；曾任邵逸夫医院医疗院长秘书、心内科病房护士长、内外科总护士长，以及邵逸夫医院护理教育部主任。

渴望超越平凡

（1991 年，冷战结束以后规模最大、参战国最多、现代化程度最高的一场局部战争在中东海湾地区打响。也就在这一年，战火一停下，您即飞赴海湾战争的中心地带科威特，开启援助行动，长达两年。请问是一种什么样的力量让您迈出这勇敢的一步？）

1991 年，我 27 岁，是杭州市红十字会医院的一名护士，同时也是一名新晋母亲，工作稳定，家庭幸福。但我的内心一直对外面的世界充满了好奇与渴望，希望有朝一日能以"一名护士"的身份去看看。为此我做了不少准备，多次报考卫生行政部门组织的医疗援外人员选拔，成为一名候选人。

和大部分女孩子不同，我喜欢军事、地理、挑战与探险等。海湾战争自然引起了我的极大关注，我关注的视角不仅是军事动态，而且还有战火中的老百姓，因为我是护士，对人的生命充满敬畏。令我万万没有想到的是，很快我就同被我关注的这场战争的受侵略国科威特有了联系。

那时，战争刚停火，科威特护士紧缺，卫生部决定派遣护士前往援助。得知这一消息后，我毫不犹豫地报了名。报了名后，我才想起还没跟家人商量，女儿这么小谁来管？好在丈夫历来包容我的任性，他说："既然你已经做出了这样的选择，我是改变不了的，但你要答应我，去要好好的，回来也要好好的，家有我守着，你放 120 个心。"

经过短暂培训后，我们 53 名中国护士踏上了前往科威特的征途。科威特两年的援助时间，发生了三天三夜都讲不完的故事，我在我的一本书中有详细记载，这里就不展开说了。我们的工作，得到科威特国家卫生部的高度肯定：中国护士素质好，工作作风正派。两年期满，科威特政府给我们这批援助护士一个特殊政策：想回去的都可以回去，想留下来的都可以留下。

科威特石油和天然气资源储量丰富，因此石油、天然气工业为国民经济的支柱，其产值占国内生产总值的 45%。这是一个非常富裕的国家。当时我们在科威特的月工资为 700 美元，而且吃住完全免费，比我在杭州市红十字会医院月工资人民币 100 多元高出几十倍。和我一同去的，有不少留了下来。

当时的我也被高薪和未来自我发展的广阔前景所吸引，也想留在那里工作。这时候，杭州一家现代化中西合璧管理的医院——邵逸夫医院正拔地而起。这开阔了我关于未来职业发展的思路，再加上对远方家人的思念、对家庭的责任，最终战胜了"金钱与自我"，我决定回国。

经过一番努力，我如愿进入邵逸夫医院。在邵逸夫医院工作，我是开心的，是快乐的，尽管当时每月工资只有 600 元，但我实现了自己的价值。院方很看重我的援外经历，开始让我协助医疗院长，负责对外交流、秘书和翻译等工作。1994 年 5 月，美国罗马琳达大学第一次派医疗培训专家在邵逸夫医院举办第一场高级心血管生命支持（advanced cardiovascular life support，ACLS）培训，需要一位既有医疗专业知识，又熟练掌握医学英语的人来充当授课翻译工作，我听说后，主动承担起此次专家授课现场的翻译工作，凭着自己医学英语功底和在科威特心血管监护室工作两年的急救实战经验，出色地协助专家完成 4 天的授课，使邵逸夫医院有了第一批获得 ACLS 资格证书的医护人员。经此工作后，医院发现我不仅临床经验丰富，而且英语好，放在行政岗位上可惜了，于是调我回到护理部，负责开展 1 号楼 10 楼心内科病房工作，半年后被任命为心内科病房护士长。我很满意自己在邵逸夫医院的工作状态，心无旁骛，干什么都要做到最好。

"邵医模式"在非洲

（1996 年，卫生部首次向非洲纳米比亚共和国派出医疗队，您又成了其中一员。这次援外，代表中国，也代表了邵逸夫医院。您可以介绍一下在非洲的一些难忘经历吗？）

这次援非，有一个人员指标分到了邵逸夫医院。这次我倒也没主动争取，原因一是心内科专业发展势头强劲，患者日益增多，护理力量有点吃紧；二是我也刚回国两三年，马上又要与家人长期分离，从感情上说不过去。但这次是卫生部首次向纳米比亚派出医疗队，卫生部和浙江省卫生厅领导都非常重视人员的选派，由于我曾多次报考过省卫生厅援外人员的选拔，卫生厅领导已熟知我的情况，希望我能承担此次任务。同时院领导找到我，也希望我能把这个任务接下来。一方面认为我有援外工作的经验；另一方面，邵逸夫医院是个新医院，上级领导能把这个任务交给我们医院，是对我们的信任，所以医院一定要选对人，不能辜负上级领导的信任，想来想去觉得我是最合适的人选。

　　组织的信任，让我义无反顾。我选择再次奔赴远方。我们医疗队一行4人，平均年龄30

▲　中国医疗队支援纳米比亚（前排左四为冯金娥）

岁，是援外医疗史上最年轻的一支队伍，前往完全陌生的纳米比亚共和国开启了我们医疗外交的职业生涯。我们在纳米比亚卫生部国立医院卡图图拉医院设立了中医针灸诊所，凭借娴熟的医疗技术、良好的沟通社交能力和认真负责的工作态度，很快收获了上至总统、政府官员，下至普通百姓的信任，得到纳米比亚人民的高度认可，每天诊室里患者络绎不绝。记得有一次受总统府派遣前往总统的出生地纳米比亚北部开展义诊。当地缺医少药，患者实在太多了。一听说中国医生来了，患者蜂拥而至，因没有足够的诊疗床，我们只能让患者成片地躺在大厅的地上等待治疗，这情景真的让人又心疼又感到我们肩上责任的重大。检查中，我发现他们几乎都是脚痛、肩痛、腰腿痛等问题，这些病痛往往与体力劳动有关。我决定给这些患者实施中医针灸治疗，针灸是缓解这种病痛最经济有效的方法。我以前在护校时学过针灸，而曾工作过的杭州市红十字会医院是一所中西医结合医院，我也在那里认真学过针灸，还经常给患者施针，因此对于针灸技术，我还是很娴熟的。开始，患者见那么长的针要扎到他们身上，很是害怕，我反复向他们解释，这针扎进去不是很痛的，它能给你止痛治病。后来有几个胆大的患者，让我先尝试着给他们扎。这一扎，确实如我所说不怎么痛的。慢慢地，每个人都愿意针灸了。经过治疗后，他们明显地感到身体舒服多了，个个脸上露出了满意的笑容，竖起大拇指直夸道："中国医生真伟大（great）。"针灸的治疗效果让他们感到神奇，于是他们把针灸称作"神针"，也把我们中国医疗队当作"神"派来的使者。这种价值感让我们忘记了一天的劳累与疲倦。第二天更多的患者涌入诊室。为让每个患者都能得到治疗，我们只好采用流水线操作，提高工作效率。患者直夸中国医生好！总统得知中国医疗队为人民提供如此好的医疗服务后，专门在总统府接见了我们，并让中国医疗队成为总统府的御医。自此，援纳医疗队打开了医学外交的大门。

在与当地人接触的过程中，我发现烟民特别多，有的烟民身体状况决定了他根本不能再抽了，但他们说戒不掉，即使咳得上气不接下气，咳得死去活来，也要抽。这时，我想到了咱们医院的戒烟门诊和当时正在推行的五日戒烟法，于是我就在当地复制了"邵医模式"，在中国医疗队诊疗间开设戒烟门诊，帮助当地烟民戒烟。我们知道，习惯吸烟的人如果没有烟抽，他们就会出现焦虑、紧张等情绪反应。我采用"耳穴压丸与针灸相结合的五日戒烟法"进行治疗。凡是想要戒烟的人，用"王不留行籽"耳贴在他们的双侧耳穴上粘贴1周，然后指导他们对自己说"我选择不吸烟"，每天至少喝8杯水，然后可选择嚼口香糖或吃水果，让自己分"口"无术。当感到焦虑紧张时，可按压耳穴，以起到镇定作用。戒烟最初5天身体是最难受的，熬过这5天不抽烟，那么就成功了一半，此后坚持用"我选择不吸烟"的控制自己不去抽烟，那么就能成功把烟戒掉。这方法我后来也用于想要戒酒的人。我用这种方法还是帮助了不少当地人成功戒烟、戒酒。

在非洲，我的一言一行无不打上"邵医"的烙印，无论是面对原始民族还是面对权贵，无论是在卡图图拉医院本部工作还是深入当地社区服务中心，都不忘传承邵逸夫医院的服务理念——"给您真诚、信心和爱"。记得社区服务中心当时有一台健康检测仪坏了，负责人告诉我在缺医少药的环境下，这台仪器能简要地评估大家的健康状况，从而能针对当事人的健康状况给予必要的咨询与指导，很有价值。我得知这一情况后，立马自掏腰包，买了一台检测仪送给社区。我很自然地做了这件事，因为每个邵医人碰到这种情况都会这么做的。

1998 年，援非结束，我回到邵逸夫医院开始了护理教学的职业生涯。但非洲人民成了我永远的牵挂，一直期待着有一天能重返非洲。2014 年，这一天终于等到了。5 月，我以中国第 10 批援纳医疗队队员的身份，再次踏上纳米比亚这片热土。

这次与 18 年前（1996 年）刚到纳米比亚的感受截然不同。还是那片非洲原野，但纳米比亚人民的生活发生了巨变，从种族统治下站起来的纳米比亚人更加自信了，生活条件有了很大改善，在纳米比亚投资的中国公司、企业比比皆是，中医针灸在纳米比亚也得到了广泛的认可与普及。看到中纳两国深厚的友谊之花遍地开放，我为自己能有机会担当行医外交官的神圣职责而感到自豪。这一次，我为当地社区工作中心捐了一台当时国际市场上最好的投影仪。这样做，是因为我想到罗马琳达大学有位汤普森女士当初看到邵逸夫医院护理部没有投影仪，当场就毫不犹豫地捐了一台。这台投影仪后来我们用了多年，也正是这台投影仪使得邵医护理教育授课走上了科技化的道路，护士们从中受益匪浅。因此，当他们提出有这个需要时，我想到了当时的我们也是接受了汤普森女士捐赠的投影仪以及如何地从中受益，于是也毫不犹豫地捐了一台。

2021 年，新冠疫情期间，他们又向我求助，说社区急需防疫口罩和制氧仪，我当即答应为他们捐赠一台 10 升的制氧仪和一批口罩。

爱无疆，情无价

（您是一位行者，行走在人类健康所需要的地方，没有国家之分，没有种族之别，洒向人间都是爱，其中有一份爱，传遍了新疆的天山南北，请问是这样的吗？）

2017 年，响应中央组织部部署，浙江大学"组团式"援疆医疗团队成立，我作为团队唯一一名护理专家随队开始了我的护理援疆工作。在与受援医院交流后，他们说看到在邵逸夫医院护士可以"这样"做——专业、自主、自信、学术、标准，因此他们想要实现的护理援疆目标是：通过我们护理援疆，希望他们的护士能有邵医护士的那点"味"。为此我将"邵医模式"中护理教育与质量管理、无痛医院的理念和方法植入受援医院护理部，经过3年的实施，已实现了起初的目标，护理人员的素质和护理质量有了很大提升。

援疆期间我牢记并秉承"给您真诚、信心和爱"，也认识到援疆工作不仅只是一份医疗工作，而且是在履行"行医守边"的光荣使命，医务人员亦可以在日常点滴工作中很好地促进民族大团结、民族一家亲。

2017年，在我援疆期间，发生了这样一件事。11月底，一名叫于米提江·热西提的维吾尔族孩子，在玩耍时不慎掉进了滚烫的开水锅里，情况严重，烫伤面积较大且烫伤深度深，家人带着他从阿克苏温宿县坐车来到我所在的新疆兵团第一师医院进行救治。

我了解到，在新疆阿克苏维吾尔族农村居住区，冬天是非常冷的，因为还没有暖气供应，为了取暖，人们通常会在房里生起火炉。女人们除了做家务还要下地干活，人手又不够，经常把孩子放在炕上便出去干活了。因此，经常发生孩子一不小心掉进火炉、踢翻热水壶，甚至直接掉进锅里这样的事。

烫伤治疗时间长、费用高，有的家庭会因无法承担医疗费而不得不选择把孩子带回家听天由命。我希望能有一笔救治资金帮助那些贫困家庭的烫伤、烧伤患儿得到及时、有效的治疗，让他们尽早康复。

2017年10月，我的《非洲缘 西亚情——一名护士的援外手记》一书出版，获得稿酬2.7万元，我又额外拿出3000元，凑足3万元整作为第一笔捐款捐给新疆兵团第一师医院，成立烧伤患儿救治基金。这笔捐款不多，但是是用来救命的，是希望经济困难的患者能先用这个钱应急救命。后期再将钱补上，供下一个有需要的患儿使用。这是我的一个愿望。

于米提江·热西提是我救助过的众多烫伤患儿之一，虽然他只有两岁，却非常乖巧懂事。在他住院期间，我经常去看他，他对我可亲了。一天见不到我，他就用妈妈的手机给我发微信，每次见面他都要让我抱抱。他病情稳定后，我们还一起吃饭、逛街。相处了一年多，我们越来越亲密，小家伙干脆直呼我"阿雅巴（月亮外婆，在维吾尔族文化中是对最慈爱长者亲人的称呼）"。

那年春节回杭州，我第一件要做的事就是为小家伙买"易读宝"，这是我答应他的新年礼物……如今，小家伙6岁了，我结束援疆工作回到杭州好几年了，但我跟他还一直保持着联系。2023年10月，我再次回阿克苏见了他，他已是小学一年级的学生了，得知他弄丢"易读宝"后，我又给他寄去了一台学习机，希望他能借助学习机更好地学习，成为对社会有用的人。民族团结的缘分地久天长。

将"邵医模式"种子以出书的方式播撒

（"邵医模式"中的护理教育一直是邵逸夫医院护理部的一道亮丽风景，引领着中国以医院为本的护理教育发展而努力。为此，你基于邵医护理教育的工作体系和经验出版了两部著作据说您花了近10年撰写这两本书，请问是什么力量驱使您一直坚持？）

1998年，我完成第一次援非工作后回国即到邵逸夫医院工作，那时医院正值护理教育高速发展期，美国罗马琳达大学派出常驻护理专家帮助邵逸夫医院建立系统化在职护士专业发展培训体系并开发一系列课程，同时医院与浙江大学签约，同意邵逸夫医院的在职护士可以每年在由医院自行组织的继续教育项目中获取继续教育的25个学分，可不再参加由浙江大学及其他指定培训机构组织的继续教育培训项目。也就是说，医院护理教育部要自己独立承担能为全院护士提供能满足每人每年25个学分的教学培训项目。这在当时是一个非常难得的，一方面医院每年可以省一笔传统医院必须为护士提供的继续教学培训资金，另一方面护理部有更多的自主性来决定为护士提供怎样的培训内容。这是前无古人的开创性的工作。

鉴于我拥有中国、美国、科威特、纳米比亚共和国注册护士执业执照的背景和援外工作经历，医院领导觉得把我安排在护理教育部主任岗位负责全院在职护士的专业发展工作更合适。从此往后，我在这个岗位上一干就是16年。

我凭着自己拥有系统化国际护理专业知识和经验的储备、能准确地诠释英文专业术语的能力，与护理专家一起评判性地引进国外先进的护理教育理论、模式并结合国内的实际情况，创新性地开展在职护士专业发展工作，建立了规范的新护士岗前培训体系、在岗护士分阶段培训体系、教育护士和带教老师规范培训项目、全科护理培训项目、心电图解读培训项目、同事之间的支持培训项目、临终和哀伤护理培训项目、护理领导与管理培训项目，以及各专科护理培训项目，还有高级临床专科护士培养模式、实习生的培养模式，等等。所建立起来的邵医护理教育实践体系促进了邵医护士的成长，使邵医护士变得更加专业、自主、学术、自信。

不久之后，邵逸夫医院成为全国多家医院学习的范本，每年都有护理管理者、护理教育工作者从全国各地慕名前来进修学习。他们经常问我的一个问题是："邵医护理教育做得真好，你们的护士真专业，能谈谈你们是怎样开展护理教育的吗？"每每被问及这个问题，我都告诉他们："要达到这样的教育效果，不是三言两语能解释清楚的，也不是做一两件事就能看到结果的，而是一个系统设计且持续培养的工程。"这样的问题不断地被反复提及，就促进我产生这样的想法：能否将我们邵逸夫医院整个护理教育体系的建立以及教育理念和教育方法进行系统地梳理，以专著的形式呈现，这样各家医院首先能在理念上形成整体思路来设计并开展医院的在职护士培训工作，而不是盲人摸象再自行探索。

同时，查找护理领域的图书，我没有找到一本关于医院在职护士专业发展教育、实习生临床教育的系统性图书，有的只是一些零星经验总结和方法，缺乏系统的理论指导思想和实践方法。于是，我向人民卫生出版社申请由我主编出版《临床护士在职培训指导用书》。撰写专著算不上什么大的业绩，在经济上也没有什么大的回报，但撰写过程很艰难，没有现成的中文资料可供参考，我只好基于自己的工作经验，再参考部分外文资料，一字一字地敲，一节一节地写，整晚整晚地耗在初稿撰写中。

我曾多次想放弃，但作为一名"邵医人"，我肩上的责任感和使命感一直督促着我，让我无法选择放弃，因为我知道，如果不成书，这些理念、工作方法将随着资深工作人员的退出和时间推移而变得模糊、淡化，不能为人所用。如果能将其撰写成书，那么就能传承下去。2009年选题在人民卫生出版社正式立项，直到2014年4月该书才正式出版发行。由于该书很受护理人员欢迎，人民卫生出版社同年批准与我签订合同立项第二个选题《从理论走向实践——护理临床实习指导》。这本书的撰写工作因为后来我参与援非和援疆而耽搁了几年，直到2020年我重回邵逸夫医院工作后再次启动，本书将于2024年正式出版发行。

我主编这两本护理专著，旨在希望"邵医模式"中的护理教育能在护理界播下一颗"系统理论指导下医院在职护士专业发展与实习生临床教育"的种子，使得"邵医模式"能在下一代护理教育工作者中生根发芽，再一代代传承下去……

一个人，干不过一支队伍

人物简介

傅国胜，教授、主任医师、博士研究生导师、"求是"特聘医师，现任邵逸夫医院心内科主任，浙江省医学会心血管病学分会主任委员，全省心血管病介入与精准诊治研究重点实验室主任，心血管创新器械浙江省工程研究中心主任，中华医学会心血管病学会委员会委员、心血管影像学组副组长，中国医师协会心血管内科医师分会常委、冠心病介入专业委员会副主任委员，中国介入心脏病大会联合主席，美国心脏病学院、欧洲心脏协会成员。

一顿年夜饭，吃出了一场头脑风暴

（作为邵逸夫医院心血管内科的掌门人，您承担着带领整个科室发展的重任，请问您是如何带领科室发展壮大的？）

2005 年 9 月，我到邵逸夫医院担任心内科学科带头人兼科室主任，当时的科室已经有一定基础，接下来如何实现飞跃是我思考的主要问题。从工作 15 年的传统大学附属医院入职文化、运行管理甚至工作模式完全不同的"美式"医院，我确实花了不少时间和精力去了解、学习和适应，但是我立志且信心十足要带领邵逸夫医院心内科达到一个新的高度！

首先，要打响学科品牌。公安系统有一句话：群众看公安，关键看破案。套用到我们医疗系统上，就是看你能不能解决患者的问题，别人能看的病我们要比别人看得好，别人看不了的病我们要有能力看。一开始我就把治疗高危、疑难、复杂心血管疾病确立为科室发展的主攻方向，常见病、多发病严格按照指南、规范、流程落实每一个细节。同时，针对高危、疑难、复杂心血管疾病，组织学科团队联合攻关，认真对待每一位患者，把医疗工作做到极致，并不断积累经验，探索并努力践行新技术、新疗法，做别人做不了的事。随着一项项新技术的开展，一个个危重患者得到有效救治，邵逸夫医院心血管内科的能力与声誉日益提升，得到广大患者和临床一线医生的认可，加上患者的口口相传，前来求医的患者络绎不绝，出院人数每年增长约40%。同时，学科也吸引了众多热爱医学事业有理想、有抱负的青年才俊，学科医师团队从最初的7名医师，发展成目前86名医师，其中80%以上拥有博士学位，教授/主任医师2人、主任医师13人、副教授/副主任医师1人、副主任医师21人，博士研究生导师6人。

患者人数多了，学科临床规模得到了长足的发展，但只有临床发展远远不够，没有教学、没有科研，新技术、新项目缺乏支撑，后备人才培养缺乏土壤，学科发展将缺少强劲动力！

因此，在科室人员有限，临床任务重的情况下，我们仍决定：抽调有研究基础并对科研有兴趣的一线临床医师脱产做科研！我们已经有医生脱产做科研两三年了，科室出台政策，保证他们在从事科学研究期间收入、待遇没有大的变化。此外，我们专门招了1名浙江大学"百人计划"研究员、2名特聘研究员和4名特聘副研究员。

2019年，我们成功获批"浙江省心血管介入与再生修复研究重点实验室"，通过3年强化建设，学科科学研究氛围得到强劲提升，科学研究基础得到夯实，重点研究方向得到凝练，整体研究水平得到提升，逐步形成自己的研究特色：以国家战略需求和临床关键科学问题为导向，整合浙江省内心血管基础、临床和医工交叉优势研究团队和资源，努力将实验室建设成为国内领先、世界一流的心血管基础、医工交叉与转化研究高地，重点探索冠心病、心脏衰竭、遗传性心脏病的关键机制和精准诊治技术，开发具有全新概念的心血管精准诊治方法和器械，推动"产学研"一体化合作和重大创新研究成果转化，围绕临床需要的新疗法、新器械开展研究。2022年，我们接受浙江省科技厅建设周期考核，一共36所浙江省重点实验室，我们是其中11所考核优秀的重点实验室之一。2023年，我们又获批"心血管创新器械浙江省工程研究中心"和"浙江省老年心肺疾病诊治中医药多学科交叉创新团队"。

临床一线人手紧张，"以患者为中心"的管理理念如何落到实处？提高队伍的战斗力，努力让每名医师都能成为独当一面的能够切实解决患者疾苦的专家！作为心血管介入医生，我可以自信地说自己是国内顶级的冠心病介入专家之一，但是"一花独放不是春"，我曾开玩笑说即便我个人24小时都"晒在X射线下"，也看不完络绎不绝的心血管病患者啊！加之，医学是高度精细化的学科，"术业有专攻"，心血管病学有多个亚专业，我不可能成为全才，如果什么都略懂，那也不会是名副其实的专家了！所以，我在科室里积极引导、培训、培养、帮助年轻医生开展心血管病介入手术，不辞辛苦，一种种手术手把手教会，细心培养一位位年轻医师，陪伴着他们成长，青年人的学习能力让我非常惊讶，一位位青年专家快速成长，走到了心血管疾病防治的一线前列，肩负起学科发展的重任。曾有一位老同事悄悄对我说："傅主任，你怎么好让那么多人来做介入呢？还要教会人家，你可能不知道，以前就是一个人做的，别人不好插手的……"医者，仁术也，博爱之心也，不该藏有私心，一种手术一人独揽，无非害怕被别人超越。我对这位好心的老同事说："我不担心，如果没有追赶者，我会有惰性，会失去进步的动力。再则，被超越也是一件好事，超过了，我让贤，社会的进步发展，不就是后浪不断超越前浪。还有，我也不是那么容易被超越的，我没有在吃老本，我也在不断学习，而且我的起点应该比年轻同事高。"这位老同事笑了，我想，她是认可了我的说法。

技术水平上去了，人的积极性也被调动起来了，但是只有规模是远远不够的，学科发展必须有更高的平台，必须寻求医院的支持。邵逸夫医院有个好的传统，就是院领导带领医院全套班子和所有职能部门，每年年初听取科室一年来的工作总结，一方面为科室发展把脉，另一方面听取科室的意见和建议，解难答疑。我们科室有个传统，即春节假期前的最后一个工作日，我会用医院的午餐补贴从医院食堂预订一些炒菜和点心，请科室人员一起吃个团圆

▲ 邵逸夫医院建院 25 周年时，傅国胜（左四）、鲁端（左五）和心内科部分同事合影

饭，同时一起畅谈一年来学科发展中的重要事件。

有一年我抛出了一个话题：今晚吃好喝好，明年如何干好？！一句话引发了大家热烈的讨论。有的说："我们科室名气是大了，但是床位太少了，患者住院难，慢慢会导致患者流失的。"有的说："只有患者多了，才能有利于分析总结，有利于寻找规律，为科学研究奠定基础。"一句话，我们必须上规模。我说医院不是计划建设五期工程吗？那我们心内科能不能搬进新大楼，建设更大规模和更高水准的病房和介入中心呢？

没想到，一顿年夜饭，吃出了一场头脑风暴！我听了也是热血沸腾，大声喊道，"只要医院给我足够的空间，我一定还医院一个别样的精彩"。回到家里，我连夜赶写了一份材料，内容是关于如何建立高水平心血管中心。因为我知道，节后院领导一定会听取各科室新一年的发展规划。春节假期结束后，在科室主任座谈会上，我提出："随着社会老龄化的到来，心脏性疾病发病率将越来越高，我们必须早布局，扩大病房接待规模。"同时，我向院领导递交了书面材料。我们的申请，很快得到了医院的支持，医院在五期改扩建项目工程中，给了我们四个楼层，加上钱塘院区的发展，我们的病区从 1 个扩大到 5 个，导管室从 3 个增加到 13 个。当然，科室的名称也从"心导管室"改为"心血管介入中心"。开张时葛均波院士也亲临现场表示祝贺。

目前，我们科室已有 220 多张床位。2022 年，我们一个科室拿到了 14 个国家自然科学基金项目。对于一个科室来说，这成绩是相当了不起的。

千好万好，不如邵医好

（当别人向您抛出橄榄枝时，您是否心动过？）

当了这么多年的医生，我把每位患者都当成亲人来对待。一名医生，若对患者没有感情，是当不好医生的。因为我对患者好，后来许多患者都成了我的朋友。

有位患者，他是做生意的，原本经济状况还不错，有一次因为民间借贷，为他人融资 1400 万元，资金一半是自己的，一半是他人投入的。没想到借贷人投资失败，到期还不上，不但自己的所有积蓄都没了，还欠下一屁股债。正所谓，祸不单行，屋漏偏逢连夜雨，他发生了心梗！当地医院判定他的生命只剩两三个月，催他们抓紧出院回家。因为患者年纪不大，有着强烈的求生欲望，家人还是把他送到了杭州的大医院，希望能出现奇迹。但是患者血管造影显示三根心脏血管都堵牢了，这家医院的专家认为为他做介入手术太危险了，建议他转心脏外科做冠状动脉搭桥手术，但是心脏外科专家认为他心功能太差，手术风险太高，又把他转回心内科。他不死心，通过朋友介绍找到了心内科的一位老前辈，他的老乡，这位前辈看了他的检查结果也直摇头，建议他来邵逸夫医院找找傅国胜，看看我愿不愿意为他做手术。

对于这样的患者，我们邵逸夫医院有一个完备的机制做详细评估。首先，这位患者确实患有很严重的冠心病，三支血管中两支完全闭塞，剩余一支也是严重堵塞，心功能很差，左心室射血分数仅为 20% 左右。如不处理他随时有生命危险，即使侥幸存活，生活质量也很低。我们仔细评估发现，虽然患者存在大面积心肌瘢痕，但是仍然存在较大范围的可逆性心肌缺血区域，也就是说，如果我们能够完成血

▲　傅国胜在查房

管开通，还是能够在很大程度上改善患者的心肌缺血，部分恢复患者的心脏功能。接下来的焦点是：我们有没有能力顺利、安全地实现完全血运重建！我们仔细分析了他的冠状动脉造影图像，制定了完善的手术方案，对可能出现的意外情况都做了详尽的预案。在处理第一根闭塞血管时，我亲力亲为，从安排最优的第一、第二助手，到安排最好的护士、技术员，准备好各种急救所需药品、器械等，以最精准、最快速的技术与策略顺利开通最大的闭塞血管，结果完美！

术后患者症状得到显著改善。患者说已经好几个月没有那么安稳地睡过觉了！之后我们又通过两次手术实现了完全血运重建，也就是说把患者所有有问题的血管都打通了，患者的心功能得到了显著的改善。患者恢复很好，出院一段时间后回来复查，他告诉我他以前平地走路都困难，现在能扛着煤气罐爬三楼。他说，虽然生意失败，但能遇上我这个"华佗"，重新获得健康，人生不亏，有了好的身体，一定有好的未来。有意思的是，后来每年清明节，他都要到医院来看看我，他说如果没有我，这一天就是家人为他上坟的日子。所以，他把清明节视作自己的重生日，让我也分享他重生的喜悦。

还有一位患者是加拿大居民，其实他是英国人，二战时当过飞行员，太太是中国人，是浙江龙游一家美国独资企业的首席执行官（CEO）。不幸的是他在当地发生急性胸痛，心电图提示发生了心肌梗死，因为当地医院没有能够说流利英语的心内科医师，患者及其家属万

分焦急。我被请去会诊，评估后用流利的英语与患者进行了交流。为他做了恰当的治疗后，患者的症状得到缓解。同时，我也了解到他数月前在香港放过一枚支架，关于剩余病变，香港的医生让他等半年后按照预约流程再入院处理，很遗憾等待期间他发生了心肌梗死。我护送他顺利到达邵逸夫医院，给他做造影处理了梗死血管，随后他恢复得也很顺利。

后来这位患者跟我联系多次，邀请我到加拿大温哥华做医生，说只要我肯去，准备考试能够通过加拿大的执业医师考试，他帮我把包括行医执照在内的所有事情办好。他还把需要的所有资料寄给我，说温哥华有庞大的华人群体，他们在当地就医存在巨大的语言文化的差异，因此需要像我这样的华人专家去帮助他们。

我知道，去国外当医生，收入会高出国内很多倍；我也知道，这位患者是很真诚地邀请我去，而且他退休前是温哥华卫生系统的主要官员，完全有能力办好这件事。他一次次地诚邀，我一次次地婉拒，我告诉他："我的根在中国，邵逸夫医院有我喜欢的平台，在这里有更多的患者需要我。"虽然我拂了他的一番好意，但这不影响我们之间的友谊，我们一直保持联系。他基本上每年都特意从温哥华飞来杭州，到邵逸夫医院找我复查、评估，直至他以 97 岁高龄离世。

情系山乡十二年

（邵逸夫医院秉持面向社会、面向基层的办医方向，你们心血管中心是怎么做到坚持优质下沉的？）

关于这一点，我们起步还是比较早的。我在临床工作中深切体会到，县市的居民来杭州求医有很多困难，倒不是因为他们找不到像我这样的名医看病，因为只要我时间允许，完成规定的预约门诊患者外，我都愿意为找上门来的患者加号，而且直到现在我还保留普通专家门诊，因为还是有很多患者特别在意特需门诊的挂号费的。最主要的是患者在我这边看完后，可能需要预约一些特殊检查，检查完之后可能还要等待结果，不少患者可能还需要预约住院，所以患者看完我的门诊之前，真的不知道什么时候能够回家，他该不该预先订好回程的车票，陪同人员该请多长时间假，等等。

作为医疗系统中非常小的一个单元，科室层面确实没办法解决这一系统性问题，但是仔细梳理科室层面的服务流程，我们还是有很多工作可以做的。比如，不是关键性的复查指标，可统一由普通门诊医生解答；需要等待多日才能出结果的患者，可主动留下联系方式，回头再联系，如果有需要，可重新预约住院或者预约门诊。对于基层医院解决不了需要转诊的患者，科室专门安排工作人员做专家工作站与当地医院对接，代患者挂号，并办理相关入院手续，患者一到医院就可以直接住进病房，减少无数中间环节，践行真正意义上的"最多跑一次"。

这项工作我们做了快 20 年了，比浙江省政府倡导的"最多跑一次"要早许多年。我们之所以能够这样做，最主要得益于我们对基层医务人员的培训，以及高年资专家联合青年专家下基层、社区开展医疗服务工作，更得益于浙江省政府的"双下沉两提升""强基层""山海提升工程"等民生工程带来的深远影响。

作为改革开放的前沿地区，浙江在全国较早地实现了高度城市化和工业化，居民生活方式改变巨大，由此也带来了疾病谱的明显变化。心血管疾病（特别是冠心病）发病率呈爆发式增长，防治形势严峻。但是，早年浙江心血管医学领域观念相对保守，以致发展较缓慢。一方面对心血管疾病防治概念不清晰，对最新的心血管指南与专家共识没有做系统的、科学的推广，使得临床一线医务人员对新的心血管疾病防治理念的了解、理解、接受、实践不够，临床实践明显滞后于理论认识，其间存在鸿沟。另一方面，因为对心血管防治领域的新技术、新进展不接受，所以推广应用的理念相对于经济发展是滞后的。因此，亟需架起新的、可实现的桥梁，将心血管防治领域的新技术、新知识、新理念、新策略普及推广，使广大心血管疾病患者得到最新的、科学的、恰当的治疗，努力遏制呈井喷式上升的心血管疾病发病率。

作为浙江最高等医学学府——浙江大学医学院的附属医院，邵逸夫医院有义务与责任为本地区的学术推广作出应有的贡献。在此背景下，以服务于提升基层心血管防治水平为主要目标的系列学术平台应运而生，如"西子心血管联席会议""邵逸夫心血管最新指南与新技术新进展研讨班""邵逸夫心脏培训项目""邵跑跑"心血管影像课程等。创立于 2006 年的"邵逸夫高级桡动脉演示课程"，是我国最具影响力、最具特色的专题学术会议之一，为我国经桡动脉介入心血管病介入技术的普及、提升与推广作出了突出贡献，也为我国经桡动脉介入治疗的国际地位提升起到重要作用。我作为国际上最重要的经桡动脉专题会议 AIM-RADIAL（高级国际桡动脉大师年会）理事，连续三年邀请邵逸夫医院在 AIM-RADIAL 年会（2014 年美国芝加哥、2015 年英国利物浦、2016 年匈牙利布达佩斯）上做手术演示。后来，邵逸夫医院主办了中国冠心病介入治疗疑惑与并发症论坛，由此提升了介入医师对并发症的防范意识与识别处理能力。

由于经济成本和时间成本的关系，肩负心血管疾病预防与治疗的一线医生，即广大基层医师，包括县人民医院、县第二医院、县中医院、乡镇卫生院及社区医院和乡村行医医生，很少有机会学习心血管最新指南和专家共识，即使对其有一些概念，在实践过程中也会有一些非常具体、实际的问题与困惑，却无从得到解答。正是基于这一现状，"邵逸夫心血管最新指南与新技术新进展研讨班"一方面将会议举办的地点选在基层医院所在地，另一方面赋予会议更贴切于基层医务工作者的内容与形式：通过讲解最新的、最简洁的指南与专家共识的精髓，结合基层医生提供的临床病例讨论，做到从指南到临床，从临床来再回到临床去，让与会者真正了解、理解指南，能自觉地利用指南指导日常的医疗活动，为他们在指南与临床应用之间架起、可以实践的桥梁。

另外，在具体实施过程中，除使用本学科的技术力量外，我们还最大限度地发挥地市医疗机构的专家与学术骨干的作用，邀请他们参与会议的学术讲座、病例讨论，从某种程度上推进了该区域的学术推广与应用能力，加强了地市医院与基层医疗单位的沟通与交流。另外，会议还基于交通便利的原则，将浙江省区划为金—丽—衢（金华、丽水、衢州）、甬—绍—台（宁波、绍兴、台州）、杭—嘉—湖（杭州、嘉兴、湖州）等区域，同时也邀请邻省江西、福建、安徽的医务人员参加，每年轮流在某个地区的某个县举办，这也在很大程度上促进了各地区医务人员间的学术交流，大家相互促进，相互提高。我们坚信，该项目对浙江省心血管病防治水平的提升起到一定的积极作用，深受基层临床一线医师的欢迎，产生了很好的学术影响，并取得了较好的社会效益。

近年来，我们在浙江省全省各地、市、县设立了多个专家工作站，以此提升基层医疗单位的服务能力和服务水平。普通的心脏疾病患者不用出远门，在家门口医院就能看病，既方便了患者，又可减轻患者在经济上的开支。我们做过统计，过去一个县，每年转诊到我们科住院的患者有五六百人，现在只有五六十人，这是我们乐见其成的一个好现象，在一定程度上实现了分级诊疗：县级医院能看的，就不用跑到市里了，市级医院能看，就不用跑到省里了。不管大病小病，一股脑都涌到省城几家大医院，大医院人满为患，苦不堪言，而一些基层小医院又因门可罗雀而生存艰难。当然仍然还是有不少患者慕名来我们科住院、做手术我们统计过，我们科的住院患者中，杭州市外和市内的各占一半，其中浙江省外的患者占总住院患者的20%以上，2023年度预计邵逸夫医院两院区出院的患者数达到2.4万人次。

我们想通过专家工作站这样非常重要的桥梁帮扶对基层医院，把大医院从人满为患的窘境中解放出来，让大医院的医生用更多的时间和精力去攻克疑难病症、去开发新技术，而小医院也会随着患者人数的增加而摆脱困境。专家工作站是非常重要的桥梁。

生命的另一种维度，
情感、感受与态度

人物简介

叶志弘，主任护师、博士研究生导师、护理学博士，浙江大学医学院护理系主任，兼中华护理学会科研委员会副主任委员，浙江省护理学会循证护理专委会主任委员。原邵逸夫医院护理副院长，浙江省护理学会副理事长。

观念决定行为

（有些事情虽然看似微不足道，但却让人印象深刻甚至终生难忘，您在邵逸夫医院工作几十年，请问有哪些小事给您留下了深刻的印象？）

在邵逸夫医院的发展历史中有许多小故事和好故事，涵盖工作和生活的方方面面。

在邵逸夫医院建院初期5年内，医院的管理工作由美国罗马琳达大学的专家们负责。当时，我和美方分管护理的副院长在同一个办公室共同工作了5年。她有一件事颠覆了我们的传统观念。她在邵医结识她的爱人并结婚。后来怀孕后，她是在香港分娩的。但仅在一周后，她居然提着一只婴儿提篮（婴儿就在提篮内）就回来上班了。当时，我就傻眼了。

在我国，传统观念强调产后坐月子很重要，讲究避免风吹、避免接触冷水等，在饮食方面也有诸多讲究。人们普遍认为，月子做得好坏与否关系产妇一生的健康与否。然而，外国人视生孩子为一种常规的生理现象，并未将其视为一件大事。而这种观念的差异决定了行为方式的差异。

凝练价值观

（我们经常在讲价值观。对于一个职业或者一个人来说，价值观都是非常重要的。价值观的缺失就是方向的缺失、精神上的迷茫。请问邵逸夫医院的护理价值观是如何凝练的？）

在邵逸夫医院与美国专家合作过程中，我对思想和理念有了深刻的体会。特别是在美国学习并体验美国临床护理实践后，我更加坚定了要将邵逸夫医院的护理事业打造为中西合璧典范的决心，并且热衷于与大家分享经验。我深信，只有分享才能体现价值，也能促进不断学习。

护理学科是科学性与人文性结合的学科，生命体征可以数字化和量化，但生命还有另外一种维度的组成，即情感、感受与态度。护理学科是一门国际性学科，我们在业务学习中基于国际视野探

▲ 邵逸夫医院的服务理念"给您真诚、信心和爱"铭刻在住院大楼前的石头上

寻护理理念，寻找文献，开展临床实践，提升专业自信。

患者做手术后，传统观念要卧床1～2周。邵逸夫医院自1994年开业以来，颠覆了传统观念，提倡术后及时下床活动，以减少卧床带来的副作用。我们据此制定了新规范，例如心脏和胸外科手术患者不能长期卧床，需经常拍背，观察心肺状况。拍背排痰作为一种物理疗法，有助于肺功能恢复。

术后患者往往因疼痛而减少活动，然而疼痛限制患者活动后易导致静脉血栓、肺部感染、尿路感染、肌肉萎缩等并发症的发生，严重影响康复进程。因此，疼痛管理以及改变对"痛"的认知，成为我们术后管理的重要内容。邵逸夫医院是国内最早设立疼痛专科护士岗的医院，并且较早建立多学科联合管理疼痛的机制。

护理工作，仁心为要。比如面对身患绝症的患者，护士如何与患者及其家属沟通？有的家属希望医护人员配合他们隐瞒病情。然而，美方专家认为患者应有知情权。护理工作既要

避免引起家属反对，又要让患者在有限的生命周期内安排好事宜，这需要非常高超的专业对话技巧。

一名护士的成长不仅仅是专业技能的提升，更是全人的成长。受到挫折怎么应对，遇到问题如何引导，素质怎样提升？我们通过培训、运用对话策略、开展价值观讨论、适时调整心理等方式，为护士铺就一条整合成长之路。病房犹如一个小社会，护士必须具备应对这个小社会的各种能力。

人为什么出发？你想要的或者说你想坚持的是什么？这就是每个人心中的价值观。护士应该有怎样的价值观？2013年，我们在价值观实践项目中，激发大家思考、反思，将每个人对护士职业的诠释和理解整合后，再放到各个基层单元，由全体护理人员投票选出最能体现和凝练邵医护理价值观的五个词语：正直真诚、关爱尊重、凝聚合作、整合成长、卓越创新。这五条价值观得到全院护理人员的高度认可，我们将其整合应用到临床实践中，并将其作为长期的行为准则。

在护理副院长的岗位上，我曾赴美国罗马琳达大学、约翰霍普金斯大学、宾夕法尼亚大学等参访学习，了解到安全科学（science of safe）的重要性，其中讲到护士出了差错怎么办？惩罚不是最好的办法，重点是要收集相关数据、分析问题，检查整个系统性的问题。因此，在邵逸夫医院，我们鼓励护士主动上报差错。

人需要有安全感、归属感和自我成就感。马斯洛理论把人的需求归为五个层次——生理需求、安全需求、爱与归属、尊重需求、自我实现，这与邵逸夫医院的护理价值观是共通的。

在邵逸夫医院，高级临床专科护士之所以能如雨后春笋般涌现，这既符合学科发展规律，也是邵医护理价值观卓越创新实践的生动体现。正如外方护理专家所言，遵从自己的内心，是自己内心渴望的就会主动强化、实践化。

关爱护士，首先要做到的是信任护士。24小时守护在患者身边的护士是"患者的代言人"。美国有一项调查显示，护士是最值得信赖的人。这是美国医生告诉吴金民院长的，当时我也在现场。信任，也成为邵医护理最鲜明的底色。

遵从"80/20 定律"

（一家好的医院，给人的首先是安全。安全的基础是质量。相比于临床的专业性和合理用药的高要求，护理涉及面比较广，接触人员比较多，有患者的地方就有护理，护理质量与患者安全的关系更加紧密，请问邵逸夫医院是如何构筑安全质量体系的？）

▲ 建院初期，叶志弘和美方护理副院长凯瑞

▲ 2014年4月30日，邵逸夫医院建院20周年，叶志弘和美方护理副院长凯瑞再相聚

　　我认为，任何工作若要实现可持续发展，必须构建完善的架构或体系，护理工作也不例外。没有架构等于一盘散沙。护理架构需要蕴含在医院的整体架构体系中，涵盖护理质量的架构以及护理单元的架构。我们邵逸夫医院能够4次通过JCI评审，正是因为我们有科学稳定的架构。

　　邵逸夫医院自成立之初就重视单元层面体系的建设，注重科室质量和文化；尤其在经过JCI评审后，所有行为都以制度为约束，当然护理工作也不例外。

　　邵逸夫医院的整个医疗体系和护理管理的设计思路均遵从"80/20定律"，即系统和人员各占80%和20%，按事情的重要程度编排行事优先次序，并基于服务对象的要求，对护理人员进行质量管理工具和方法的培训，包括循证护理实践的普及。

　　这就是走现代化护理之路。现代化护理之路在于用科学方法改进质量管理过程，这需要护理人员学习查找文献、应用文献资料、借鉴别人的经验和成果等。为此，我们需要经常对护士进行培训，更新其知识架构。同时，鼓励护士参与解决问题，也会为其带来成就感和自豪感，有利于调动她们的工作积极性和创造性。

　　在参与和共治的基础上，我们运用CQI、PDCA、QCC等质量管理工具提高管理效率，将单元层面的文化和质量做大做强。

　　现代医学的发展也决定着护理质量要持续深化，要有革故鼎新之举，要有灵活多变的机制。比如我们鼓励突破框架，倡导跨部门融合，如在评选优秀CQI项目时，通过加分方式对跨部门融合项目予以支持和强化等。

不抛弃，不放弃，
是因为有底气

人物简介

吕芳芳，主任医师，邵逸夫医院肝病感染科主任。中华医学会肝病学分会脂肪肝和酒精性肝病学组委员，浙江省数理医学会肝病专业委员会候任主任委员，浙江省中西医结合学会感染病专业委员会副主任委员。

人文气息浓

（关于文化，有人说这是一个抽象的概念，有人说文化更多是内心的感受。邵逸夫医院有着独特的文化，您能触摸到吗？）

我毕业于上海医科大学（现复旦大学上海医学院），2009年到邵逸夫医院工作。我一到邵医就喜欢上这里，用上海话形容邵医是"蛮有腔调的"，书面语则是"人文气息浓"。人文不仅体现在对患者的关怀和服务上，也体现在医护人员之间的关系上。在邵医，每年有两个节日特别温馨和令人感动，一个是护士节，另一个是医师节。护士节时，是医生们陪护士们过节；医师节时，则是护士们陪医生们过节。这看似是一个自主活动，其实包括行政部门、医院各科室都会深度介入，参加人员除医生、护士外，还有医院党政班子成员。对于这两个节日，大家都充满期待，每年节前，医院里看似风平浪静，其实暗地里大家都忙得不亦乐乎，就是为了防止"剧透"，影响活动当天惊喜效果呈现，尤其是一些互动环节，如护士节上由男医生投票

▲ 2020 年 2 月 12 日，吕芳芳（左一）和同事张俊丽驰援湖北荆门

产生"一针见血"的女护士、温润如玉的女护士等，医师节上由护士投票产生玉树临风的男医生、胆大心细的男医生……金杯银杯，不如同行的口碑，大家都十分珍重彼此。这些活动既增进了邵医人彼此的了解，又营造了邵医如家的和谐氛围。这就是邵医文化。

许患者一个未来

（绝不轻言放弃，尽全力救治每一位患者，这是医生的神圣职责，请问你们是如何做到的？）

邵医文化更多体现的是责任和情怀。有一年国庆节，我们收治了一位女性患者。这位患者是一名大学生，当时是她同学送她来医院的，她的情况很糟糕。那天，她的同学联系不上她，于是到寝室找她，发现她处于昏迷状态，已不省人事。她同学立即报告老师、联系她的家人，并第一时间把她送到了邵逸夫医院。

一收治入院，患者立刻被送入监护室，感染科医生果断对其行腰椎穿刺，并做出诊断：结核性脑膜脑炎。由于患者被发现时已昏迷，我们不清楚她昏迷的时间，再加上收治入院时发现她的病情极其危重，当时大家都以为救不回来了。但对医生来说，哪怕只有百分之一的希望，也会尽百分之百的努力去挽救患者的生命。经全力救治，我们终于挽回了患者的生命，但患者留下很多后遗症，如无法正常睁眼，语言、行动出现障碍。患者的家庭条件很差，而后续治疗费用对他们而言不菲，家人甚至产生了放弃治疗的念头。

患者还很年轻，我在科里介绍了她的情况，大家纷纷表示要为她捐款，帮助她渡过这个难关。在我们全科人员的支持下，这位患者得以继续治疗，最终顺利出院。一年以后，她回到医院，我们几乎不认识她了。她的眼睛大大的，美丽动人。从言语和行动都看不出她曾患严重的结核性脑膜脑炎。当她拥抱我时，我也激动得热泪盈眶。这次她回来，一是感谢我们，认为没有我们的坚持，就没有她的今天；二是报告我们一个好消息，她又回到学校了。当时学校给她保留一年学籍，康复后她可以继续学业。如果一年后她还不能回学校，学籍就不继续保留了。

给患者以生命和健康，就是许他们一个未来。我是医生，我为自己从事这个职业而骄傲。

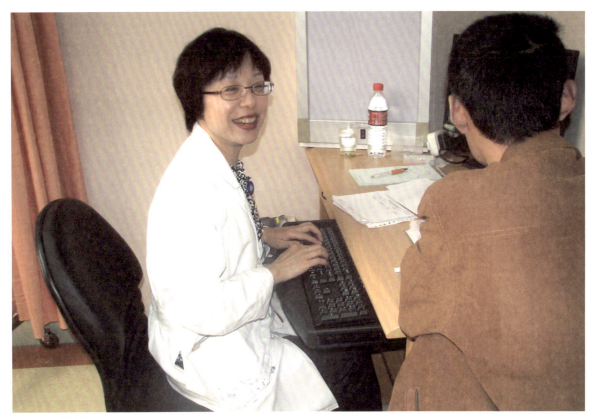

▲　吕芳芳在门诊

一块牛排引发的"血案"

（一个人被病菌感染后，往往会有一种委屈感，"我也没吃什么""我也没去什么地方"。而感染往往与个人的生活习惯密切相关，因此需要医生有敏锐的洞察力。请问您在临床上遇到过这种病例吗？）

这种病例有很多。

例如常见的发热，可以由病毒感染引起，也可以由细菌感染引起。世界上对人体有害的病原体数不胜数，所以感染科医生遇到的"怪病"也最多。

有一天，我在专家门诊接诊了一位患者，他自称从来不患病，身体一直很健康，但最近连续发热多日，在当地医院检查，未发现发热原因。因此，他十分焦虑，认为原因不明的疾病都是严重的疑难杂症，担心自己患了不治之症。

我询问他有没有服药，他说服用抗炎药、退热药后，体温恢复正常，但很快又升高了。于是我仔细查看患者外院的各项检查报告，同时询问他工作、学习及家庭生活、社交往来等方面的情况。患者说他生活十分简单，没有花太多时间在饮食上。他常去西餐店用餐，一块牛排就能解决问题。说者无心，听者有意。我马上问他，平时都吃几分熟的牛排？他回答说五分，带点血，口感嫩。我接着又问："发病前有没有吃过？"他认真地想了一想，告诉我发病前一周吃过牛排。

我判断问题可能就出在这块五分熟的牛排上。我针对这一线索为他安排了一系列检查。最终血液培养结果提示"布鲁氏菌阳性"，即他感染了布鲁氏菌。

布鲁氏菌是一种革兰染色阴性的不运动细菌，又称"冰箱菌"。这种细菌可在细胞内寄生，并且能在很多家畜体内存活。与其他细菌相比，布鲁氏菌的特殊之处在于它是一种兼性胞内寄生菌，一般细菌会被人体的免疫细胞攻击、消灭，而布鲁氏菌能"躲"到人体自身细胞内，避开免疫细胞的攻击，导致人体持续感染。

我给予多西环素与利福平联合治疗，并嘱他服用一个月后复查。患者服药2周后感觉良好，体温恢复正常，就自行停药了。一个月后，我在医院又遇到这位患者，令我吃惊的是他竟然坐在轮椅上。他告诉我，他出了一趟差，感觉腰部和右髋部疼痛不适，难以入眠，站立行走困难，服用镇痛抗炎药效果不佳。当地医院怀疑是腰椎间盘突出，但腰椎MRI未提示明显问题。他自己怀疑是开车太久导致腰肌劳损，到当地中医院接受针灸、推拿、理疗、正骨等治疗，结果疼痛反而加剧，只好又到邵逸夫医院就医。

骨科医生给他做了体格检查，发现患者腰椎无器质性病变。当医生询问患者用药史时，他才想起来："我一个月前查出布鲁氏菌感染，医生让我吃一个月的药，我吃了半个月就停了。"

骨科医生给他安排了血常规、血液培养、右侧梨状肌B超、右髋关节MRI、骶髂关节薄层CT、肌电图等一系列检查。结果提示，布鲁氏菌抗体检测及凝集试验阳性，右侧骶髂关节大片骨髓水肿，符合感染特征。骨科请我会诊时，我才知道患者未遵医嘱用药。最终我们确定疼痛的原因是未规范用药导致布鲁氏菌病继发右侧骶髂关节感染。经过正规的抗感染治疗，患者的疼痛症状逐渐缓解。出院当天，我叮嘱他持续用药至少3个月。他认真地点了点头并说道："请吕主任放心，我不会再犯第二次错误了。"

这件事给我的启示是，不能忽视患者的随访管理。患者选择了邵逸夫医院，他们就是邵逸夫医院时刻关注和关心的对象。随访管理使他们都能感受到医者的责任和仁爱。

"话聊"，也是一种治疗

人物简介

赵博文，主任医师，硕士研究生导师，邵逸夫医院超声中心主任，影像中心副主任。国际妇产超声学会中国分会委员、中国超声医学工程学会生殖健康与优生优育超声专委会副主任委员、中国医教协会超声专委会产前超声学组副主任委员、海医会超声专委会胎儿心脏超声专委会主任委员、浙江省胎儿心脏超声诊断技术指导中心主任、浙江省超声医师分会副会长。

无悔选择是邵医

（您是西北人，在武汉上学，毕业后，北京、上海、广州、深圳、武汉及您老家甘肃兰州的许多大医院向您抛来橄榄枝，为何您钟情坐落在烟雨江南还没有正式运转的邵逸夫医院？）

1993 年，临近毕业时，在武汉同济医科大学读研究生的我从武汉协和医院一位资深教授那里获悉浙江省正在新建一家医院，名叫邵逸夫医院，当时医院还没正式开张。教授说："如果你毕业想去，可以去试试。"他还说，他在一次会议上碰到了已在邵逸夫医院工作的鲁端教授。鲁端教授说邵逸夫医院是浙江医科大学的附属医院，地点在杭州，是委托美国罗马琳达大学管理的。中国土地上的医院由美国人来管理，这点让我感觉很新鲜。这是我第一次听说邵逸夫医院，也由此开始了解这家医院。

在此之前，我对毕业后去向并没有过多想法，要么回兰州，要么留在武汉。我是甘肃人，黄土高原上长大的，兰州是甘肃省会城市，加之我的大学本科也是在兰州读的，有熟悉的文化和风土人情，也有亲朋好友，感觉回兰州是天经地义的事。留在武汉，留在自己实

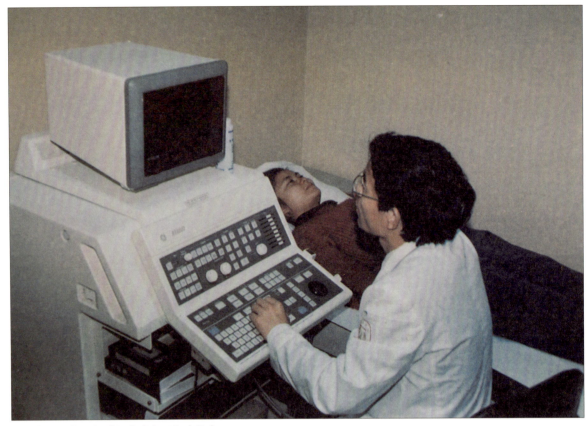

▲ 建院初期，赵博文为患者做超声检查

习的武汉协和医院，有熟悉的环境，有授业的恩师，还有武汉是中国几个可数的大城市，感觉也没有理由不选择。

但得知杭州在筹建邵逸夫医院的消息后，我便对它充满了好奇，我说我得去看看这家医院。这一看，此生不变就是邵医人了。1993年4月，我来到杭州，这是我第一次来杭州，此前对杭州的了解仅限元代诗人奥敦周卿的《蟾宫曲·咏西湖》中的千古名句"上有天堂，下有苏杭"。春风轻拂、春光明媚、波光荡漾，美丽的江南、美丽的杭州，令人神往。这次杭州之行，面试当然非常顺利，并且我对杭州之美也有了切身体会，心中窃喜，我就认准了邵医。

到邵医后，我被邵医不断感动，也不断改变。一个小患者，因患先天性心脏病房间隔缺损曾在外地计划手术，但因患儿肺动脉压力较高未能进行。患者家属得知有国际一流的心脏专家到访邵医，就充满期待地把孩子送到了邵医。我给患儿仔细检查后发现其除房间隔缺损外还伴发动脉导管未闭，这是导致肺动脉压升高的主要原因。后来，经心脏外科、心内科、放射科、麻醉科、体外循环、ICU、护理团队多学科讨论，及制订周密的手术和术后管理计划，我们成功地为这名患儿实施了外科手术。

给患者最好的一直是我们努力的方向。为方便患者检查，我们就把超声机器推到重症病房或监护室里危重、行动不便患者的床旁，并及时向主管医师汇报检查结果，为患者提供最佳的治疗方案。

1996 年，医院鼓励我参加中日友好超声医学交流基金留学生招考，全国被录取的仅有 2 个人，包括我和另一位来自上海长征医院的医生。在这次留学生选拔赛期间，我有一篇关于经食管超声心动图评价心脏人工瓣功能的研究论文也荣获中日医学交流大会一等奖。为此，我还获得了医院的奖励。

医院非常注重人才培养，积极为年轻人创造到国外学习交流的机会。2007 年，我受医院委派前往美国罗马琳达大学学习影像科管理及超声医学新技术。2012 年，受浙江省"151 人才"项目委派前往意大利锡耶纳大学医院（University of Siena Hospital，Siena，Italy）进行为期 3 个月的学术交流与访问。至今，我们科李世岩、陈冉、唐海林、毛彦恺、熊莉、邓妍等中青年医师都曾赴国外学习与交流，这是邵医特色。在邵医，科主任、护士长基本都被派到国外学习、交流过，引领科室走向国际化。

2008 年 4 月，我当选中华医学会超声医学分会第六届青年委员会副主任委员，对外学习交流的机会更多，视野也更开阔。

健康下一代

（作为一家没有儿科病房的三甲医院，是如何把胎儿心脏超声检查做大做强的，您可以具体介绍一下吗？）

我本人比较擅长复杂先天性心血管疾病的超声诊断，因此，对胎儿先天性心脏病的发病情况了解得比较多。比如胎儿先天性结构畸形中，先天性心脏病的发生率排在了第 1 位，100 个新生儿中就有 1 个患有先天性心脏病。下一代的健康关系一个家庭、一个国家的未来，这绝对不是小事情。我觉得我有责任发挥自己的专长，在胎儿先天性心脏病的及时发现和诊治上尽到一名医生的责任。

胎儿心脏超声检查是指胎儿超声心动图检查，主要评估胎儿心脏结构、心律和功能有无异常。这项检查很有意义。通过该项检查可以发现胎儿心脏是否有异常情况，比如瓣膜病变、大血管畸形、房室间隔缺损、心脏肿瘤等。

这项检查一般在妊娠 4 个月就可以进行。如果发现胎儿有严重的、目前无法良好治疗、预后不好的心脏病，可以建议终止妊娠，有利于优生优育。

▲ 建院初期，赵博文（左二）与同事们合影

20世纪90年代中末期，国内主要对成人和儿童心脏病进行超声检查。但在国外已有对胎儿心脏进行超声检查的应用，并已用于胎儿先天性心脏病的诊断。我注意到这一前沿技术的发展，就积极开展探索研究，在浙江省内最早开展胎儿心脏超声检查，随后带领团队不断钻研，开展大量病例的研究与分析，并引领国内该领域的发展，在国际上也处于先进之列。2020年，我们也因此荣获浙江省科学技术进步奖二等奖。

开始，由于认知的原因，许多孕妇及其家属不了解甚至不愿接受这项检查，担心对胎儿造成影响。为打消孕妇顾虑，我们到不同地区举办公益讲座及专业培训班，提高人们对胎儿心脏超声检查的认识，组建包括妇产科医生和孕妇的大交流群，释疑解惑，分享成功案例。"话聊"也是一种治疗。我们发现，我们这种方式对缓解孕妇的焦虑很有帮助。有的孕妇由于初次检查怀疑宝宝心脏异常，非常担心和焦虑，此时胎儿的心率往往非常快，在进行检查的过程中，我们通过交流，缓解孕妇的紧张情绪，谈话过程中发现许多孕妇的胎儿心率逐渐下降，从200次/分钟到180次/分钟，从180次/分钟到160次/分钟，直至平稳。在我们细致工作和科普宣传下，不少孕妇由开始的排斥到逐渐接受，到医院寻求帮助的孕妇日益增多。有的孕妇怀疑胎儿心脏有异常问题，很焦虑，我们一方面给她做心理辅导，另一方面为她做产前检查，通过产前诊断了解胎儿心脏问题是否严重，根据检查结果采取相应的干预措施。我们的做法得到许多孕妇的认可，也得到浙江省内乃至全国同行的认可。1996年，我们首次开展这项检查时，一年仅检查17例；现在，每年需要检查5000多例。

在此基础上，我们制定了胎儿和新生儿心脏超声检查的规范化指南，在浙江省乃至全国推广胎儿心脏超声检查规范、标准化报告书写及知情告知同意书等，为浙江乃至全国同质化胎儿心脏超声检查提供了重要参考。目前，我们超声科是浙江省卫健委授牌的浙江省胎儿心脏超声诊断技术指导中心，作为中心主任，我感到很自豪。

文化的影响，一辈子

（您是邵逸夫医院开院前就工作的"元老级"医生了，美方管理团队给您带来哪些影响？您觉得自己有哪些习惯是受其影响形成的？）

美国医生很注重形象，他们认为良好的形象就是对患者负责。他们的工作服口袋里往往有一面小镜子和一把小梳子，为的就是随时维护好自己的形象。

上班要穿长裤子，白大褂上有侧方开口，为的是方便蹲下来为患者服务。院长老哈一门心思要把医院整得干干净净，他说："医院不干净，怎么能治病？那不就成了传染疾病的地方了？"

我认为，一家医院光会看病、开刀是不够的，得有人文的方面，邵医在东西方文化碰撞中形成了独特的"邵医文化"。这种文化是深刻的。我每天上班穿戴都非常整齐；我的办公桌一尘不染，一丝不乱；我现在穿的白大褂也有侧方开口；我的白大褂口袋里不仅有小梳子，还有两支笔，随时准备给患者作图解，红色的笔画血流，蓝色的笔画结构……

近年来，因为我所在专业的影响力，我得以频繁应邀参加国内外重要的专业学术交流活动。每当我在这些场合提及"邵逸夫医院"时，内心都会涌起一股深深的敬意。这5个字在我心头重若千钧，承载着重要的意义和责任。这也是邵医文化对我的影响。

无私援助与"无名英雄"

心向往之

（您是在什么情况下得知邵逸夫医院的，您为什么选择邵逸夫医院？）

我得知邵逸夫医院的时候，这家医院恐怕连一张草图还没有呢。我知道得这么早，跟我父亲有关系。有一次，他参加浙江省重点工程项目会议，有人拿出这个项目来汇报过。因为我是学医的，对有关医院的信息比较上心，所以他把这个消息告诉了我，希望我对这家医院多点关注。他说，这家医院由美国人管理，设备全部是进口的，同时又是浙江医科大学的附属医院，这家新医院未来肯定很好。

都拿到浙江省重点项目会议上去讨论了，能不好吗？作为父亲，他也有私心，他希望我毕业后能回到浙江，能回到父母身边。当时，我刚从白求恩医科大学毕业，学的是放射医学，这个专业人数不多，原因是很多地方医院都还没有放疗科，包括当时的浙江也都还没有。但北京和上海的各大医院一般有放疗科，所以我接触了在北京和上海的几家大医院。因为成绩优异，加上我在白求恩医科大学学习放疗的学术背景，所以他们都有意向接收我。不过，因为父亲给我讲

人物简介

孙晓南，主任医师，博士研究生导师，邵逸夫医院放疗科主任。中华医学会放射治疗专业委员会放射生物学组委员，中华医学会放射肿瘤治疗学分会姑息治疗学组委员，浙江省核协会理事，浙江省抗癌协会乳腺癌专业委员会常委，浙江省放疗、化疗质控专家组成员。

了邵逸夫医院，我就有意去了解了这家医院。没想到一下子就被吸引住了。这个医院不寻常，是由美国人管理的，这意味着这家医院有着广阔的对外学习交流渠道，能够及时了解和掌握医学发展的前沿动态，紧跟新技术发展潮流。我相信，这是每个年轻医生的追求。对我来说，还有更重要的一点，这家医院有先进的放疗设备。就凭这两点，邵逸夫医院在我心中已无可取代，成为我心向往之的地方。

1990 年，因为邵逸夫医院还在建设中，我先是被分到浙医一院放射医学研究所工作 3 年，同时完成了各临床科室轮转。1993 年 3 月，邵逸夫医院开院前夕，我被调入邵逸夫医院，当时放疗科做放疗的就我一个人，我在放射科跟随章士正主任工作了近一年。

1994 年 1—12 月，邵逸夫医院派我到中国医学科学院肿瘤医院放疗中心进修，跟当时国内最牛的老前辈学习，接受了国内最好的专业培训。这一年，丰富了我的临床放疗实战经验。

倾囊相授

（邵逸夫医院是新建的医院，您所在的放疗科自然也是一个全新的科室，你们是如何在短时间内让科室正常运转的？）

我们虽然是一个全新的科室，但一开始运转就很正常，因为我们背后有强大的支撑。美国罗马琳达大学派了两名医生和两名物理师为我们把关。中国医学科学院肿瘤医院派来三名专家无私地为我们提供帮助。现有条件下怎么开展工作？添置什么设备？需要注意什么？规范标准怎么制定？这一个个问题在他们具体的帮助和指导下全部落实到位。特别是先后从北京来的三位著名专家——殷蔚伯教授、黄懿容教授和蔡伟明教授，在一个月的时间里，他们每天和我们一起上下班，一起在食堂吃饭，工作时间形影不离，对我们真正做到了倾囊相授。

从一开始，放疗科对肺癌患者的治疗效果就挺好，原因就是这些专家们每天都要教我们如何看片子。他们说：“片子看得清，放疗才能做得准。”受他们影响，我们后来在新进人员选择上也一直把良好的影像学基础视为一个硬性条件。原有科室人员也都要通过有关影像学知识培训。

作为管理方的美国罗马琳达大学，一方面让我们科室人员到美国学习进修，以提高专业技能和水平；另一方面，也从美国给我们带来新的技术。我本人就有幸到罗马琳达大学学习进修过，收获很大。我们科室的放疗当时有许多在国内其他医院都没有的“新式武器”，如体模、头模等。体模、头模就是起固定作用，让患者在治疗过程中保持稳定。放疗是需要重复的过程，要求患者在治疗过程中始终保持不挪动，否则一旦挪动就会影响定位的精准度，最终影响放疗位置的精准度。

邵逸夫医院是国内最早使用体模和头模的医院，国内多家医院为此前来参观学习，这也提升了邵逸夫医院及我们放疗科的品牌影响力。

无闻也无怨

（一个科室就是一支队伍，您是怎样带这支队伍的？）

一支队伍最重要的是正气。正气是队魂。正气来自哪里？正气就来自我们科室的每一个人。我觉得我们放疗科每个人都是积极向上、充满阳光的。一支队伍里如果有太多的人注重名利、计较个人得失，那这支队伍一定是涣散、没有战斗力的。

讲到咱们放疗科这支队伍，我就得说说老员工王奇。他是我们这支队伍里的一股清流。他是经放射科老主任章士正介绍于 1994 年来到邵逸夫医院的。他毕业于中国科学技术大学，他到邵逸夫医院之前是浙江医科大学的物理老师。

在我们放疗科，他除临床放化疗外，什么都干，说好听一点是"多面手"，难听一点是"勤杂工"。尽管他在医院默默无闻，但在我们科里什么时候都不能少了他，装机、排除机器故障、拿架子、搬东西，通宵忙碌是常态，但他从来没有怨言，什么活他都做得认认真真。

每天与各种杂事打交道的王奇，其实是个非常聪明的人，科里任何机器设备，他只要一看图纸，就能玩转。科里机器设备出了小故障，厂里负责维修的技术人员还在赶来的路上，他往往已经"手到病除"；机器设备出了大故障，厂里派来的技术人员抓耳挠腮，无计可施，他在边上稍一点拨，方法就有了。他肯干、实干、能干，交给他的工作从来都是说"好的"，他好像不会说"不"。

他这么聪明，如果不到邵逸夫医院来，恐怕早就是大学教授了。而他现在这个岗位进入不了医疗专业职称评定，所以快到退休年龄了也还只是一个中级职称的普通工程师。我问过他，有没有后悔过，有没有觉得亏了？他嘿嘿一笑："能把分内事做好，挺好。现在给我一个教授级高工，我要干的也就是这些事，再说，我这些事，教授级高工还不一定能干得好。咱们科里这些人干活都挺拼的，跟你们在一起，提气。"

王奇是我们的榜样。任何不公或委屈，对照王奇，也就释然了。

▲ 建院初期，邵逸夫医院院区环境

▲ 建院初期，孙晓南在医院门前留影

一套漂亮的组合拳

（有许多患者对放化疗是抵触的，有的甚至宁死也不做放化疗，概因"杀敌一千自损八百"这句话，对此，您怎么看？）

这是常识和认知问题，我觉得是可以说清楚的，不过确实不是一两句就能够陈述到位的，还是用事实来说话吧。

相信大家都能明白胆囊癌的意思，但未必了解它的恶性程度。

由于解剖学特性，胆囊癌患者被发现时通常已处于中晚期，患者预后非常差，总的 5 年生存率不足 5%，真的是连"九死一生"都谈不上。即使接受根治性切除手术，侵犯全层的胆囊癌患者平均存活时间也仅在 6 个月，是不是让人谈之色变？

早在 2002 年，我们蔡秀军院长带领的肝胆外科团队和我带领的放疗科团队就展开了一项合作，成立了胆囊癌多学科诊疗团队，向胆囊癌发起了冲锋，历经十余年的努力，终于在胆囊癌术后辅助治疗提高预后方面取得了重大进展。

我们通过放疗辅助同步放化疗的手段，将胆囊癌手术后患者的中位生存时间由 13 个月延长到 27 个月，为胆囊癌患者争取了一倍多的生存时间。要知道，对于胆囊癌的治疗来说，国际很多最新最尖端的治疗有时也只能为患者延长几个月的生存时间。

虽然已经取得了傲人的成绩，但我们的研究没有停步。下一步是针对恶性程度同样很高的胰腺癌，结合临床手术，打出新的组合拳。相信我们一定会取得新的突破。

在我们放疗科的榜单里，我们有不少患者已经坚持了 10 年的生存期，最长的已经达到 25 年。我们始终在路上，不断在攀登！

理念一小步，护理一大步

人物简介

周一汝，曾任邵
逸夫医院健康促进中
心副主任。

报告差错有奖

（从浙医二院到"中西合璧"的邵逸夫医院，您如何看待外方处
理问题的理念和方法？）

我于 1986 年参加工作，当时就职于浙医二院干部病房。1993 年，
邵逸夫医院筹建，吴金民院长作为邵逸夫医院中方筹建院长，抽调了
一支精干的医护队伍加入其中，我有幸成为其中一员。记得当时吴院
长对我说，邵逸夫医院是一家全新的医院，将带来更广阔的视野，见
证更多精彩，它将来会是一家非常有前景的医院，值得为之去奋斗！

带着对未来的憧憬，年轻的我来到了邵逸夫医院。那时，医院
由中方和外方共同管理，我们也因此接触到很多先进的理念、知识
和技能，特别是护理的专业性和独立性得到了充分体现。邵逸夫医
院的服务理念是"给您真诚、信心和爱"，这在那个年代发出了与众
不同的声音，也让我对新的工作岗位充满了信心与期待。

在病房筹建初期，各项工作都是从无到有、千头万绪。作为外
科护士长，我首要的任务是必须确保日常护理工作能正常运行。传
统的护理管理理念与外方的护理管理理念还存在一些差异，既要在

浙江医科大学
美国罗马琳达大学

邵逸夫医院

建院初期，邵逸夫医院的护士服（左十为周一汝）

尊重双方文化的基础上不断磨合，又要兼顾国内的实际情况。

我记得在邵医第一次接触到"差错报告有奖制度"，而传统的做法是：护理过程中如果出现差错是要处罚的，以起到警示作用。然而，外方专家不这么认为。他们认为如果要处罚，犯错的人可能设法隐瞒差错，使问题无法暴露而不能得到解决，对犯错本人和其他人也起不到警示作用，而类似的事情可能还会再发生。反之，如果对发生问题（有的是隐患）主动报告者给予容错甚至奖励，发生者会主动汇报问题，目的是让大家分享、组织讨论，找出改进方法，避免再犯同类错误。这种发现问题、正视问题并不断改进的做法，是外方管理体系中的重要组成部分，其可以让问题无处遁形而最终消弭。

记得有一次，我们一位护士在给患者 A 发药（其需要的是半颗药量），正当她准备掰药时，另外一个病房的床头铃响了，是患者 B 注射输液挂完了，需要换一瓶新的注射输液。而当她再回来时，匆忙中就把整片药给了患者 A。患者 A 犹豫了一下，轻声问道："护士，这个药我昨天吃的是半颗，今天是不是加量要吃一颗了？"患者这一问，同事意识到自己犯错了，连忙对患者说抱歉，患者倒也大度，说："你太忙了，这点事算不上什么，别往心里去。"虽然这个事件没有给患者造成实际的身体伤害，但已经在我们这名护士心中敲起警钟。事后，她主动找我汇报，提出要在科室会议上与同事们做案例分析，提出改进措施，并进行流程优化。鉴于该护士主动呈报隐患差错，科室特别奖励给她一份小礼物。好多年后，这名护士仍记得当时的那份小礼物带给她的惊喜和思考。

细节保证质量

（护理工作的质量在于对细节的把握。只有深入研究并关注每一个细节，才能确保护理工作的优质性。请问您是如何把握细节的？）

先进的理念和对细节的重视，确保了医疗护理的安全运行。邵医文化促使着我们时刻想着如何把工作做细，并且在实践中不断学习和创新，降低漏洞产生的可能性。

病房里，因为工作繁忙或者个别员工对制度的不严格执行，会发生许多意想不到的事情，例如曾发生护士输液给错患者的事件。为解决此类问题，邵医在当时成为浙江省内首家实行给患者佩戴手环做身份认证的医院。尽管在初期部分护士在具体执行流程时不到位导致发生身份认证错误，但是后来科室针对该流程进行多次"场景重现"和"角色扮演"的培训，使得护士们对如何做好细节来保证护理质量有了更直观的体会，科室内该类错误的发生率明显降低。令人欣慰的是，如今浙江省多数医院已采用入院佩戴手环的方法，有效杜绝隐患。

邵医规范化的培训使我们具备强烈的风险意识。临床有些药物非常容易混淆，比如氯化钾和氯化钠，外观、颜色、大小都非常接近，虽一字之差，但一旦误用会造成严重后果。为此，科室制定了严格的流程，双人核对、环环把控。对于高风险药物，从进入科室开始每天检查，贴上明显的红色标识，并独立放置保管，从细节入手，尽可能降低风险，最大限度地保证患者安全。

经常有医学生问我："周老师，邵医到底有多好？"我告诉他们，邵逸夫医院是一家充满活力、包容和进取的年轻医院，它在为患者撑起重获新生的一片蓝天的同时，也为医护团队提供了天高任鸟飞的工作氛围和发展环境。在这里，你的想法和创造力会得到充分尊重和发挥。这是我的切身体会，我相信这也是对年轻人的吸引力所在，也正是我当年选择邵医的原因。

邵医，让我无怨无悔。感谢邵医给我成长的机会，让我看到不一样的自己。

"影子特战队"及 N 个与
死神较量的瞬间

人物简介

张悦怡，邵逸夫医院技能培训中心主任，急诊科原护士长，浙江省唯一被美国心脏协会聘任的大中华区心肺复苏培训的区域主任导师。

送你一朵小红花

（医院开张前，1992 年和 1993 年到邵逸夫医院入职的医护人员，有不少曾到美国罗马琳达大学学习培训过，您是其中之一，可以谈谈那次出国培训的感受吗？）

我应该是邵逸夫医院首批派往美国学习的人员。1991 年，我就与邵逸夫医院结缘了。当年 4 月，经邵逸夫医院首任美方院长方则鹏面试，我作为未来邵医人被派遣到美国罗马琳达大学进行为期 8 个月的学习。

在加入邵逸夫医院前，我已经在浙医二院从事急诊科和手术室的临床护理工作多年，当时作为业务骨干，以未来护士长的人选来选派培养，并最终调入邵逸夫医院。

到美国学习进修，不仅要学习他们的临床护理技术，还要学习先进管理方法和理念。因为邵逸夫医院开张后，就希望按最新的理念来管理和运营。

在美国学习过程中发生过一件有趣的事，美方一位急诊科主任每次只要看到我就用"Red Chinese"来称呼我，还经常以调侃的口吻问我中国人平时生活中是如何待人接物的。有一次，他在指挥为一位心脏骤停患者实施抢救时抬头刚好看见了我，他马上招呼我去给患者做心脏按压。我战战兢兢地上去按压，而心电监护上显示出了与美国护士按压完全不同的心电图波形，当时他惊奇地反复大喊："Good CPR! Good CPR!"我不经意间被动显露的一手让他对我刮目相看并赞赏有加。他不知道，对于像我这样来自中国医院急诊科的护士来说，心肺复苏技能是"吃饭家伙"，我们上手操作的水平绝对是杠杠的。

在抢救结束几小时后，这位急诊科主任手捧着一个插了一朵红色玫瑰的白色小花瓶，以一种颇具绅士风度的姿态，请我收下他的这个小礼物，以表达对我刚才在急救过程中出色表现的赞誉。他表示，我刚才的CPR质量实在太好了，远远超出了他们的护士。

原计划在美国的学习时间是6个月，但因医院开张计划延迟，我们又继续留下学习了2个月。回来后，我负责准备急诊科的开张工作，并被任命为急诊科护士长，当时也是医院最年轻的护士长。我们几个第一批被任命的护士长一起配合美方专家对护士开展培训，而美方专家授课的同声翻译也都是由我们负责的。当时，美方的护理副院长与我们的日常交流和开会全部用英语，这样的锻炼方式也使我们的英语水平得以大大提高。

还有一件事印象深刻。在医院开张前，一号楼是由我们分工包干的，楼内的卫生也是由我们负责的。8月份，有一次下大雨造成大楼内积水，我们就一起负责清理楼层积水。当时，

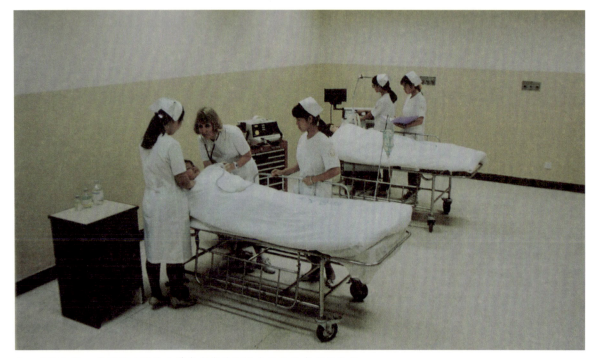

▲ 建院初期，美国罗马琳达大学专家带着邵逸夫护士给患者做体检

我正处于妊娠晚期，也挺着肚子跟大家一起拿着扫帚干活。结果当天晚上下班回家就开始腹痛，意外提前开启了女儿的人生之旅。

护理管理团队与美方副院长的配合和沟通一开始就很顺畅和高效，我们一起建立了护理管理制度和相关的操作规程，还翻译了一些当时最先进的护理培训资料并付诸实施，我还和急诊科医生团队一起编写了创伤急救和心血管急救方面的书籍，供医护人员参考。在我们的共同努力下，开张前的各项工作也得以顺利完成。

后来因工作需要，我被调到医院科教科负责技能培训中心的筹建和全院医务人员的培训工作。当时，我们还对最新培训理念和急救操作资料进行了整理，并编写了一本70万字的专著——《急重症救护新概念新技术》，作为全院和急诊科医护人员培训的参考教材。这也算是我从事医院技能培训工作的开始。

看得见的价值

（您是邵逸夫医院技能培训中心主任，请问培训对象主要有哪些人？效果如何？）

2004年12月，因工作需要，我被调至科教科，担任技能培训中心的负责人，负责技能培训中心的创建和员工培训工作。自此，我们医院成为浙江省内首家具有专属技能培训中心的医疗机构。

心血管疾病的发病率高、突发性强，如果抢救不及时或不规范，患者存活率相当低。况且，在医院的患者本身大多有基础疾病，如果医护人员掌握最新的急救理念和规范的抢救技能，可以在第一时间为心搏呼吸骤停的患者实施急救，那么可以大大提高就诊患者的安全性，改善其预后，从而为更多的人带来生的希望。因此，我们从医护人员着手，开始普及规范的急救技能。当时，我们建立了员工培训制度，要求医院所有人员都必须参加心肺复苏培训，并且拿到合格证书后才能上岗。我们初步制订了CPR培训体系与培训实施计划，在最短时间内完成了心肺复苏在全院员工中的普及培训工作。这样将国际先进的医院管理理念付诸实践，在当时国内并不多见，后续也被多家医院效仿。

按规定，我们的员工需要每两年参加一次心肺复苏培训，以更新证书的有效期。目前，我们每年培训上千人，从院领导到后勤人员，一个都不会少，不仅新入职的人员要培训，而且参加过培训但证书有效期到了的老员工也要参加培训。为了确保因开会、手术等原因无法如期参加培训的员工的证书能更新，我们还会在晚上和双休日开展个体化的小型培训班，以更好地服务临床一线医护人员。

在我们的技能培训中，除心血管急救的基础和高级生命支持外，我们还提供更多针对临床专科的技能训练和多学科团队培训，如腔镜技能、医护人员的团队模拟训练等。为此，我们还申请购买了各类动辄上百万元的高端培训器材，如高仿真综合模拟人、微创技能训练模具、产科训练综合模拟人等。配置这些高端模拟训练设备的目的也是希望能更好、更有效地培训本院的医护人员，最终让患者受益。

心血管急救培训的影响力也在更大、更广范围内彰显邵逸夫医院的责任感。邵逸夫医院的技能培训中心是美国心脏协会最早授权成立的国际心血管急救培训中心，有针对公众的"拯救心脏者"的正规教程，以及医护人员的基础与高级心血管生命支持的系列课程，还有系统的视频等教学资料。我们所完成的培训量位列全国前 2%，我们在培训质量上精益求精并具有引领作用，我们在新型数字化培训方面积极探索，这些都促使我们培训中心成为全国心血管急救培训的行业标杆。2017 年底，我个人成为美国心脏协会聘任的中国的区域主任导师，全国共 15 个人，浙江省 1 人。这不仅是我个人的骄傲，更是对我们邵逸夫医院培训中心的肯定。

心肺复苏术是关键时刻能救命的一项急救技术。如果有人突然出现心搏呼吸骤停，需要在突发意外后尽快对其实施急救（最长不超过 10 分钟），才有机会挽救生命。在我国，约每 8 秒就有一个人发生心搏骤停，而能抢救回来的概率甚至不足百分之一。其关键原因就是错失了最佳的抢救时间。因此，对公众进行急救知识与技能的普及培训是非常重要的。

我们从身边人开始普及培训。每年暑假，我们会对医院员工的子女开展心肺复苏和急救技能的公益培训；针对医生节等特殊日子，我们还会对员工的家属开展培训，我们的家属也非常支持和认可这项工作。有一次，我们重症监护室林玲主任的先生来参加培训。结果不久后，他们公司的一名员工不幸发生了心脏猝死，他先生就用我们所教的方法第一时间出手，把这名员工从死亡线上拉了回来，回顾救人情景，他觉得特有成就感，然后在 2 年急救证书到期后又主动要求再次来参加培训。

这就是我们开展院外心肺复苏普及培训的原因和意义，我们希望人人都学，个个都会，在危急关头有更多人敢于出手，挽救更多人的生命，从而创建一个更安全的健康人环境。

关于心肺复苏培训的效果，短时间内很难用数据说话。我们办过的培训班，深入社会各方开展过的公益培训，经我们培训的人用所学技能救了多少人等等，这些都未能统计过，但我身边救人的成功案例有不少。

1995 年，医院刚开张不久，有一天半夜，我们一位 32 岁的骨科医生在家属宿舍突发心搏骤停，所幸楼上楼下的医生以及急诊科刚经过规范培训的医护人员第一时间进行施救，成功地把他从死亡线上拉了回来。

2011 年，我的一个朋友，其他医院的一位退休护士长，应邀在一家民营医院帮忙，她特地邀请我为该医院的医护人员进行了几次心肺复苏技能培训。意外的是，有一天她自己竟然在医院突然倒下了，幸好当时有刚接受过心肺复苏技能培训的护士在场，立即为她实施了急救……得救后，她诙谐地表示，没有想到她自己竟然就是她坚持给民营医院护士做心肺复苏培训的最大受益者。

2014，我们医院监护室一名护士的先生半夜突发心搏骤停，她立即开始心肺复苏，同时镇定地指挥女儿拨打急救电话，后来送到就近的一家医院，但心脏按压做了很久也没有反应。当时医院都差点放弃抢救了，但她坚持施救，坚持做了一个多小时的心脏按压，配合使用除颤器，终于把她先生救回来了，并且没有留下任何后遗症。

2018 年，医院原党委书记刘利民在省内一次重要会议现场，用他娴熟的心肺复苏技术成功施救了一名在现场突发心脏猝死的记者。

2021 年的某一天，我院行政科室一位主管在办公室突然觉得全身发冷和胸痛，他的妻子（也是本院一名护士）要求他去急诊室检查，结果在半路就倒在医院的门诊大厅，恰巧刚入职的新医生路过，见状及时开始心脏按压，保安和其他科室员工一起，一边施救一边把他送入急诊室，为后续手术赢得了宝贵的时间。在医院领导和相关科室的支持下，10 分钟内他就被送入心导管室进行了开通闭塞的心脏大血管手术，后面也恢复得非常好。

还有一次早高峰，一位 20 岁的小伙子在杭州一辆公交车上突然晕倒，同车的一位女士迅速为他进行了心肺复苏急救，等 120 急救车到达现场后，这位女士便悄悄地离开了。经过媒体多方寻找，得知这位女士曾经是本院一名医生。她在接受采访时表示，以前在医院接受过多次心肺复苏急救培训，没想到离开医院近 3 年了，还能顺利地实施心肺复苏技术。她感慨地说，这要多亏了在医院时的严格训练。

……

这发生在我身边的一个个故事，是我看得见的价值。

"影子特战队"

（邵逸夫医院有一个神秘的团队，经常在各个楼层间奔跑和穿梭，可以请您介绍一下这个团队的情况吗？）

▲ 建院初期，急诊科第一任护士长张悦怡（中）和时任 LLU 的急诊科护士长达琳·布拉德利（Darlene Bradley）（左）及急诊科主任鲍德国（右）合影

我们医院有个院内抢救小组，是建院之初按发达国家对医院内抢救的最高标准设立的，由 6 个人组成，他们来自麻醉、急诊、重症监护、呼吸治疗等科室。

这个小组平时是无形的，人员散在院内各个科室进行常规工作，没有抢救任务时就不存在所谓的抢救小组，也不存在谁是组长、谁是组员的角色分工。

这个小组的每个成员都经过强化培训。他们都是所在科室的经常应对抢救的业务骨干，也是责任心比较强的较为资深的上级主管医生。我们的培训主要针对正确的理念和规范的技能，也会关注抢救时应急的速度和配合的默契度。这类似于消防队员，在接到报警后几分钟内能到达现场，并让水枪喷出水来……因此，我们会不定期地开展院内各区域抢救的模拟演习，以促进抢救小组成员能更迅捷、更熟练地开展急救。当年，每个抢救小组成员科室都有医院配发的传呼机，全院有统一的数字代号，比如显示"9903"就代表在监护室 3 楼，"9910"就代表在 10 楼病区。这个传呼机要么不响，一响就是一场与死神的搏斗。这个传呼机每天由相关科室的高年资值班人员拿着，传呼机一响，他（或她）就是抢救小组的队员，需要立即放下手头工作奔赴抢救现场。

虽然抢救小组成员来自多个科室，但运作时并不需要院领导或医务科来组织协调或指挥。当某个夜班护士或值班医生发现自己主管的患者情况不对，或已经没了呼吸或心跳，他会马上发出急救信号并开始初步急救，而抢救小组的成员能在几分钟内就全部到达抢救现场。因此，如果你发现在邵逸夫医院有提着急救箱在走廊、楼梯或过道上狂奔的医生，那一定是抢救小组的成员。

我们的院内抢救小组就是生命战场的"影子特战队"，聚是一团火，散是满天星。

道是无情，却有情

生得晚，长得快

人物简介

盛列平，主任医师，硕士研究生，邵逸夫医院牙科主任、牙种植中心主任。

（30 年，对于一家医院的历史来说，是短暂的。邵逸夫医院虽然起步比较晚，但成长迅速，您可以介绍一下邵逸夫医院牙科的成长之路吗？）

我是 1992 年到邵逸夫医院的，白天搞大楼卫生，晚上睡草席看护仪器设备，因为医院还没开业，我们先到的这批人在邵逸夫医院都有当保安和保洁的经历。

在邵逸夫医院，我们牙科算是最早开始运转的部门之一。当时，牙科有 6 张牙椅。牙科的布局是美方专家设计的。牙科要用的东西全部是从国外打包寄过来的，其中甚至包括火柴、蜡烛等杂货。当时，许多进口材料在国内是买不到的。

我们的牙科虽然"出生"晚，但许多做法在国内是最先进的，比如"四手操作"，即为每个牙医配备一名助手，一些简单的工作由助手完成。

我们是全国最早能做烤瓷牙的医院，我们有专门的烤瓷牙技工工作室。我们也是全国最早提出牙科感染控制和无菌化的医院。我

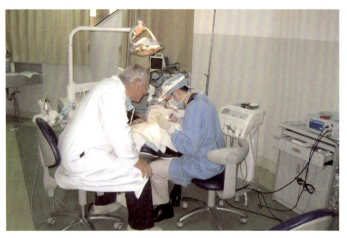

▲ 美国罗马琳达大学牙科学专家指导盛列平进行牙科操作

们的牙科一开张就配套好了洗手池、洗手液和擦手纸。

开院时，我们的高速涡轮机就实现了"一人一消毒"，而这种消毒不是简单地用酒精擦一擦，而是要用高压灭菌方式进行，这样操作的成本很高，当时国内大多医院口腔科做不到这种程度。而牙椅，我们也实现了"一人一消毒"，即一个患者治疗后要进行一次全面消毒。

邵逸夫医院在全国最早提出无痛概念，我们牙科在院内也是领先的，特别是补牙治疗，整个过程做到让患者无痛。也许有人会说，打麻药后是不会痛的，但注射麻药时还是会痛的。就是这么短暂的一点疼痛我们也没放过。我们采用的方法是，在准备注射麻药的部位上先涂抹一点表面麻醉药，过一会儿等表面麻醉药起效后，再用很细的针注射麻药，这样打针时的痛感大大减小。

负责指导和帮助我们建科的专家，是美国罗马琳达大学牙学院的开创者鲍姆（Baum）医生。至邵逸夫医院牙科建科时，这个牙学院在美国已有近70年的历史。牙学院有很多校友来过邵逸夫医院牙科为我们提供培训和现场指导。因为有来自牙学院的专家们的指导和帮助，所以我们早在1995年就拥有了国家级口腔继续教育学习的办班资质。

美方专家明确表示要把邵逸夫医院牙科打造成国际化现代化牙科。当时很多牙科器材在国内买不到，因此他每次从美国过来都会带来两个大箱子，里面装满了牙科器材。如果一时来不了，他也会把一些材料和设备打包好寄到邵逸夫医院，而这些东西都是他自掏腰包购买的。

开院初期，我们牙科的根管治疗术和烤瓷牙技术就已经非常有特色，这与外国专家定期来访指导和安排我们到美国罗马琳达大学牙学院学习是分不开的。我本人也多次前往美国罗马琳达大学牙学院学习。

2004年，美国罗马琳达大学牙学院副校长托尔·巴克兰（Thor Bakland）来我们科室指导科室管理和临床，为我们设计了新的诊室。2009年，托尔提议科室需要有口腔卫生师，帮助医生做好患者口腔卫生治疗和宣教工作。在他的建议下，邵逸夫医院牙科和美国罗马琳达大学牙学院先后联合培养了30多名口腔卫生师。2023年，邵逸夫医院与美国罗马琳达大学、浙大城市学院三方联合培养的第一届口腔卫生师以优异的成绩毕业。

美国罗马琳达大学的理念对我们的影响是全方位的，除专业知识外，如何对待患者、如何对待自己的职业也给我们深远影响。他们最大的理念是要尊重患者，要爱这个职业。患者有不满、有抱怨，要多从自己身上找原因，看有哪些可以提升和改变的空间。

30 年，我们邵逸夫医院牙科从当年的 6 张牙椅、4 位医生，发展到现在有 54 张牙椅、37 位医生及 35 位辅助人员的更加全科、更加整体的实力型牙科，我们要感谢美国罗马琳达大学及其牙学院。

美方管理团队对邵逸夫医院的 5 年管理期结束后，我们邵逸夫医院牙科与美国罗马琳达大学牙学院的联系和合作一直没有中断过，从最早的口腔疾病的预防、治疗及各种超前理念的确立，到现在的数字化、微创、计算机辅助设计等的牙科现代化，都与美国罗马琳达大学及其牙学院的无私奉献紧密相关，愿我们的友谊之花越开越盛。

一次尴尬，受益终身

（前面您讲到因为有美方专家的无私奉献，所以才有邵逸夫医院牙科的长足发展，他们有高尚的品德，请问他们对您影响最深的一件事是什么？）

与美方专家的合作是愉快的，他们有理想、有追求，对医学无比热爱。但有一次，一位美国专家也让我尴尬过，但是一次让我受益终身的尴尬，让我对怎样当一名好医生有了更深切的领悟。

那一次，我的一位近亲来到我的办公室，说牙齿不舒服，让我瞧瞧，我看看没发现什么大问题，就嘱咐他吃点药、注意口腔卫生就行。亲戚不放心，我就说："我这里有一位很厉害的美国专家，我让他给你再看看，这样你就放心了。"

我把那位美国专家请到我的诊间，向他介绍了我的这位亲戚，他礼貌性地冲我的亲戚点了点头。随后，我提出想让他给我的亲戚看一下牙齿。让我没想到的是，他问我要挂号单，我说："您先看一下，如果觉得需要进一步检查或治疗再去挂号。"谁知他连连说"NO"，表示这样不可以。我给他解释了好几遍，就是想请他把个关，因为我觉得是没问题的。但他坚持说，不挂号就是对患者不负责，是我的亲戚也不行。每个到医院看过病的人，医院必须给他们建立档案，这对患者的后期治疗是有帮助的。我和这位美国专家平时合作是很愉快的，没想到他一点面子也没给我。他甚至掏出钱来，说挂号费他出，挂完号他一定会认真看的。

他的这一举动，让我非常尴尬。

事后反思了一下：一开始我没让亲戚去挂号，当然不是为了省挂号费，是虚荣心在作怪，是为了让亲戚觉得医院有人看病方便，有优越感；而美国专家视规则为红线，任何人都一视同仁，同时为每位患者建档案更是对患者负责。

小事见精神，精神没有大小之分。那次未挂号的尴尬事件，对我触动很深，促使我时刻注意检视自己的行为，有没有公正平等地对待每一位患者，有没有真心实意地对待每一位患者，可谓让我受益终身。

1994 年 5 月 2 日，邵逸夫医院开业当天，邵逸夫先生来到了牙科，边参观边听我们的介绍，脸上流露出欣喜之色。我想，今日邵逸夫医院牙科在国内的影响力及其地位，足以告慰这位伟大慈善家的在天之灵。

▲ 1993 年，美国罗马琳达大学牙学院鲍姆（Baum）教授（中）与盛列平（左二）等合影

邵医护理，不走寻常路

人物简介

庄一渝，邵逸夫医院护理副院长兼护理部主任，浙大城市学院护理与健康学院院长，中华护理学会理事，浙江省护理学会副理事长，中华护理学会重症护理专业委员会副主任委员，浙江省护理学会重症监护专业委员会主任委员，《中华护理杂志》副主编。

寻找重症患者

（一家新的医院，在科室关系的处理上一开始就想步调一致是没那么容易的，您最初在重症监护室，您所在的科室与其他科室最难协调的事情是什么？）

我是在 1996 年调到邵逸夫医院工作的；1986 — 1995 年，我在浙医二院工作，其间有两年被公派到新加坡学习。1995 年，回国后在浙医二院急诊监护室工作。当时，我们的吴金民院长还兼任邵逸夫医院的中方院长，吴院长在我的心目中是一位非常具有人格魅力的医院管理者。他说邵逸夫医院缺少重症监护室（ICU）的管理人才，希望我能到邵逸夫医院协助开展重症监护室的工作，而我本身也非常热爱重症监护这个专业，我就特别开心地答应了。

如今回忆起建院初期的那一段峥嵘岁月，我真的很感慨。

那时候，医院刚开院才两年，和我原来工作的浙医二院相比，尽管硬件设备都很先进，但是患者很少，临床业务量也可想而知，真的挺难的。

医院的发展，需要我们所有人拧成一股绳，齐心协力。那时，

▲ 建院早期，庄一渝（左二）和重症监护室同事合影

我们一心就想着如何让医院变得更好，如何让患者有更好的就医体验。我们也坚信邵医一定会越来越好。在那些艰难的岁月里，邵医人不畏艰苦、砥砺前行的精神，也激励着我们自己不断接受挑战、实现超越，如今想起，依然感动不已。

现在，重症监护室每天都在协调床位，因为床位不够，患者收不进来。可能现在很多同事完全无法想象建院初期重症监护室收不满患者的情况。我相信每个专业都有它特别难的时候，当时医院的重症监护室只开放了9张床位还不能收满，一是因为整个医院患者都不多。为什么不多呢？其一是与社会上一个误传有很大的关系，说这是个很漂亮的私人医院，这里有很多美国医生，看病要用美金，收费很高。其二，邵医地处杭州城东郊区，离市区还比较远，交通也不便，来就诊的患者并不多。各个科室的患者都不多，一些重症患者就在病房里监护，从重症患者管理和重症医学人才培养的角度来讲，这样的做法是不妥的。于是，我每天陪同美方院长韩得利到各科室巡查，排查重症患者，劝说科室负责人把重症患者送到重症监护室。为了确保每个患者的安全医疗，我和美方护理副院长凯瑞（Kerry）就去药房查每个患者的用药情况，通过医嘱了解哪些患者在用血管活性药物，根据用药情况，将在病房里的重症患者及时转进重症监护室。

就这样，经过较长一段时间的磨合，各个临床科室也慢慢理解了医院的做法，开始配合我们的重症患者收治工作，主动把一些重症患者送到重症监护室。我们的工作有序推进，重症监护室的工作也越来越被同事们所认可和赞赏。

值得一提的是，重症医学科从当初的 9 张床位发展到现在的 4 个综合 ICU、98 张床位，收治各类重症患者，及各种重大手术（心脏大血管手术、各类器官移植、胸外科手术、神经外科手术、普外科手术等）后的患者。我们具有美国心脏协会认证的基础生命支持（BLS）和高级生命支持（ACLS）专业化团队，是浙江省成人 ICU 专科护士培训基地、中华护理学会重症专科护士京外临床教学建设基地、卫健委专科住院医师培训基地。

永远把患者的利益放在首位

（构造有爱的环境，这是邵逸夫医院护理工作的重要理念之一，请问你们是如何做到内化于心、外化于行的？）

我们每年要接收全国各地的同行来邵医学习，学员对我们邵医的评价中，有两个词是最高频的——专业、人性化。

永远要把患者的利益放在首位，尊重每一个宝贵的生命，这是我早年与罗马琳达大学的专家们共事时，他们给我留下的最深刻的印象。

我记得当年韩得利院长从天桥底下把一些流浪者带回医院就医，在他们最无助、最脆弱的时候无私地为他们提供帮助。我以前也经常和员工讲，当一个患者变卖了房子、牛羊等跑到医院来看病，就是押上了全部身家，尤其一些重症患者是倾家荡产来救命的，我们应当尽全力帮助他们，让他们感受到温暖、看到希望。

英语里有个单词"privilege"（特权），我觉得我们作为专业人士就有这样的特权去照顾别人，因为我们比别人学得多、懂得多。很多时候我们要换位思考，患者最需要什么，我们要竭尽全力在合理的范围内满足他们的需求。邵医从开院到现在，我们一直在这样做，我也希望这样的精神能够一直传承下去。

再拿 ICU 患者家属探视这事来说吧，一般医院有明确的规定时间，很多患者家属由于各种原因在规定时间内来不了，而有的患者因为见不到亲人而情绪不稳、精神不振。什么是"以患者为中心"？"以患者为中心"就是我们的一切作为都是患者认为是最好的。我们开院时就实行弹性探视制。我们安排的探视时间是下午，这个时间医生都在，方便与患者家属交流。但有时候，患者家属只有在晚上才有时间，我们就采取预约制，根据家属的时间来定，满足探视需求。

新冠疫情期间，出于防护要求，暂时取消了探视。但如果患者要外出做检查，我们也会通知家人过来看一下，找一个大家相对都能接受的地点。尽管有规矩，但医院的规矩不应让患者觉得生冷。患者希望有家人陪伴，这是一种人性需求，我们不能不满足。这些我们坚持下来的人性化举措和柔性文化，若干年过后再看，证明是对的。比如，我们在 1996 年就提出了打造"无痛医院"，以多学科合作形式保证患者术后不疼痛。不疼痛，患者就愿意下床活动，下床活动就恢复得快。我们坚持了 20 多年，也深得患者肯定。

肿瘤内科曾有一位喉癌患者，晚上病情有了变化，人处于休克状态，我们医护人员经过一个晚上的努力，终于将他从死亡线上拉了回来。这是我们的职责和使命。醒来后，护士在他床前交班时，这个患者在一个纸板上歪歪扭扭地写下了一行字"对不起，昨晚吓到你们了"。这就是我们的患者，我们只是做了我们应该做的事情，而在他们心里却重若千钧。看到这行字，我觉得我们与患者之间的这种特殊的感情特别地美好，我们在共同构建有爱的环境，医患共情，双向奔赴，我为我选择的这个职业感到特别欣慰。

我现在分管全院的护理工作，这种来自临床护理一线、令人感怀动容的故事不胜枚举。我们每年有多名护士被派往偏远省份兄弟医院帮扶。有一次，有一家医院院长对我说，总觉得邵医护士很特别，与他们医院的护士不一样，于是他留心仔细观察，发现邵医护士的眼睛会说话，他们在和患者沟通时，眼睛是专注、温柔地与患者对视的。人性与人性是可以相通的。

"互联网 +" 带着邵医护理一起飞

（邵逸夫医院的发展一直是与时代同步、与患者同心的，请问具体到护理工作，有哪些可以圈点的地方？）

移动互联时代，我们邵逸夫医院的智慧医院、数字化医院建设一直领跑全国。护理工作也借着互联网实现质的跃升，充满人性化的邵医护理从院内飞到院外，让更多的人不到邵医亦能享受到邵医专业、细致、温馨的护理服务。

一天快下班了，"浙里护理"平台上有一个发给我们医院的订单，是一位女患者发出的求助。她是一名脑瘤晚期患者，在杭城一家医院做了手术，身上放了导管。这天，她本该到医院换药，可是她人太虚弱了，根本起不了床，她女儿打电话给当时做手术的医院，看看他们有没有可能提供上门服务，但对方告诉她没有这个先例，让她还是自己想办法到医院来。

无奈之下，她想到自己曾在互联网上看到过，邵逸夫医护理工作网评很好，就在"浙里护理"平台上下单了。

这个单子一跳出来，就被我们妇产科护士长吴卫利看到了，她看患者的位置与自己下班回家的路是同一个方向，便马上接了这个单。因为这是一名肿瘤患者，所以她叫上肿瘤内科护士长项敏利一道去。

患者是上虞人，住在女儿租的房子里，为的是方便在杭州就医。患者没想到邵逸夫医院护士反应这么快，在这么短的时间内就上门了，十分感动，躺在床上的她努力想坐起来打招呼。吴护士长见状，急忙上前，轻轻按了按患者的肩头："大姐，你别动，先让我给你检查一下。"经过一番仔细查看，护士长给这名患者换了药，做了伤口维护。从患者提出的需求看，两位护士长的工作本该到此结束了，可她们并没有马上走，而是为患者做了全面评估，项护士长告诉患者及女儿，患者有血栓和压疮的风险，还给女儿教了相关的防范知识，以及如果有意外情况发生，该如何采取措施等。这就是我们的护士，既有专业精神，又有责任意识。

▲ 2021 年 4 月，邵逸夫医院护理部获"全国五一巾帼奖状"，庄一渝（前排右五）到北京领奖

▲ 邵逸夫医院护理新生代

　　这位患者和她女儿都非常感激，她女儿把我们两位护士长送出去很远。后来，她女儿还用丝线编织了手链送给我们这两位护士长。她们很珍惜，认为这是患者对她们的最高奖赏，这手链将医患的心串在了一起。

　　目前，像项敏利、吴卫利这样具有"互联网＋护理服务"资质的护士在我们邵逸夫医院有 300 多人，涉及各个专科，患者有需要就可以快速响应。与在医院里团队作战不同，上门服务的护士通常是独立工作，对综合素质的要求非常高。我们每位上门服务的护士都要接受严格的培训和考核，符合卫健委的资质要求。

　　我们在 2017 年就开设了国内首个线上护理咨询门诊，开创了"互联网＋护理服务"实践的先河。2019 年，我们又以国家卫健委关于"互联网＋护理服务"试点文件为指引，进一步完善"互联网＋护理服务"云平台。这几年，我们的"互联网＋护理服务"团队共计开展线上咨询服务 11442 人次，开展线下居家护理服务及伤口造口敷料线下配送共计 237 人次，扩大了优质护理资源服务辐射半径，提升了患者就医获得感和满意度。

　　我们每个科室每年至少有两批人员前来进修。她们去各科室报到时，每个人都会分到一个更衣柜，柜门上写着"欢迎某某老师"，细节细如丝，牵动是心弦。

走别人没有走过的路

建院 20 周年的时候，我们重新设定了护理愿景：世界一流的健康照护。我们在践行的道路上不断探索和创新，以适应新世纪的社会护理需求。

护理是一门重要的科学。从 20 世纪 90 年代开始，我们就一直专注于护理人才的培养，培养最顶端的护理人才，走别人没走过的路。

作为国内首家设立高级临床专科护士（advanced practice nurse，APN）的医院，邵逸夫医院自 2000 年以来根据临床实际需求，通过国外进修与国内专科护士学习相结合的方式，先后培养了不同专业的 APN，目前已有糖尿病管理、伤口 / 造口 / 失禁管理、全科医学健康管理等 11 个专业领域的 APN。其中，造口伤口专科团队在浙江省内最早开设了专科护理门诊。2009 年，静脉治疗专科组建了全国第一支专科团队。

20 多年来，护理部 APN 在学术上取得了多项令人瞩目的成绩：2 人担任浙江省护理学会专业委员会副主任委员，多人担任全国及省级专业委员会委员。我们是浙江大学护理博士、硕士学位点，拥有博士研究生导师 4 名。

2019 年 3 月，我们成为国内首家磁性医院。磁性认证项目反映了邵逸夫医院护理的卓越品质以及国际化特质。认证评审官对我们医院的护理给予了高度评价：强大的领导班子，明确的愿景和战略规划，全体员工在蔡秀军院长的领导下有序开展工作，合作意识强，充分体现团队精神，大家喜欢在此就业，不想离开，邵逸夫医院是真正的"天堂"！

不忘初心，砥砺前行，我们以女性特有的品质、细腻的爱心、辛勤的耕耘，在护理岗位的各项日常工作中发挥着我们的作用。2021 年，护理部获得全国总工会颁发的"巾帼文明奖状"；2023 年，护理部荣获全国妇联颁发的"全国巾帼文明岗"。所有这些成绩的取得都要感谢邵逸夫医院这个不断创新、充满活力的发展平台，让邵医护理与众不同的发展模式在这片热土上生根、发芽、开花，并在行业内形成一张闪亮的名片。

"一床"到位，满盘皆活

"弹"出一片新天地

（大医院多数会出现资源紧张甚至是一床难求的现象，导致患者及其家属抱怨之声不绝于耳，请问邵逸夫医院是如何解决这一问题的？）

床位一直是大型综合性医院的紧缺资源，当医院发展到一定阶段，床位将会日趋紧张，而一般情况下资源的提供是有限的，若不能满足患者需求，则如何整合资源，将有限资源发挥最大化的效用是一个很迫切的课题。

传统医院的管理模式是将医院的各式资源割裂、分段的，传统医院将医院床位按专科分成不同的病区，由相应的专科医生和护士组成一个固定的团队负责本病区患者的治疗和护理，床位的实际使用权集中在专科医生或护士长手中。1994 年建院之初，邵逸夫医院即设立床位协调处（今为入院准备中心），全院床位由专人负责统一管理，实行全院"一张床"的管理模式，以提高床位使用效率，避免临床科室各自为政，避免床位资源浪费。

这个理念无疑是先进的。我是 2001 年调入床位协调处开始做床

人物简介

徐玉莲，副主任护师，浙江省入院服务管理专委会委员，邵逸夫医院入院准备中心主任。

位协调工作的。刚开始需要协调的工作并不多，无非是了解各个楼层每天有多少患者出院，空床几张，再将等待住院的患者按照病情或等待时间按序安排入院。但这项工作确实不好做，难点在于，相对于患者的需求，医院的床位资源实在有限。患者抱怨不能及时入院，临床医生不理解为什么不能及时安排目标患者。在这一过程中，床位协调处只发挥了单一的床位协调管理的功能，并未能统筹整合各方资源的融合，单纯地增加床位资源很难满足各方需求，更何况能增加的床位数也是非常有限的。

痛定思痛，我们决定主动出击，化被动为主动，发现资源统筹整合关键之"眼"是床位，它是贯穿于整个医疗服务流程中提升效率的核心要素。借鉴美国罗马琳达大学的管理理念，结合我国国情和我院的自身定位，2007年开始，邵逸夫医院将单纯腹腔镜胆囊切除术术前检查前移这一模式向临床科室所有择期手术或治疗患者开放，并不断优化入院检查流程，最终于2011年开发了入院检查医嘱预存系统，满足个性化的入院检查需求，通过与医技部门的通力合作，使患者办理住院手续当天（利用等待床位的过程中）就能完成术前各项检查，入院次日安排手术和治疗，有效缩短术前检查时间和平均住院日，加快床位周转，为更多住院患者提供服务。

邵逸夫医院从建院开始，就实行全院床位统一管理，立体收住不加床，这在全国都是个破冰之举，当时也引来了不少非议。事实上，不加床就是以人为本，用创新方式向资源要效益，让一张床为更多的患者服务，同时为每一位住院患者提供高效、优质的服务。医院加床是在原有人力、物力的基础上增加床位，病区或走廊加床打乱床位数与医护人员的配比关系，迫使医院在病区管理和医疗护理服务质量上打折扣，最终受到影响的还是患者。

邵逸夫医院不加床，是站在更高的层面上，通过床位协调中心和全院员工的共同努力"挖"出更多床位来服务民生。全院病房不受科室限制，由入院准备中心实行统一调配，通过对患者信息实行分层分类管理，保障急诊、重症患者及时安排入院，转诊及限期手术和治疗患者优先入院，择期手术和治疗患者则按照医生的手术和治疗时间精准预约住院；遇到急诊手术或治疗的患者，如普通病房没有床位，可以将患者暂时安排在VIP病房或是ICU（重症加强护理病房）、CCU（冠心病监护病房）乃至PACU（麻醉后监测治疗室），第二天再转回到专科病房，这能极大地提高医疗资源的利用效率，同时保障患者安全。同时，我们也会随季节性变化或寒暑假导致的患者流量的增加和病种结构的变化，及时调整各临床科室的床位数。

▲　2018 年 6 月 22 日，浙江省"医疗技术能力和医疗质量水平双提升"发布会邵逸夫医院专场，徐玉莲介绍床位中心的管理模式

乾坤大腾挪

（医院病房不受科室限制，有空床就可以收住任何患者，那么会不会出现骨科患者住进呼吸科病房、胸外科患者住进神经科病房等现象？）

这种担心不无道理，问题是如何收，怎么收？只要有空床就可以收治任何患者，导致一个护理单元收治不同专科的患者，为保障患者能够得到专业的护理，护理人员需掌握多专科的护理专业知识和技能，同时面对多个临床科室的医生，与他们建立良好的合作关系，这对护理人员来说是极大的压力和挑战。患者多单元收治，医生多单元查房，医生会将更多的时间耗费在长距离的查房上，这会增加人力成本。安排床位时既要考虑住院患者的安全，又要考虑医生诊治的方便性和护理人员对患者专业的护理，基于此，我们制定了"专科、就近、集中"的床位安排原则，与每位科室主任、主管医生充分沟通，梳理出可以跨科收治患者的术种和病种，将患者安排到最适宜的楼层住院。

安排床位前，我们要进行数据统计和分析，了解 ICU、各护理单元患者的转床信息和急诊患者滞留情况，确保 ICU 患者转回到专科病房；将原收住在非专科病房的大手术患者和发生病情变化的患者转回到专科病房；将急诊、重症患者安排到专科病房，以保障危重症及大手术患者在足够的监护设备及足够的专科医生及护士手中得到专业的护理；将当天住院的平诊患者分配到专科或专科就近楼层住院，或将同一个科室、同一名医生的患者集中安排在同一个楼层。

2022 年初，心血管内科患者人数急增，专科床位数远远不能满足患者的需求，当时 1 号楼病房空床位较多，但心内科介入导管室是在 6 号楼，如果把心内科患者安排在 1 号楼，转运途中患者存在较大的安全隐患；而 6 号楼 19 楼原先设置的是心血管内科和消化内科综合病房，综合考虑后我们将部分短平快的消化内科患者分流到 1 号楼，把 19 楼全部用来收治心血管内科患者。我们的想法，得到医务科和分管院领导的支持。我们与消化内科主任沟通后，一场乾坤大腾挪得以顺利完成。这样的事例在我们邵逸夫医院时时都有发生。

邵逸夫医院成为国内床位统筹集约管理"第一个吃螃蟹的人"，经过几十年的摸索和积累证明，不仅理念是创新的，而且成效也非常显著，成为全国各医院床位管理的标杆，每年吸引国内近 200 家医院前来参观与学习。最能体现资源效益的是医院平均住院日一直维持在国内最低水平，2022 年平均住院日为 4.74 天，长期保持高水平的床位占有率为 93%～95%（包含所有节假日），入院流程各环节中实现住院预约跑一次、入院检查一站式、检查预约不用跑的便民服务，提升了患者的就医体验感。同时，我们以床位资源为切入点，借助智慧医疗及信息化载体，整合医技资源、医保医费及人力资源，逐渐攻克传统医院资源割裂、分段的问题，"一床"到位，满盘皆活。

包夜班，我享受夜的黑

（"包夜班"是邵逸夫医院护理工作的一个创举，您缘何选择这一岗位？您的夜班有着怎样的不平静？）

人物简介

梁靖，邵逸夫医院急诊室主管护师。

我于 1987 年参加工作，1993 年入职邵逸夫医院，之后一直在急诊室工作。2007 年，我要求"包夜班"。"包夜班"是邵逸夫医院的一项创新制度。护士可以根据自己的意愿只上夜班，不上白班。包夜班护士在连上两个夜班后能休息两天，每年有两次机会在适当的时间申请连休几天。

当时我已工作十几年，值过很多夜班，对夜班已经习惯，没有不适应感。另外，儿子长大了，而护士工作需要"三班倒"，使得我对家庭和儿子照顾得不多，心里十分愧疚。如果改为"包夜班"，那么儿子每天都可以吃上我亲手做的饭。另外，我特别爱干净，其实就是洁癖。护士工作重视卫生，我的洁癖的形成与护士职业有很大关系。如果护士不重视卫生，那么如何保证医疗安全？只要一回家，我就会忙个不停，清洗各种东西，洗完东西就希望有个好天气。如果全改为夜班，我就可以充分利用所有阳光灿烂的日子。

邵逸夫医院是护士的天堂，一点都不假，如"包夜班"就是一项人性化的制度，这项制度可以满足不同护士的岗位需求。护士工作

▲ 1994年5月2日，邵逸夫医院庆典上，梁靖（左一）与同事合影

十分辛苦，通常需要"三班倒"，夜班多，这都是事实，但不是所有护士都喜欢昼的白，讨厌夜的黑。在邵逸夫医院，"包夜班"的护士不止我一人，而是有一支队伍，成员分布在全院各个科室，且非常稳定。

邵逸夫医院的工作制度很好，激励人积极向上，也令人十分舒畅。对于个人来说，无论你在什么岗位，只要肯努力，就有发展的空间，就有上升的机会，就能发掘自己的价值所在。曾经有人问，邵逸夫医院为什么发展得这么好？我觉得，原因是大家团结努力，一起为邵逸夫医院的明天而奋斗。例如，急诊室鲍德国主任即使临近退休，仍坚持与我们一起上夜班。又如吴金民院长，他每天早上都准时到急诊室。有一天，从外面进来一个人，扬言要这要那的，不答应就说你们院长我是认识的。这时吴院长正好到急诊室，他笑眯眯地问道："说说看，你是怎么认识我的？"这个人打了一个愣怔，尴尬地站在原地，引得吴院长哈哈大笑。

其实在急诊室，这种轻松的时刻很少，更多时候大家是处于"战斗"或"临战"状态。通常我们觉得治病救人是一个词组，而我认为可以拆分理解，即治病更多的是对医生的要求，救人更多的是对护士的要求，这在急诊室特别明显。送到急诊室的患者往往生命体征不稳定，甚至已经没有生命体征，如车祸失血过多的患者、心搏骤停的患者等，此时需要护士先维持他们的生命体征，这样才有机会进入下一个环节——治疗。抢救，就是战斗。

一天晚上，有位患者的情况非常危急，我们甚至都来不及将他送手术室，就直接在走廊里对他实施开胸手术。我冲进抢救室，找到一台心电监护仪，扯下一条导线，就推着冲了出来……经抢救，患者各项生命体征稳定，而这条2000多元的导线也报废了。科室主任开玩笑地说："患者抢救回来了，你功过相抵。"在急诊室，我们会经常遇到车祸撞击、工地坠落导致肝脾破裂，还有重物压伤……每一个夜晚，我们都在和生命赛跑；每一个夜晚，注定都是不平静的。

对于即使是体征正常或者症状不明显的患者，我们也不能掉以轻心，夜班护士尤其要重视。深更半夜来急诊的就诊者往往是疼痛难忍或情况危急。夜班护士是夜的精灵。例如，一天晚上，有位患者突发上腹痛。我们立即抽血检验，给予输液。但过了一会儿，这位患者发生了晕厥。这是心肌梗死的表现。幸运的是我一直在他身边，于是我立即对他实施除颤。片刻后，患者就苏醒了。如果当时这位患者身边没有人，或者有人但不知道如何进行心肺复苏，他可能就永远沉睡了。

这位患者刚报平安，另一位上腹疼痛患者又亮起了红灯。该患者刚被送到急诊室时，心电图、肌酐蛋白等检查检验结果都正常。但他腹痛明显，并在抽血的过程中突然晕厥。我判断患者发生了心肌梗死，于是我们及时采取救治措施，成功挽救了患者的生命。

急救是一门经验学科，精准判断至关重要。例如，一个人咽喉疼痛，可能就是心肌梗死的征兆，因为这是胸痛放射至咽喉部。十年前，科室有名规培医生认为，哮喘患者不需要送抢救室抢救，给予雾化治疗即可。于是我告诉他，雾化不能解决患者的根本问题。他让护士对患者实施雾化，但是雾化并不能控制患者心率加快，且患者随时有发生呼吸骤停的可能。我见状，立即让他们将患者送抢救室抢救。时隔十年后，这名医生来邵逸夫医院进修，他由衷感叹道：一定要尊重急诊室的资深护士，她们的经验都是能救命的。

在急诊室，随时有扣人心弦的紧迫，也有生死相依的真情。例如，有位肝癌患者，我们称呼他阿浩。阿浩的父母走得早，兄弟姐妹又因为他身患重病而与他断绝了来往。在邵逸夫医院，他的手术费用都是我们帮助筹集的。2014 年，阿浩因病情复发被送入急诊室，当时他的情绪非常消沉，经常问我们如何能早点结束生命。他说，没有人牵挂他，他也没有人需要牵挂，感觉活着没有意义。作为白衣天使，我们绝对不会放弃任何一个鲜活的生命。我们都把阿浩当作亲人，见到他都会和他开几句玩笑话；谁有好吃的，都会对他说："阿浩，来拿点，大家一起吃。"因为我值长夜班，于是每天早上下班时，我都会给阿浩买好早饭。慢慢地，阿浩也变得开朗起来，他把急诊室当成了自己的家。虽然我们给予了阿浩无限的温暖，但他的病情却逐渐恶化。临终前，他对我们说："以为自己早已没有亲人，但在邵逸夫医院，你们就是我的亲人。现在我要走了，但我十分知足。最后，请你们满足我一个心愿，我要捐献我的所有器官……"

我喜欢急诊室不平静的夜晚。当太阳升起的时候，当人们睁开眼睛迎接新的一天到来的时候，我经常会说一声"你好，早安"，这是我发自内心的真切问候，是用幸福包裹着的期望。

外方专家，
我们成长路上的一道光

人物简介

李立波，医学博士，主任医师，邵逸夫医院胃癌诊治中心副主任，美国外科学院委员，中国医疗保健国际交流促进会胃肠外科学分会常务委员，浙江省数理医学学会胃癌专业委员会副主任委员。

"拉患者"之正传

（有一个关于您的故事在邵逸夫医院流传很广。当年医院刚开业时，患者很少，您从别的医院门口"拉"来一位患者，用自行车驮到邵逸夫医院，请问确有此事吗？）

我大学毕业后被分配到邵逸夫医院，于1993年8月1日到邵逸夫医院报到。当时医院处于试运行阶段，试运行的目的是发现问题、查找不足，为正式开业做准备。但许多问题只有在患者就诊时才会被发现。而一家无实力证明、无口碑相传的未正式开业的医院，没有几个人愿意来就医，缺少患者是十分正常的。

因此，我们年轻医护人员面临的首要任务就是宣传医院，通过不断在街头义诊，告诉人们杭州有一家医院叫邵逸夫医院。医院管理层则采用多种方法打造邵逸夫医院品牌。当时，庆春门外只有邵逸夫医院一幢高楼，每天晚上大楼灯火通明，有人说这是浪费电，院领导说这是正常的消费，我们要告诉老百姓"为了你们的健康，我

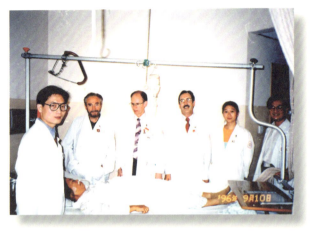

▲ 1996 年 10 月，李立波（左一）跟着美国罗马琳达大学的专家查房

▶ 建院早期，普外科同事看望美国罗马琳达大学的专家布赖纳（Bryner）教授

们日夜守候着"。医院有一辆救护车经常驶上街头，因为车身上印有"邵逸夫医院"，这车就是医院的一个流动广告牌。因为我们医院的建筑十分有特色，医院还专门邀请影视剧摄制组前来取景，免费提供场地，医护人员免费充当群演。有些患者在邵逸夫医院享受到良好的服务后，表示要感谢医生，医生推脱不过，就让患者打电话到电台点一首歌，那时候这种方式很流行。其实，我们要的不是患者的感谢，而是希望邵逸夫医院为更多人所知。

在这个背景下，我"拉"患者似乎就变得顺理成章了。然而，事实并不是这样的。那天，我骑车经过杭州武警医院（南肖埠院区）门口，有位阑尾炎患者，需要手术，因为当时是下班时间，这家医院的急诊科医生表示他们急诊下班后不做手术。于是我告诉该患者，附近有一家邵逸夫医院，这家医院能做手术。但患者说，这家医院是私人医院，是给有钱人看病的。我马上告诉他，这都是外面的误传，我就是这家医院的医生，我可以带你去看病。患者见我说得诚恳、认真，便同意随我去邵逸夫医院就诊。于是，我就用我的自行车把他驮回医院，替他挂号、办理住院手续，陪同手术……当时我只想到两点：一是我是一名医生，患者有难，不能袖手旁观；二是我要用实际行动消除人们对邵逸夫医院的不实传言。

甘当人梯，传播"仁爱"

（在邵逸夫医院，青年一代成长很快，除拥有好的激励机制之外，还有外国专家的悉心带教，您的体会是什么呢？）

到邵逸夫医院工作的外国专家都是志愿者，他们都是真心实意想帮助我们。我从他们身上学到了很多宝贵的东西，比如如何带教学生，如何对待患者，这些让我受用了几十年。我自我感觉算是一名合格的医生，因此我永远感谢他们。

以布赖纳（Bryner）教授和芬利（Finley）教授为代表的一批美方专家无所不教，如怎么采集完整的病史，怎么进行从头到尾的体格检查，怎么提高医疗质量，怎么建立危重患者病情讨论、病历分析等完整体系，怎么撰写各类医疗文书，怎么让患者快速康复……他们说，一名好医生就要全面武装自己，不仅仅会做手术，还要会抢救，各科知识、技术也都要掌握，这样才能让自己变得更优秀。

临床上，外方专家经常让我们年轻医生主刀，他们做我们的助手，特别在新技术的推广方面，他们更是铆足了劲，以帮助我们快速成长。

20世纪90年代初，腹腔镜是一项新兴技术，也是全球最顶尖、最高端的技术。美方院长方则鹏教授说，邵逸夫医院"出生"晚，建院史可以排在他人之后，但未来一定要站在他人之前，这样才会成为名副其实的国际化医院。邵逸夫医院的第一台腹腔镜手术就是方则鹏教授实施的，我有幸成为他的第二助手——扶镜手。之后，腹腔镜技术在蔡秀军院长的大力推动下，在邵逸夫医院各个科室全面开展，成为每个医生必备的专业技能，以微创见长的腹腔镜手术因此也成为年轻邵医的最大特色，并享誉中外。

言传身教，甘当人梯，外方专家的品德无疑是高尚的，而他们高尚的品德更多体现在如何对待患者上。他们的许多做法饱含仁爱。比如提倡成分输血，既能降低输血风险，又能满足患者的个体化要求。要求合理使用抗生素，因为抗生素滥用会造成毒副作用，出现耐药病原体，发生二重感染或交叉感染，导致免疫力低下等。医护人员要增强洗手意识，认识洗手的重要性。洗手是控制院内感染的一条有效途径，一旦发生感染，就会延迟患者出院时间，增加患者的痛苦和医疗费用。现在每个病房门口都摆放有消毒洗手液，这是医院开业后即实施的一项措施。

早年，在不具备某些外部条件的情况下，他们的仁爱之心也近乎极致化。例如，患者术后需要输液，术后患者体温往往较低，而液体温度也较低，这对患者的影响很大，于是外方护理人员先用吹风机加热液体，然后再输注。同时，他们还为患者准备电热毯，患者身体暖和了，心亦暖和。由此，患者术后呼吸道和切口感染率大大降低。

此外，外方医护人员对患者的尊重还体现在穿衣戴帽上，他们往往一身衣物干净整洁，仪表无可挑剔。30年前，李君达主任督促我们的两点注意事项，我一直铭记于心：头发要梳理得一丝不乱；秋裤不能露出来，衬衫要遮住秋裤。这是在形象上要求我们对标外方。

同时，中方院领导也为我们做好了表率。有一次，医院工会组织员工到安徽黄山旅游，这对平时忙碌的我们来说，机会难得，大家都很开心。时任副院长的蔡秀军和我们一起坐上了车，可就在车子准备出发时，他接到学生的一个电话，被告知他负责的一位患者病情突然发生变化。蔡秀军副院长马上抱歉地对大家说："我不能去了，预祝大家玩得开心。"后来有一次我听蔡秀军副院长说，虽然是学生主管的患者，但作为老师，他就得负责，是对学生负责，更是对患者负责。

老家"陋室"里，我们对酒当歌

（与外方专家在一起，工作和学习之余，拥有不同文化背景的你们之间存在友谊吗？双方能做朋友吗？）

外方专家和我们结下了深厚的友谊，他们离开杭州回美国时，我们都十分不舍，大家相拥而泣。他们回到美国后，一直和我们保持联系，得知我们医院有人去美国进修、学习、参会，他们都会想方设法接待，如果时间允许，甚至还会接到家里做客。

我的老朋友芬利教授，他和我爷爷同龄，亲切、随和，颇有长者风范。许多高难度手术都是他手把手传授给我的。我们是莫逆之交，在我的内心，也是把他当爷爷的。他不仅对中国的患者很有仁爱之心，而且对中国人十分友善。他对中国文化非常感兴趣，有一次他对我说想到中国的农村走一走，体验一下中国农民的生活。我告诉他自己老家就在浙江农村，邀请他去我家。他一听，兴奋得跳了起来。我老家在宁波奉化，我们去的时候是冬天，白天我陪他参观了古村落，向他解释祠堂的用途。他对我们农村的一切都很好奇，感觉长了知识，很有收获。晚上在我家里，我爷爷陪他喝自酿的土烧酒。他说这酒够劲，让他想起第二次世界大战期间，在冰天雪地里，喝上一口这种酒，就好像热血被点燃了。两个同龄的老人聊得很开心，每道菜他都要尝一尝，并夸赞每道菜都很好吃。我知道，他是一个很有修养的人，即使不喜欢吃，他也不会表现出来，这是对主人的尊重。那一晚，我的爷爷也异常激动，冷

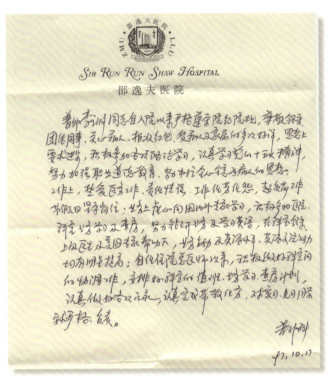

▲　1997年，普外科为李立波写的科室评价

▲　芬利和爷爷

不丁还会冒出一两句英语。

那天，屋外刮着西北风，我家的老房子四处漏风，我觉得很冷。芬利教授在酒精的作用下，满脸通红，热情高涨地说道："你们家，我一辈子都不会忘记，在中国，我体验到了中国农民的生活。"

如今，芬利教授已经永远地离开了我们，但在我心中，在太平洋的那一边，始终还有一位爷爷。

谦卑与温和，好医生的特质

筑梦之初，为邵医造势的团委书记

（一个人的青春是最美好的，您大学一毕业就到了邵逸夫医院，请描述一下您在邵逸夫医院的青春记忆。）

我清晰记得，1993 年 8 月 2 日，是我到邵逸夫医院报到的日子。我从浙江医科大学本科毕业后，作为一名优秀毕业生，直接被分配到邵逸夫医院工作。

现在邵逸夫医院包括泌尿外科都以微创闻名。然而 30 年前，邵逸夫医院泌尿外科也是"微"的，不过是"微小"的"微"。建院初期，泌尿外科仅有三位年轻医生。在浙医一院泌尿外科专家的帮扶下，邵逸夫医院泌尿外科于 1993 年年底正式运营。

作为一家新开业的医院，邵逸夫医院当时的知名度并不高。加之社会上各种误传，如"这是家私人医院""专给有钱人看病""收费很高""单位不能报销"等，使得开业初期的邵逸夫医院门可罗雀。泌尿外科也在医院开业很长一段时间后才迎来第一例手术——根治性睾丸切除术。虽然当时手术中我只是一名助手，但手术的成功还是给我带来了很大的成就感。作为团委书记，我暗下决心，一定要

人物简介

李恭会，主任医师，教授，博士研究生导师，邵逸夫医院泌尿外科主任。浙江省医学会泌尿外科分会候任主任委员，中华医学会泌尿外科分会委员。

▲　1995 年 10 月 21 日，李恭会（左二）和医院同事参加义诊

为医院出一份力，提高医院的知名度，吸引更多的患者前来就诊。

于是，我将团组织活动的主题确定为打造医院的品牌。我们在杭州城站、武林广场等人流量大的地方开展义诊，用心服务大众，宣传年轻的邵逸夫医院，同时澄清一些社会误传。周末，我们给邵逸夫医院换上新衣，临时把门诊一楼报告厅改为录像放映厅，食堂二楼临时改为舞厅，免费对外开放，让周边群众走进邵逸夫医院，了解邵逸夫医院。没有患者来就医，我们就做宣传；有患者来就诊，我们视患者如亲人，主动将联系方式留给患者。

经过 30 年的发展，邵逸夫医院已经形成自己特有的文化底蕴，我感受最真切的是谦卑和温和，对患者如此，医院同事之间亦如此。建院之初，大外科和大内科的医护人员经常一起学英语，共同进步，气氛非常好。邵逸夫医院没有森严的等级制度，更似一个温暖的大家庭。

我是邵逸夫医院"土生土长"的科主任。我的青春在邵医，邵医的青春里有我。

紧追前沿，为科室发展注入团魂

（您所在的泌尿外科现有医生 57 人，其中有 4 名博士研究生导师、8 名硕士研究生导师，与建院之初相比，不可同日而语。请问你们走了一条怎样的发展路径？在临床上如何得以体现？）

医院年轻,科室年轻,医生也年轻,科室如何发展?建科之初,科室即明确了"微创立科"的发展宗旨。外国专家传授给我们前沿的技术,手把手进行教学,让微创技术在邵逸夫医院泌尿外科生根发芽。

我清楚地记得,1995 年,科室率先开展经腹腹腔镜手术,使邵逸夫医院成为当时浙江省最早开展泌尿外科腹腔镜手术的单位。2009 年科室引进输尿管软镜手术,2012 年开展球囊扩张经皮肾镜取石术(percutaneous nephrolithotomy, PCNL),2015 年开展机器人手术,2019 年开展单孔机器人手术,2020 年开展经会阴单孔机器人辅助前列腺癌根治术,2023 年开展日间机器人辅助前列腺癌根治术,一步步紧跟微创技术前沿。目前,科室的内镜和腹腔镜手术量约占总手术量的 95%,科室所有医生均能独立完成输尿管软镜手术。17 个医疗组中,15 个医疗组能常规开展球囊扩张经皮肾镜取石术;14 名医生取得机器人手术资质;8 个医疗组已成功开展单孔机器人手术。我始终坚信,再先进的技术也会被超越,唯有不断创新,紧随世界前沿技术,才能使我们走在前列,快人一步。

虽然我们起步早,但也不乏追赶者。学科发展日新月异,打铁还需自身硬。我一直坚信团队强才是科室强,因此科室内不存在技术垄断。我们鼓励科室内所有医生学习掌握新技术,高年资医生积极带教年轻医生。只有人人都掌握了先进的微创技术,科室才能全面高质量快速发展。科室坚持每年组织人员参加国内外各种学术会议;每月定期开展科室业务学习,邀请国内外顶尖专家学者来院讲学,并安排科室医生轮流介绍专科领域内的最新进展,分享优秀的手术视频,牢牢把握国际最前沿的微创技术动态。

过去的 30 年,邵逸夫医院泌尿外科从无到有,由小到大。今后,唯有继续坚定不移地紧追前沿,不断创新,科室才能由大变强。

心怀感恩,为年轻一代搭建人生舞台

(以青春之名,赴时代之约。希望在青年,未来也属于青年。作为老邵医人,您是如何打造一个年轻又高效的团队的?)

我是从年轻医生一步步成长起来的,深知人才培养的重要性。我的成长离不开前辈们的悉心传带,建院之初的外国专家团队、李新德主任、张志根主任、余大敏主任,他们都是我的恩师,正是他们的无私奉献,才有了今日聚集在邵逸夫医院泌尿外科的青年才俊。

为促进科室成员全面发展,我们根据年轻医生的兴趣和特长制定了职业发展规划。我们鼓励高年资医生开设专病门诊，开展专病研究，同时支持和推荐青年医生成为中华医学会泌尿外科学分会、中国医师协会泌尿外科医师分会等学术组织的成员。目前，科室共有 10 名医生是中华医学会泌尿外科学分会和中国医师协会泌尿外科医师分会的学组成员。此外，我们还全面支持年轻医生获得浙江大学医学院研究生导师资格。目前，科室拥有 4 名博士研究生导师和 8 名硕士研究生导师。

年轻医生要拥有广泛的视野，有见识方能有见地。因此，我们鼓励年轻医生出国学习和交流。目前，科室内有 1/3 的医生拥有长期在国外学习的经验。此外，我们还成立了"一带一路"微创医学学院，培养 4 名年轻医生成为国际微创技术培训班的讲师。

为了提升年轻医生的临床技能，我们建立了"四位一体"的临床技能培训体系。除了提供理论授课、模拟器训练以及手把手的临床指导外，科室还定期组织春训和冬训，提供实验动物，以帮助年轻医生在活体动物身上反复练习微创技术，促使他们快速成长。在年轻骨干医生的培养上，我会鼓励有能力和有资质的医生独立领导研究组攻克难题。当他们面临困难时，我会及时提供支持和解决方案，成为他们的坚强后盾。

我们秉承科研与临床并重的理念，为年轻医生提供机会去实施新技术、研究新课题，而这无形中也提升了科室整体的临床和科研能力。获得国家自然科学基金项目是年轻医生成长过程中重要的一环，每年 2 月末，修改国家自然科学基金项目申请书成为我和年轻医生的默契，无论办公室门外的队伍长短，我都会逐字逐句阅读修改；无论白天黑夜，我都不会有丝毫懈怠。截至目前，邵逸夫医院泌尿外科已成功申请到 24 项国家自然科学基金项目，其中大部分申请书都经过我的修改。邵逸夫医院泌尿外科团队已经成长为一个有活力、有实力，且临床、教学、科研齐头并进的优质医疗团队。

年轻医生是科室未来发展的主力军，虽然我们的舞台始于邵逸夫医院，但有了他们，未来的边界将扩展至广阔的世界。

医患共勉，为行医之路添温暖

（这么多年来，作为一名医生您救治了无数患者，一定有很多感触，请您与我们分享一下，好吗？）

在我心里，每一位患者都是善良的，我们一个细腻的眼神，一句贴心的问候，一个温暖的举动，都会令他们感动。他们患病了，虚弱的时候需要被关心呵护。作为医生，我们应当

▲ 建院初期，邵逸夫医院的年轻医生们在集体宿舍楼前参加篮球比赛

帮助他们缓解疾病带来的痛苦，消除疾病的折磨。

医患关系有别于友情、亲情，我认为它可以成为纯真的、温暖医患双方的情谊。

15年前，有一位患者因患前列腺癌到泌尿外科住院手术，手术疗效很好。出院以后，在每年年终，我最后一个专家门诊，他都会挂一个号，15年如一日。与他见面，如老友叙旧一般，不为看病，简单的几句言语，朴素而真挚。"感谢李教授治好了我的前列腺癌。""一直没有复发。""哪哪都好，就是想来看看您。"就是这样的几句寒暄，成为我每年的期盼，当他的名字出现在候诊名单中时，我知道这份温暖如期而至。每次相见我都十分高兴，为他的身体康复而高兴，也为这份温暖人心的医患情谊而高兴。

我经常向年轻医生们讲述这个故事，告诉他们要做一名好医生，必须怀有谦卑之心，保持温和之态，时刻保持敬业精神，不断提高医疗水平，才能收获良好的医患关系。

医患共勉，这份温暖如同一盏明灯，照亮我们的行医之路。

西湖的水，姑娘的泪

人物简介

葛慧青，医学博士，主任医师／主任呼吸师，硕士研究生导师，邵逸夫医院呼吸治疗科主任。

首位被抢救的"患者"

（邵逸夫医院是全国首个设立呼吸治疗科的医院。您作为这个科室的元老，回顾过去，有什么想要说的吗？）

我们科的元老是袁月华主任、邱文芳、熊艳老师。我是1994年入职邵逸夫医院的。当时出于很多原因，也有好奇心驱使，我成了呼吸治疗科的一员。科室在1993年邵逸夫医院试运行时建立的。当时，在北美国家呼吸治疗已有数十年历史，国内还没有。我们医院在美国罗马琳达大学的指导与帮助下，在国内开创了呼吸治疗科的先河，成为国内第一家设置呼吸治疗科的医院。

近几年呼吸治疗越来越为大家所了解，邵逸夫医院呼吸治疗科在国内的影响力也越来越大，尤其是在近年抗击新冠疫情的战场上，面对众多肺部感染、呼吸困难的患者，我们科室的呼吸治疗师当先锋、打头阵，从死亡线上，挽救回了无数危重症患者，使得人们对"呼吸治疗师"刮目相看。

呼吸治疗科一路走来不容易，我们不是一出生就高大上的，而是从小做起，在艰难中起步的。开院的时候，科室仅有7个人，负责肺功能检查、为重症患者辅助插管，提供呼吸支持，配合临床科室，完成呼吸治疗工作。虽说我们只是与临床科室打配合，但也是要有真本领的。那时候，科室人少，国内又没有相关专业书籍，用的是罗马琳达大学捐赠的英文版教材，这对于当时的大家是有挑战的。不过，大家学习的劲头都挺大的，下了苦功，这也为之后能开展对外交流奠定了扎实的基础。医院开院初期，进行全院模拟演练，"接诊"的首个需要紧急抢救的"患者"是一头猪，我们使用当时的转运呼吸机参与了"患者"的抢救，从而也第一次实践了呼吸机的临床应用。在学习和培训中，我们不断得到成长。

在临床实践中，我们以高度负责任的精神，把以患者为中心的全过程管理做细做实。第一批呼吸机是从国外进口的，由于当时的呼吸机设备大部分只有容量控制的模式，并且没有现在实时监测的数据和波形，有时还会出现送气不够，甚至负压报警。开院初期，心胸外科为儿童福利院的先天性心脏病的患儿免费做手术、行围术期管理。医疗团队每一位成员都特别尽心尽责，包括心胸外科的主刀医生、ICU 的医生和护士、呼吸治疗师，进行着 24 小时的床旁陪伴和监测。呼吸治疗师持续观察，及时发现了患者的自主呼吸带来的"人机不同步"问题，并及时调整参数。而在现在的设备上，这些操作我们都能通过不同模式的选择、实时的波形监测和呼吸机的自动调节来进行呼吸支持的优化。

"黎明前的黑暗"

（如今呼吸治疗的重要性在临床上已经得到广泛肯定，特别是在对新冠病毒感染患者的救治过程中，呼吸治疗师发挥了中流砥柱的作用。据说当年您曾对自己的选择感到彷徨过？）

我曾经有过困惑，有过彷徨。在邵逸夫医院，呼吸治疗科服务于全院的医疗工作，呼吸治疗师属于医疗辅助人员，也可以说是临床支撑团队，为专科合并呼吸问题的治疗提供保障。呼吸治疗有专业要求的，主要工作内容是为心肺功能不全或异常者给予诊断、治疗和护理。主要工作范围包括呼吸支持的监测与实施、气道管理、心肺康复、呼吸机的日常管理及维护，以及呼吸治疗相关诊疗的制定与实施等。呼吸治疗师要掌握呼吸治疗相应技能，而这种技能也是基于呼吸生理的相关医学知识背景掌握的，其中也包含对呼吸治疗仪器设备的性能及功能的掌握。此外，呼吸治疗也是呼吸与危重症医学科的重要组成部分。

可刚开始的时候，我觉得我们的专业价值得不到体现。每天忙于做全院的雾化，医生只要一听患者说感到胸闷或者气急，就通知我们去做雾化和吸氧。胸闷并非都要做雾化的，即

▲ 2020 年 2 月，葛慧青在湖北荆门抗疫

使要做，也要先进行评估。专业的团队，应该做专业的事。大概有那么一段时间，我觉得自己就是个打杂的，亦是可有可无的角色。当然，这不是我一个人的感受。科里人员都有这样的困惑，在一个团队中，他们不知道应该具体负责哪些工作，不确定哪些流程在职责范围及权限之内。当时我和科室的两位同事一起向吴金民院长表达了我们的困惑和迷茫，至今我还记得吴院长的一句话："现在是黎明前的黑暗，只要坚持……"

我们坚持了，随着各临床专科的不断发展，呼吸治疗科也在不断进步。优化工作流程、开展新技术新项目、持续改进质量、为员工开展继续教育培训、不断深入开展对外交流、加强科研创新，随着这一系列的改进和优化，呼吸治疗得到快速发展。全院一张床，以患者为中心，呼吸治疗的全院全流程管理，成为邵逸夫医院的特色管理模式，并得以在全国医院推广。

天上掉馅饼

（邵逸夫医院的呼吸治疗科，是战斗的团队，也是学习和研究的团队。有关这方面的情况，请您做个简要介绍？）

无论是一个科室的发展，还是一名医生的成长，光埋头拉车而不抬头看路，注定是做不大、走不远的。我们科第一任主任是袁月华，当初从浙医一院调来。在就任前，袁主任曾到美国罗马琳达大学进修学习，回国后组建了呼吸治疗科。袁主任在任期间建立了完整的团队架构，带领我们从不成熟走向成熟，科室从最初的五六名呼吸治疗师逐步发展壮大，在与各个科室的磨合中不断发展和完善。她特别注重理论与实践相结合，组织我们大家共同编写了十余本与呼吸治疗相关的著作，全科室在她的带领下成长进步特别快。

我是 2017 年接任呼吸治疗科主任一职的，上任后，我将呼吸治疗的范围做了进一步拓展，增设心肺运动检查，患者手术前的心肺功能评估、慢病管理、慢性呼吸疾病的睡眠筛查等。我就是要让我们的呼吸治疗师知道，他们的专业范围很广，作用和地位不可忽视，让他们体会到存在感和尊崇感。同时，积极开展科学研究，用事实告诉科里的年轻人，在呼吸治疗科工作也一样能出成果，一样有奔头。

当然，这与医院领导的支持是分不开的。当年我们科室的第一个科研项目是浙江省卫生厅的"呼吸机诱导膈肌功能障碍研究"，经费有限。记得有一天我和时任常务副院长蔡秀军偶遇，他问我最近在忙些什么，我就向他汇报了这个项目。他听了后说："这个项目好的，有前瞻性，争取早日出成果。"接着他又问："经费有多少？"我说，"1 万元，主要用于动物实验。"他又问："够吗？"我心想当然不够，但我没好意思说出来，但他已经脱口而出了，"我再给你们批 2 万吧。"我一听，连忙说道："太好了，太好了！"后来我用这 2 万元购买了仪器。最终我们的研究成果，一篇文章发表在 SCI 国际期刊上，另一篇文章发表在《中华急诊医学杂志》上。在此基础上，我们又展开更进一步的研究，陆续拿到浙江省自然科学基金和国家自然科学基金面上项目。

"国"字号团队

（从你们科室的发展及取得的成绩来看，邵逸夫医院的呼吸治疗科，是邵医的，也是国家的。对此，您怎么看？）

在业界，我们科有"全国呼吸治疗领队"之称。我想，这对我们来说，更多的是鞭策。俗话说，山外有山，人外有人，还有很多医院值得我们学习。但有一点可以肯定的是，我们虽是一家地方医院，但我们确实是从国家层面上去思考问题的。比如说，在蔡秀军院长的推动下，浙大城市学院、罗马琳达大学、邵逸夫医院共同成立国际健康医学中心，设立呼吸治疗专业，从临床医学专业学生中遴选部分学生，为他们提供获得研修第二专业的机会，希望未来能为国家培养出更多的呼吸治疗人才。

国家召之，我必行之。2020 年新冠疫情期间，我主动请缨道："新冠病毒感染患者的呼吸支持一定是需要呼吸治疗的。"当国家卫生健康委宣布建立16个省支援武汉以外地市的对口支援关系，以"一省包一市"的方式，全力支持湖北省对新冠病毒感染患者的救治工作后，蔡秀军院长便让呼吸治疗师替代了一部分护理人员，将我们纳入浙江省驰援湖北医疗队。其中，医疗队一部分队员去了荆门，一部分去了武汉。我们呼吸治疗科共派出10名呼吸治疗师，他们在工作中的突出表现也得到了整个团队及当地医护人员的认可。在荆门，他们还主动带教当地医生和护士，以帮助当地医院开展工作。在四川大学华西医院呼吸与危重症医学科主任梁宗安教授和其他专家的积极推动下，呼吸治疗师也参与了多部专家共识的编写工作，如《重症患者气道廓清技术专家共识》等。另外，他们也发表了相关论文，对相关工作进行了梳理和总结。

最近两年，全国各地到邵逸夫医院呼吸治疗科进修的人员非常多，同时越来越多的从业人员加入了这个行业。我们现在全科室加起来共有120多人，在两大院区开展工作。我们科室成员有40余人，前来进修的人员有六七十人。我们的进修班每个季度招生一次，每次培训时间是6个月，由此可见呼吸治疗这项技能得到了大家的认可。

不管是医生还是护士，他们来进修，能够学习到呼吸治疗全方位的管理理念，回到各自单位后希望能够开展呼吸治疗工作。作为呼吸治疗知识和技术的传授者，我们对自己有更高的要求。因为大家都说我们科是"全国呼吸治疗领队"，那我们就一定要做好自己的工作。我们的目标：首先是临床工作能够更加规范化，遵循循证医学依据，不断优化治疗方案；其次是将呼吸治疗真正落实到全院的全流程管理中，其中可能有一些环节仍需要进一步改进；最后是能够进一步推进呼吸治疗相关的教学培训工作，让更多的医疗专业人员从事呼吸治疗工作。学科发展离不开科研，所以我们2018年建立了临床呼吸治疗数据库，并且在逐步完善中。全院患者在使用呼吸机进行呼吸支持过程的每一次呼吸都在呼吸治疗平台被连续监测着，基于连续的呼吸信息，我们能够看到所有院区ICU的呼吸机使用情况，能随时了解患者的情况并进行病例讨论。团队基于持续的呼吸数据，建立了呼吸力学模型，开展了相关的临床研究，也进行了呼吸支持相关的研发，同时基础研究解决了临床的问题。希望未来我们科室团队成员都有不同的亚专科方向，都能做好自己的工作。

呼吸治疗专业虽然在国内已经发展了20余年，但仍然是一个新兴专业，有很多的未知值得我们去探索。

我的医院，我的家

我的师父是"老哈"

人物简介

吕旗农，邵逸夫
医院后勤服务中心
职工。

（ 扫地、擦窗、修修补补，这些事儿您一干就是 30 年，您在邵逸夫医院最接地气，大家都很佩服您，那么您最佩服的人又是谁？）

不用说，我最佩服的人肯定是"老哈"，我们的美方院长韩得利。在我的心目中，他就是我的师父，虽然我们没有搞过什么拜师仪式，但他在我心目中永远是我的师父，不管他认不认我这个徒弟。

老哈长得人高马大，是名副其实的"大院长"，而我长得又矮又小，是名副其实的"小职工"。因为我们经常在一起，身材的巨大反差成了医院的一道风景线。

也许你们要问，他是一院之长，怎么会同我这样一个后勤职工经常在一起？答案很简单，他干的很多活儿同我是一样的。

他是正宗的美国人，他的碧眼里容不得沙子，医院的地上、墙上、门窗上、电梯里等所有地方都不能有垃圾、不能有污垢。我刚到医院时就是做保洁的，这些都是我的活。

老哈干这个活是专业的。他的办公桌下面有一个"工具盆"——一只铁盆里放有铲刀、剪刀、钢丝球等，这些都是他的专业工具。

一些难以清扫的污垢，如粘在地面的口香糖，他就先用铲子铲，再用钢丝球打磨。剪刀的用途也很多，如对花坛里的枯枝和不规则生长枝蔓随时进行修剪。保洁工作怎么做，老哈给我们作出了很好的示范。

这些原本都是我们保洁人员干的活儿，他为什么要参与进来？

我想，是因为他对卫生环境要求极高，在他眼里始终有漏洞，有不够完美的地方，所以他要亲力亲为。还有一点是，他想告诉所有人，医院是救死扶伤的地方，是最该注重卫生的地方，医院没有小事，如果认为卫生是小事，那么就更应该从小事做起，把小事做好。中国有句老话说："一屋不扫，何以扫天下。"

有一次，我们下班后对1号楼门诊大厅水磨石地面进行了处理。我们所用的设备是从香港购买的专业清洗水磨地面的，比较先进，有清洗兼抛光功能。我们做完准备收工时，老哈来检查了，他非常不满意，因为设备底盘是圆的，墙的边角触及不到，所以有了卫生死角。

老哈马上吩咐秘书，通知外方管理团队的所有人员到场，包括一些年龄较大的专家，管理团队成员蹲下身子，把所有边角仔细地擦了又擦，直至他满意为止。走的时候，他对站在一旁的我们什么话也没说。此时无声胜有声，我们心里有压力，也有愧疚。

老哈不苟言笑，这也许同他的经历有关，他是参加过第二次世界大战的老兵，经历过太多生死，心底可能埋藏太多的沉重吧。但我还是有幸的，我见过老哈笑。有一次，因下水道堵塞，医院出现了水漫金山的情况，老哈很着急，情急之下，我涉水摸到一个窨井，将盖子撬开，屏息潜入窨井进行疏通，很快积水退尽，当我湿漉漉地从窨井里爬出来时，首先看到的是老哈挥舞着手臂，一脸灿烂的微笑、不会讲中文的他竖着大拇指连说"OK，OK"。

办法总比困难多

（新开一家医院，困难肯定不在少数，我们能想到的困难一般与临床业务有关，您在工作中碰到过什么样的困难？）

保洁工作很简单，一般人会做，但要做好并达到老哈的要求，就没那么简单了。比如说，给地面打蜡，老哈要求光洁度要达到像镜子似的能照见人影，这就有难度了。

难度是由标准决定的，标准低也就没有难度了。我们当时的保洁工作可以说是老哈亲自主抓的，是"天花板级"的标准，困难无处不在。

但困难是不可怕的。有老哈这样的院领导站在身后，我们有依靠。另外，老哈提出的标准

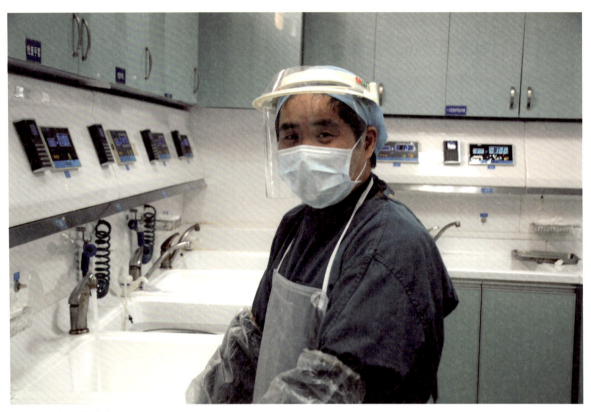

▲ 工作中的吕旗农

要求，首先老哈自己是能做到的，当时他年纪已经很大了，他都能做到，我们也一定能做到。

任何一件事要做到极致都不容易，要开动脑筋、学会思考。我们经常说办法总比困难多，办法从何而来？有想法，就有办法。想法，就是打开"脑洞"。

我们医院有很多先进的理念，比如特别注重患者的隐私保护。因此，我们每个病房都有窗帘，床与床之间也有布帘可以隔开。这些窗帘和床帘的清洗任务就由我们保洁员承担。按规定，我们每隔一段时间就要拆下来清洗一次。但问题是，每个房间的这些东西只配备了一套，没有可供替换的，一旦拆下后，患者也就少了遮挡。这个问题如何解决呢？我想了又想，还真找到了一个办法。建院之初，因为患者少，不少病房是空着的，我就把空病房的窗帘和床帘拆下来，用于替换，轮番清洗，难题一下子就解决了。有个病区的护士长还开玩笑对我说："应该给你颁个创新奖。"这样做虽然工作量增加了许多，但能够得到临床一线的肯定，心里也是暖暖的。

心安之处是吾家

（择一事而终是一件令人羡慕的事。而您选择一生坚持在做保洁工作，是什么促使您坚持下来的？）

在邵逸夫医院，保洁就是我的专业，也是我的事业。再过几年，我就要退休了。到那时，我就可以很自豪地说："我在邵逸夫医院干了一辈子的保洁。"

　　我老家是淳安千岛湖的，初中毕业后来到杭州打工，当年和我一起到邵逸夫医院做保洁的老乡有 30 多个人，最终留下来的只有我一个。那些老乡选择离开多数与收入有关。开始时，我每月工资只有 180 元，也没有奖金。出来打工，不就是想多挣点钱吗。我也曾动过走的念头，也有离开后的老乡拉过我，说某某单位的工资比邵逸夫医院高多了。但最终我还是坚持了下来。

　　在这里我的收入是不多，但心里还是舒服的。因为小时候家庭条件差，我读书不多，所以很仰慕有文化的人。邵逸夫医院是知识分子扎堆的地方，博士、教授等各种专家比比皆是。更重要的是，这些人很谦虚、很随和，即使对我们这些保洁人员也是客客气气的。我除负责保洁工作外，还负责机动应急，每个人跟我讲话都很客气，"请您过来一下""您辛苦了""麻烦您了"……虽然干的活又苦又累，但得到别人尊重的感觉是美好的。

　　被尊重就表明一种平等，在邵逸夫医院人与人之间是平等的。我和老哈趴在地上，撅着屁股给地板打蜡时，我不会因为他是院长而感觉高贵，反之，我相信他也不会因为我是保洁人员而感觉低下。平等也意味着一种公平。刚建院时，医院经济困难时期，大家收入都不多，但人心齐，医院领导也跟大家一起过苦日子。医院最初是没有奖金的，后来医院开始发放奖金，虽然不多，但也会给我们保洁人员发一些。

　　刚开始工作那几年，我没攒下什么钱，但有一件要花钱的事情是绕不过去的，那就是我要结婚了。但手头十分拮据，没钱怎么结婚，我愁死了。我女朋友也在医院做保洁，她很理解我，表示婚事可以简办。但简办也要花钱的，可我真的拿不出钱来，我的难处被保洁部门的兄弟姐妹知道后，有的主动提出借钱给我，有的提前给我送红包，众人拾柴火焰高，在大家的帮助下，我顺顺利利当上了新郎。这些年，邵逸夫医院不断发展壮大，我的小家也水涨船高，我在杭州有了两套房，一套自己和爱人住，一套准备给儿子结婚成家用。另外，还翻修了老家的房子。退休后，我想把老家的房子作为邵逸夫医院的一个爱心驿站，邀请更多邵医人到这里来，置身绿水青山，放松自我，陶冶心情，积聚能量再出发。

　　没有邵逸夫医院，就没有我的小康之家、幸福之家。心安之处是吾家。因此说邵逸夫医院是我的家，一点也不夸张。现在不仅我和爱人在邵逸夫医院工作，我的哥哥们也都在邵逸夫医院从事物业工作。现在我们一家人都成为邵逸夫医院的人了。邵逸夫医院是一个有爱的大家庭，我们在这里被尊重、被关心、被理解。我爱邵逸夫医院，我爱我的家。

放下，是上上选择

邵医让我飞得更高

（您是在国外读的博士，也在国外工作过，是什么让您最终选择回归邵逸夫医院？）

如果从工作环境和工资收入来讲，邵逸夫医院并不是最好的选择。我完全有机会留在国外工作，选择回国工作也的确很纠结。出国前在浙医二院工作多年，回国首选应该是回浙医二院，毕竟浙医二院平台条件更成熟、环境也更熟悉。但最后还是选择了更有挑战性的邵逸夫医院。我是 2009 年底来到邵逸夫医院的，转眼 10 多年过去了，我很庆幸自己当年的选择，有幸能与邵逸夫医院同频成长：2011 年，我成功晋升博士研究生导师，成为科室首位科学博导；培养的博士生也入选中国首届"35 位 35 岁以下有潜力肿瘤科医生"。

除此之外，邵逸夫医院令我着迷的是充满自由、进取向上的邵医文化。在邵医，只要你有想法，邵医就会给你空间，给你平台，给你提供各种各样的便利。

在科研方面，医院为了我配备两位博士作为助手。当然，这些年我们也没有辜负医院领导的希望，我们开展的有关乳腺癌、胃肠

人物简介

王娴，主任医师，教授，肿瘤学博士研究生导师，邵逸夫医院肿瘤内科常务副主任兼乳腺疾病诊治中心副主任。

道肿瘤防治的研究，多次获得国家自然科学基金及浙江省自然科学基金等项目的支持。

　　我主导的乳腺癌亚专科也得到医院的全力扶持。我们这个亚专科在浙江省内乃至国内都有极高的知名度。我们的专科门诊很受欢迎。我带领团队开展的全国和全球的新药研究受到广大患者的欢迎并获得非常好的临床疗效。很多新药已在国内上市。像 DS8201(Enhertu) 在全球开展乳腺癌领域的研究时，我有幸作为课题组长（PI）参加了这个研究。DS8201 是一种用于治疗晚期癌症的抗体偶联药物，也被称为靶向化疗药，目前在国内获得批准用于治疗晚期 Her2 阳性或低表达乳腺癌。我们当时开展这项研究的结果数据是 Her2 阳性晚期乳腺癌治疗的天花板。这项研究一开始就有全国各地患者前来咨询。一个月内完成入组，帮助很多患者获益。目前，我作为 PI 参加的多项国际、国内多中心临床研究结果发表在《新英格兰医学杂志》（ *N Engl J Med* ）、《柳叶刀肿瘤学》（ *Lancet Oncol* ）等领域内顶级期刊上。

▲ 2011 年 4 月 23 日，邵逸夫医院乳腺疾病诊治中心成立仪式上集体合影（前排左二为王娴）

这几年，我也有幸参加了多个专业学会，加强了对外学习交流，开阔了视野，及时捕捉了前沿科技发展动态。医院给了我上升通道，我要让自己变得强大起来，带着学科一起飞得更高。

让希望和爱流动起来

（人们喜欢把医护人员称作"白衣天使"，但我们更愿意把你们称为"白衣战士"，虽然你们的工作岗位没有真正的炮火硝烟，但生与死的争夺却无时无刻不在，您认为该怎样做个合格的白衣战士？）

2014 年一次全院中层干部会议上，蔡秀军院长让我就"怎样做个好医生"与大家进行分享，说实话，当时我诚惶诚恐，自己年轻，资历尚浅，是不够格上台的。但蔡院长鼓励说："你可以的。"那天，我与大家分享的主题是"仁心仁术成仁医"。面对很多德高望重的医学前辈来分享这个主题，其实更多是鼓励我自己要时刻不忘选择做医生时的初心。面对生死，我们的选择往往很艰难，但是作为医生，我们必须坚定地前行，给患者足够多的关心、信心和爱。在我的职业生涯中，有许许多多战斗实例，也都是我人生中最珍贵的回忆。

记得有一年除夕，我和先生开车回绍兴老家过年。途中，我接到一个电话，说是一位患者在结束治疗后过来复查，结果发现肺部重症感染，CT 显示两肺全白了，呼吸功能衰竭，ICU 要进行会诊。我马上在最近的出口下高速，掉头，以最快的速度赶回医院。

患者是一位年长的知识分子，非常有个性，对生死看得比较透彻，之前治疗中我们互相信任，沟通良好。在送医院前，她给丈夫做了交代，并制定了"三不原则"——不进 ICU、不插管、不抢救。但根据会诊意见，我们建议切开气管进行抢救。患者本人对此很抵触，当时已经上了体外膜肺氧合（ECMO），患者不能讲话但神志清醒。我俯下身子，在她耳朵轻声说道："我们一起拼一下，让肺休息一下，一切都会好起来的。"我承诺每天都会去看她，患者最后含泪点了点头。那表情和泪水是我终生都难忘的。

我也履行了自己的诺言。春节那几天，每天驱车往返于杭州与绍兴之间。她的丈夫是一位退休的英语老师，爱妻在 ICU 抢救的那几天，他既为爱人的病情担忧，也纠结于第一次违背对爱人的承诺而自责。感情与理智的矛盾，也深深地触动着我们团队的医护人员。从专业的角度出发，我坚信这是正确的选择，并把这份坚定持续不断地传递给患者及其家属。在大家共同的努力下，患者最终成功康复。出院后，这位退休的英语老师写了一封很长的英文感谢信，我至今仍然保存着，作为那个春节最珍贵的回忆。如今，这对老人正健康地享受着美好的夕阳红。逢年过节都会送个祝福给我。

这个故事告诉我，用真心真情对待患者，医患双方都会收获满满。

最好的选择是放下

（都说医生在见惯了生死后，心肠会变"硬"，请问您现在是如何面对绝望中的肿瘤患者的？）

1996 年，我硕士毕业，被分配在浙医二院肿瘤科，每天面对的大多是肿瘤患者。当时治疗肿瘤的药物不多，副作用大，等待患者的往往是死亡。而作为医生，我们也是那么无助，悲伤时常袭上我的心头，我看不到未来的方向，自己也一度陷入情绪低谷。经过一番苦苦思想挣扎，我决定暂时脱离临床，到国外攻读博士，从事肿瘤相关研究。国外学习工作几年后，我的心平静下来了，在科研上有了一定积累，也想把这些积累运用到临床上。

在内心深处，我还是想当一名临床医生。这是在小学二年级时就萌生的愿望，或者说是理想。小学二年级时，有一次我生病了，老师让一位女同学放学后到我家给我补课。补课结束，她准备起身回家时，突然倒在我怀里，我连忙冲了一杯糖水，她双唇紧闭，根本喂不进去，我吓得六神无主，幸好母亲回来了，马上抱她去医院，医生诊断为脑血管破裂，是先天脑血管畸形引发的，遗憾的是我这位同学最终没能抢救回来。经历了这件事，我就暗自发誓，"我要做医生"。

在国外做科研的那几年，我逐渐放下了对生死的执念，随着自己的成长，感觉自己没有什么克服不了的，也十分怀念做医生的日子，想想自己适合也应该当医生。

来到邵逸夫医院没多久，居然有老患者前来门诊确认我是否就是她当年在浙医二院肿瘤科就诊时的主管医生。原来她在无意中获悉我在邵逸夫医院肿瘤内科，就想带着家人一起来看看。十多年了，还有肿瘤康复患者在记挂着你，这种感觉让我更加坚定选择初心不改。

在临床上，如何面对患者，特别是恶性肿瘤晚期患者，陪他们一起难过，和他们一起流泪吗？这只能放大伤悲，说一些自己都觉得假的话，诸如"没事的，你这病会好起来""放心吧，过几天就好出院了"，这种苍白的安慰带给患者的是更大的绝望。

我"逃避"的那段心路历程告诉我，要引导他们放下执念，善待自己，让内心回归安宁。

曾有患者反复问我："为什么多吃一个团子就梗阻？为什么一检查就是胃癌晚期？"也

曾有乳腺癌肝转移患者哭得昏天暗地，说自己不甘心，好不容易养大三个孩子，不能就这么走了……

针对不同的患者，要用不同的引导方法。第一位患者是知识分子，我告诉他："如果你一直处于执念中，时刻纠结于已经发生的事情，这种心态容易毁了自己，并且一直消耗自己的能量。现在最重要的事情就是积聚能量，与病魔作斗争。敞开心胸，坦然面对，释怀了也许别有洞天。"比如第二位患者是一位经商的女性，我告诉她："人要聪明一点，不要想什么都抓住，抓那么多有什么用？！有的人对自己的子女放不下，对自己的财富放不下，对自己的事业放不下，到最后还不是都要放下？你现在到底是放心不下自己的健康还是自己的财富，没有了健康，要财富还有何用？你这病虽然很凶险，但你不与它搏一搏、斗一斗，能甘心吗？我们没有放弃你，你也不能放弃自己？"

从专业上讲，我们即使对一些患者已经穷尽一切手段，无计可施了，也可以选择从"心"出发，帮助他们从生与死的执念中解脱出来，学会放下……

一件"小事"，坚定一辈子的爱

人物简介

潘红英，硕士，主任护师，邵逸夫医院护理部副主任。

家里来人了

（作为邵逸夫医院的第一批员工，您在多个岗位上历练过，感触一定会比别人多，令您感动的事情也非常多，您可以说说在邵逸夫医院第一次被感动的事情吗？）

我在邵逸夫医院护理岗位上工作了 30 多年，感触很多，令我感动的故事也真是一箩筐。要说第一次被感动，也真的是如同初恋般的美好与甜蜜，让我刻骨铭心。

1991 年，我毕业后被分配到邵逸夫医院。当时邵逸夫医院还未开业，我在医院捡了一个星期的纸板箱后，被安排到了浙医一院学习。几个月后，春节将近，浙医一院充满了浓厚的节日气氛，但于我这个外地人而言，心里多少有些落寞。

有一天，护士长突然喊我："小潘，过来一下，你们医院领导来看你了。"嗯？我没听错吧？我在邵逸夫医院没待多少天，都没有和领导打过照面，即使我认识他们，他们也未必认识我呀。正当我满心迟疑时，护士长又催了："小潘，快点，是鲁书记来了。"这下我听得真切，赶紧跑了出来。是鲁书记，是我在邵逸夫医院仅见过一面

▲ 建院初期，美方院长韩得利（左二）与中方院长吴金民（右一）、副院长昌锦霞（右二）为员工擦拭自行车

▲ 建院初期，潘红英（蓝色 T 恤衫）和同事们一起为员工擦拭自行车

的鲁端书记。鲁书记温文尔雅，很有学者风范，尽管同他在邵逸夫医院仅有一面之缘，但我已深深记住了他。

"鲁书记好，我叫潘红英。"担心鲁书记对一同在浙医一院学习的几位护士对不上号，赶紧做起了自我介绍。鲁书记笑眯眯地说："小潘，不用作自我介绍了，我知道你，看过你的档案，很优秀的，感谢你选择了邵逸夫医院。"简洁的几句话，我一下子就感觉暖烘烘、热乎乎的。

鲁书记又说："小潘啊，因为医院在忙开业前的准备，我们对你们这些在外学习的同志关心不够，请你们理解。这不，快过年了，我代表医院所有班子成员来看你们，给你们拜个年，祝你们学习工作顺利，父母身体健康，阖家欢乐。"

我抱着他们送来的糖果，激动得说不出话，泪水一直在眼眶打转。鲁书记亲切地拍拍我的肩膀，笑道："大姑娘啦，还哭鼻子呀，邵医还等着你们回去挑重担呢。"

我连忙回答道："鲁书记，我这是高兴，谢谢您百忙之中前来看我们。"后来我才知道，当时医院还没开张，经费有限，关爱我们的礼物其实都是鲁书记自掏腰包购买的。

这看似是一件小事，但温暖了当下，也一直温暖着我。也正是这份温暖和真诚，让我爱上了邵医。

万千宠爱于一身

（邵逸夫医院的护士离职率非常低，被称为"护士的天堂"，请问你们是如何打造这个"天堂"的？）

铸就"护士的天堂"源于关爱与责任、价值感与归属感。"关爱护士，让护士们感到幸福，她们才能把幸福传递给患者及其家属"——这是邵逸夫医院护理初始的文化。我们邵医就像是一个家，护士像是女主人，医生像是男主人。医生和护士专业不同，但我们如同战壕里的战友，相互鼓励，相互支持。

还记得1993年的护士节前夕，医院领导携手医院各相关人员在医院空地上为我们护士清洗自行车。那时，我刚结束在浙医一院的学习，回到邵逸夫医院。看到这场景的一刻，我甚至就想大声地喊出："邵逸夫医院的护士真幸福！"

在邵逸夫医院，专业的人做专业的事。护理人员除要陪重症患者检查外，不用出病区。转运患者检查、运送标本和药物由发送调配部人员负责，床单被套运送由洗衣房负责，仪器设备维修由临床工程部负责，护士只做与护理相关的事，真真正正地做到"把护士还给患者"。

在邵逸夫医院，我们提倡"员工共治"，发挥每位护士的主人翁精神。对于发现的问题、开展的改进项目，甚至一个小小的改变，都会积极听取护士的意见和建议，最终的落实也均得到大家一致认可。比如"上班带不带手机"的问题，大家各抒己见，最后得出结论——"手机已经与人们的工作和生活紧紧捆绑在一起，所以上班可以带手机，但不能在患者面前使用手机"。

记得我刚到邵逸夫医院时，每月的工资远低于同期分配到其他医院的同学，心里还是有些羡慕他们的，但我从来没有想过离开邵逸夫医院，因为邵逸夫医院的文化不是用金钱可以衡量的。邵逸夫医院积极打造并持续为护士提供有发展的平台，让护士们在工作中有价值感和归属感。邵逸夫医院为每位护士提供了一个公平公正的平台，让护士成长为业内专家、行业大咖。

就比如我们血透室护士长吴春燕的例子。尿毒症患者长期依靠透析来维持生命，而且尿毒症患者存在抵抗力较弱的问题，部分尿毒症患者还依赖注射促红细胞生成素来改善贫血问题，因此血液对他们来说是极其金贵的。每当看到患者在无肝素血透过程中发生血液丢失，春燕护士长都万分心痛。在无肝素透析过程中，为防止凝血，经常需要预防性地更换相应透析管路部件，不仅操作繁琐、成本增高，而且一旦发生凝血，治疗就会被迫中断，既影响透析效果，又会出现血液丢失问题，不利于患者康复。于是，春燕护士长潜心钻研，自主设计与研发了"并联式双静脉壶透析管路"。目前，这项发明专利已应用到临床，已使成千上万的患者受益。类似这样的专利发明，在邵逸夫医院的护理团队中有上百个。这些专利的发明、转化及应用于临床，既体现了我们护士工作的价值，也切实解决了患者的实际困难，惠及百姓。

同时，作为国内首家设立高级临床专科护士的医院，专业实践领域涵盖了糖尿病管理、伤口/造口/失禁管理、健康促进、静脉治疗、精神心理管理、慢性心衰管理、植入型起搏器管理、脑卒中管理、疼痛管理、母婴护理、腹膜透析、计算机信息技术以及全科健康管理等13个方向。此外，我们在国内首开护理门诊，首推互联网+护理服务，在浙江省内首家开设新生儿护理专家门诊，我们也是国内首个将导航护士角色引入加速康复外科的医院。多项首创的系列举措，使患者受益，使护士也获益。

作为集万千宠爱于一身的邵医护士，我们聚焦专业发展，助力邵医成长；邵医关爱护士，护士厚植文化。邵医护士是邵医的半边天，邵医护士不负韶华也不负邵医。

爱从心来

（同一个单位，同一份工作，干30年，您有没有产生过职业倦怠？）

我记得南丁格尔曾说："护士必须要有同情心和一双愿意工作的手。"我想，我就是这样的人。在邵逸夫医院，大家都管我叫"阿潘"，每次有人叫我，都让我感到很亲切。

　　我是邵逸夫医院最早的一批员工，经历了未开院时的焦虑、筹建时的忙碌、收治第一名患者时的紧张。记得刚开院时收治了一位破伤风患者，护理难度很大，我主动承担了繁重又有风险的照护工作，赢得了患者的信任，后来患者点名要我护理。我似乎与产前假、哺乳假无缘分，产后3个半月就返岗了。无缘分，是因为当时医院发展需要，也是我"夹带私货"——热爱护理。

　　热爱护理是我的永动机。我从事过多个护理岗位，每一个岗位我都力求精益求精。在筹建医院产科期间，从流程、环境、设施、护士培训、团队建设等一点一滴做起，慢慢地有了大家口中的"阿潘"，科室氛围从中可见一斑。在担任急诊科护士长期间，我带领科室人员开发5级预检系统，建立新手护士培训手册，根据JCI评审的要求建立急诊各项规章制度，为参加JCI的模拟评审主动推迟前往国外进修时间，确保急诊科顺利通过JCI评审。在担任内、外科护士长时，我发现胃肠道手术后患者存在切口疼痛、不愿意下床活动、住院时间长等问题，我查阅大量文献后，积极与科主任沟通开展加速康复外科工作，通过指导患者呼吸训练，对疼痛进行有效管理和协助患者早期活动等，减轻疼痛，提高患者舒适度，促进患者早期康复。这既大大缩短了外科患者的住院时间，又有效地帮助他们减轻痛苦、节约治疗费用。

　　2013年11月，我主动报名参加浙江省医疗资源下沉活动，是医院最早派遣到江山人民医院的援建专家之一。我将邵逸夫医院的先进管理理念和模式逐步渗透至她们的日常护理管理工作中，持续动态关注，及时查漏补缺，高质量、高效率地提升管理水平。援建工作为期半年，我前后组织并参与了20多场专题讨论，协助梳理了10多项制度流程，建立了20余项护理质量监控指标评价表，指导了近10项质量改进项目。同时，我利用业余时间备课和授课，组织了10多次培训，培训人次达1452人次。

　　曾经有一个护士长在朋友圈里写道："晚上8点45分路遇潘老师，她应该刚下班，行色匆匆，边走边打电话，隐约听见她说什么构架，她太专注工作，以至于我与她迎面而遇叫了她一声，她却没有听见也没有看见。潘老师现在虽不在临床直接服务于患者，但她在做的工作却都是为了让一线护士更有效、更高质地服务于患者，默默奉献，令人感动！"同事们的褒奖，是我继续前行的力量。

"感动之声"，拴心留人

青春记忆，温暖如新

（您19岁到邵逸夫医院，那是一个如花的年岁，请问您在邵医的时光里，留下了怎样的青春记忆？）

1991年，从学校毕业后，我就主动请求分配到邵逸夫医院。当时，虽然有机会到其他几家大医院工作，我在其他几家大医院也实习过，表现不错，他们也提出愿意接收我，但我还是选择了邵医，因为这是一家新建的医院，而年轻人大多有求新的心理。

报到时，医院大楼还是毛坯的，尚未装修，分给我的工作是管理医院大楼。当时有意思的是，所有医护人员人手一本英语词典，因为美方管理团队要求在医院开业后，医护人员要用英文书写病历和值班日志，用英语交接班。因此，在管理医院大楼的同时，我每天拿着英语词典学习。我从一楼爬到十三楼，查看每个楼层的水龙头有没有漏水，有哪些地方的灯泡大白天还亮着。如果有漏水，我会把水龙头拧紧；若是坏了，就通知工人来修。其实，这些琐碎的小杂活，让我感觉很美好，有一种与医院共同成长的喜悦和家的温馨感。

人物简介

袁玉华，邵逸夫医院感染管理科主任，副主任护师。浙江省医院协会医院感染管理专业委员会副主任委员，浙江省预防医学会消毒专业委员会委员，浙江省预防医学会感染控制专业委员会委员，浙江省医院感染管理质控中心专家组成员。

医院开业典礼上，我作为礼仪小姐，参与了有邵逸夫先生参加的剪彩活动。大家下班后都会跟着外国专家的夫人学习英语。圣诞节，身材高大的美方院长韩得利先生会扮成圣诞老人到每个科室发糖果；春节，外国专家会邀请我们去他们家里做客，他们给我们做比萨，我们给他们包饺子，其乐融融。

无论时光如何流转，这些温馨的记忆始终无法抹去，至今犹如近在眼前。致青春，就是重拾美好。

预防感染，严防死守

（您是邵逸夫医院第一批医护人员，也是医院感染管理科的创建人，可以请您介绍一下你们当时的工作情况吗？）

医院建院初期，美方管理者就高度重视对医院内部感染的控制，他们认为这是责任非常重的一件事情。他们严谨细致，不放过任何细节问题。有一次，韩得利院长在巡查过程中发现床单上有污渍，就认为卫生没搞好，缺少病菌传播安全防范意识。他便把这件床单拿回去让太太洗净再拿回来，他也用事实教育了我们。

1994年10月，我作为首位专职人员加入医院感染管理科。1995年起，我院加强对抗菌药物使用的监管，通过建立抗菌药物医嘱单（1997年）、取消门诊输液单（1997年），逐步建立起规范、完整的抗菌药物管理模式。

2002年3月，我院成为杭州市首家试点推行"利器盒""医疗垃圾转运器"及"职业防护"的医疗机构。2007年和2010年，我院分别成为浙江省内最先开展导管相关性血流感染（catheter related blood stream infection，CRBSI）以及导管相关性尿路感染（catheter-associated urinary tract infection，CAUTI）目标性监测的单位，并采取了一系列干预措施，包括规范诊疗护理常规和医护教育等，以降低感染风险。这些举措和努力对医院感染控制起到了积极的作用，为患者提供了更安全的医疗环境，提升了医院服务质量和患者满意度。

2013年起，我院所有新入职员工岗前培训除医院感染理论知识外，均加入职业防护用品实践操作培训，我们医院成为国内首家对所有新员工进行一对一职业防护岗前实践培训的医院。我们也因此在国内最具影响力的上海国际医院感染控制论坛举办的岗前培训创意大赛中荣获一等奖，成为医院岗前培训模板，为常态化个人防护设备管理策略的制定提供基础。

2009年11月，医院感染管理科成功举办了首届院感周活动，活动主题为"预防感染，

▲ 1994 年 5 月 2 日，邵逸夫医院开院典礼，袁玉华（右二）当礼仪

从手做起"。自此以后，我们陆续举办了一系列院感周活动，这些活动持续推动院内感染控制工作的发展。2023 年，我们医院感染管理科在国家自然科学基金项目上实现了零的突破，做到了临床、科研、管理齐抓，取得浙江省医院感染管理引领性的成绩。

我们的工作责任很大，但工作氛围很好，虽然每天要找各个部门的问题，但大家都很理解和配合，甚至经常主动请我们去现场指导，或共同制定防控方案。全院上下的理解配合，使我们工作得以顺利开展。

21 世纪以来，我们科室在 SARS、非洲埃博拉、禽流感以及汶川大地震等突发公共卫生事件中都作出了积极的贡献。尤其在面临严峻的新冠疫情时，科室内全体成员积极参与疫情防控工作，还派了多名院感专职人员前往全国各地参与抗击疫情的工作，有效保障外派医务人员的健康和安全。

"感控邵声"，"感动之声"

（您在以 90 后为主的团队里是阿姨级别的人物了，但您在他们心中是不老的"袁姐姐"，您是如何与他们打成一片的？）

▲　建院初期，优秀员工和医院领导层共进午餐（左四为袁玉华）

　　医院里的年轻人一般叫我"袁姐姐"，老员工会亲热地叫我"袁姑娘"。在我们科室，人员离职率为零，大家都喜欢这里像家一样的氛围。爱是我们科最大的特色。我们科每年要拍一张全家福，会根据当年的流行色，每个人对自己进行形象设计。

　　疫情期间，我们科室有多人远离杭州去支援全国抗疫，他们是人们心目中的最美逆行者，也是我们心中最大的牵挂。我在我们科室公众号"感控邵声"打出"邵医感控，以你为荣"的口号，他们出发，我们发文为他们壮行，他们回来，我们再发文欢迎他们凯旋。邵医是个大家庭，我爱邵医，我爱我家。

通宵忙碌，只为一人

"邵医力量"进社区

（在杭州钱塘区，多个社区卫生服务中心挂有"邵逸夫医院指导医院"的牌子，请问你们是如何"造福一方"的？）

邵逸夫医院钱塘院区核定床位1200张，其体量与医院本部庆春院区可谓旗鼓相当，每天也是人头攒动，一床难求。但无论医疗压力和任务有多重，医院造福一方的理念始终没有改变。

钱塘院区驻地周边以劳动密集型企业和老龄化程度较高的农村社区为主，集聚大量农民群众和外来务工人员，他们健康知识相对缺乏，健康意识不强，如何为他们的健康服务贡献"邵医力量"，我们一直在思考，也一直在行动。

钱塘院区将全科、心内科、神经内科、内分泌科，与钱塘区的下沙、白杨等8个社区卫生服务中心结对合作，接收社区卫生服务中心医护人员来院进修培训，定期为周边群众开展门诊、开设科普公开课，比如宣教酮症酸中毒是怎么回事？其早期表现是怎样的及如何进行预防和治疗等。同时，钱塘院区还在下沙街道社区卫生服务中心挂牌"邵逸夫医院指导医院"，帮助社区卫生服务中心开设病房，建立

人物简介

周道扬，主任医师，邵逸夫医院钱塘院区常务副院长。

慢性病患者健康管理档案。这是我们探索医院诊疗服务的新形式。授人以鱼，不如授人以渔。我们希望充分利用三甲医院的优质医疗资源与人才培养模式，通过为社区卫生服务中心提供指导和帮助，帮助基层医疗机构提高医疗服务能力，让他们赢得社区居民群众的信任，从而做到小病不跑大医院，在基层扎实推行分级诊疗。

服务驻地，只有逗号，没有句号。2021 年 10 月，邵逸夫医院钱塘院区联合杭州市公安局钱塘区分局建立钱塘区警医联动诊疗中心。该中心配备诊疗床位、监控设备、随身财物保管柜等设备，是一个集保护、约束、治疗、救助于一体的"一站式"诊疗服务中心，主要针对全区涉醉酒人员警情处置工作，保障醉酒人员的健康权益。从警方角度来说，在违法人员被送到监狱或者看守所之前，警方必须取得相关人员的基本医疗信息，警医联动诊疗中心就能够提供快捷通道。从医院的角度来说，在突发医疗纠纷时，民警也能够更快速地出警维护医院正常的医疗秩序，为更多的患者提供更好的服务。警医双方在联动中实现了"双赢"。

当前，钱塘区内还存在医疗资源分配不均的问题。在医疗资源相对匮乏的区块，居民看病仍存在困难，健康得不到充分保障。如何让医疗资源更好地惠及广大人民群众，邵逸夫医院钱塘院区作为区域医疗中心，任重而道远。我们将继续发扬钉钉子精神，认准医疗服务质量提升的难点和痛点，持续推动区内社区卫生服务机构的建设和完善，补强基础医疗服务薄弱环节，为建设宜居钱塘贡献"邵医力量"。

全院找病床

（急诊科是一个医院的"主战场"，怎样打赢主战场，实际上就看如何对待急诊患者，您认为是这样的吗？）

"以患者为中心"是邵逸夫医院的管理理念，也是文化传承。1994 年建院初期，外方院长在天桥下"捡"患者的故事，邵医人耳熟能详，这种仁爱精神构建起了邵医人的精神谱系。

钱塘院区自 2013 年开院运行至今已有 10 整年，从来没有因为钱拒绝过伤员，一切从病情出发和考虑。有一次，我们一位下沉龙游县基层医院的医生向医院发出申请，希望送一位车祸外伤伤员过来抢救。电话打来时，早已过了下班时间，我们马上启动紧急预案，一边派两名医护人员随救护车到龙游接伤员，一边落实院内床位。急诊室没有空床，CCU 和 ICU 也都没有，总值班室把各科室一个个问过来，终于在妇产科找到一张空床位。当时，我的态度非常明确，即使一张床位都没有，我们也要把伤员收进来，实在不行，在抢救室先住一个晚上，

▲ 建院初期，周道扬（前排左二）和急诊室同事

外伤患者是不能拖的。

在妇产科找到床位后，我们也不是直接把这位车祸外伤伤员安排进去，而是将一位第二天要出院的女患者从普通病房转到妇产科病房，再将 CCU 病房一位病情稳定、已经拆除监护设备的女患者转到前面那位女患者住过的普通病房，最后腾出 CCU 病房的病床来收治那位车祸外伤伤员。

次日凌晨 5 点，车祸外伤伤员被送到我们院区，并且在经过一番抢救后，终于脱离了生命危险。但是他不会知道，为了他的一张床位，有许多人忙碌了一个晚上。

我是于 1995 年入职邵逸夫医院的，并被分到了急诊科，一干就是几十年，对急诊科工作充满了感情。一家医院好不好，一看急诊科就全知道。在我眼里，急诊科就是一家医院的"主战场"，在"主战场"上打主动仗，这个医院才可能成为人们满意和放心的医院。我尽管在钱塘院区副院长岗位上已有多年，但我还兼任钱塘院区急诊医学科党支部书记，办公室依然设在急诊科旁边。急诊科的工作状态体现着医院的状态，这样有利于我直观地把握全院的医疗工作。

以时间换空间

（打"飞的"救人，在邵逸夫医院不是玩笑话。邵医空中救援起步比较早，现在已升级为数字化，请问它在邵医是如何常态化的？）

前面讲到了急诊，就不能不讲讲我们院区的航空救援。邵逸夫医院的航空救援是值得被肯定的。

急诊，更多的时候是与死神赛跑，看谁跑得快。航空救援就是与死神抢时间，用时间换取患者的生命空间。

2023 年 4 月 2 日，国内首家"航空救援数字创新中心"落户邵逸夫医院钱塘院区。该中心旨在为长三角区域乃至全国范围内航空救援"需求方"与"服务提供方"搭建数字化桥梁，以数字化手段匹配优质航空资源，未来联动 120 指挥调度平台等，最大限度地保障百姓的生命安全。同时作为社会化航空救援力量数字化平台，在突发性自然灾害和安全生产事故发生时可以发挥辅助与补充作用。

该中心选择落户钱塘院区，是因为我们在航空救援方面有良好的基础和平台。邵逸夫医院是浙江省首批空中救援基地医院和全国航空医疗救护联合试点医疗单位，医院在钱塘院区建设了高标准的直升机专用停机坪，从而建立了从直升机降落点到急救中心，再到手术室的一条无缝衔接的快速急救通道。

这条通道我们已经使用多年。

2016 年 10 月 11 日，邵逸夫医院与上海金汇通用航空股份有限公司签署了空中救援基地医院战略合作协议，自此，邵逸夫医院成为浙江省空中救援基地医院，救援半径为 150 千米，接到空中急救中心急救任务后，能够随时搭载医护人员即刻奔赴抢救第一线，形成省内"黄金一小时急救网络"。

2017 年 8 月 9 日，我们首次成功完成跨地区航空转运患者，接诊一名急需行 T 管取出术的患者。急救直升机从宁波直飞杭州，130 千米的航程仅用 58 分钟，飞机降落一两分钟，患者就已被推入急诊室。很多急救需要在"黄金 1 小时"内完成，使用直升机开展转运工作，大大缩短了抢救时间。当时，我就希望这样的航空救援未来可以实现常态化；而后来，我们真的实现常态化了。

2017 年 12 月 22 日，富阳一位 67 岁的大伯突然不明原因抽搐，初步诊断是脑血管性疾病，通过直升机转送到我们钱塘院区。

2018 年 4 月 8 日，绍兴一位车祸后颅脑损伤的昏迷患者需要进一步治疗，被直升机转运到我们钱塘院区，这也是绍兴市首例通过医疗直升机将车祸昏迷患者转运到上级医院的案例。

2018 年 10 月 30 日，杭州市余杭区一位 48 岁脑干出血伴 3 级高血压的患者，乘坐直升机仅用 9 分钟就抵达了钱塘院区。

2019 年 3 月 6 日，绍兴柯桥一位男子在高空作业时不慎坠落，脑出血、全身多处骨折、意识不清，直升机仅用了 20 分钟就将伤者送到钱塘院区进行紧急手术。

2019 年 5 月 10 日，台州市一位 21 岁的小伙子农药中毒，送到当地医院时已经中毒休克了。然而，他也是幸运的。台州到杭州，210 千米，约 4 小时的车程，用直升机缩短到不到 1 小时，并且从直升机停机坪到钱塘院区的急救中心只有短短的 50 米。

……

我们有太多的空中救援案例，有力地证明我们跑赢了死神，我们可以用高度和速度说话——"空中救援，为生命极速护航"。

一次被动选择，
原来风景这边独好

人物简介

蒋晨阳，医学博士，博士研究生导师，心内科主任医师，邵逸夫医院心内科副主任。

英语学习很重要

（横看成岭侧成峰，远近高低各不同。最初的邵逸夫医院，在您眼里是什么样的？）

最初的邵逸夫医院，在我的眼里就是学习的天堂。

1994 年，我从浙江医科大学毕业，当时郑树校长鼓励我们年轻人去邵逸夫医院，说这是一家面向国际的现代化医院，可以给年轻人更多的成长机会。

就这样我来到了邵逸夫医院。白天放眼望去，周边都是菜地；晚上闭目，耳中全都是蛙鸣。我感觉邵逸夫医院就是典型的村庄里的医院。

周边环境如何，其实对我影响不大，我关心的是这里有无用武之地。在大学里，我的解剖学是满分，痴迷做一名优秀的外科医生。但在面试前，有朋友告诉我选择要慎重，说邵逸夫医院新开张，患者不会多，外科患者则更少。我一想，患者少，动手实践的机会就会少，要成为优秀的外科医生就难了。于是，我选择了内科，那天是 1994 年 8 月 2 日。邵逸夫医院 1 号楼的 9 楼全部为内科所有，当时科室没有细分，还是大内科的概念，我们这一批有 6 个人分到了邵逸夫医院大内科。那时候患者少，所以我们大部分时间在学习，早上是针对临床问题，开展 PBL（problem-based learning，基于问题的学习）教学；下午，美方专家教授我们内分泌学。英语是一种科学语言，除了会看会写外，还要会听会说。一些外国专家的太太也非常热心做我们的英语老师。在邵逸夫医院，我的英语水平就这样逐步提高。1997 年参加研究生化学考试，我的英语成绩全专业第一。

英语好，好处多。在一些国际会议上，因为少了语言障碍，我常常站在会场前列，成为与外国医生互动最频繁的人。

刚开院时，医院患者不多，医生人数也很少。当时我在大内科统一值班，每班一个小组，只有两名医生。有时候，我一天要接收近 20 位患者，一个人既要写病历又要写医嘱，但我累并快乐着。

现在回想起来，当初有两点感受比较深。一是对待患者的理念，一定要把"以患者为中心"的管理理念落到实处。患者不是一个病，而是活生生的一个人。人都有差异，要永远将患者的求医目的放在第一位，同时兼顾个体差异，这样才能切实解决患者的疾苦，杜绝或减少医患纠纷的发生。二是，每名医生除需要掌握医学专业技能外，还要努力学好英语，只有这样才能与世界各地的同行无障碍交流。

国外培训，阴差阳错

（医院派您去国外学习冠脉介入技术，却被对方医院安排学习超声，您是否就这么心甘情愿听从安排？）

邵逸夫医院有一个优点是经常把年轻医生送到国外学习，我想这是由国际化医院的建院方向决定的。很早的时候，医院派我和心胸外科的徐勇医生到沙特阿拉伯参加培训。实际上，我们两个人是一个组合，符合医院多学科联合发展的理念。这次培训，我主要是学习冠脉介入技术，此前我在医院已开始做冠脉造影和介入手术。可到了沙特阿拉伯，情况却发生了变化，我参加培训的这家医院不安排我学习冠脉介入技术，而是学习超声。欧姆龙（Omron）医生和萨尔塞多（Salcedo）医生是心超专家，据说他们的超声诊断技术十分高超，能看到红细胞。抱着技多不压身的心态，我便积极学习心超。

当时我 30 岁还不到，对方根本不把我这个从中国来的青年医生当回事，我当班开的医嘱，护士根本不执行。有一次，我终于抓住一个机会，让他们不得不刮目相看。这天我值班，一位下壁心肌梗死患者在拔出右室临时起搏导线后突发血压很低、意识不清，情况非常危急。其他人将其误诊为血管迷走反射性低血压，我第一时间做出的诊断为心包压塞，最有效的治疗方法是心包穿刺。这位患者有糖尿病、高血压、过度肥胖等基础性疾病，现场的医生、护士将信将疑，不知所措。我主动请缨行床边心包穿刺术，一针到位，患者得救了。另外，锁骨下静脉穿刺我也具有扎实的基本功。其他医生打不了，护士则打不进，而我通常能做到一针成功。我抓住机会展示自己的实力，从此没人再忽视我的存在。当然，我个人也非常努力，几乎没日没夜地学习，埃及金字塔一次也没去游玩过。时间对我来说太宝贵了，某些技术别人需要花费半年学习，我两周就能学会。后来，我如愿以偿争取到了学习冠脉介入技术的机会。

在沙特阿拉伯学习一年后，我于 2002 年 10 月回到杭州。带回来的"大件"，是一本花了 200 美元买的超声学专著和一大箱复印资料。

无心插柳柳成荫

（做电生理，开始您是情非得已的，对科室主任的决定是有想法的。现在当您成为行业翘楚，您会不会觉得这是一个"美丽的错误"？）

新来的科室主任傅国胜找我谈话，让我做房颤射频消融（即电生理）。我一时有点想不通：一是感觉冠脉介入自己做得很好，也很喜欢，医院派我去国外学习，也是为了日后开展心脏冠脉介入技术。二是冠脉介入是心内科的"大活"，而电生理是"小活"，前者更能获得成就感。一位生命垂危的急性心肌梗死患者，行紧急冠脉介入开通"犯罪"血管后，可以转危为安，很快就能下床活动，跟正常人一样。作为手术医生，此时就很有获得感。

傅主任的意思大概有三层：一是为了科室的全面发展，他已经在做冠脉介入，而电生理还没发展起来，需要有人做；二是为了我的个人发展，应该选择差异化发展之路；三是我具备做好电生理的客观条件。我在国外学习心脏超声，精通心脏三维影像，内科基本功扎实，而房颤的射频消融就是在精通心脏三维影像下进行的，所以这是我的优势。傅主任找我谈话，已做了充分的思想准备，他又十分民主，抱着与我商量的口吻谈这件事。最后，他还说，给我三个月的适应期，如果不能适应，我可以回来继续做冠脉介入。

正如傅主任所言，电生理我一上手就做得非常顺利。在很短的时间内，电生理就成了邵逸夫医院的一张名片，口口相传，网上推荐介绍，患者络绎不绝。三个月的适应期结束了，我有一种欲罢不能的感觉，至于是否做冠脉介入，傅主任不问，我也就不提，因为我越干越喜欢，我想这也是傅主任最想看到的。全国各地的患者都来了，有东北的，也有西北的，最远的来自2000多千米之外。浙江是继北上广之后，外省患者就医最多的省份。

房颤，通俗地说就是心房的绝对不规律跳动。房颤患者在我国数量很多，以往没有较好的治疗方法，只能被动接受，任其发展，后果往往比较严重，如突然卒中、认知不全、迅速衰老等。而电生理医生的出现，终于将这种情况化"被动"为"主动"。我转行做电生理，就如同在关上一扇门的同时，打开了一扇窗。

医学发展无坦途，早期我们经历了很多挑战。也正因为有挑战，我才爱上了医生这一行。2019年，因为患者多，我经常手术至凌晨一两点。有一天我准备下班时，一位在做射频消融的患者心脏突然发生蒸汽爆破，导致心脏穿孔，立刻陷入昏迷。此时，邵逸夫医院强大的优势显现出来，心脏外科、麻醉科等专家火速到位，立即展开急救。经过2小时的紧张抢救，患者终于转危为安。感谢邵逸夫医院有一个良好的团队协作机制，陪伴我们风雨兼程。

射频消融时，心脏蒸汽爆破是如何形成的呢？现在还会不会发生这种情况？我相信说起射频消融心脏蒸汽爆破，人们可能都会产生这样的疑问和担忧。房颤消融指利用热能使病灶组织发生凝固性坏死，且温度上升至55℃以上才能杀死病灶细胞。射频消融有时因温度过高，超过100℃，导致组织内的液体形成蒸汽，术者往往很难发现，当蒸汽压力升高到极限时，即发生所谓的"蒸汽爆破"，可导致心脏穿孔。这种情况是导管室的噩梦，需要训练有素的团队合力抢救，才能保障患者安全。

随着科学技术的不断进步，现在这种情况罕有发生，因为我们有先进的超声波技术和三维电生理导航系统，可以实时监测组织内蒸汽的形成，确保患者的安全。

2007年，在一次全国心律学大会上，我做了一个房颤消融的演示，并在一小时内完成。与会同行对此赞不绝口，在如此短的时间内完成房颤消融，当时全国没几个人。后来，我犹如一匹黑马，受到了国内外同行的关注，经常

▲ 蒋晨阳（后排右一）和同事们

受邀参加相关的学术活动。有一次，我在美国旧金山参加世界心律学大会。吃饭时，有好几位中国同行盯着我吃螃蟹，平时我不太吃这东西，嫌麻烦，所以吃起来很慢。被他们这样看着，我有点不好意思，也不知道他们是什么意思。其中一位业内大咖笑着对我说："我们就想看看，一小时内完成房颤消融的手，到底有多快。现在看你吃螃蟹，也不快嘛！"说完，大家都跟着笑了起来。我也笑着回答道："房颤消融熟能生巧，想不快也会快。螃蟹一年吃不了几次，想快也快不了。"

目前邵逸夫医院的心脏电生理团队在国内属于头部方阵，每年来进修的医生有二三十人，累计已超200人。我在该领域跋涉17年，将过去需要8~10小时完成的房颤消融手术，缩短至现在的60~90分钟。我个人也因此荣幸当选为中国生物医学工程学会心律分会主任委员。

也有几分辛酸在心头

（在这世界上，没有一个人的成功是随随便便的，相信您也一样。您能同我们分享一些艰辛与不易吗？）

其实，每个光环的背后都有着不为人知的付出。为学习世界先进技术，2008—2015年，我的春节都是在国外度过的。别人是境外过大年，我是漂洋过海去"充电"。

2008年，我带着奥运吉祥物去法国波尔多拜师学艺。为了节省费用和时间，我在学校附近找了一家低档旅馆，早上走着去医院，晚上走着回旅馆。老外中午不吃饭，但他们的早餐十分丰盛。而我的早餐是在旅馆吃的，一块面包，一杯咖啡，晚上回到住处，前胸贴后背，饥肠辘辘……想到国内万家灯火、鸡鸭满桌，不免有几分心酸……

有一年的春节，我在意大利米兰。米兰有"购物天堂"之称，而那个时候又是他们的打折季，所以回国后总有人问我买了什么好东西。其实，我什么也没买，每天医院、旅馆两点一线，好像根本不知道外面发生了什么……

再有一年的春节，杭州下大雪，我当时在国外，家人和孩子留在老家过年。有一天，我看到一户老外全家围炉而坐，突然间十分想家，很想孩子，觉得有愧于他们……

今天，我能够用自己的技术为很多人解除病痛，也赢得了无数人的尊重和称赞。这是一份荣光，这份荣光也属于我的家人和孩子。

来邵医咖啡，
遇见有趣的灵魂

人物简介

单海鹰，邵医咖啡主理人。

（邵逸夫医院有名气不奇怪，技术精、服务好，想不出名都难，而一家医院把咖啡做成了文化品牌，这就让人好奇了。作为邵医咖啡的主理人，请您给我们说说邵医咖啡？）

我于 1993 年入职邵逸夫医院，之后一直在普外科做护理秘书，一干就是 20 多年。我的专业是汉语言文学，多少也算和秘书这个职业沾点边儿吧。本以为择一业终一生，没想到在 2015 年意外地迎来了人生中一次重要的转折。当时，医院打算开一家咖啡馆，意在传播邵医文化，展现医院对员工的人文关怀。为什么我会是这个项目的第一人选呢？可能与我平时喜欢做咖啡和西点烘焙有关吧。从接到这个任务到下定决心去做咖啡馆这件事，我只花了一天。作出决定后，我义无反顾地投入到经营咖啡馆这个完全陌生的领域，现在想来实在是勇气可嘉。反而是，将护理秘书与咖啡馆主理人的角色无缝交接，我却花了一整年。其间，咖啡馆的选址和设计历经五次更改，我阅读了几十本与咖啡专业、门店设计、品牌运营及团队管理有关的书籍，一切从零学起。我知道，这种完全不相及的跨界，我注定要花费比专业人士多几倍的努力才可以。于是，就这么一边学习一边摸索，2016 年 1 月 18 日，邵医咖啡正式营业了。随后，好评如潮的邵医咖啡瞬间成了医疗圈里"别人家的咖啡馆"，邵医人也因此而被同行们深深羡慕。因为主打健康的高品质咖啡和足够的专业度，同年的 10 月和 12 月，邵医咖啡就受邀在浙江大学紫金港校区和江干区政府开出了二店和三店。2017 年又开了咖啡烘焙工作室和邵医咖啡温岭人民医院店。2020 年 11 月 18 日，邵医咖啡钱塘院区店也正式营业了。在这期间，全国有几十家知名医院都纷纷派人来学习取经，希望通过做一家咖啡馆来助力医院文化推广，这件事看似容易，做起来却很难。

越深入接触咖啡就越觉得咖啡是一门知识体系非常庞大的学科，有太多环节会影响到一杯咖啡的口感：我们把关生豆处理环节、认真做好咖啡烘焙、完美冲煮、对顾客保持良好沟通、努力推广咖啡知识等。如果咖啡制作的每一个步骤都严谨而充满仪式感，那么每一个当下都将是咖啡人情怀的完美诠释。对于咖啡，我们是认真的，所以从 2017 年 1 月开始，我就开启了疯狂的学习考证之路：CQI（国际咖啡品质研究所）认证的 Q-Grander（国际咖啡品鉴师）、SCA（精品咖啡协会）金杯萃取、咖啡烘焙、咖啡感官、CFCA（中国金融认证中心）精品可可、浙江大学茶叶审评……我们团队的咖啡师也在没日没夜地奋斗了 4 年之后，终于取得了全国拉花冠军的傲人佳绩。

我们主要致力于研究意式咖啡、单品手冲咖啡、咖啡生豆烘焙等，同时也在做一些中国茶文化的学习和研究，希望能在茶与咖啡之间找到一个完美的契合点，用特殊的方式呈现内心的想法。我们深入咖啡产区，寻找优质生豆，会在一些特别的节日举办员工关爱活动和文化分享会。每年"5·12"国际护士节当日，我们都会推出一款以"天使"命名的新饮，这已经成了护士小姐姐们每年的期待。我们之间没有约定，又胜过约定。

邵医咖啡是一个追求完美、坚持理想的咖啡品牌，通过沟通和交流让不懂咖啡的人慢慢了解咖啡，让不喝咖啡的人试着去接受咖啡，让喝咖啡的人爱上咖啡：这是我们正在做并会一直坚持去做的事情。2019 年 1 月 18 日，邵医咖啡三周年店庆当日，我们将 logo（徽标）进行了升级：咖啡纸杯上正反两个 S 是邵逸夫医院和邵医咖啡的中英文名称首词的首字母，它们以纽带的形式首尾相连，寓意通过咖啡来传承邵医文化。邵医咖啡不仅仅是一个纯粹的咖啡馆，更是一个沟通的场所、一个追求品质生活的载体。我们有态度地去思考，那么提供给客人的绝不仅仅是一杯咖啡的价值，我们希望通过分享和交流成为真正有温度、有深度的咖啡馆。

（咖啡香，让人平静、让人温暖、让人心生愉悦，在与咖啡为伴的日子里，除了咖啡的美味，您还记住了哪些难忘的人和事？）

2016 年 4 月 13 日

两位可爱的病友大伯，对我们咖啡口感各种挑剔，但还是每天来店里坐坐聊聊，两杯咖啡、两盒饼干就是半天时光。有时候他们甚至一天光顾两次，每来一次对我们的认可就更进一步，甚至热情地邀请我一起聊天，聊咖啡、聊沉香、聊字画，还给我们提了很多中肯的建议。聊天中，我得知其中一位大伯是当地一家企业的董事长，开了很大的私人收藏博物馆，真是一位真诚又低调的大佬。

2016 年 8 月 9 日

临近下班，吧台前走来一位男士，对着我说："请问你是这儿的负责人吗？"

我回答说："对，有什么需要吗？""我老婆有情绪障碍，她现在在你们这里，不肯回家，我怎么劝都说服不了，你能帮忙劝劝她吗？"顺着他的指引，我看见一位女子坐在小圆桌前，齐耳短发。我走近一看，她正就着书仔细地记笔记，笔记中英对照，整齐有序。然而，她手背上"预防跌倒"的黄色贴纸特别醒目。

我顺势坐下。

"单老师，你好。"未待我开口，她主动打了招呼。

"你认识我吗？"我惊讶地问道。

"对啊，我认识你。""听说你不想回家，你先生非常着急。""对，我不想回家，我还有很多重要的笔记没做完，而且那个不是我的家，不是真正意义上的家。"说完这句话，她哽咽了，摘下眼镜开始抹眼泪。

我第一感觉是，这一切过于戏剧："不是有人在和我开玩笑吧？"接着，她又娓娓道来："我是从小被领养的，养父母对我非常好，都很爱我，道义上为了他们我才结了婚，但婚后生活并没有想象中好，丈夫没那么爱我，你知道吗？"

"你先别急着否认你的丈夫，会不会是你对爱的期望值过高了呢？"

"也许吧，有时候我觉得如果换一个人做我丈夫或许还没有他好，但我就是控制不住我自己的情绪，你知道吗？我们两个家庭真的有很大的文化差异，婆婆老是喜欢打麻将，但我是一个追求完美的人，你知道吗？"

"你婆婆退休了没什么事干，打打麻将消遣是好事呀，反过来想想，多动脑预防老年痴呆呀。"

"我知道，但我就是控制不住自己的情绪。我有两个宝宝，大宝 5 岁，小宝半岁，每次好不容易把小宝哄睡着，我也想睡一下，但只过了一会儿，他就醒了。我真的好累啊！我的负面情绪又不能在大宝面前表现出来，我快崩溃了……"

"我能理解你，身心疲累是很折磨人，每个人都会有不开心的时候，我们唯一能做的是不断地去试着调整自己的心态。比如我自己吧，每当工作到很累，第二天清晨睁开眼，浑身酸痛。那一刻，我会心生疑惑："生活的意义到底是什么？"但真的工作起来后，我就又觉得一切都那么美好。相信等你调整好心态的那一天，也会看见不一样的美好。"

她身后是一直焦急等待、踱着步的丈夫。

"你看，你丈夫都等你这么久了，不如先回家去吧？这本书你若喜欢可以带走，看完了再拿回来。"我说。

"不用，我家里有好多好多书，我特别喜欢看书，这本书我也买了的。我只是不想回家。"

"都到晚饭时间了，你家宝宝等着急了吧？"

"不会，小宝正断奶呢。""断奶只是生理性的，我相信这时候小宝从心理上更需要你的关爱。带上书回家吧！"听了我的话后，她安静地合上了书和笔记，和丈夫一起挽手出门远去。这一切正好应了那本书的书名——"这么慢，那么美"。

有趣的故事，每一天都在邵医咖啡上演。

八年，转瞬即逝。感谢对邵医咖啡给予支持、帮助和肯定的——每一个你！

逆袭，就是勤学+苦练

先天不足，后天补

（与其他采访对象相比，我们把对您的介绍列得相对详细，因为我们觉得您的一系列成绩可谓"梅花香自苦寒来"，您可以介绍下相关背景吗？）

我是在 1992 年到浙江医科大学人事处报到的，然后到邵逸夫医院入职。我能够进邵逸夫医院，完全是赶上了一个时机。这个时机就是邵逸夫医院是一家正在建的医院，需要大批招人。

到邵逸夫医院后，因为当时医院还没有开业，我就被安排到浙医一院学习，进修临床麻醉。当年，我从金华卫生学校毕业，年资和学历都很低，即使一年后我回到邵逸夫医院麻醉科，在工作初期的临床麻醉能力还是很弱的，好在医院刚开业，患者不多，我可以有大量的时间学习。当时，我们麻醉科的美方专家名叫沈达安（Andrew Sun），他很年轻、很有耐心，主要给我们做理论和临床培训。因为我在麻醉学方面的基础薄弱，所以总有许多问题需要向他请教，他总是不厌其烦地跟我讲，直至我弄懂为止。他还夸我学习态度好，肯钻研，将来一定会成为一名优秀的麻醉医生。

人物简介

祝继洪，医学博士，主任医师，浙江省医学会呼吸病系分会呼吸内镜联盟副主席、浙江省医学会麻醉分会超声学组副组长、浙江省抗癌协会康复与姑息专委会常委、中国心胸血管麻醉协会超声分会委员、中国心胸血管麻醉协会心血管分会委员。

当时除沈达安外，还有好几位指导老师，如钟泰迪、周大春等，他们都非常认真地为我提供指导，因此我在短时间内就基本掌握了一整套规范化流程。那时，天天盼着有手术，因为有手术就有实战的机会。我早上都起得很早，因为患者定在 7 点钟手术，我 6 点多就要到医院科室里做麻醉准备工作了。

邵逸夫医院的氛围特别好。首先是学习氛围，我身边那些硕士、博士毕业的都在学，有的硕士在职读博士，有的博士白天做临床医疗、晚上在实验室做研究，那我这个中专生就更需要学习了。我也给自己定了一个小目标——先拿下专科再考研。于是，我报考了夜大，每天下班后在食堂买两个馒头往拎包里一塞，就骑着自行车进城去上课了。别看我们医院这个地方现在车水马龙的，但在那时周边还都是江干区农民的菜地，属于城郊接合部。这样每天

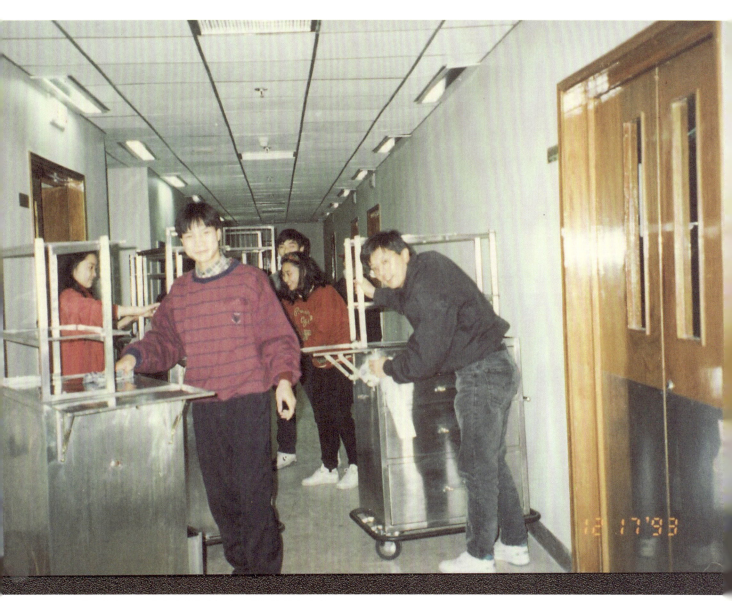

▲ 建院初期，祝继洪（前排左）和同事们擦拭麻醉车

赶来赶去虽然有点辛苦，但内心非常充实。科室同事知道我在上夜大，也都挺支持的，下班时间一到，若我手头还有事情没做完，都争着帮我做，催我快点走，上课别迟到。

在科室里，我从没有因为学历低而被人轻视过，大家都希望我通过努力快速赶上他们。科室现在的副主任周大春老师，当年他就像大哥哥一样对我，除了在业务上拉我一把，还很关心我的精神和生活。他爱好广泛，喜欢音乐，琴类乐器玩得很好。有一天，他对我说："继洪，我看你工作和学习两头都要赶，别把神经绷得太紧，要学会放松，适当的放松可以让自己跑得更快、更远，我建议你学点音乐。"大春大哥这是关心我，我知道他的话是有道理的，但我想我现在也不能像他一样去学习弹钢琴，要想学好钢琴得花大量的时间和精力，我哪有？再则，我即使学了，凭当时的收入，也买不起钢琴啊！我以为这事说说就过去了，没想到过了一段时间，大春大哥就拿过来一把吉他要送我。他说吉他上手快，他以前也没学过，这次买来自己先学了，现在自己学好了，希望我也学学，并说音乐确实能陶冶人。

我很感谢大春大哥的这般用心，我们科室里人与人之间的关系就是那么地美好、真诚、无私。多年后，我告诉大春老师，当年他送过我一把吉他，他说不记得有这样的事。是的，我相信他真的忘了，因为他在做这事时也没想让我记在心里。就如同我们对待患者，服务好他们是我们的职责和使命，不是为了求得回报一样。

有梦你就来

（曾经年少爱追梦，一心只想往前飞，相信您也是这样的。请问您在邵医做过什么梦，这些梦的结果如何？）

回顾早年在邵医的日子，其实也挺简单的，就是工作和学习。只要你想学，遍地有机会。有一次，沈达安问我西湖上划船比赛的事，我没有听懂，挺尴尬的，幸亏科里现场有精通英语的医生给他作了回答。我暗暗下决心要好好学习英语，身边有那么多外方专家，有这么好的机会和条件，为什么不利用呢？于是，工作之余，我抽时间陪他们到西湖边玩，也会陪他们到诸暨珍珠市场购买珍珠，我向他们学英语，他们跟我学中文，美美与共，各有所获。1994年前后，有十几批外方专家到过邵医，其中也有不少成了我的朋友。

邵医有很好的学习氛围，你若不好好学习也是没有出路和退路的。在我们科里，外方专家沈达安经常组织专业理论学习，这种学习绝对不是走过场，他特别注重学习效果，每次学习后都要安排考试。论资历和学历，我在科里都排在末尾的，如果每次考试也是排在末尾的，我还有路可走吗？

　　一个医生的成长，遇到对的老师很重要。当年，我跟带教老师先学椎管内麻醉再学全麻插管，椎管内麻醉对初学者来说难度很大，老师鼓励我放开手脚、胆子大一点。有一次处置不当，硬脊膜穿破了，患者脑脊液漏了出来。我当时挺心慌的，担心要被老师骂，没想到老师镇定地说："记住我是你的老师，不要慌，你按照我的方法处理就好了。"一个小的险情瞬间就化解了。事后，老师还对我说："新手上路会碰到各种各样的问题，这很正常，不要有压力，我是过来人，这些事情都是经历过的。老司机不是天生的，是靠公里数堆起来的，以后你做多了，问题就会少了。但我们对今天的事情要有分析和思考，找出问题症结，保证下次不会有同样的情况出现，这就是自我提升……"试想，如果老师当时把我一顿痛骂或者把我贬得一无是处，我不知道我还能不能再学后面的全麻，继而还能不能在麻醉医生这条路上走下去。多少年过去了，老师当年所言仍记忆犹新，成了我如今带教学生的"金玉良言"。

　　老师都喜欢好学的学生，也许是因为我好学，科里的主任和老师只要有机会就会带着我。2017年，有一个规格很高的全国麻醉学术交流会在天津召开，科主任就把资历浅、学历低的我带上了。有同道让他介绍我时，他会以"这是我们科的新秀"一句带过，避免我的难堪。

　　先天不足后天补。不服输的我在邵医用了10年左右的时间，从一名中专生成长为一名外科学研究生。后来通过申请入选了浙江大学与德国基尔大学的交流项目，在德国基尔大学做了一年访问学者。回国两年后，通过论文答辩，获得博士学位。

　　在邵逸夫医院这个平台上，有梦你就来，来了就有精彩！

一针一管，一心一意

年少时，一心往前冲

（您从护校毕业分配到邵逸夫医院时，您有想过以后会怎样？）

1993 年，我从浙医二院护校毕业后到邵逸夫医院急诊室工作，当时我还不到 20 岁，想法很简单，就是医院赶快开张，让我能把学校学的知识和技能都用上。

到邵逸夫医院不久，我感受到这里的氛围与实习的医院有很大不同。在实习时，手掰安瓿时被划破了或者被针刺伤了，忍着痛，不敢跟护士长说，也不知道这属于职业安全风险，有可能因此感染上乙肝、艾滋病等血源性传播的疾病；而在邵逸夫医院的岗前培训中就有针刺伤后怎么上报、如何处理等内容，医院设立针刺伤管理团队，把处理流程张贴在每一个洗手池的墙面上，相应的化验和用药费用也由医院承担。记得有一次给大三阳患者抽血气后扎到了自己的手指，同事立即接手了我的工作，护士长马上过来帮忙处理伤口，保健科接到上报的信息后查看患者免疫结果，安排我抽血化验……让我受伤后的疼痛和恐惧缓解了许多。

在培训中，美方管理专家告诉我们，医生与护士不是单一的

人物简介

赵林芳，硕士，主任护师，博士研究生导师，邵逸夫医院护理部主任助理兼静脉治疗专科护士长，是国内第一位专职静疗专科护士，曾参与卫生部行业标准的制定及应用指南的编写，是国内第一位获得美国静脉输液护士学会（Infusion Nurses Society，INS）奖学金和美国血管通道学会（Association for Vascular Access，AVA）血管通路资质认证的护士。

医嘱与执行关系，而是围绕患者开展 collaboration（合作），就医嘱中的一些疑问应该先澄清，而不是盲目执行。在给一位心动过缓患者治疗的过程中，静脉推注阿托品已经达到 3 毫克的总剂量，但患者的心率没有明显改善，医生开出了继续加量的医嘱，我未立即执行，而是提出自己的异议，我们之间的讨论甚至惊动了科主任和护士长，他们肯定了我学以致用和敢于坚持原则的勇气，在这样的氛围中做事，患者安全，护士成长，医生也更信任护士了。

当时，医院旁边的秋涛路上黄沙车、大货车呼啸而过，车祸频发，我当时住在医院集体宿舍，一定是"召必至、至必战"。一天深夜，秋涛路上发生了一起重大车祸，我原本不当班，但听说科里人手不够，二话不说就赶过去帮忙，从晚上干到天明。记得那是我第一次从救护车里抱一条断肢跑进抢救室，也是第一次一个人在空旷的预检大厅给逝去的生命裹尸单，那是一名年轻的男性，家人在遥远的外省，从身体下方塞布单时还能感受到他的身体有一点余温，你若问我怕吗，当时是有点害怕的，但职责使然，面对生命的痛惜，我代他的家人将他包裹好，让逝者安息。

打针打出一片新天地

（您现在是主任护师、博士研究生导师、全国知名的静脉治疗护理专家，您可以谈谈是如何从一名普通护士实现华丽蝶变跃升的吗？）

我的动手能力还是不错的，同事给起过一个绰号"赵一针"。实习的时候只有钢针，患者每天都得打针，一些住院时间长的患者到后来都无处下针，有些老师打不进针时会找我解决，我甚至能把针打到手指上。但技术再好，对患者来说，反复扎针时的痛还是存在的，加

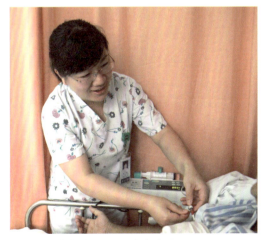

▲　赵林芳在对 PICC 置管患者进行回访

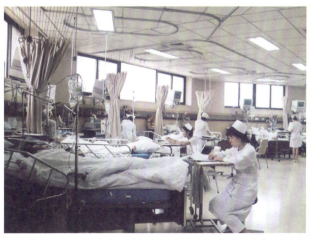

▲　建院初期，赵林芳（前排第一个护士）在重症监护室工作

上一些患者反复住院，一次次打针挂盐水，血管都变硬了，穿刺难度非常大，我们看着犯难却也束手无策。

然而，在美国罗马琳达大学为期 3 个月的学习打开了我的眼界，改变了我对打针这项常规操作的认知，我还带回了新方法和新技术。我对打针的理解从"一针见血"转变为"一针完成所有治疗"。进修期间，我就设立了近期和远期目标，希望我院有朝一日能像美国罗马琳达大学一样成立一支静脉治疗团队，为全院患者提供高质量的护理。后来在院领导的大力支持下，我们在全国率先开展了静疗专科护理工作，2005 年在浙江省首开静脉治疗专科护理门诊，开了护士坐诊的先河，患者不仅来自省内各地，省外一些患者也慕名而来。

"静脉治疗专科护理是干什么的？""原来的方法不是很好吗？"20 年前，患者和医生对这方面的工作不了解，对新技术也将信将疑，有时好不容易做通患者的思想工作，患者转身又去问医生的意见，医生来一句"穿什么 PICC，外周留置针又便宜又方便"，患者就拒绝了我的建议。碰到这些问题让我意识到改变大家对打针的传统看法很重要，于是我不厌其烦地到各科室开小讲课，主动要求在新员工培训中加入静脉治疗专科技术的有关内容，跟患者做宣教，推广新的理念……功夫不负有心人，很多变化悄然发生了。

2005 年，一位女性患者因为直肠肿瘤转移到肝脏，已经做了 40 多次化疗，外周静脉已经找不到地方下针了，于是她在女儿和老公的陪同下找到我，他们表示让我放心去做，即使针打不进，钱也会照付的。可能是被信任的感觉助力了那次穿刺，一针见血，40 多厘米长的导管顺利到达心脏入口。患者说要告诉那些还在受苦的病友，赵老师这里有走得通的路。

新冠疫情期间，一位大爷到静疗门诊进行导管维护，见到我说："赵老师，你还认识我吗？我是王某的老公，16 年就是你帮她置的管子啊！"大爷告诉我，他老伴在离世之前让他若有机会见到我，代她说声谢谢，因为那根静脉导管让她少吃了很多苦。大爷不幸也得了肿瘤，在邵逸夫医院手术后也在我们团队留置了静脉导管，今天来做维护碰巧再次遇到了我。他说，一根静脉导管把我和他一家联系在了一起，感谢我们减轻了他们患者治疗中的痛苦。大爷的感谢之情让我觉得之前所做的一切努力都是值得的。

患者的口口相传为我们赢得了好口碑，我们的工作也得到越来越多患者的认可。时至今日，静疗专科团队已有 15 名专职专科护士，他们每天奔跑在医院的各个病房，一改当年"找活干"的被动局面。我们的工作看似平常，但很有意义，为患者建立的静脉通路是一条生命线，有了这条生命线，治疗更快速、更安全，患者少痛苦。

优秀的探索和实践成果应该惠及更多患者。自 2005 年开始，国内医院陆续派人来进修，我也毫无保留，手把手带教，还通过在各地授课、技术下沉等做法在省内乃至全国推广技术和专科护理，如今许多学员已经成为可以独当一面的护理专家了。

我还在一些国际会议上介绍了我们医院静脉治疗专科的一些创新成果，引起了参会同行们的浓厚兴趣和关注。后来，印度、马来西亚、新加坡等国家的多个医院也派医生和护士来邵医学习"打针"。后来，我在一些全球学术会议上碰到过几个进修生，他们见到我非常热情，还向周边人介绍说："这是我的中国老师。"

有人问过我："一个专科护理角色从无到有，专科护士从1到n，是什么力量支持你克服前行路上无数的困难、误解和障碍？"我的脑海中浮现出一个叫"火儿"的女孩，她在数年内住了几十次医院，就诊过多家医院，反反复复被打了不计其数的大针小管，我们因打针而结缘，她跟科室的小姐姐们有说有笑，也会因疾病反复而伤感落泪。她不止一次说过邵医静脉治疗专科团队是她去过的医院中水平最高、态度最好的。爱出者爱返，"火儿"走了，但临终前她要求捐献角膜，她的母亲在她走后的一年还专程来医院看望我们，表示感谢。

患者的认可是我们砥砺前行的动力，打好每一针，为患者打开"生命通路"。

▲　2018 年，赵林芳在丹麦哥本哈根举办的全球血管通路年会上作大会主旨演讲

一语双关"小心肝"

大道"微"途

（构建全程精准微创肝癌诊治体系，邵逸夫医院在我国医疗界独领风骚，您是该领域的先锋人物，请您介绍一下您的"得意之作"。）

以"微"立院，是邵逸夫医院建院之初既定的目标，而蔡秀军院长是主要开拓者之一。他审时度势，指出微创外科是世界医学的主攻方向，并身体力行，为邵逸夫医院微创外科开好头、起好步，擘画了一幅美好的蓝图。

在邵逸夫医院，我是一个后来者，我只有努力追随前辈的脚步，才能在前人开辟的道路上走得更稳，走得更远。2021年，有位来自上海的女性患者慕名找到我，希望我给她做微创手术，她说她担心开大刀伤元气。

胰腺十二指肠切除术是一项高难度手术，号称"外科手术中的珠穆朗玛峰"。我对这位患者说，我可以使用机器人给你做手术，这是世界上最先进的微创手术方法。患者将信将疑地问我："机器人难道比人还厉害？"我说高科技的机器人更精准、更稳定，人能做到的，机器人也能做到，人做不到或做起来很困难的，机器人也能做到。

人物简介

梁霄，浙江大学教授，主任医师、博士研究生导师，邵逸夫医院钱塘院区院长助理，普外科副主任。兼任中国医师协会外科医师分会机器人外科专家工作组副组长、肝胆青年专家工作组副组长、专业信息传播和医学教育工作组副组长，浙江省医学会微创外科学分会候任主任委员。

此外，我还告诉她，邵逸夫医院的机器人手术很成熟，在浙江省是做得最多的医院之一；我是浙江省机器人手术做得比较多的医生，一共做了 500 多台。患者听后对我说："梁主任，你放心地做，我相信你。"

术前取得患者的信任是医生的必修课。患者信任医生，医生手术时就能信心十足。

其实这位患者的病情十分复杂，肿瘤夹杂在人体两根粗大的静脉和一根供应全部小肠营养的大动脉之间。手术需要不偏不倚，一旦有偏差就可能导致大血管破裂，轻则大伤元气，重则威胁生命。因此，手术时要胆大心细，不能患得患失，瞻前顾后，否则即使手术成功，也可能残留病灶，影响治疗效果。

对于这次手术，我信心十足，因为我对机器人手术的优势了然于胸。机器人手术兼具开腹手术的稳定性和腹腔镜手术的微创性，融合了两者的优点，并且手术视野放大倍数可达 10 倍，操作更加精准，更加安全。

手术当天，我仅在患者腹部开了 5 个小洞，通过操纵机器人的机械臂，完成了对病变部位的切除重建。手术历时 3 个多小时，出血不到 50 毫升，手术过程非常顺利。

因机器人手术具有创伤小、出血少、恢复快且兼顾美观等优点，故有越来越多的患者选择机器人手术。

我印象最深刻的是一天内我完成了 5 台机器人肝胆胰手术，其中包括胰十二指肠切除、肝脏肿瘤切除以及肝门胆管癌根治等超高难度的手术，整个手术团队一直从早上七点半开始连轴转到翌日凌晨三点。虽然大家很辛苦，但为了患者能早日康复，一切都是值得的。

精准微创诊疗有着无限的创新空间，不断挑战各种"不可能"。一位李先生就诊时，我发现其右肝上的肿瘤病灶大小如柚子，旁边大血管中的肿瘤病灶大小如鸽子蛋。这是典型的肝癌晚期且伴有癌细胞侵入大血管，已失去手术治疗的机会。这对患者来说，打击犹似天崩地裂。

李先生的病情十分复杂，两处肿瘤就如同身体内的两颗"定时炸弹"，特别是下腔静脉癌栓距离右心房非常近，随时可能脱落进入心脏而危及生命。

按照以往的临床经验，这类手术只能选择"开膛破肚"，打开胸腔和腹腔，才能保证癌栓在取出的过程中不进入心脏致患者猝死，或避免取栓过程中出现大出血。但手术切口和创伤都非常大，对晚期肝癌患者来说，结果是有可能下不了手术台。

我们团队经过缜密的多学科讨论，决定"不走寻常路"，为患者搏上一把。

我们将李先生收治入院后，先给予药物转化治疗。两个半月后，肿瘤缩小，我们决定对他施行手术。这次手术我们联合胸外科团队，计划用胸腔镜和腹腔镜"双管齐下"的方法切除肝脏肿瘤，取出癌栓。

手术初始，胸外科专家在患者胸壁上开 3 个小孔，利用胸腔镜在患者下腔静脉进入心脏的位置装上一个"开关"，用于防止取癌栓过程中癌栓进入心脏以及静脉大出血而威胁患者生命。

这是一次险象环生、容不得丝毫差错的手术。随后，我先用腹腔镜切除半个西瓜大小的肝脏右侧病灶，然后在完全腹腔镜下切开下腔静脉，成功取出癌栓。

手术过程非常顺利。手术结束后，在场的所有医护人员无不兴奋，因为这次手术是肝癌微创手术的一个里程碑。根据已发表的文献资料及公开报道，迄今临床上尚未实施完全腹腔镜下肝癌下腔静脉切开取栓手术。

术后危险期过后，李先生望着腹部的几个小洞，露出满意的微笑。他出院后，几次复查都没有发现癌细胞。

康复加速度

（在人们的认知中，康复是一个缓慢的过程，好像时间越长，对人体越有利。您在邵逸夫医院组建了一个"联合军团"，以加快术后患者的康复，在这方面您是如何考虑的？）

我们有一个配合默契度非常高的多学科合作团队。加速康复外科团队的组建是为了更好地践行蔡秀军院长提出的"以患者为中心"的管理理念。

组建团队的想法始于 2012 年，我到美国妙佑医疗联盟访问学习交流。当时我发现，在妙佑医疗联盟，术后患者恢复很快，部分大手术患者术后疼痛控制得非常好，患者当天就能下床。而在国内，术后通常需要给患者输几天液，嘱患者躺在床上休养，以促使患者早日康复。这给了我很大的启发。

我们对患者实施微创肝切除，可以使患者受到的创伤最小，但如何保证能获得最佳的治疗效果呢？术后康复至关重要，这是一项系统工程。

2014 年，在蔡秀军院长的支持下，我组建了一个由护理、麻醉、呼吸、康复、心理等科室参与的直接床边干预的多学科合作团队，致力于肝脏手术后患者的快速康复实践。例如，为解决患者术后疼痛问题，应事先采取措施抑制疼痛，而非待患者感受到疼痛后再进行处理。

在实践的基础上，我们提出了腹腔镜肝切除加速康复邵医模式，并由我执笔撰写了《腹腔镜肝切除术加速康复外科中国专家共识（2017 版）》，对患者的围手术期处理进行了一系列优化，确保患者能舒适地度过治疗过程。

加速康复外科团队给患者带来了温暖的就医体验，赢得了众多好评和赞誉，许多同行慕名前来学习交流。目前我们已举办 20 余次国家级、省级继续教育班和培训班，接收 1000 余名学员前来学习，在浙江省建立了 12 个肝胆外科加速康复外科示范分中心和 16 个示范病房，培养 45 名加速康复外科专科护士。加速康复外科邵医模式在国内及浙江省内 30 余家医院推广应用，惠及数万名患者。

传承"传道"

（文化是软实力，邵逸夫医院有着独特的办院模式并形成了独特的文化，这是医院的宝贵财富。邵逸夫医院的发展历程就是优秀文化传承的过程，请问您是如何做好接力的？）

蔡秀军院长是我的导师，他对我的影响非常大。他教我如何手术，也教我如何做人、如何带学生。在我的学生时代，蔡老师每天早上 6：00 就已到病房，了解每位患者前一天晚上的所有情况，要求每项指标都精确到小数点后两位。我们完成一次查房后，他会在病房门口让我们汇报每位患者的情况，即使有情况漏报或者指标数据有误，他也不会当面批评我们，而是把漏报的情况和正确的数据告诉我们，并让我们再检查一次。老师的这种做法比直接批评我们更让我们受益，更长记性。

现在我也是一位博士研究生导师，也有了自己的学生。如何带好学生，蔡老师就是我学习的榜样。我教导他们的方法，就是当年蔡老师教我的方法。在手术台上，我会手把手教学生如何正确使用腔镜，指导他们用哪种角度、固定在哪个部位才能充分暴露手术视野……虽然这些都是基本功，但我告诉他们，基础不牢，地动山摇，只有把基础夯实了，才能建起万丈高楼。我尤其记得蔡老师在手术中经常对我说的一句话："手术时头不要转过去，别看外面，要专注手术视野。"我现在也是这么对助手、对学生说的。在手术过程中，我边操作边讲解，把每一个步骤都详细分解给学生学习；手术结束后，我会组织他们一起讨论，复盘整个手术过程，反思不足之处。

我以蔡老师为榜样，在潜移默化中给我的学生"传道授业"，目前已培养硕士和博士 20 余名。

"小心肝"，大情怀

（在一家集医疗、教学、科研于一体的三甲医院，像您这样的专家，工作任务十分繁重，每天都像一台超负荷运转的机器，请问您是如何让您的"小心肝"像蒲公英种子一样撒在浙江乡村大地上的？）

肝脏是我们人体的一个重要器官，我们要保护好自己的肝脏，认真呵护它。对医生而言，肝癌患者就是我们要保护的"小心肝"。

多年来，肝癌的发病率在我国一直居高不下，且恶性程度比较高。治疗固然重要，但预防同样不可或缺。为了做好肝癌的早预防、早发现、早诊治，我带领普外科党支部联合肝病感染科党支部及超声科党支部，成立了"小心肝公益联盟"，开展浙江省肝病筛查公益项目，目前累计服务群众超过 3000 人。该项目入选浙江大学重点民生项目。

萌生成立公益联盟这个想法，是被临床一事所触动。有一次，我和彭淑牖教授、蔡秀军

▲ 建院早期，普外科同事和美方专家合影（第三排左二是梁霄）

教授对一位老年女性患者实施了腹腔镜下肝癌伴门静脉癌栓切除手术，手术过程十分顺利。患者出院后，我们叮嘱她定期复查。但到了复查时间，患者却没来复查，我们联系不上患者，便联系她儿子，她儿子说母亲现在感觉良好，不需要复查。其实患者当时的情况十分复杂。通过复查，我们可以观察患者恢复的情况，如果出现异常情况，可以及时给予处理。

后来，在我们的一再劝说下，患者终于来院复查，情况良好。患者很高兴，我和彭教授、蔡教授与患者合了影。

我在门诊时经常会询问患者一个问题："为什么这么晚才来就医？"患者的答复大同小异，有些患者回复自己身体一直康健，不需要到医院检查；有些患者回复以往做过检查，没发现身体有异常。结合上述这位老年女性患者复查的事，我产生一种紧迫感，即提高人们的健康意识，让他们懂得呵护自己的"小心肝"，时不我待。

肝病发病比较隐匿，肝癌早期无症状，一旦出现症状，往往已进展至中晚期。疾病防控需秉持及早原则。由于欠缺肝癌科普知识，基层群众是肝癌的高危人群，更需要做好预防工作。"小心肝公益联盟"成立 4 年来，我们走遍全省各地，辐射近 10 万人，精准服务 2500 余人，为 200 余人筛查出相关的肝脏疾病。

我们的活动一般选择在周末进行，每次集结 10 多位队员，大家放弃休息日，携带便携式超声仪等设备，进村入户，进行抽血、B 超检查，开展肝病预防和治疗科普及流行病学调查，用我们的爱心和责任心，为基层百姓提供实实在在的服务。

微创最前沿——远程 5G 手术

2023 年 6 月 18 日，一场令人瞩目的手术在邵逸夫医院机器人远程手术中心和邵逸夫医院新疆兵团阿拉尔医院同步进行。游离、牵引、钳夹、离断……40 分钟后，好消息传来：继 2 月份完成国内第一例 5G 超远程国产机器人胆囊切除术后，难度更大的全球首例 5G 超远程国产机器人肝脏切除手术成功实施。相隔 5000 千米的浙江、新疆两地的医护团队再度携手，树立了我国肝胆外科新的里程碑。

这台手术的操作医生是我，在新疆的助手医生亦为蔡秀军教授团队成员——邵逸夫医院新疆兵团阿拉尔医院副院长、邵逸夫医院普外科李哲勇副主任医师。

患者张女士是阿拉尔人，年仅 30 多岁，发现左肝有直径为 8 厘米的巨大肿瘤，行左肝外叶切除手术。与胆囊切除术相比，肝脏切除术的难度更大，肝实质内血管、胆管错综复杂，易导致出血以及胆瘘，需要精准的技术才能确保手术安全。

2023 年 9 月，全球首例超远程 5G 国产机器人保留脾脏胰尾肿瘤切除手术也在邵逸夫医院顺利完成。

科技促进了医学的迅速发展，使我们有机会站在微创的最前沿，邵逸夫医院院长蔡秀军教授提出创新理念，引领微创前沿，给出了最好的诠释。5G 超远程机器人手术可以突破资源配置的时空限制，节省医生和患者的时间，降低医疗成本，提高救治效率，极大地拓展了远程诊疗的应用边界。

我们接连创下"首例"的记录，不仅是我国医疗领域的重大突破，而且也是我国 5G 技术、国产医疗装备技术走在国际前列的有力证明。

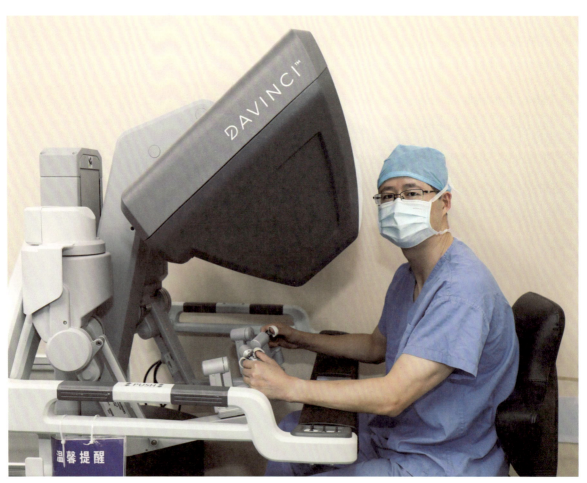

▲ 梁霄在做达芬奇机器人手术

巴林特，特灵

人物简介

项敏利，副主任护师，邵逸夫医院肿瘤内科护士长。

（肿瘤内科的护士要面对太多的死亡。作为科护士长，请问您是怎么确保护士有健康的心理的？）

有一天早上，我发现我们科有一位年轻护士情绪十分低落。这个护士小妹妹刚参加工作3年，平时很阳光、很开朗，人见人爱，不仅科里的同事喜欢她，就连住院患者也都夸她人好。

她为什么不开心？碰到什么事了？是不是工作压力太大了？

我把她叫到一旁，问她有什么需要帮助的，谁知我刚一开口，她的眼泪就流下来了。她说有一件事让她很难受，这件事让她对人与人之间到底有没有美好的感情产生了疑问，也对护士的工作价值产生动摇。事情是这样的，在她照顾的患者中有一位70多岁的阿姨，人非常善良，很尊重护士们的工作，护士们也真心待她。她的病况不太好，在我们科进进出出有大半年了，这次住院病情比前几次又加重了许多。一天晚上，我们这位年轻的护士发现阿姨血氧饱和度很低，人极其虚弱，顿生怜悯之心。阿姨住进来好几天，每次夜班时都没有看到以往能陪伴和照顾她的先生，她觉得应该把这个情况跟阿姨的先生讲一讲，让他晚上能过来陪陪阿姨。生病的人最渴望的就是亲人的关怀。

　　电话打通了，她跟阿姨的先生讲了阿姨的情况，没想到对方淡淡地说出三个字："知道了。"电话就挂断了。这种不带丝毫感情色彩的反应让年轻的护士怔住了。他为什么不着急？为什么不向她多了解一些阿姨的情况？又为何如此冷漠？他是不是认为生病的阿姨是他的负担？她非常不理解阿姨先生的这种平静。越想越难过，她替阿姨感到不值。

　　听完她的叙述，看到她脸上明显愤愤不平的样子。于是，那天凌晨交班后，我组织了巴林特小组活动。活动过程中，有同事提到，如果她是那位阿姨，她还是不会认为自己的先生冷漠，这几天是她坚决反对先生晚上陪着的，一方面是他们的儿子做了急诊手术，他也要照顾儿子，她担心先生两头跑累垮了；另一方面，她的先生自己也刚做了喉部肿瘤手术，医生让他好好休养，少说话，即便是这样他还是白天在医院陪着阿姨，只有晚上才回家去休息一下……其他护士也纷纷表达了自己的感受，也讲了此前住院时阿姨先生照顾她的很多细节。渐渐地，我们这位单纯可爱的年轻护士释然了，最后她总结了一句："未经他人苦，莫劝他人善。"

▲　项敏利和同事

就这样，一次突发的情绪小危机通过巴林特小组活动解决了，在疏解心理压力的同时也进一步提升了共情能力。

　　护士需要直接面对临床一线的患者，患者的病情反复甚至死亡，会对护士心理产生不小的冲击。而很多护士因为难以疏解这样的压力和情绪，日久积压，往往觉得身心俱疲。我们科里这位年轻护士碰到的情况，在我们像她这个年纪的时候也都发生过。

　　邵医的管理理念是"以患者为中心，以员工为主体"，所以员工的心理健康也是医院关注的重点。早在10多年前，我们医院就成立了一个特别的小组——巴林特小组。

　　巴林特小组是一种团体心理辅导的形式，是我们员工的情感支持系统，讨论话题均是医护人员在临床工作中遇到的棘手、无助、沮丧、愤怒、挫败等与心理社会因素有关的挫折情境。巴林特小组成员有我们一线护士、护士长，以及部分医生和医技人员，能够帮助医护人员更有效地应对挫折情境，在工作中获得幸福感。它的出现让护士在面对挫折情境时不再是孤立的个体，而是有了一个彼此支持的团体。

　　特别在我们肿瘤病房，患者的死亡率会比较高，这对年轻护士的心理冲击是不可估量的，她们往往会陷入自责之中，会认为是自己没能把患者从死亡线拉回来而内心充满愧疚，背负着沉重的心理包袱久久不能走出来。此时，我们的巴林特小组就会介入干预；还有对于生活中出现的一些不良情绪，也会通过巴林特小组对护士们进行疏导。面对大的挫折情境时，经过培训的心理卫生高级临床专科护士也会一起参与巴林特小组。

　　我们认为，关爱自己，才有能量去关爱患者。

风光的背后，
有着不为人知的苦与累

会"喂招"的好老师

（一个人的成长，内因固然是起主导作用的，但外部环境同样不可或缺。您是邵逸夫医院成长、进步较快的年轻医生之一，您是如何看待邵医大环境的？）

到邵逸夫医院工作，是我深思熟虑后做出的选择。2008年，我博士毕业于北京大学医学院（以下简称北医）。北医泌尿科实力强劲，当时毕业可供选择的医院还是比较多的，但我认定了邵逸夫医院。

邵逸夫医院建院时间不长，少的是暮气，多的是朝气，加之一开始它就是同国际接轨的医院，国际化程度比较高，所以是值得年轻人向往的。这是我看中它的第一点。第二点是，当时泌尿外科主任是浙大一院调过去的张志根主任，他力邀我加盟邵逸夫医院泌尿外科。他是我一直很了解也很敬仰的一位老师，我觉得跟着他一定不会错。

现在想来，这个决定很正确。我很庆幸加入了邵逸夫医院，得

人物简介

陈艺成，医学博士，主任医师，博士研究生导师，邵逸夫医院质量管理办公室主任。浙江省医学会泌尿外科分会委员，浙江省医学会泌尿外科分会青年委员会副主任委员，浙江省医学会泌尿外科分会微创学组委员等。

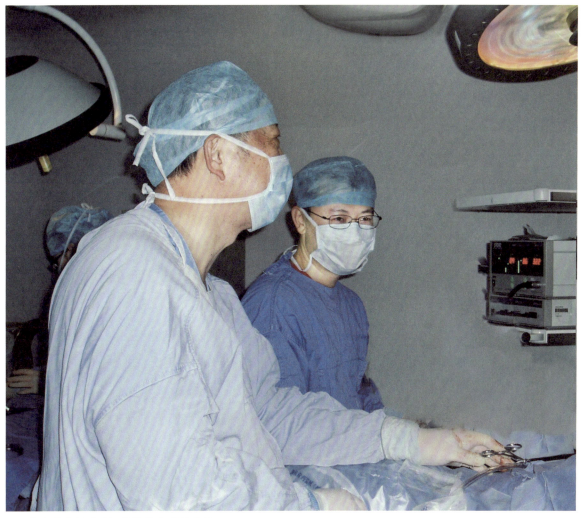

▲　张志根主任（左）指导陈艺成做手术

遇张志根老师，他全力无私的传帮带，为我的成长进步打下了坚实的基础。刚开始，我每次做腹腔镜手术，他都要搬个凳子坐在我身边。操作过程中，有时出血点没有控制住，血液会模糊手术视野，导致腔镜找不到要切除的肿块……紧急关头，张老师总会挺身而出，立即决定改行开放手术，切开病变部位，迅速将血止住，力挽狂澜。

　　开放手术、腹腔镜手术，张老师把他的十八般武艺毫无保留地都教给了我，有的都是他压箱底的绝活，后来又支持我做机器人手术。

　　张老师不但懂得如何教学生，而且更知道如何保护学生。一次，我做了一个手术，患者觉得效果不好，在与我沟通时，言辞有点激烈，认为是我年轻，经验不足造成的。这时，张老师主动站出来，说这个手术是他指导的，有责任也是他的，并给患者详细讲了后续的治疗方法。满头华发的张老师取得了患者的信任，后来事情得到妥善解决。张老师非但没有批评我，而且还安慰我说，他年轻的时候也碰到过类似的事情，手术中有点意想不到的问题出现是正常的，关键要沉着冷静，尽快找到处理办法，千万不能受此影响，裹足不前。

老师"喂招"好，我的胆子自然大，什么手术都敢做。高难度手术做得多了，慢慢就积累了丰富的经验。

遇到一位好老师，就等于拥有了合适的土壤和温度，让我从一棵小苗，慢慢长成大树。现在该是我反哺的时候了。我现在和张老师一个组，他接诊的患者，我来做手术。能为老师做点事，学生心里是甜的。

风格是这样形成的

（每个医生都有自己的风格。风格是建立在将基础融会贯通上的。请问您的风格是什么？）

我的风格是什么？张志根老师带教，让我变得胆大。胆大是敢于挑战，但挑战不是打无准备之仗。胆大是有前提的，但胆大不是我的风格，或者不完全是我的风格。

2011年，我有个去日本交流的机会。有一次，日本导师带着日本学生，要做一台膀胱全切手术，临时缺了个人，便让我担任一助，当时即便是泌尿外科最复杂的手术，我也应对自如，游刃有余。自此，导师有了新的口头禅："缺人不怕，我们有'陈桑'。"

尽管导师很看重我，让他的学生向我学习，而真正受影响、被改变的却是我。他们做手术看上去很慢，但实际上并没有多余的动作，他们仔细、认真，是严格按照标准在做的，解剖和术野非常清晰。比如前列腺手术，术中出血量不能超过20毫升，宁可时间多花一个小时，但一定要按标准执行，术后患者的引流液往往也很少，恢复得很快。学习后，我为他们的理

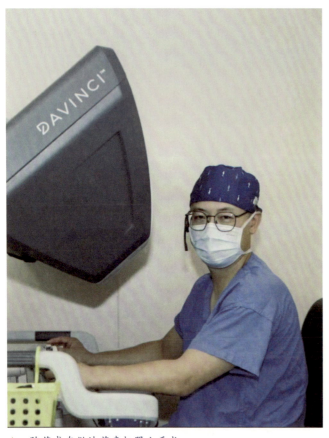

▲ 陈艺成在做达芬奇机器人手术

念所折服——手术速度不是最重要的，质量第一，不开第二刀是最重要的。

手术严格按照标准来，力求精细化，慢慢成为我的一种自我要求。安全、高质量、精细化，也就成了我的风格和品牌。

有一位女性患者，50多岁，因为持续腰痛一个月，在当地医院检查，疑似输尿管结石。她找到我门诊，要求碎石。但在做 CT 后，我发现，事情没有那么简单。她的肾门位置长了一个差不多 2 厘米大小的恶性肿瘤。肿瘤虽然不大，但是压住了输尿管，造成肾积水，最后形成了结石，同时肿瘤又和血管贴得很近，位置长得非常隐秘。如果采用常规的开放手术去切除肿瘤，很难找到肾脏肿瘤。

我为这位患者制定了手术方案，用达芬奇手术机器人系统从患者腹膜后入路，借助手术机器人的灵活性，巧妙游离肾脏的动静脉以及输尿管，先把动脉阻断，然后从两根肾脏最主要的血管中间完整地切除肿瘤，既不能把肿瘤弄破，也不能把血管戳破，还要保留肾脏的完整度。同时，手术还必须在 30 分钟内完成（切除肿瘤时首先要把肾脏血流阻断，一旦阻断就开始倒计时，30 分钟内要切除肿瘤、缝合创面，并把血管打开。超过 30 分钟后，每过 1 分钟，肾功能会以一定比例丢失），所以这很考验医生的心理素质和手术技术。

在成功保留患者的肾脏后，我又把她的输尿管结石去掉。手术很成功，患者和家属都非常感激。

同时，不断追求高质量，精益求精也成为我的工作目标。譬如在治疗复杂性膀胱癌方面，为了能更好地处理不同位置的泌尿系肿瘤，减少患者的损伤，我苦练技能，同时掌握了前入路和后入路两种微创治疗膀胱癌手术方式，可以更好地服务于患者。

玉汝于成

（您出生于医学世家，又遇上好老师传帮带，您的人生经历应该比较顺畅。对此，您是如何看待个人努力的？）

我出生于医学世家，许多媒体报道过我们一家三代从医的故事，但现在可以说是四代了，因为我的女儿也成为了一名医学生。

我的外公秦文清，是浙江大学医学院病理生理学的创始专家之一，外婆马亦政是原解放军第 117 医院的一名内科医生。父亲陈水泉，是浙大一院的一名放射科医生，也是浙江省最早一批出国学习交流影像技术的影像学医生，他在浙江省率先开展 CT 诊断技术。母亲秦修装，也是一名优秀的内科医生。

我从小就在浓厚的医学氛围中成长。外公是我从医的启蒙老师。小时候，家里有那些淘汰下来的显微镜和手术刀，都是我的"玩具"，我打小就对这些感兴趣，喜欢动手。小学三四年级时，有一次碰到一只小鸟折断了翅膀，我把它捡回家，在外公的指导下，给它做了截肢"手术"，然后进行包扎，感到特别满足。后来，外公还指导我制作动物标本。记得小学五六年级时，我成功用筷子帮外婆取出一根鱼刺。这让家人们觉得我是当外科医生的料。我动手能力强、喜欢挑战、不服输的个性，也从那时候开始渐渐显露。高考报志愿，我填报的所有专业都与医学相关，因为学医，是我们家族的一种传承。

但是，即便是出生在医学世家，要想有所作为，个人努力也始终是第一位的。特别是医学，它是一门不断更新发展的学科。一个人，如果没有执着学习的精神，没有勇于探索攀登的毅力，在学习医学上是不可能有所成就的。好的环境和优越的条件，有助于一个人成才，但那是外因，起主导作用的还是内因，即个人努力。一辆汽车，如果发动机停转了，靠人去推，这车子又能走多远？而这发动机就好比一个人的努力。

我们家族三代从医，我从小耳濡目染，与别人相比，虽然有一些天然的优势，但是如果自己不努力，也终究无法提高自己的医术。其实，在我取得的一些成绩背后，也有着不为人知的苦与累、汗水与泪水。2010年，我申请到第一个国家自然青年基金，但是那年，我还是个主治医生，还没有评上硕士研究生导师。因此，虽然有经费，但是没有科研团队，所有实验只能由我自己一个人去完成。白天手术，晚上做科研。每天结束繁忙的临床工作，在医院食堂简单扒几口饭，就直奔医院的实验室，有时候晚上还要去浙江省医学科学院的动物实验室，一头扎进实验室做兔子、老鼠等动物实验，往往一待就是一晚上，每每半夜拖着疲惫的身体，带着一身的兔毛和腥臭味回家。就这样，我工作日白天手术、晚上和周末看文献、做科研、写论文，多年后终于在科研和临床两方面都获得了丰收。后面终于拿到了浙江省自然科学基金的面上项目和国家自然科学基金的面上项目，如今我已经是浙江大学的博士研究生导师，也有了自己的科研团队。

回想过去，所有的苦累，我认为都是值得的。家人也都是理解和支持的。既然选择了，就该坚定不移，心无旁骛。青春就是用来拼搏的。

青春不拼搏，青春何用哉？

子夜来电，打破沮丧

人物简介

王一帆，医学博士，博士研究生导师，邵逸夫医院普外科副主任医师，微创器械创新及应用国家工程研究中心副主任、邵逸夫医院转化医学科主任、浙江大学微创外科研究所副所长。

（都说邵逸夫医院是一个可以帮助年轻人实现理想、展现个人价值的好地方，您认为在邵逸夫医院的成长过程中什么才是重要的？）

一个人的成长是由多方面因素决定的。我个人体会最深的一点是：得遇良师。非常幸运，我的硕士和博士研究生导师都是邵逸夫医院的蔡秀军院长，他是国际著名的肝胆胰外科专家。

2003 年，也就是我成为他的研究生之前，他给我们上过《外科学》这门课，在我们心目中他就是神一般的存在。成为他的研究生后，最开始感觉很有压力。因为他名头太响，影响力太大，担心难以成为令他满意的学生。

而事实上，他是非常平易近人的，从不会给人居高临下之感，面对学生，他也总是那么亲切随和。在带教过程中，从没有一味地说教，总是探讨式和启发式的交流。在他面前我总是轻松的，身心轻松，思维就活跃，东西就学得进去，也就和老师形成了良性互动关系。老师的很多理念超出教科书，比如手术切口不用纱布覆盖，直接敞开。因为包纱布可能会压迫伤口,也可能会导致局部闷热发炎，都不利于伤口的恢复。老师一直不断创新，新型手术器械、新术式、新型治疗方法、新理念，他推动了微创外科不断发展。

有一次值班，碰到了一个非常疑难的病例。半夜三更，老师带着我跟他一起手术。这个手术有难度，但肯定是难不住老师的，因为他做过的比这更难、更复杂的手术已经不计其数了。对于这个手术要怎么做，他心里很清楚。但在实际手术过程中，他每一步操作都会同我商量，询问我的意见和看法，并进行讲解和教学。我们在一起不像是师生，更像是地位对等的同事。

也是一个半夜三更，我做了一台胆囊切除手术，手术不是很顺利，过程中患者出了不少血，为此，我很沮丧。老师身兼多职，工作十分繁忙，有时几天也见不到他的身影。没想到，那天半夜里老师特意给我打来电话。他说，他知道我今天的这台手术不顺利，让我不要沮丧，也不要有压力。总之，各种情况都会遇到的，我们要寻找解决问题的方法。一个优秀医生的成长路径就是学会处置各种意外情况。老师是个严谨细致的人，他没有参与手术，不会轻易作出判断，但他以此启发我去寻找术中出血多的原因。在手术过程中，我注意到过患者门静脉密密麻麻，呈网状海绵样改变，稍有不慎是会导致出血的，难道是这个原因？老师的话把我从低迷状态中唤醒，带我走出沮丧，让我以积极的心态去探究问题所在。

老师是微创手术大师，也是超级心理按摩师，让我没办法不景仰、不崇拜。

好老师是学生一生的财富。我在邵医大内科实习时，内科各大主任对我们这些学生也是疼爱有加。各大主任本身是不带我们这些实习生的，我们在科里有各自的带教老师。我们与大主任们只有每天早上大交班时打个照面，从不敢奢望得到关注。然而，这些主任并没有忽略我们的存在，反而注意着我们的每一个细节。"你的白大褂太脏，我们是医生，不是理发师。"我们实习生的白大褂是从医学院带过来的，没得换洗，所以穿久了总是黑黑的，尤其口袋处。

各大大主任要求我们一定要注意仪表，因为仪表是外在精神的体现，精神面貌好给患者的感觉也是好的，患者会认为这个医生是阳光的、积极的、值得信赖的，所以每见我们穿戴有不整齐、白大褂有不干净现象，就当场批评，不留情面。而对于我们的学习，他们又是很有耐心的，知识如春风化雨，润物无声，一点点渗透，直至我们彻底领悟。

有一次，我在护士台写病历，有一位大主任过来了，问道："是我们组里的学生吗？"得到肯定回答后，大主任马上问了我几个问题，我有点紧张，没能全部回答出来。大主任脸一沉，对几个带教老师说："你们这样带学生是不行的。"他当场挑选了几个病历，对我说："同学，你跟我来。"他指着一位患者对我说："你先听一下，有什么问题没有？"我用听诊器听一下，大概讲了一下。随后，他自己又听了一下，对我说："不全对。"然后，给我详细讲解他听到的问题。就这样，他带着我一共听诊了4位患者，把他的经验、体会和心得也同我讲了一个透。这种一对一、点对点的教学，让我获益良多，也让我真心感到遇到这样的老师还不好好学习，是对不起老师的。

　　医学生的培养，是医院的传承，是支撑医院未来发展的重要一环，我们邵医有非常好的带教之风，手把手查体、听心音……正因为老师们竭尽心力、如霆如雷，才有我们今天的如期绽放。

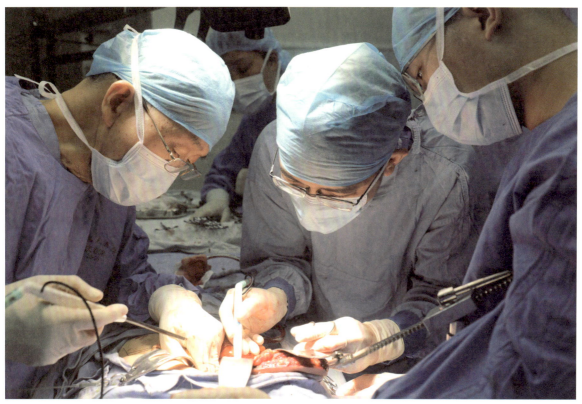

▲　王一帆（中）和彭淑牖教授（左）同台手术

梦想有多大，舞台就有多大

迷人的邵医文化

（您是邵逸夫医院的新生力量，请问您是从什么时候开始关注邵逸夫医院的？在您眼里，邵逸夫医院最有魅力的是什么？）

从大二开始，我就对浙江大学医学院附属几家医院做了比较研究，为本科毕业后报考硕士研究生做准备。当时邵逸夫医院有点"另类"，如是全国首家"门诊不输液"医院、全国首家"全陪不加床"医院……这家医院不走寻常路，激起了我的好奇心，想去一探究竟。经过一番努力，2013年我顺利考上了邵逸夫医院骨科范顺武主任的硕士研究生。

在邵逸夫医院，我有一种如鱼得水的感觉。院里人与人之间的交往都十分友善，不论是院长还是科室主任，我在与他们交流时，他们都让我感到十分亲切，没有一点架子。而这种宽松的氛围是由邵逸夫医院的文化决定的。

邵逸夫医院的文化核心就是开放和包容。例如，实习生可以参加骨科每周的科室学习会，不会因为是实习生而被排除在外。对于我们的科研想法，医院都给予鼓励和支持。

人物简介

林贤丰，浙江大学医学院特聘研究员、主治医师，博士研究生导师，国家优秀青年科学基金项目获得者。任浙江省医师协会青年医师分会副会长、中国遗传协会衰老遗传分会委员、浙江省生物医学会理事。

在宽松的环境下，人们反而会对自己高标准、严要求。我从小就对未知事物充满兴趣。在邵逸夫医院读研期间，我每天完成临床工作后，就一头扎进实验室专心搞科研。

在邵逸夫医院，我早就是有"家"的人了，这个"家"就是科教楼内的实验室。我白天在临床工作、晚上做实验的日子，持续了 3 年。

优质的土壤是培育优良种子的必要条件，而邵逸夫医院这片土壤不会给你约束，不会对你设置成长的边际，只要你是一粒优质的种子，就会任由你向阳而生。在读研期间，我陆续发表了多篇学术论文，并获第十三届"挑战杯"全国学术竞赛特等奖、第八届中国青少年科技创新奖。这些成绩，我觉得都与邵逸夫医院这片土壤密切相关。

而我的这种感觉是正确的。硕士研究生毕业时，我的学历未达到邵逸夫医院的聘任要求，导师范顺武向院领导介绍了我的情况，最终我被医院破格录用。既重视学历，又不唯学历，这就是包容，而包容是邵逸夫医院文化的重要内容之一。

"力大无穷" 不是梦

（入职邵逸夫医院后，您持续发力，科研成果频出，您能给我们介绍一下这方面的情况吗？）

正式加入邵逸夫医院骨科战队后，我不敢有一丝一毫的松懈，以感恩之心，加倍努力投入临床工作和科学研究中。第一年我就申请到一项国家自然科学基金项目。第二年我入选医院卓越人才计划，医院为我这个硕士配备了博士研究助手，由此我的研究如虎添翼。我的研究是基于临床需要展开的，方向是为临床服务的。例如，骨损伤修复使用的材料，进口化学材料费用很高，是黄金的 2～3 倍，但效果未必理想，因为化学材料本身就有一定的毒性。我的一项研究发现，骨损伤修复可以使用天然来源的材料，如一种骨损伤修复用材料的原材料就是猪骨。但将猪骨作为原材料，临床会发生排异反应。我的研究目的就是解决猪骨的排异问题。这项研究共纳入 150 多例患者，临床试验没有一例发生异常反应。与国外进口的化学合成材料相比，我研究获得的猪骨材料简直就是"白菜价"。这一研究成果获得了中国、美国及欧盟等国内外发明专利。

2020—2021 年是我成长积累的一年，我以硕士学位获得一项国家自然科学基金面上项目，并且获得了"中国青年创业奖"；此外，我也顺利考取浙江大学博士研究生，导师仍是范顺武主任。临床加科研，忙碌而充实，充实而快乐。我以小苏打治疗骨质疏松的研究成果获得博士学位。同时，我在解决细胞能量问题方面的研究也进入一个崭新的领域。我和我的几个

90后小伙伴在范顺武主任的指导下，把菠菜"玩"出了新花样。

2022年，国际顶级期刊《自然》(Nature)杂志上发表了一项具有重大突破又充满想象力的研究成果：浙江大学医学院附属邵逸夫医院骨科林贤丰研究员、范顺武教授团队与浙江大学化学系唐睿康教授团队成功提取菠菜细胞中具有光合作用的类囊体作为"生物电池"。装配上"电池"，衰老的哺乳动物细胞也能获得"光合作用"产生的能量，恢复活力。

作为该团队的一分子，我为我们的团队和邵逸夫医院感到自豪。铺天盖地的新闻报道后，经常有人问我："你们的灵感来自哪里？是不是受卡通人物"大力水手"的启发（他吃完菠菜就变得大力无穷）？"

其实我们的灵感来自临床的倒逼、研究的所见、生活的启发。许多骨科疾病，如骨关节炎、腰椎间盘突出、骨质疏松，都是由细胞衰老、能量不足造成的。延缓细胞衰老，就需要给细胞补充能量，如同给手机充电一样。

那么，如何补充能量呢？我们把目光投向了自然界。在自然界中，植物通过吸收光能将二氧化碳和水合成有机物并释放出氧气。那么，能否让植物的能量供应系统成为动物细胞补给能量的"生物电池"？

为了推进这项研究，我们团队做的第一件事就是逛菜市场，寻找一种能提取出大量叶绿素的蔬菜。我们先后跑了十多趟菜市场，购买了胡萝卜、青菜、大白菜等蔬菜进行实验，最后发现菠菜的叶绿素含量最高。

目前，在全球范围内，能够实现跨物种递送研究的研究团队并不多见。我们研究发现，给小鼠注射类囊体，每周2次，持续注射8周后，小鼠的骨关节病变情况得到明显改善，相当于"60岁"的衰老退变软骨恢复到"20岁"时的状态，且小鼠心脏、肝脏、脾、肺和肾脏等器官都未发生病理异常。接下来，我们将进一步展开研究，实现临床转化，使患者受益。

文章在《自然》(Nature)上发表后，医院第一时间为我们90后科研团队召开新闻发布会，蔡秀军院长给予我们充分的肯定和积极的鼓励，这让我又一次感受到邵逸夫医院独特的文化——开放、包容、创新。

在年轻的邵逸夫医院，只要你愿意奔跑，就会有人为你铺路架桥，为你遮风挡雨。在邵逸夫医院，有许多像范顺武主任一样的老师和前辈，他们甘当人梯，提携后生，把更多的机会留给年轻人。年轻人只要看到希望，就会有奔跑的动力。除了科研工作外，我每年还要完成300多台手术。但我不觉得累，因为在邵逸夫医院，不是我一个人在奔跑，我的身边有一群人在奔跑，我的身后始终有一股推动我前进的力量。我坚信我们每个邵医人也是"力大无穷"的。

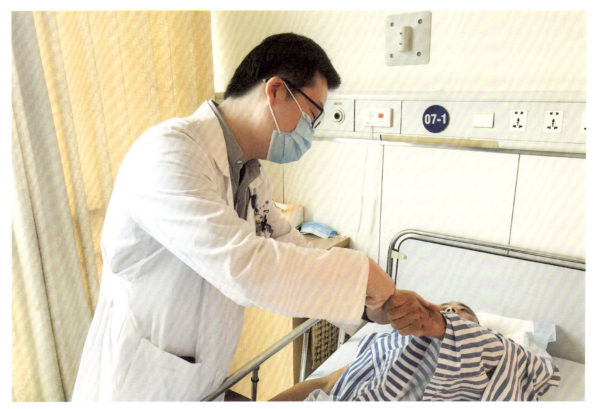

▲ 林贤丰在工作中

爱与爱的碰撞

（医院是一个充满爱的地方。爱让人心生希望，满怀力量。请问您在邵逸夫医院有过这样的感受吗？）

在我们骨科，有一位叫小小（化名）的女性患者，她出生不久就被父母遗弃，被一位60岁的老人带回家抚养，小小叫她姑妈。姑妈亲自养育小小2个月后，由于自己身体健康状况不佳，便将她托付给侄女林某继续抚养，小小叫她林妈。

小小7岁时不慎摔了一跤，引发骨髓炎，导致反复脓液感染、疼痛、溃烂，其伤口深度犹如地洞一般……

林妈是一个心地善良的农妇，家庭经济很拮据，自己又有一儿一女，只能保证小小基本的吃穿，实在无法承担小小的医疗费用。

在8岁至11岁这段时间里，小小经历了人生中最为艰难的3年。在这期间，她饱受骨髓炎的折磨，疾病使她时刻处在流脓、溃烂、疼痛和瘙痒的煎熬之中。原本仅有一个的臀部窦道，也逐渐恶化至九个，洞洞相连，甚至骨头都已烂穿。与此同时，她的右下肢骨骼慢慢发生畸形，关节僵硬，右下肢比左下肢短 10 厘米，走路跛行，生活从此离不开拐杖。

后来，姑妈见小小太可怜了，又把她接到自己身边，一老一小过起相依为伴的日子。小小在老人身边断断续续读完高中。

2016 年，92 岁的姑妈安然离世。2018 年年底，小小开始四处寻医问药，上海、北京、广州、兰州、福州……有的医生一看她是孤儿，没有家属，就婉拒了她；有的医生一看她的情况，就直摇头："你这病拖了太久，没法治了。"

其间，小小既开淘宝店、做微商，又经营实体店，售卖老家的土特产，一边赚钱一边给自己攒医药费。

2019 年 4 月，小小慕名找到我们骨科的沈立锋主任医师。第一次见到小小，沈老师就被她严重又复杂的病情震惊了。听完小小的遭遇，他当即决定，要尽最大努力帮助这个坚强的姑娘。

经过系统会诊和讨论，对小小的治疗，沈老师计划分三步走：第一步，控制感染；第二步，感染控制后，做肢体延长；第三步，做髋关节置换。

治疗是一个漫长而复杂的过程，不是一次手术就能解决全部问题。沈老师的耐心和细心，让小小觉得这家医院、这位医生是值得信赖的。

经过一次次手术，感染得到控制，小小终于可以不用拐杖了。小小爱上了杭州，爱上了邵逸夫医院。她在杭州租了房子，坚持每周 5 天到医院做康复治疗。另外，她还报了网课学习，准备考取大专文凭。她对生活充满了希望。

小小是一个有心的姑娘，在邵逸夫医院治疗期间，她了解到范顺武主任治疗腰椎病水平高超，便连续几周抢范主任的专家号，最终抢到了。于是她先找范主任咨询。得知患者是替她养母来咨询腰椎手术的，范主任说当时他很感动，患者受了这么多苦，自己还需要第四次手术，却还能这么孝顺，懂得感恩。范主任告诉小小："这个病不能再拖了，需要尽快手术，钱的事情不要太担心，我们尽可能帮你们减免。"

之后，林妈顺利住进邵逸夫医院骨科病房，小小寸步不离，细心照顾她。范顺武主任、胡志军副主任医师择机为林妈实施了手术。术后第二天，林妈就在腰托的保护下下床行走了。见状，小小露出了甜美的笑容。林妈养育了她 7 年，对于林妈的养育之恩，小小终生难忘。

这对特殊的母女是我们全体骨科人的牵挂。术前范顺武主任在骨科和骨科党支部发起捐款倡议，很快为她们募集了 2.5 万元。这是因爱而爱。

如果说邵逸夫医院是一个大舞台，那么这个大舞台一定是用爱搭建的。爱是力量的汇聚，爱是长路和远方。

医疗共富路上的芦花鸡

人物简介

张立超，邵逸夫医院人事科干部，现挂职浙江省丽水市缙云县七里乡党委副书记，兼任周弄村第一书记。

村民们的"健康管家"

（在一家大医院从事人力资源管理工作，应该是很让人羡慕了，为何还要去偏远地方挂职？在那里能做点什么？）

2016 年 6 月，我硕士毕业后加入邵逸夫医院，在人事科从事人力资源管理工作。2018 年末，在得知医院有一个到基层农村挂职的名额后，我就主动提出了申请。2019 年 1 月，我就到缙云了。

我的老家在山东农村，我对农村有感情。但我又从小跟随做生意的父母在城里生活，对真正的农村生活感受并不深，然后从学校踏入社会，也没有为农村和农民做过什么。感谢组织信任，满足了我的这个心愿，给了我一个很好的机会可以服务农村和农民。

2023 年初，在我挂职丽水市缙云县七里乡党委副书记兼任周弄村的第一书记两年届满之际，我小小地火了一把：邵逸夫医院收到两封信，是以周弄村全体村民名义写来的，一封是感谢医院的支持和帮助，一封是恳求让我继续干下去的挽留信，落款是按满红手印的村民签名。村民的信任，媒体的报道，令我有点惶恐，我是为村里和村民们做了一些事，但主要得益于医院的支持和配合，有医院给我做靠山，我才放大胆子、展开拳脚。

到了周弄村，我发现村民健康意识普遍比较薄弱，比如有的生了病不去看，以为拖拖会好的，有的有病了却不敢去看，怕承担不了费用。没有农民的健康，何来农村的小康？我决定借助邵逸夫医院独特的医疗优势，以为农民提供健康服务为抓手，取信于民，为下一步工作铺路。

我把邵逸夫医院博士专家团队带到七里乡开展大型义诊，事前通过乡里公众号及各个工作群把消息传达到每个村民。每次义诊都会吸引大批村民前来。医疗阵容涵盖骨科、牙科、全科、心内科、放疗科和肿瘤内科等。现在这种大型义诊每年至少要组织三次。

此外，我还针对三月三畲族文化节等村民相对集中的时间，针对农村多发病和常见病开展小型义诊和健康知识普及；还申请邀请医院"小心肝"全省肝病筛查公益联盟专门来到周弄村，为每位村民建立了健康档案。

面上工作铺开后，我就深入每户家庭开展调研，把低保户列为重点。低保户老周，64岁了，儿子智障，靠他在工地上打临工赚点钱，生活特别困难。于是，我主动将他列为自己的结对帮扶对象。

我每个月都会带着油米来看他，并为他申请危房改造。2022年底，我到他家里，发现他的一条腿变黑了，一看就是静脉曲张，劝他先到县医院看一看，可他满不在乎，说没问题，慢慢会好的。我让村书记盯着他，把他带到县医院做了一次检查，静脉曲张6级，已经相当严重了。但后来，任我怎么催他，就是不愿意到医院治疗。实在没办法了，有一天我到他家里，当着他的面给邵逸夫医院血管外科专家打视频电话，让专家跟他讲，专家告诉他病情很严重，若再不处理，结果会很糟糕。我在电话里还与专家约好下周一定把他带到杭州，到邵逸夫医院来治疗，我这样做就是让他"无路可退"。此时的老周一脸苦相："小张书记，我知道你为我好，不是我不想看，难受时就靠吹风机吹患处缓解，但我实在太难了……"我在进一步询问后得知老周有几个顾虑：一是怕钱不够；二是怕术后躺个十天半个月的，活儿干不了，钱赚不到；三是怕儿子没人管，到处乱跑，被人欺负。

就他的三个问题，我立马做了对应方案。一是，这次看病，医保可以报销一大部分。另外，村里此前向县里申请成立了七里乡"医疗帮扶专项基金"，邵逸夫医院先期投入两万元。这次看病超出部分，由这项基金负责承担；二是，病况虽然很严重，但邵逸夫医院有非常好的医疗团队，由血管外科专家朱越锋亲自手术，手术两三个小时就能完成；三是，他不在家时，他儿子的吃饭和看护由村两委安排专人负责。我的方案让老周没了后顾之忧，手术很顺利，当天他就出院了。

我是村里的第一书记，也是村民们的"健康管家"。如今，在我的沟通协调下，邵逸夫医院还为就诊的村民特别开设了绿色通道。

踏平坎坷成大道

（越到基层，困难越大，矛盾越多。对于自己的选择，您有没有后悔过？又是怎样坚持下来的？）

村里工作千头万绪，每一项都和"难"字捆绑在一起。但是，困难再大，我对自己的选择还是坚定不移的。

如果说解决村民看病难问题是我的主动作为，那么给村里安装净水系统则是我到村里后接到的上级交给我的第一个任务。这件事的难处就在于资金问题，村集体经济底子十分薄弱，年收入只有几万元，虽然邵逸夫医院援助了18万元，但还远远不够。

筹款任务落在我头上。世上最难开口的事恐怕就是向别人要钱了。显然，对于我这个走出校门没几年的"90后"来说，可谓是难上加难，但为了能让村民喝上干净的水，我还是硬着头皮上，每天开着自己的私家车在村里村外来回奔波，也让我一度陷入焦虑。在一次筹款的路上，刚下过雨的山路湿滑，为了躲避村里的一只小黄狗，车子陷在了泥潭里，疲惫、无力、焦虑等情绪在那一刻全部袭来，很想哭一场。

但很快，我便调整好了情绪，拍了一张小黄狗的照片，又拍了一张车子的照片，幽默地发了个朋友圈：

"这小狗，一言不合就伸懒腰；这山路，一言不合就玩泥巴！"乐观是应对困难的最好办法。苍天不负有心人，星光不负赶路人。最终，我的辛苦有了回报。在多方帮助下，2019年底，周弄村顺利完成村自来水净化达标工程。

踏平坎坷成大道，自此，我的驻村工作越干越顺。2020年，带领村民圆满完成村文化礼堂改建，协助争取村茶叶加工厂项目资金；2021年，协助争取村林间作业道路资金；2022年，村后山露营基地建成并投入运营，村口入村桥墩修复工程也稳步推进……

一只鸡的走红

（在村里工作，要想赢得村民的信任，不是看你怎么说，而是看你如何干，村民的评判标准就是他们的钱袋子有没有鼓起来。村民集体挽留你，显然您是做到了，请问您是怎样做到的？）

我知道我在周弄村的时间是有限的。人过留名，雁过留声，我不能来过就算过，既然我来过，就得留下点带不走的东西。

这东西是什么呢？拉投资"输血"能解燃眉之急，但乡村要振兴，从长远来看，主动权还在全体村民手中，所以我们不但要"输血"，更要助力当地产业发展，为他们"造血"。

周弄村山清水秀，空气清新。一次调研途中，山路上撒欢奔跑的土鸡突然给了我灵感，发展生态养殖不就是一条致富路吗？

在杭州，要想买到一只纯正的高山土鸡可不是那么容易的事。有了这个想法后，我马上付诸行动，帮助村里建立了高山生态芦花鸡养殖基地。芦花鸡不仅毛色漂亮，体态优美，而且还具有皮薄、脂肪少、味道鲜美、嫩滑、回味悠长、氨基酸含量高、胆固醇含量低等优点。但如果家庭养殖，数量有限。

既然要在村里搞产业，我还得想方设法筹集资金，搞建设要钱，引入芦花鸡的种鸡要钱，学习养殖技术也要钱。好在这次筹钱时，我已经有一些经验了。

然后，芦花鸡的培育和养殖成功了，但芦花鸡的销路却也是个问题。我又一次想到了邵逸夫医院。我把鸡的活动照片、生长环境发到了医院群里，邵逸夫医院食堂和员工纷纷向我订购，大家伙在品尝后，夸赞我推荐的芦花鸡不是徒有"花"名，而是真的好吃。我的微信名叫"立立超"，我推荐的芦花鸡被大家开玩笑冠名"立立超"牌芦花鸡。现在我们邵医人最爱吃的鸡就是芦花鸡了，我每周都要为员工和医院食堂集中送一次鸡。现在外面的市场也打开了，芦花鸡的销路不用愁了。

我们以芦花鸡的供应为契机，带动高山蔬菜、水果、山茶油等多种农副产品的发展，周弄村村民的日子越来越红火，村民的口袋日益鼓起来了，村集体收入也从 2019 年的几万元到 2022 年的 150 多万元，已经实现翻番式增长。

驻村第一年，我不知道扛了多少米油到村里。而现在，我让大家凭借双手过上富足的好日子，心里还是蛮有成就感的。

更重要的是，村民们的集体挽留既感动也打动了邵逸夫医院领导，决定让我继续留在村里。眼下，我在做三件事，第一件事是进一步深化消费帮扶举措，打通土特产快递邮寄链条，然后进一步发展电商平台，联乡带县，借助互联网推广缙云优质农副产品；第二件事是邀请相关专家为芦花鸡"瘦身"，因为有不少人向我反映芦花鸡是好吃，但一只鸡一般有 4 斤重，一顿吃不完，因此我准备改良品种，将一只鸡的重量控制在 3 斤左右；第三件事是，周弄村还有一块空地，我想做民宿，给露营基地做配套，发展农文旅产业。

另外，就是设法打响七里乡的粽子品牌。七里乡的粽子很有特色，在原料中加了一种叫"硬壳乔"的野柴烧成的灰汁，做粽子的糯米提前用柴灰汁浸泡，又用柴灰水煮熟，故得名柴灰粽。

硬壳乔，是一种常绿乔木，近闻其叶有一股淡淡的清香。用它烧成柴灰后滤成的汁水，并非浑浊乌黑的灰汁，而是澄清透黄的黄汁，这样做出来的柴灰粽色泽嫩黄明丽，入口柔软细腻，清香爽口，回味鲜美。并且硬壳乔灰汁还兼有散寒消肿、消症破枳的特别功效。但这么好的美食颇有藏在深山人未识之感。我相信吆喝得法，它一定能红。

▲ 2022 年 9 月 16 日，时任邵逸夫医院党委常务副书记、副院长黄昕（右六）带领结对帮扶小组成员和医疗党支部代表组建的走访团队来到缙云县七里乡组织开展结对帮扶对接和义诊活动

除此之外，在结对帮扶工作中，我们也格外注重党建引领和项目建设。党建引领助振兴，医院和乡里加强党建交流，互派党支部交流学习，共建党建共富基地，共谋可落地的党建共建活动，引领共同富裕建设；项目支持强发展，我也积极发挥主观能动性，依托乡里和村里的优势资源争取项目和资金，也能为村集体的发展注入强劲动力。总之，所做的一切都是为了结对帮扶助力乡村振兴，让当地百姓的生活更上一层楼！

战地黄花分外香

到最需要的地方去

人物简介

耿涛、何珊，邵逸夫医院钱塘院区ICU护士。

（2020年2月12日，你们新婚不久，选择改变蜜月旅行计划，共同奔赴湖北荆门抗疫一线，精神十分可嘉。请问当时你们是在怎样的一种情况下做出这一共同选择的？）

何珊：我现在当妈妈了，对生命的意义又多了一层更深的理解。现在我日常的工作状态与那时在湖北荆门抗疫时一样的，紧张又忙碌，这是ICU的工作特点决定的，好在如今不再有那么大的心理压力了。

送入ICU的患者，病情都比较危急，我们要学会预判，及时进行危机干预。前几天，有这样一个患者，按医生要求，我们给他留好外周静脉通路，这样方便送药和护理。可是刚做完这些就发现患者血压不稳定，血化验也显示患者血红蛋白偏低，这意味着患者有持续出血的可能。当时医生要求是间隔8小时抽血化验，我们认为间隔时间偏长，跟医生提醒后改成了间隔4小时抽血，并根据化验结果，及时对患者进行控压处理，维持患者血压稳定，以防不测。ICU护士要有果断处理问题的能力，不能一味地按部就班、循规蹈矩来应对所有的病情变化，否则是要贻误救治时机的。

讲这件小事，是想告诉大家，这是我的工作日常，但每个日常都不寻常。

我们早已习惯这种不寻常，而习惯了的就算是"正常"。所以，记得当时在得知医院要组建重症医疗队赴湖北荆门抗疫时，我们正准备去新婚蜜月旅行，未经商量，就报了名。我们是专门从事重症抢救的，有相应的专业技术，我们不上谁上？所以，我们报名没有什么特别的。

耿涛：那天我在上班，没注意到这事。护士长看到报名人员名单上有何珊，马上联系到我，告诉我何珊要去湖北荆门抗疫。我一听急了，哪有让何珊单独去湖北的，我毫不犹豫地报了名。

何珊：医院是不主张夫妻双方同时前往荆门抗疫一线的，护士长想让耿涛去。耿涛是男生，在体力上有优势，所以希望耿涛做我的思想工作。我当然不干，明明是我先报的名，凭什么他可以"后来者居上"？科室领导反过来又做耿涛的思想工作。耿涛直接要求道："两个人之中谁去，另一个都不放心，干脆两个一起上。"

其实，我在报名的时候，就想到耿涛一定也会报名的，因为我们既然走到了一起，自然对他是了解的，我和他是一样的人。在我们双方执着的坚持下，我们两人的请求都得到了批准。这可能是因为我们两人给出了一个共同的理由——我们还没有孩子，家里父母都支持，没有后顾之忧。

湖北荆门，我们来了！

浓情蜜意就在短暂的四目相对时

（爱情是美好的，但并非美好的爱情都在花前月下。在抗疫一线，你们有着怎样的爱情故事，能与我们分享吗？）

何珊：刚到荆门的时候，心理压力确实蛮大的，穿着厚重的防护服，戴上好几层手套，操作起来不方便，穿针会失败，恨不得将手在墙上摔打一番。还有，面对众多插管患者的烦躁和抗拒，看到他们想把插管扯下来的痛苦情形，令我纠结，也令我心酸。

耿涛就住我隔壁，但是我们不能见面，主要是通过视频聊天、吐槽，把心里想说的话都说出来，压力就会释放出来，心理上也就变得轻松了。他安慰我不要有太大的压力，我们不是一个人在战斗，困难是暂时的，一切都会好起来。

耿涛：因为压力大，再加上情绪低落，何珊那几天胃口很差，她本来就瘦，再这样下去，我很怕她身体受不了。我想了个办法，每次吃饭的时候，就和何珊视频，"监督"她多吃点。

何珊：我最开心的是，有时候能和耿涛同一个班次。虽然上班时间我们忙得无暇说几句话，但是见面时我俩点头示意、四目相对的片刻，就能让我感到温暖，心里生起一种向上的力量。

耿涛：在抗疫一线，我们就是战士，厚重的防护服就是我们的盔甲，也是抗疫时期的珍贵资源。为了节省防护服，不要因上卫生间穿脱防护服而增加防护服的使用量，我每次进病房前 3 个小时开始不喝水，饭量也减少了一半。

何珊是我妻子，不是我表扬她，在这次荆门抗疫，这个"小女人"的强大超乎我想象。说她是"小女人"也名副其实，虽然身高 1 米 7，体重却不足百斤，总会给人一种弱不禁风的感觉。

一次，她在护理一位重症患者时，患者突然出现血氧饱和度下降，口腔内一直在出血，何珊吓得全身直冒冷汗，立刻向护理领班刘祥寻求帮助。我在隔壁病房听到了何珊的求助，

▲ 2020 年 3 月底，耿涛、何珊夫妇结束荆门抗疫回到杭州

第一时间出现在她门前。我们几个人迅速查找原因，原来是 ECMO 机器故障，管子脱开，离心泵不转了，导致血不流动，血压掉了下来。我们马上用手摇泵代替机器泵，摇了一段时间，患者的氧合指数才恢复到正常值。

看到患者转危为安，何珊情不自禁地抓住了我的手。此时无声胜有声。看着湿透的衣服贴在她瘦弱的身上，肋骨依稀可见，想着她整张脸上都是深深的勒痕，鼻子上前几天被口罩压破的血痂还没完全好……眼前的何珊，令我心疼不已，而她却朝我笑笑，说道："不用担心，我挺好的。"

何珊：我老公是北方人，优点是很直爽、很勤快，能吃苦；缺点是，不太会浪漫。不过，这次在荆门抗疫，他好像有点开窍了。情人节那天，我们擦肩而过的时候，他居然悄悄塞给我了一盒巧克力。惊喜之余，我的眼泪瞬间就涌了出来。这是他第一次送我巧克力，对我来说，太珍贵了，未曾入口，已甜到心里。

耿涛：哈哈，情人节给老婆送巧克力，我是带有愧疚之心的。何珊经常说我是"直男"，我也回她说，直来直去的男人有啥不好的，但有件事，我也不敢"直来直去"地对她说，只好用巧克力表达我的歉意了。那天我下班，正好何珊上班，她接管我隔壁 3 号病房的一位患者。我交完班，准备离开的时候，同她打个招呼。路过 3 号病房门口的时候，见门口坐着一个很瘦的女生，隔离服背后露出个"珊"字，我想这不是我家何珊吗，准备给她一个惊喜，于是悄悄地走上前，猛地拍了一下"何珊"的肩膀，说了声"嗨～"。结果，"何珊"吃惊地回过头。我一看，吃了一惊，那根本不是何珊，我连忙道歉，表示认错人了。带着一脸尴尬，我扭头溜进了 3 号病房，看到何珊背对我，弯着腰正在给患者翻身，防护服背后写着大大的"何珊"两个字。我轻唤一声"何珊"，她身子顿了一下，微微侧首，用眼角扫了我一眼，头也没抬，说了一句"你快回去休息"，继续给患者翻身。

为了能多看何珊一眼，队里每次发放物资，我都主动把这活揽过来，因为这时大家都在住处，不用穿防护服的，我可以远远看上何珊一眼，"金风玉露一相逢，便胜却人间无数"。

何珊：新冠疫情之前，我和耿涛每年都出去旅游一次，有时候是出国游，有时候是国内游，两人曾憧憬婚后依旧如此。2019 年办完婚礼后，我们在计划出国度蜜月，只是疫情改变了我们的旅行方向，这个方向给了我更多新的人生体验。一个人活着，能够让更多的人更好地活着，这就是我们职业的神圣之所在，于人，就是价值所在。

湖北荆门行就是我们的蜜月之旅，一生难忘，幸福满溢。将来有一天，当我们老了，会给我们的孩子讲我们的爱情故事。我想，故事可以从湖北荆门开始讲起！

第六章 天涯海角 家在邵医

走得再远

也难忘过去

如浙江的"地瓜经济"现象

藤蔓伸向四面八方

根始终留在之江大地上

令你们难忘的地方

是一个能量池

你们在这里汲取了足够的力量

从容或自信地走向辉煌

纵使有风雨

亦能坦然面对

心若在

情就在

你们没有离开

像品牌推广

为了她的声名远播

而走向远方

在他乡枝繁叶茂里

我们读懂绿叶对根的情谊

"邵医模式",
在上海生根发芽

人物简介

范小红，呼吸内科主任医师，医学博士，博士研究生导师。现任上海申康医院发展中心副主任，兼任上海市公共卫生临床中心党委书记；曾任上海市公共卫生临床中心主任（院长）、上海市第六人民医院党委副书记、上海市胸科医院副院长。

（听说您到邵逸夫医院有点"上错花轿嫁对郎"的味道，个中有着怎样的曲折故事，请您回忆一下。）

邵逸夫医院是我工作的第一家医院，在我心目中的地位是崇高的，是无法被取代的。

我能够有今天，是邵逸夫医院培养和熏陶的结果，我的人生之路一直受邵逸夫医院的影响，在我的职业生涯中，我的所言所行都被深深地打上了邵医的烙印。

30年过去了，当年在邵逸夫医院的那些事儿依然历历在目。

1994年，我从浙江医科大学毕业，因为成绩不错，拿到了可以在浙江医科大学附属的5家医院选择就业的"红卡"资格。当时，我因为临床基本操作技能得到学校老师的认可和赞赏，所以立志要当一名优秀的外科医生，报名参加了浙江医科大学附属妇产科医院和邵逸夫医院外科的面试。妇产科医院同意录用我的决定因故未能通知到我。幸运的是，我通过了邵逸夫医院第一轮、第二轮的面试，并接到了第三轮面试的通知。到医院面试时，我提出要当外科医生，人事科老师却让我去内科组面试，我就这样阴差阳错地被分配到内科。在最终签约的时候，5家附属医院同一时间在同一地点进行，这时候接到通知说妇产科医院石一复院长在等我过去签约，这又让我有点举棋不定了。就在这时，我遇到了校学生会主席，他为我参谋，建议我选择邵逸夫医院，说邵逸夫医院是中国医学接轨世界的窗口，不局限于医学的技术与技能，还有更广阔的理念和思路。他的一番话，让我坚定了自己的选择——签约邵逸夫医院内科。

邵逸夫医院于1994年5月2日正式运营，我是1994年8月8日正式入职的。那年夏天，是我在大学阶段的最后一个暑假。暑假期间，我依旧在浙江台州农村帮助父母割早稻、插晚秧，而后就来到杭州在邵逸夫医院开启全新的人生之旅。

1994—1999年，邵逸夫医院是由美国罗马琳达大学全权负责管理的。我们接受的是西方先进的医疗理念，也接受了传统医院的医疗理念。当时美方管理者要求我们用英语书写病历，早上交接班也都用英语交流……虽然我们大部分人的英语都不是特别好，但学习氛围很好，医院给我们提供了院区里的集体宿舍，工作之余我们一群年轻人组团学习，利用碎片化时间，不断精进自己。外国专家也为我们提供悉心指导，授课和回答问题都用英语，就为了提高我们的英语水平。因此，我的英语水平提高很快，从开始写一份病历要花三四个小时，到后来交接班时，可以不用看记录就脱口而出全英文的病历内容。

谈到邵医文化，令我印象最深刻的是平等对待每一个人的工作氛围，鼓励年轻人发表自己的见解，培养年轻人说真话的秉性，我们哪怕面对权威也能说"不"，这是非常卓越的组织文化，直至现在都还影响着我。只要有利于工作、有利于发展的事情，我从来都是很勇敢且具有担当精神的，我想这就是邵医文化对我的影响。"本色做人，角色做事"，是我对自己的要求。直来直去、心思单纯，是我的优点，也是作为领导者的缺点，但我也不打算改变。正是这种"本色"，让我能够在医院管理这条道路上一路披荆斩棘，始终坚定地走在推陈出新的前沿。

（您在邵逸夫医院工作的时候，接受的是完全西方的医疗管理模式，这对您在上海从医和从事管理产生了怎样的影响？）

1999年9月我到上海读研，毕业后工作不久就走上了医疗管理的岗位，我感觉工作起来还是比较得心应手的，因为采用了邵逸夫医院的管理模式。在邵逸夫医院，对于抗菌药物的使用管控是非常严格的。还记得，大内科美方主任丹尼尔·朱（Daniel Choo）高度重视抗菌药物的合理应用管理，强调必须按药典以及药物说明书规范使用，设计了专用的抗菌药物医嘱单，并开展了相关督查与点评。我刚到上海市胸科医院当住院医师，就沿用邵逸夫医院的经验。后来，我走上了管理岗位，在上海市胸科医院从院长助理做到医务科长再到医疗副院长，共计 16 年余，抗菌药物的合理使用是我的一项重要工作抓手。离开上海市胸科医院后，我在新的医院管理岗位上一如既往地推行抗菌药物的合理使用。

邵逸夫医院有非常先进的管理理念和许多独特的做法，也就是现在令人瞩目的"邵医模式"。就拿值夜班来说，尽管比较辛苦，但在邵逸夫医院仍有很高的门槛要求，必须经过CPR（心肺复苏术）培训考核，在通过模拟人、智能系统的一个个关卡检验合格后，才能得到值班的资质，这充分体现了"患者至上"的理念。当年，我作为邵逸夫医院一名年轻的住院医师，值夜班是我的工作常态。最多的一次，一个晚上我为 3 位患者进行心肺复苏。在对危重症患者的抢救上，邵逸夫医院施行的一些模式和机制至今仍不过时，比如全国首创的院内抢救小组，指令一下，大喇叭一响，3 分钟之内，各路专家火速到位。如今很多大医院都采用这种机制进行危重症患者抢救。

邵逸夫先生捐资建造这所医院，是想打造一个窗口、一个示范点，把国际先进的医院管理模式带到中国，促进国内医疗健康事业的发展，造福更多民众。我以在邵逸夫医院的切身经历感受到老先生的初衷达成了。

邵逸夫医院建院初期，在急诊是看不到人头攒动现象的。邵逸夫医院的急诊是没有留观病房的，需要紧急抢救的患者留观时间不超过 24 小时；不需要住院的患者，在经过急诊处理后，则可以配药回家；有些处理不了的患者，如当时邵逸夫医院没有儿科，对一些经评估没有转运风险的患儿，马上联系转到对口医院；对满足住院指征的患者，则收住入院。尽管各大医院都存在一床难求的现象，但邵逸夫医院在全国首创的"全院一张床"机制还是解决了许多床位紧张的问题。对需要收住入院的急诊患者，不分病类、不分科室，只要有床位就安排。

有一次，我在大内科值班，急诊要收一位患者，总值班一查，全院就剩下 13 楼一个顶级的 VIP 病房了，医院决定收。我印象中床位费一天六七百元，这价位在当时已经相当高了，要知道那时我每月到手的工资才 300 多一点。但医院是以普通病房的床位费将这位患者收下的，这是很具象化的"以患者为中心"管理理念。在我走上管理岗后，我认识到，这一做法既可保证患者及时得到诊疗，又可提升医院资源的应用效率，是医学科学的运营管理方法。在上海市胸科医院工作的 16 年里，我引用了邵逸夫医院的"全院一张床"和压缩住院日等做法，把平均住院日 28 天缩短至 4.5 天，既减轻了患者医疗费用负担，也让医院效益翻了好几番。我在上海市胸科医院推行了"床位全打通""同心圆思维""抗菌药物信息化管理平台""胸痛

▲ 建院初期，邵逸夫医院大内科医生欢送美国罗马琳达大学专家罗森奎斯特教授回美国，范小红（前排左二）和大内科同事合影

▲ 邵逸夫医院建院初期，范小红（左一）和美国罗马琳达大学的专家

中心""先心慈善""门诊一站式服务""电子医嘱""自助住院"。在我看来，卓越的管理者，首先是对自身的管理，包括眼界、大局观、专业度、执行力以及公正的品质等方面的管理。我在上海市胸科医院对医疗制度领域的建设，得益于当年在邵逸夫医院打下的深厚扎实的全科基本功，得以让邵医模式的医管经验在上海生根发芽。在这里，我也要特别感谢上海市胸科医院，给我提供了开放、包容的平台，使我在实践中能不断精进。

（邵医文化是独特的，是在西方先进的医疗理念与中国医疗实际融合发展中形成的，开院的头五年是一个重要时期，您是全过程参与者，请谈一下您的亲历和体验。）

我在邵逸夫医院大内科的前三年，基本是在全院各科室轮转，这是遵循了美国医师的培训模式，等同于现在的住院医师规范化培训。轮转三年后面临分专科，当时是对 1994 年、1995 年分配进大内科的住院医生进行同一批次分科，我原本被安排到呼吸科，但有同事对自己的分科不满意，我便主动提出可以跟他互换，于是我就去了内分泌科。非常幸运的是，在内分泌科的两年里，三位美方内分泌专家巴克斯（Baccus）、罗森奎斯特（Rosenquist）、罗曼伯伦斯（Ramborance）轮流来邵逸夫医院指导工作，我就直接跟着这几位专家学习。专家周末去查房，我也跟着他们去查房。因为专家们倾心传授，我得到了很好的锻炼。

邵逸夫医院在业务建设上，有一项特别的制度，即每个月有一次 Grand Round（全院教学大查房），由各科室主任或高年资医生结合病例讲诊断、治疗及国内、国际前沿动态。记得在 1998 年 3 月，轮到内分泌科负责病例分享，科主任把这个任务交给了两位年资较高的医生，这两位医生一致让我上，理由是我的英文比他们的好，因为分享全程要用英文表述。而我当时只是一名住院医师，我极力推辞。这时美国专家罗森奎斯特鼓励我说，你一定可以的，并提出他可以和我一起准备案例。我们一起准备了一个席汉氏综合征（Sheehan syndrome）的病例，是一位女患者，由产后大出血引发。由于准备较充分，这次分享很成功，我也成了邵逸夫医院开院以来第一位站上这个"大舞台"的住院医师。我感谢独特的邵医文化，打破级别、资历壁垒，为年轻人打造平等的竞争平台，助力年轻人尽快成才。2014 年，我在上海市胸科医院也套用了邵医模式，推出了每月一次的大查房制度，成效显著，促进了胸科医院各科室的发展。

（前面您讲了无数邵逸夫医院的好，那么您为什么要选择离开邵逸夫医院？对您作出这一决定，医院又是怎样对待您的？从中您又感受到什么？）

邵医文化是包容文化，是充满人性关怀的，我是沐浴在邵医文化的大爱之中的。那么，也许有人会问，邵逸夫医院既然这么好，你为什么还要离开邵逸夫医院呢？

我想，这也是一种传统文化的影响。我来自浙江台州农村，先生是我中学时的同班同学，因为杭州没有他所学专业的对口单位，他在上海找到了理想的工作，于是我通过考研到上海以结束夫妻分居两地的状况。当时邵逸夫医院美方和中方院领导韩得利（Hardely）院长、鲁端书记和吴金民院长等对我这个决定给予了充分的理解和支持，讨论决定保留我的职工身份，我研究生毕业后可以回到邵逸夫医院，以此作为托底的保障。我是恋恋不舍地离开邵逸夫医院的，也是带着满满感动离开邵逸夫医院的。

研究生第一学期主要是理论学习，课程集中在周一至周三，不用到导师所在的医院去，于是我决定找点挣钱的事做。前面我讲到，我老家是台州农村，家庭经济不是很好，我在邵逸夫医院的工资一部分要补贴家用，资助弟弟上大学。我向邵逸夫医院大内科中方主任钱可大教授申请利用课余时间看内科普通门诊，得到了许可。于是，我每周三晚坐绿皮火车从上海回到杭州，周四至周六在邵逸夫医院看门诊。这样我又有了一份收入。令我感动的是，医院仍保留着我的宿舍。更没想到的是，年底医院还分给我一笔绩效奖金。这些温暖，触动着我。

后来，随着学业的加重，我与邵逸夫医院联系少了，但邵逸夫医院没有忘记我。2002年5月，在我研究生即将毕业之际，邵逸夫医院人力资源部主任郭杏雅老师给我打电话，告诉我邵逸夫医院一直为我保留着一个岗位，征求我研究生毕业后的意向。虽然我最终留在了上海，但心仍在邵逸夫医院，情亦仍在邵逸夫医院。

我深深铭记邵逸夫医院的这份大爱。爱是可以传递的，在我的职业生涯中，我一直努力学会包容、开明，努力去关心人、帮助人。这都是邵逸夫医院教给我的。

邵逸夫医院是我职业生涯的启蒙之地，也是我放飞梦想、扬帆起航的地方，始终激励我奋力前行，勇于担当。

新冠疫情暴发时，湖北武汉疫情告急，我主动申请援鄂；后来又临危受命，进驻上海金山，执掌上海市公共卫生临床中心，带领团队守护上海城市公共卫生安全。

30年了，我一直与邵逸夫医院同在。我在心中一直珍藏着医院的那份大爱，邵逸夫医院的管理理念和思路指导我的工作，在邵逸夫医院的经历和体验也决定我成为怎样的人，我忘不了曾是一名邵医人，在许多重大场合，我也曾自豪地称自己是邵逸夫医院的"开院元老"。

忘不了门诊大厅舞会的浪漫，忘不了与外国专家一起做汉堡的新奇，也忘不了在科主任家包饺子的快乐……点点滴滴皆是美好回忆，我希望邵逸夫医院在阔步向前的时候，这种简单、纯粹的美好也能得以传承。

▲　科主任把年轻员工请到家里搞"团建"，饭后大家围坐一起看电视（前排红毛衣者是范小红）

在邵医，做任何事
都非常"丝滑"

人物简介

陆颖理，医学博士、二级教授、主任医师、博士研究生导师，上海交通大学医学院附属第九人民医院临床医学院副院长、九院黄浦分院副院长、大内科教研室主任、内分泌代谢科主任，曾在邵逸夫医院内分泌科工作。

（您离开邵逸夫医院已经 17 年，请问还有哪些事让您记忆犹新？这 17 年里，您的成长进步与邵逸夫医院有没有什么内在的联系？）

1993 年 9 月，我来到了邵逸夫医院。我是第一批入职邵逸夫医院的员工。

在医院各科室成立之初，我听从院领导和人事处的安排选择了内分泌科。当时内分泌科规模很小，只有我和王青青老师两个人，后来分配来一位年轻医生范小红。一切从零开始，我觉得十分具有挑战性。虽然当时未明确职务，但我们实际行使的是负责人的职权。

我们几个人共同创建了邵逸夫医院内分泌科，现在想起来依然十分自豪。后来，科室陆续来了很多新人。1999 年，我评聘为副主任医师，是科室第一个副主任医师；2000 年，我成为硕士研究生导师，也是科室第一个硕士研究生导师；2004 年被评聘为主任医师。在邵逸夫医院工作 13 年，我对这里的一砖一瓦、一草一木都充满了感情，我的青春都留在了邵逸夫医院。在我心中，邵逸夫医院是亚洲一流医院，事实上它现在不但是亚洲一流医院，而且已经迈入世界一流医院行列。

2006 年 3 月，我被引进到上海交通大学医学院附属第九人民医院。告别邵逸夫医院的那一天，我大哭了一场，从人事处哭到病房，从病房哭到骨密度工作室，是万般的舍不得，也是感受到了生命的漂流。

我带着邵逸夫医院的种种美好离开了杭州，它的国际化、现代化走在了国内医院前列，它的所有系统全部实现联网；它的院内"999 抢救系统"行动非常快速，抢救非常有效……邵逸夫医院代表着青春、现代、国际化，是我们医护人员都向往的医院。

上海交通大学医学院附属第九人民医院（简称上海九院）有着悠久的历史，其前身是教会医院，故早期给我的感觉是没有邵逸夫医院开放，不像邵逸夫医院有主诊医生负责制。初来上海，我心中想的还是邵逸夫医院。

在上海九院，我秉承在邵逸夫医院埋下的理念和激情，慢慢成长，也逐渐适应了这里的氛围和环境。2007 年，我成为内科博士研究生导师，为内科获得了首个国家自然科学基金项目，发表了第一篇高质量 SCI 论文，举办了第一次国际学术交流会议，这些都离不开邵逸夫医院的培养。

2009 年，我有幸到美国妙佑医疗联盟从事博士后研究，之后将美方先进的医学技术带回国内，开启了科研工作。此外，我建立实验室，成立研究所，担任上海交通大学医学院附属第九人民医院大内科教研室主任兼第九人民医院临床医学院副院长。另外，我又兼任上海市医学会内科学分会委员、常务委员、副主任委员、候任主任委员，以及中华医学会内科学分会副主任委员。我觉得这些成绩，是对母校和邵逸夫医院的最好回报。

感谢邵逸夫医院，在这里，我度过了人生中一段十分美好和幸福的时光。我也是邵逸夫医院成长壮大的见证人，邵逸夫医院的第一位患者是我和同事一起接待的。经过 30 年的奋发图强，邵逸夫医院已发展成为一家闻名世界的三甲公立医院，特别在最近 10 年，在蔡秀军院长等院领导的带领下，全院职工团结一致，踔厉奋发，邵逸夫医院的综合实力水平及科研学术水平已位居全国前列。

2023 年，因为在慢性代谢性疾病防治方面的一系列工作，我本人和团队获得了亚洲糖尿病研究协会"糖尿病防治突出贡献奖"，也是目前首位中国获得者。军功章有我的一半，也有邵逸夫医院和上海九院的一半。

在我的印象中，邵逸夫医院 ICU 的实力十分强劲。在这里，我也有一段刻骨铭心的经历。有一天我值班，有一位糖尿病患者发生酮症酸中毒，该病病死率很高。患者入院时已昏迷，必须立即实施抢救，而那天因为梅尼埃病发作，我自己头晕严重，不断呕吐，但此时分秒必争，我一边剧烈呕吐，一边强行提振精神抢救患者……当患者苏醒时，我也软塌塌地倒在了地上……

还有一些事情，看似小事，但在记忆中是无法抹去的。例如，当时的美方院长韩得利身材高大，平易近人。有一天早班，我发现他在电梯口打扫卫生。虽然我曾听同事说他经常干这事，但毕竟不是亲眼所见，那次亲眼看到，着实让我震惊。他是一院之长，为了保持医院环境的整洁，像打扫卫生这些事他都会亲力亲为，我在震惊之余，还有深深的感动。

邵逸夫医院的服务非常个性化。近年来，随着社会经济的发展和生活水平的提高，肥胖人群也逐年增多，一胖致百病，因此邵逸夫医院专门开设肥胖门诊，组织全院力量，向肥胖症发起挑战。很多肥胖患者在这里重塑健康。

邵逸夫医院最值得留念的是什么呢？我想是一种心理上的感受，即做任何医疗工作都非常"润滑"。

仅有 30 年历史的邵逸夫医院太年轻了。年轻，即意味着成长，而成长就会有烦恼。过去，邵逸夫医院在发展过程中经历了种种酸甜苦辣，未来也会面临诸多风风雨雨，但我始终坚信，邵逸夫医院的方向只有一个——前进、前进，再前进。

在我离开邵逸夫医院的 17 年里，邵逸夫医院发生了翻天覆地的变化，打造了一家前所未有的具有国内示范水平的现代化、国际化的 JCI 医院，"邵医模式"已经成为全国医疗模范，我为之感到非常荣耀和自豪。邵逸夫医院的理念让我在上海大展拳脚有了底气。感谢邵逸夫医院、我的母校，我将继续努力，为邵逸夫医院、为母校争光。

祝亲爱的邵逸夫医院继往开来，更加蓬勃发展！

医生要有战略思想

人物简介

张强，张强医生集团创始人，曾在邵逸夫医院普外科工作 10 年。

一封信的吸引力

（您当年已经准备入职另外一家令无数医学生仰慕的声名卓著的大医院，可您为什么后来要转投还在堆砖砌瓦的邵逸夫医院？）

1992 年，我从上海第二医科大学血管外科硕士毕业后入职邵逸夫医院。其实，到邵逸夫医院之前，我已经准备选择去另外一家医院了，是邵逸夫医院当时的美方院长方则鹏给我写了一封信，改变了我的主意。他说他们要培养一批年轻医生，要送到香港的医院进行培训；还准备建立省内首个血管外科实验室……方院长所言，让我觉得邵逸夫医院有别于其他医院，给人更大的未来想象空间。于是，我决定到邵逸夫医院来了。当时，我是浙江省第一位血管外科硕士。

到邵医时，医院建筑正处于装修阶段，我当了一段时间的"勤杂工"后，被安排到浙医二院整形外科轮转。1994 年 5 月，医院开张时，我才同方则鹏院长有了正式接触。

1994 年，国内的血管外科都不是独立的，是在普通外科下设的一个组。中方医生只有我一个人，美方血管外科医生先后来了三位。邵医最早的腹腔镜技术是由美国专家布赖纳（Bryner）带过来的，我在这里见证了腹腔镜从引进到蓬勃发展的整个过程。我在邵医前后工作了 10 年。1998 年到美国罗马琳达大学进修学习过。邵医开张后的前五年是委托罗马琳达大学管理的，因为我此前抢救了一位在杭州出差的荷兰工程师，医院觉得我有发展潜力，就送我出国学习。

我在邵医 10 年，从血管外科的住院医师干到副主任医师、硕士研究生导师后离开。这也是基于事业发展的一种选择。离开后，我到杭州市第三人民医院组建杭州市血管外科中心。

享受被改变

（一家好的医院一定是能够改造人和塑造人的，作为中国传统医学教育体系培养出来的医学生，您来到邵逸夫医院后，感受到哪些新鲜与不同？一些新的理念对您的影响大吗？）

作为一名年轻医生，邵医的工作经历对我的影响是非常大的。

比如诚实（honesty）的重要性，这是当年在与美方专家一起诊疗过程中，他们反复强调的一点。有一位先天性血管瘤患者，手术相对比较复杂，但主刀的年轻医生觉得简单。最终手术效果不太好，他又讲了各种理由。美方主任告诉他，一定要诚实，要公开坦诚地与患者交流。一开始，年轻医生有很多担忧，但在美方主任的一再坚持下，他与患者进行了很坦诚、很透明的交流。患者是个外国人，很快表示理解，很欣赏我们医生的这种作风，态度也改变了，医患之间不仅没有对立，反而变得更友好了，让我也从中认识到"老实人吃亏"这个观念是不正确的，诚实可受用一辈子。我之所以有今天这个事业，离不开"诚实行医"的帮助。

国际化是邵医的最大特色之一。邵医是国内最早接受循证医学的医院，对我们行医和国际交流有很大的好处，方便我们与世界沟通、分享。

在当时，从经验医学转向循证医学是非常非常困难的，与传统观念有很大的冲突。

外国专家对我们说，你们年轻人进来医院时像一张白纸，相信你们可以接受现代医学理念。

比如术后疼痛用药，哌替啶的规格用量是 50 ～ 100 毫克，中国医生一般开 75 毫克，取折中数，这就是经验。至于厂家为什么不能直接生产 75 毫克制剂？好像一直这么做下去是天经地义的。再则，为什么一定是 75 毫克，75 毫克的意义在哪里？在老外看来，这个问题讲不清楚就不能随便使用 75 毫克。

再比如抗菌药物的使用，无论是针剂还是口服制剂，在国外有大量数据显示，一般在术前使用。像针剂，术前一针就够了，手术 4 小时以上再补一针。这就是预防性抗菌药物的概念。而在当时，我们国内从手术前到拆线都要用。在抗菌药物的使用上，我们用了 20 年时间才逐渐改变这种观念。

同样的还有取消门诊输液这事，美方专家们的补液理念是，如果没有特殊情况，只要人的消化系统功能没有受损，就无需静脉补液，口服的效果与静脉补液的效果是一样的，一有毛病先输液肯定是不对的。

在邵医，"以患者为中心"不仅体现在临床上，而且还反映在医院的各个方面。整个医院没有熟悉的消毒药水气味，对门诊大厅进行软包装，大厅内有盆景设置，还悬挂了很多美术作品。现在看来，这些做法都是对的：本来人患病心情就不好，在一个缺乏关怀的环境，心情会更差。所以要把医院打造成家的感觉，让患者到了医院有回家的感觉。

以患者为中心的管理理念，在临床上体现得就更多了。有一次，与外国专家一起查房，一位患者有腹部术后肺不张现象，外国专家问主管医生有没有鼓励患者多咳嗽，主管医生回答说交代了。外国专家对这个答复显然是不满意的，继续问，有没有看他咳？有没有教他怎么咳？专家边问边拿起一只枕头，让患者抱在怀里，教他如何做深度咳嗽。同时，对我们在场的医生说，我们对患者光有交代是不够的，还必须去监督、检查和示范。

还有一个重要的观点，也是我在邵医工作期间学习到的，我觉得对我们医生提高自我认识是有很大启发的。有一次院内培训上，布赖纳医生列举了外科医生必备的十大技能，包括手术的基本功和理论知识等，要求我们排序。作为一名外科医生，我觉得操作最重要，把操作排在了第一位。但在美方专家，排在第一位的是判断，而操作排在了最后一位。说实话，我至今都不认同把操作排在最后一位；但把判断排在第一位，我服。美方专家认为，判断失误的危害远超过手术操作水平，这点不用我多作解释，大家也都能理解。专家强调，医生不是匠人，要有战略思考，要学会把战略思维引入手术中，这是普通外科医生与卓越外科医生的差别。

邵医的种种不一样让我对医学发展的认识有了天空的高远和海的宽阔，是可以精彩、可以多样的。

后来，我又在杭州市第三人民医院干了5年，完成了医院赋予我的各项任务后，通过人才引进来到上海——我当年求学的地方，又开启了新的征程。

邵医让我去远行

（张强医生集团声名远播，在为人类健康服务上创下了多个世界第一，越走越远，您认为这与您在邵逸夫医院的10年工作经历有关系吗？）

▲ 建院初期，邵逸夫医院的全院大查房（Grand Round）（前排左三为张强）

在梦想的路上，我越走越远，我想这与我在邵逸夫医院的10年工作经历是分不开的。这10年，形成了我的行医习惯，确立了我的医生理念。邵医的10年，早已让我看到了未来20年的场景。视野决定事业。

虽然离开邵医也有20多年了，但好像还一直是邵医人，与邵医的感情历久弥新，只要邵医有什么活动，一声招呼，立马响应，即使时间有冲突，我也总是优先赴邵医之约。我曾经花几千块钱"舍近求远"到邵医做一次体检，不为别的，就是为了体验一下老东家的服务，感受亲情。

为人类健康服务，我矢志不渝。这也是邵医文化对我的深层次影响，是将医生的战略思维具体化。现在以我名字成立的张强医生集团，是全国第一家医生集团，主要做静脉曲张前沿技术的治疗，医生团队包括北上广深在内，已遍布国内14个重点城市，在下肢静脉曲张治疗领域方面引入和应用多项下肢静脉曲张治疗技术，包括内镜技术（subfacial endoscopic，perforator surgery，SEPS）、射频消融等。我们成功地将传统下肢静脉曲张可能需要数天的住院治疗，缩短为1小时左右的CHIVA门诊治疗。如今，我们的工作版图不仅在国内仍在扩大，而且走出国门，落地美国、欧洲、非洲的计划亦在进行中。

我们集团是首个发起和参与负责全球专项临床技术——CHIVA国际认证的中国医生团队，同时属于国家级静脉病专业委员会的主任委员单位，并负责主办国家级医学继续教育项目：国际静脉病论坛。

我们集团总部就在上海，上海与杭州是近邻，把总部放在上海，我觉得有一种力量支撑，因为近在咫尺的邵医是我心中永远的大本营。

我们希望成为全球静脉曲张治疗的领航者。我坚信，等待我们的"第一"还会有许多。邵医之功，功在长远。

干了两次大架，值

人物简介

范珍珠，曾任邵逸夫医院重症监护室护士长。

扬名立万，是吵架

（您已离开邵逸夫医院多年，但医院里仍流传着您的"故事"，说您的嘴巴像机关枪，是最会吵架的护士长。请问您是如何看待吵架这事的？）

我是1992年到邵逸夫医院的，也就是第一批员工之一。当时医院还没开张，去医院的时候，院领导交给我的任务是筹建一个重症监护室，即我们通常说的ICU。此前，我到美国罗马琳达大学进修过近一年，参与了他们监护室的临床布置。

监护室护士需要有一定的临床经验，而我在筹建我们监护室的时候，监护室的护士大部分刚从学校毕业，还是新手。1993年，医院试运行之前，我们对新人开展培训。我把在美国学习到的东西，编写成一本小册子，作为操作流程，发给大家，人手一本，要求大家经常翻看，做到内容了然于心。当时，也有美方护理专家给我们上理论课，但我总感觉到还不够。我考察后决定把监护室的护士全部送到浙医一院，让她们跟班学习一段时间，增加感性认识，回来后，再继续接受理论和实践的培训，并且是从零开始培训。

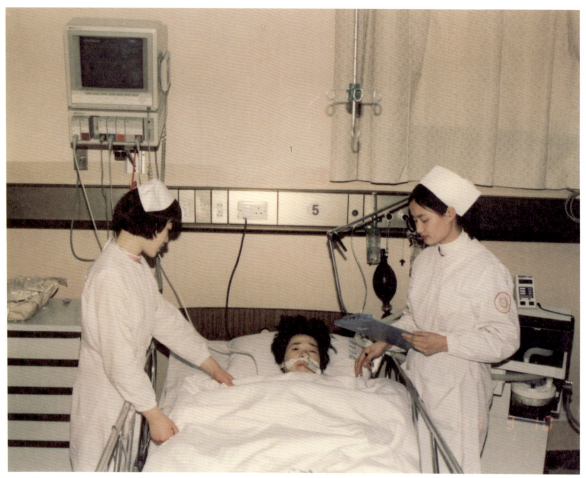

▲ 建院初期，范珍珠负责管理的重症监护室工作场景

　　我们收治的第一位患者，是一位脑外伤患者，当时情况比较危重。康复出院后，得知他是我们的第一位患者，他认为我们肯定是非常尽心尽力地救治他。为此，他十分感激，每年都会来看望我们。对我们来说，这是一种鼓励。后来，危重症患者都送到我们这里了。

　　当时监护室只有我一个护士长，没有科主任，所以什么事情都要找我，特别是涉及与其他科室协作的事，都需要我去沟通、去协调。而监护室的事，从来都是急事，我这个人又是一个急性子，免不了要同别人发生争吵。所以，我在医院很快就有了"名气"，不过这个"名气"不太好，他们说监护室护士长逮着谁就跟谁吵，每天都在跟别人吵架。但我作为护士长，为了工作，我不去吵谁去吵？难道让新护士去吵吗？人家能买账吗？我胆子比较大，有点像女汉子，只要是我认为对的事情，我就要坚持，就算吵翻天也不会退缩，哪怕对方是院长。

　　一次，一个护士向我反映，美国医生开的医嘱，字迹太难辨认了，她们只能凭剂量猜药名。我想这可不行，这样存在着很大的隐患，于是，连忙向护理院长凯瑞汇报了这件事。凯瑞院长带我去见美方院长韩得利（我们都叫他老哈）。我跟老哈详细说明了情况，可是他却跟我列举了很多英语的重要性,表示每一个人都应该懂英语,用英语等。我说:"院长,你说的都对,但是现在我们讨论的重点是患者的用药安全问题。我建议,由美国医生口述医嘱,再由中国医生记录下医嘱,这样我们的护士就能看懂医嘱,才能保证患者安全地用上正确的药。"说完,我转身就走了。

自此,我就被老哈记住了,但不是记仇的记,他记住了我的认真。他喜欢认真的人,因为他自己就是一个认真的人。后来,我的建议不但被老哈采纳了,而且他每天早上都要来监护室,帮助我解决了很多问题。

当时监护室有窗户,但没有纱窗,而手术室是没有窗户的。有一天,手术室里出现了一只苍蝇,他们究责说苍蝇是从我们监护室飞进去的。老哈跑过去同他们讲,这不能怪监护室,要怪就怪后勤没有给监护室安装纱窗,这事他已经督促后勤去落实了。

看来,这一架吵得还是值得的。

说我天天跟人吵架,可能夸张了一点。更多的时候,我是语速快了一些,嗓门大了一些,别人听上去感觉像是在吵架。其实,我那不是吵架。说起吵架,记忆深刻的只有两次:一次就是前面讲的与老哈之间的争吵;另外一次是我同急诊室之间的那场"战斗"。为什么要同急诊室吵架呢?一般情况下,危重症患者到医院后的第一站是急诊室,而急诊室多次把一些已经没有生命体征的患者转到我们重症监护室。这是很没有意义的!一方面,这会对我们监护室的新护士造成很大的心理压力,患者家属也会认为是我们没能把患者抢救过来,同时也会造成医疗抢救资源的浪费,还会对监护室的其他患者造成负面影响。另外一个方面,对一些车祸伤患者而言,转运是创伤,转运等同于浪费时间。这时候,时间就是生命,急诊医生应紧急采取抢救措施,而不是一转了之。那次,我同急诊室医生吵得异常激烈,但完全基于工作内容的争吵。我们之间没有私人恩怨,平时我对他们也是很敬重的,包括到现在,我和早期急诊室的同事们仍保持着良好的关系。当时急诊室医生也是有其说法,他们认为,有了危重症患者,就应该在第一时间移交给重症监护室,因为重症监护室抢救更专业,相应的设备也更齐全,他们不能让患者"砸"在自己手上。至于把有些没有生命体征的患者也转过来,急诊室医生说:"有些患者是没有了生命体征,但并不代表完全没有抢救回来的可能。"

这次争吵中,我把中方院长和美方院长都叫到了现场。这架吵得也是有收获的,最后的解决办法是两个科室之间协同与配合形成了规章制度,避免类似的情况再次发生。

"大龄剩女"被征婚

（ 在每个人的内心深处，都有一处柔软的地方，存放的小秘密，有幸福、有温暖、有美好。请问在您的内心深处有幸福的小秘密可以同我们分享吗？ ）

　　重症监护室刚成立时，临床工作存在的很多问题，如插管拔与不拔，这对连普通病房都没去过的新护士而言确实是个严峻考验。有时看到患者血压一个劲地往下掉，脑子一片空白，心里直打鼓：完了，完了！这就是新护士。带好她们是我的责任。年轻，实践机会少，经验不足，这不是她们的错，我也有过这样的历程。

　　▲　建院初期，范珍珠（左一）和中美同事合影

工作上，我对新护士要求比较严格，下班后我就是她们的大姐姐。周末我们经常一起去郊游，度个小假，放松一下心情。每逢护士们的生日，在她们的护理柜放一枝红玫瑰，给她们一份温暖。

这些新护士也确实把我当成了大姐姐，无论是家庭有了矛盾，还是与男朋友吵架了，都会找我，我首先是一个很好的倾听者，然后再一起帮她们分析原因，寻找解决问题的办法。我关心着她们，她们也关心着我。甚至有一次，发生了一件让我哭笑不得的事。

跟她们在一起的时候，我虽然大她们好几岁，但那时我也没有成家，也没有男朋友，按社会归类法是"老姑娘"或"大龄剩女"。我个人是不太当回事的，我知道自己性子急，行事风风火火，像个女汉子，不太为一般男性所接受。我觉得这样也挺好，一个人有自己喜欢干的事情，也很充实的。可监护室的这些小姑娘倒替我着急了，背着我为我登了一个征婚启事，若不是一位看了启事的男子给我打电话，我还不知有这么一回事。现在想起来还是很感动，非常感谢她们。

1999 年，我随先生去了澳大利亚，也改行从商了。但邵逸夫医院这个融洽的大家庭，我一直忘不了。每年我都要回到邵逸夫医院看望老同事，感谢邵逸夫医院给我一个成长的好平台，让我有勇气远走他乡，很正面、很积极、很乐观地面对一切艰难困苦。

我很骄傲看到邵逸夫医院的发展，它的发展是迷人的，以致我每次回到邵逸夫医院都要迷路，只好打电话让老同事来接。

心心念念回到邵逸夫医院，吃一顿邵逸夫医院的食堂饭，每次都会吃出创业的味道，吃出青春的味道，吃出家的味道。

笑着离开，笑着归来

老外教我学英语

人物简介

杨丽黎，博士研究生导师，邵逸夫医院护理教育部及磁性认证项目原主任，美国护理科学院院士。现援建浙江大学医学院附属第四医院，任护理部副主任。

（您刚到邵逸夫医院时，遇到的最大困难是什么？后来又是如何化难为易的？）

1993 年 6 月，我从浙医一院调入邵逸夫医院，承担门诊护理工作，协助顾跃英护士长开设门诊诊室，包括 VIP 门诊和门诊小手术。除日常工作外，在 1994 年 5 月医院开业之际，我十分荣幸地成为我国首批教育护士。教育护士在当时是非常稀奇的，令我倍感自豪。

初入邵逸夫医院，我所面临的最大挑战便是语言（英语沟通）。庆幸的是，当时医院内英语学习的氛围十分浓厚，即便我连 a、b、c、d 的发音还不太清楚，也加入了英语学习的大潮之中。

罗斯奎斯特（Rosenquist）博士是我遇到的第一位内科医生。邵医开业前，他就已经开展门诊工作了。当时，我们六名护士对进入他的诊室都心生畏惧。结果，大家一致把我推进了罗斯奎斯特博士的诊室，协助他开展诊疗工作。当时我一言不发，静静地观察他为患者检查的全过程。他将音叉、耳镜和叩诊锤一字排开放在桌子上，每检查一项便来回取放。经历几位患者就诊后，我便知晓了他的操

▲ 1994年11月4日，方则鹏院长（前排中）回美国之际，杨丽黎（前排左一）和同事为其送行并合影

作流程，默默地递上他所需的器械用具。他对我说"Thanks"表示感谢，我报以愉悦的微笑，示意不用谢。

他就这样兢兢业业地工作。每当有患者进来就诊，他便起身与其握手，通过另外一位住院医生的翻译来了解病史，并耐心地解释，最后与患者握手道别。这让我深感震撼。他认为我虽然不会说英语，但是比较聪明。于是，他回家告诉他的太太贝蒂（Betty），希望她可以教我英语。自此，我便踏上了学习英语之路。在参加贝蒂办的英语学习班的同时，我还享受着贝蒂与罗斯奎斯特博士给我开的英语课小灶。我每天都需要阅读一页书籍，贝蒂则一字一字地纠正我的发音。

与他们的接触过程中，我所收获的不仅仅是英语学习的进步，更是感受到了关爱与温暖。无数次愉快的瞬间和温馨的点滴，都成为我记忆中不可磨灭的美好。比如，我们曾经一起在西湖边遇到一个流浪儿童，我们救助他，为他理发、买新衣服。这些点点滴滴的美好，他们的无私奉献、仁爱之心和体恤之情，影响了无数人。过去，我们与病患之间存在着一种天然的专业壁垒；而现在，我们只把病患视为珍贵的客人，给予他们应有的尊重和关爱。我们还曾经在出租车上不遗余力地介绍与推广医院；当患者来院时，大家齐心协力接待。这些都是在医院开业之际的点滴记忆，令人终生难忘。

后来，索雪玛·琳赛（Sossama Lindsay）博士来了，教我们如何讲课、备课以及制定周目标。利兹·布恩（Liz Boone）女士与她的先生和三个子女来了，她教我们如何更好地为患者服务。布赖纳（Bryner）博士和黛琳（Darlene）女士带着他们的女儿也来了。然后，罗斯奎斯特博士在邵医的时间就少了，每年仅来几个月。布赖纳博士将腹腔镜技术引入中国，并致力于培养住院医生，甚至经常顾不上吃中饭。黛琳女士继续教我们英语。1995年，我的托福成绩达到了550分。

漂洋过海去学习

（邵逸夫医院持长远眼光，高度重视人才培养，但凡对年轻人成长成才有所裨益之事，皆给予大力支持。请问您对此有何体会？）

琳赛（Lindsay）博士是一位护理教育家，她的工作足迹遍布非洲、印度等诸多国家和地区，为他们开设护理院校，致力于推动当地护理教育的发展。她发现我国当时的护理教育体系尚不完善，当时国内的护理专业没有本科教育，大多数护士仅具备中专学历，也缺乏高中学习背景。她坚信必须让护士们到国外接受高等教育。于是，她自费前往东南亚各国，包括印度、马来西亚、泰国、菲律宾等，为中国护士寻找本科学位学习的机会。

经过不懈努力，琳赛博士终于带着喜悦的心情回到中国，向我们宣布一个特大的喜讯——菲律宾爱德华大学愿意接受我们前往该校完成本科学位学习。她热情地鼓励我把握这次机会。然而，在那个"铁饭碗"盛行的年代，要放弃稳定的工作并非易事。但是，在这些国外专家的不断鼓励和院方领导的支持下，我最终下定决心，远赴菲律宾求学。更令我感动的是，布赖纳博士和黛琳女士无私地资助我全部的学费和生活费，让我鼓起勇气踏上了求学之路。

还有一对伉俪令我难忘——朱宗安医学博士（Dr.Choo）与塞利娜（Selina）女士，他们是令人羡慕的一对模范夫妇。他们深谙两国文化，巧妙地推动着中美双方的合作，在邵医中西合璧的文化协调和促进中发挥了举足轻重的作用。

他们对医院的贡献犹如一颗颗不可或缺的螺丝钉。在我求学前的准备工作中，他们还帮助我准备文书，与学校保持密切联系。与美国专家的接触，如简·朱姆沃特、凯瑞·金布罗、凯伦等都给我留下了深刻的印象，让我理解什么叫"professionalism"，专业严谨但不失温柔待人，这种影响是深远且意义非凡的。

1998年6月，我辞去邵医的工作，踏上了求学之路。虽然内心忐忑，但是怀揣着满满的祝福，我砥砺前行。鲁端书记在我临行时的关切叮咛和诚挚嘱咐，至今仍历历在目。邵医秉承着创新与进取的优良传统，在员工管理上也独具特色，彰显出与生俱来的高贵气质，就如《笑着离开惠普》一书中所述，让员工笑着离开，去深造、去追求更好的发展。我相信，离开邵医的人们，还会为自己曾是邵医人而感到自豪。

辞职前，按照制度规定，我需要支付违约金。然而，郭杏雅科长提出杨丽黎离职是为了去深造，没什么钱，她提议能否免除违约金。这个提议得到全院领导的支持。在 20 世纪 90 年代末，5000 元的违约金对我而言并非小数目。这笔违约金的免除于我而言不仅仅是一笔钱那么简单，更是医院对员工人性化管理的生动体现。我内心默默告诫自己，要好好学习，铭记这份深情，不辜负医院的厚爱。邵逸夫医院不愧连续多年荣获全国最佳雇主的美誉。蔡秀军院长深知从邵医出去的员工遍布各地，他还创建了海外邵医人微信群，经常亲自问候，让这些漂泊在外的游子深知邵医是他们永远的家。这些令人感动的做法，无疑也是邵医爱护员工的最好体现。

拿下磁性认证

（邵逸夫医院为您的成长和发展搭建了优质的平台，您在学有所成后又回到邵逸夫医院开展了哪些工作？）

在完成本科学习后，我于 2000 年重新入职邵逸夫医院。叶志弘副院长热情地接待了我，详细询问了我的学习经历，她希望可以为护士创造多元化发展的平台。当时，医院恰好计划设立健康促进护士的岗位，我就接受了这个新岗位，但不知道怎样开展工作？但我告诉自己，既然领导信任我，我必须竭尽全力做好。通过深入了解临床需求，我们成功推出了"邵医术前患者及家属要听课"的讲座，以及健康博览会、心脏健康等健康促进项目。

在赴菲律宾前，我有幸参加了由美国五日戒烟创始人麦克法伦（Mcfarlan）博士举办的培训班，朱宗安博士带着我们在每年 5 月 31 日世界无烟日举办戒烟班；后来，麦克法登（Mcfaden）博士接替了朱博士的工作。我作为健康促进护士，协助麦克法登博士和呼吸科成立戒烟门诊。总之，在邵逸夫医院要开创一个新的领域是相对容易的，因为医院领导们不拘一格，秉持开放包容的态度，大力鼓励创新。

2005 年，我有幸与冯金娥老师、林爱娟老师一同被美国罗马琳达大学录取，参加护理教育硕士校外项目的学习。这个经历再次彰显了邵逸夫医院持之以恒的育人精神。早在 21 世纪初期，邵逸夫医院就开始为 JCI 评审做准备，成为我国首家开展此项评审的公立医疗机构。我有幸承担了 JCI 评审资料、模拟检查与正式评审的翻译工作，尽管翻译工作挑战重重，但是充满了学习的机会。经过几场翻译实践，我深刻地认识到，在追求质量的路上，邵逸夫医院从未停止，一直在践行勇攀高峰的精神。

全院沉浸在 JCI 评审成功的喜悦之中，我与其他同事一样也在庆祝与医院同成长、同发展的厚重的收获感。2008 年，医院选送我前往美国罗马琳达大学、妙佑医疗联盟进修，这又给了我一次拓宽视野的机会。在进修期间，我了解到磁性认证具有全球影响力，便欣喜地向护理副院长汇报，当即决定购买磁性评审标准的相关书籍，自此开启了长达 6 年的磁性认证筹备工作。

在常规工作的基础上，我们坚定追求磁性认证的目标，逐步推进，逐步建设。在医院领导的大力支持下，我们终于在 2015 年正式开启磁性认证之旅，并于 2019 年成功取得磁性认证。我们所感动的并不是成功的那一刻，而是在长达 10 年的建设过程中，我们与磁性认证越来越接近的那种喜悦，其间还有跨科室、跨专业同事们紧密协作的点点滴滴。邵逸夫医院成为我们心目中美好的"天堂"，邵逸夫医院也培养了许多优秀的人才。

▲ 2012 年春，杨丽黎（左二）和护理教育部同事合影

2016 年，我终于完成了长达 6 年的博士学位学习，是邵医再次给了我学习的机会，使我得以继续深造，使我更成熟、更有自己的想法。在随后的护理教育工作中，我在领导和团队的支持下，将所学知识融会贯通，初步探索护理专业发展角色在我国的实践；并且在前人坚实的基础上，建立了护理专业发展与教育相结合的医院护理员工培养模式，得到业界的好评。

这些年，我们见证了邵医的发展，邵医也相伴我们成长。我从一名中专毕业的临床护士，到今天的博士研究生导师，这是邵医"给您真诚、信心和爱"的伟大见证，也唯有这样的理念，才能真诚地支持员工成长。邵医这种气度，与人无私分享的美好与阳光，值得我们骄傲。这份气度源于邵逸夫先生的慷慨、美国罗马琳达大学专家们的无私奉献，以及一代代医院领导们的真知灼见。这是我们为之骄傲的宝贵财富。

邵医一路走来，从未停止过追求卓越的脚步，取得了诸多国内首创的佳绩。我非常荣幸，见证了那一次次荣耀的时刻——JCI 评审、磁性认证、妙佑医疗联盟等。邵医成功的秘诀在于践行"以患者为中心，以员工为主体"的管理理念，力求公正公平、创新分享、凝聚合作、人性关爱，这样的理念需要一代代邵医人传承。让我们共同铭记邵医创立的初衷：一切源于至高无上的爱。无论在哪个工作岗位上，我都会将这份爱传递下去，因为这是邵医的象征。

我坚信，未来的邵医将继续勇立潮头，创造更多奇迹，为人类的健康作出更卓越的贡献。

人生的美好，
皆与邵医环环相扣

不期而遇的爱情

（可否与我们分享这个美好的故事？）

在 1994 年 5 月的开院典礼上，作为礼仪小姐，我有幸站在邵逸夫爵士身边照顾、引导他。我毕业后直接分配进入邵逸夫医院工作，尽管我在邵逸夫医院只工作了 10 年，但在这里，我遇到了很多良师益友。我们每个老员工都自称邵医人。我人生中的许多重要时刻都与邵逸夫医院密不可分。

1995 年 11 月的一天，有位同事请求我替她出趟救护车，前往另一家医院接一位患者来邵逸夫医院做磁共振检查。当时，医院配备有最先进的全时手术级的顶配福特救护车，但那天救护车因故达不到出车标准。于是科室决定安排一辆国产改装救护车，但因为要做各种准备，所以到达时间比约定的时间晚了 1 小时。当时手机还未普及，我们一时间联系不上家属。

救护车到达目的地门口后，我们正在想如何联系患者家属，就

人物简介

楼苏丽，邵逸夫医院原急诊科、VIP病房护士。1993 年入职邵逸夫医院，后调入上海同济大学附属医院工作。现旅居加拿大。

有 2 位男士急切而热情地迎了上来，他们看了一眼白大褂上邵逸夫医院的院标，连忙对我说："辛苦您了，感谢邵逸夫医院的帮助！"此时我心里的石头也落地了，微笑着指着我胸前的工作牌，向他们述说迟到的原因并真诚表达歉意。接着我简单介绍了自己和医院"首诊负责制"，说明我是代表医院第一个接待他们的工作人员，之后遇到任何事都可以找我。

小患者只有 9 岁，看到我就说："阿姨，我见到了你，就像见到了太阳，太开心了！我已经好多天没有离开病房，没有呼吸到新鲜空气了！"抚摸着稚嫩的小手背上密密麻麻的针眼和略微硬化的静脉，我温柔而肯定地告诉他："你很快就会好起来的。"

在救护车上家属告诉我，目前收住的医院诊断为脑膜炎，他们已收到三张病危通知书。每天静滴甘露醇用于降低颅内压。医院已经做过头颅 CT，也请邵逸夫医院的方松华医生会诊过，两家医院意见不一致，于是家属想再做一次磁共振检查。当时浙江省唯一的一台磁共振仪就在邵逸夫医院，家属希望能请邵逸夫医院脑外科和放射科共同会诊。

再次见到小患者，他已经躺在我们急诊室。我一脸惊讶，他却无比兴奋地说："阿姨，告诉你一个好消息，我要留在你们这里了，医生只需给我做个小小的手术，把我脑子里的血块拿出来，我就会好了……"

手术当天，小患者的爷爷和小叔叔在午餐时间特意到病房大楼（1 号楼）的 2 楼电梯口等着我。他们一见到我，就拜托我帮忙了解手术进展。

朱先理主任团队采用了对患儿创伤最小、恢复最快的微创手术，手术很顺利、很成功。我去病房看望术后患儿，他没有一般颅脑术后夸张的包扎。患儿麻醉已清醒，见到我，兴奋得叽叽喳喳说个不停。看到他思维活跃，逻辑清晰，我由衷地为他感到高兴。

其实，邵医"首诊负责制"这个挺"害人"的。患儿住院期间，探视他的亲戚朋友都来急诊"找"我，我不得不在急诊"守株待兔"。患儿鼓励小叔叔来追求我，得到小叔叔的肯定后，他是最操心的一个，帮忙出谋划策，争取全家人的支持。患儿的这个小叔叔就是我现在的丈夫，如今我们结婚已有 26 年，也有了两个儿子。而小患者跟随小叔叔的步伐考上了华东政法大学，两人成为华东政法大学

▲　建院初期，楼苏丽在门诊大厅

的校友。小患者现已成长为一位优秀的律师，并且是一个男孩的父亲。

爱屋及乌，我先生也深深关心着邵逸夫医院的发展。考取北京大学后，在未开学的那段时间及业余时间，他都在邵逸夫医院做志愿者。他对医院的各部门各科室比我还要熟悉。医院里处处都有他的身影：帮忙出黑板报，在医院小卖部当收银员；求昌妈（后勤副院长昌锦霞）提前给我开结婚同意证明；用一手漂亮的字帮楼层秘书誊抄"患者一览表"。他与美方院长韩得利经常在门诊帮忙推轮椅接送患者；住院患者不理解为什么不能开窗，他就为韩得利当翻译，一边关窗一边向患者解释病房大楼是有层流新风系统的。在医院发展过程中，他始终以员工家属身份提供了多方面的协助，是当之无愧的邵逸夫医院"最佳女婿"。

（ 您在邵逸夫医院工作极其认真负责，请问您这种认真态度是受何触发的？ ）

在邵医，我对工作的认真有时近乎"变态"，夜里查房巡视的时间经常是同事的2倍以上，我耐心地观察患者，看到患者平静呼吸，心里才踏实。而这与我经历过的一个病例有关。

作为一名年轻的急诊护士，我按照医院规定到各科室轮转。在心内科工作时的一个夜班，当天下午收住了一位50多岁的农村妇女，该患者后半夜突发心搏骤停，虽然我们快速组织抢救，但遗憾的是未能挽回她的生命。在此之前，在杭州工作的亲戚回老家时，发现患者口唇发绀、呼吸乏力，经反复劝说，她才到杭州就医，因为家庭经济困难，住院费用都是东拼西借的。入院后，除常规的心内科检查、心电图等外，大多数检查是在第二天完成的。接班后的查房，我向她交代了床头铃的使用，告诉她第二天早上她需要做哪些检查。她走后，看着抽血用的试管上她的名字，我陷入深深的挫败中，我也没有机会再为她做点什么。治疗还没有开始，就结束了。同理心和代入感让初入职场的我近乎崩溃。同事们见我状态不好，让我先休息三天。后来，经医院认真调查，患者突发心搏骤停致死亡可能和自身疾病进展及路途劳累、陌生环境、焦虑情绪等有关。患者出现症状的20分钟前，当班护士查过房，抢救也很及时。这件事对我的触动很大，在护理岗位上，我们一定要抱有强烈的责任心。生命，对于我们每个人来说，都只有一次，必须审慎面对，倍加珍惜。

一朵小黄花的意念

（ 您在邵逸夫医院有没有遇到一些比较特别的事？给您带来哪些感悟？ ）

护士是患者身边最近的人，每个护士都是"故事家"。有一天，我在 13 楼外科 VIP 病房值班，几位患者家属把我拉到一个角落，说要感谢我，不要有别人在场，气氛有点神秘，一番所言也是神神道道的。

据他们父亲描述，前几天在抢救过程中，他感觉自己突然飘了起来，看到一群医护人员正在抢救病床上的自己。他先飘在病床上方，然后飘到走廊里，又飘到窗边。离自己的身体越来越远，他突然意识到如果飘出窗外，也许就回不来了，于是他使出全身力气，努力飞回了病房，终于又见到了躺在病床上的自己，见到了正在努力抢救、不愿放弃的医生护士们。他想尽方法试图回到躯体，都无能为力。这时候，一个低头抢救的护士发髻上有一朵醒目的小黄花，他就集中一切意念去关注那朵小黄花，努力着、努力着……他醒过来了，他成功了！他觉得是这朵小黄花帮了他，便委托子女们一定要找到当时头上戴小黄花的护士，替他表达感谢。

子女们以为父亲病糊涂了，没想到真的找到了这位护士。盘好长发后，我用一个带发网的黄色花朵发夹夹住，于是就有了开头的神秘一幕。患者的描述也许是濒死时的一种幻觉，类似梦境。梦中的世界千奇百怪，是我不了解的世界，不一定不存在。这件事引发了我更深层次的思考：对待弥留之际或刚刚离世的患者，我们同样要怀有一颗敬畏之心。

在外，我就代表邵医

（您离开邵逸夫医院后，在上海一家医院工作，您的一言一行实际上代表的还是邵逸夫医院，您觉得为邵逸夫医院争光了吗？）

我在邵逸夫医院工作了 10 年，后来我先生事业转型到上海发展。为了家庭团聚，我调到同济大学附属某医院的心脏中心工作，该中心收治的都是来自全国各地的疑难杂症患者。记得工作的第一个月，我在普通病房值夜班，同一楼层的另一边是心脏中心的重症监护室。午晚时分，重症监护室有位当天接受手术的患儿不幸去世。家属的哭闹声影响了整楼层其他患者的休息，我焦急地等待着病区能早一分钟恢复安静，希望重症监护室的同事能迅速处理此事，但一直没有人来安抚他们。尽管我是新员工，但邵逸夫医院的工作模式让我无法坐视不管，于是我主动过去安慰他们，把他们请进办公区域，为他们提供纸巾和水，寻求情绪共鸣。我轻轻抚触紧紧拥抱着患儿的母亲，同样作为母亲，我能深切体会到她此刻的悲痛。我安慰这位母亲，患有先天性心脏病的孩子，都是特别懂事、可爱的天使宝宝，现在回到了天堂，再也没有痛苦。接着我告诉家属患儿的后续安置流程，有哪些事情需要家属处理……家属们慢慢平静了下来。

进手术室前，患者通常会在普通病房住1周左右，以完善术前检查，评估手术风险，并建立良好的医患关系。每一位我管床的患者，在去手术室前我都会给予祝福，期待心脏手术一切顺利，术后能安全度过监护期，再回到普通病房。

第二天早上，心内科、胸外科、心脏中心大查房。院长作为手术主刀医生，当天晚上就留宿在科室，他参与了患儿的抢救，之后也听到了我处理突发事件的全过程。他在所有人面前表扬了我这名新员工，多次提到要向邵逸夫医院学习，学习邵逸夫医院的护理模式。他说，接受我的调动前，他曾到邵逸夫医院参观学习，并重点了解了我的工作作风和经验。通过这件事，他看到了自己医院和邵逸夫医院之间存在的差距，当场宣布我担任普通病房代理护士长。

我调入这家医院时，该院首例心脏移植患者已处于"植物人"状态，需要常年给予气管切开加鼻饲营养支持。在3年多的护理期，该患者的第一口水是我成功饲喂的，之后逐渐给予流质。他第一句有意识的言语是清晰地叫出了我的名字，这应该和家属坚持呼唤他的名字，播放他喜欢的音乐，教他认识每一位医护人员有关，直到他真的认出了一个叫"苏丽"的护士，甚至当患者情绪一有波动时，家属只要一叫我的名字，患者立即安静下来，还会展露一个笑脸。

我树立了邵逸夫医院的护士形象，在外我代表的是邵逸夫医院。

8秒，患者变成亲人

（在临床实践中，只有把患者当作亲人，才会有胆气敢说"不"字，您是这样的人吗？）

美方护理专家在一对一搭班指导工作时，给我传授了一个迅速拉近医护人员与患者关系的方法，即建立虚构的亲人关系。在8秒内，凭自己的直觉，把患者想象成远房表哥、邻居大爷或者你第一反应比较亲近的人，这样你就会真正发自内心地替他们考虑，设身处地帮助他们选择最优的解决方案。

邵逸夫医院有一项明确的医疗护理安全守则，这是我们工作的底气所在。医生与护士之间既协同配合，又彼此分工明确。医生下达的医嘱，护士认为不准确的，可以拒绝执行，可以说"不"。

有一次，一名护士对一名医生的指令提出异议。医生说："责任我负，你执行就好。"护士反驳道："这不仅仅是责任问题，如果我们出了差错，即使责任被追究，但对患者造成的伤害是难以弥补的。"

凡是不利于"我的患者"的事情,我都不会妥协,因为我与我的患者有着8秒内建立的"虚拟亲人"关系。

温和而坚定,有担当,敢于说"不",是我鲜明的个人标签。有时可能吃点小亏,但从长远来看,这种坚持会得到更多的认可。在医护工作中,对患者负责、坚持正确的原则,是我们的使命和底线。我坚信,只有把患者当作亲人,我们才能够做出正确的决策,才能够提供具有人文关怀、高质量的护理服务。

这些年来,在护理岗位上,我一直秉持着这个信念,带着对患者的关爱和责任,将每位患者视为亲人给予精心呵护。这种理念不仅得到了患者及家属的认可,也赢得了医院领导和同事的尊重和赞誉。在我看来,护士的职责不仅仅是执行医嘱,更是保护患者的生命和安全,是对患者高度负责的表现。

我在邵逸夫医院度过了宝贵的10年。在这里,我学到了专业知识,更培养了一颗爱心;在这里,我不仅学习了医疗技能,而且感悟到了人性的温暖和关怀。这里的每一个瞬间都深深地烙印在我的心里,成为我一生中最珍贵的记忆。

这种精神,我会一直传承下去,发扬光大。

燕子归来春依旧

（从一名中专毕业的护士到英国的执业医师，您的故事很励志。邵逸夫医院以您为荣，您是否以邵逸夫医院为傲呢？）

人物简介

姜雪燕，曾是邵逸夫医院护士，现为英国执业医师。

毫无疑问，我以邵逸夫医院为傲，初心未改，日久月深。

我的老家在丽水龙泉。1993 年，我从丽水卫校毕业，被分配到丽水地区医院实习。当时，我的各方面成绩都比较突出，留在丽水地区医院没有一点问题。从山村里走出来的我，看惯了山清水秀，也好奇外面的世界，想看看大城市的高楼大厦、车水马龙。能留在地级市的医院，我已经很开心了。突然有一天，实习组长告诉我，杭州有一家邵逸夫医院到学校招人，问我想不想去。我一听，立马动心了，我知道这个机会一定不能错过。谁不知道"上有天堂下有苏杭"，此前我不敢想象能有机会去杭州工作，因为我只是一个地方卫校的毕业生，杭州的大医院是不可能招我的。

除了勤奋外，我一直觉得自己很幸运。1993 年 8 月 16 日，我毫无悬念地进入邵逸夫医院，并被分配在手术室。邵逸夫医院是一家面向世界的国际化医院，在这里，我觉得与世界拉近了距离。我从小胆子就比较大，探险的欲望十分强烈。我在寝室里挂了一幅世界地图，经常指着地图对室友们说，将来我一定要走遍世界。杭州，是我走向世界的第一步。

　　那时的邵逸夫医院就像一所大学，学习氛围十分浓厚。大多数职工是新招的毕业生，护士大概在 18 岁，医生 20 岁出头。医院有专门的英语培训班，美方医护人员专注地教我们英语。在整个学习过程中，对我帮助最大的是芬利教授。芬利教授是一位独特的老人，他有一颗伟大的慈善之心。在美国，他是一位很有名气的外科专家，虽然手术做得很好，但不会做饭。妻子过世后，芬利教授一个人在多个国家做过义工，衣、食、住、行都入乡随俗。他来到杭州后，想聘请一位会做饭的帮手，于是普外科的李立波医生向他推荐了我，说我做饭很棒。李立波医生其实也想帮助我寻找学英语的机会。

▲ 1994 年 5 月 2 日，邵逸夫医院开院典礼上，姜雪燕担当礼仪小姐

　　我来杭州前不会烹饪，但因为来到了杭州，一座名城古都，我就觉得应该认识杭州，对杭州的历史文化、风土人情要有所了解。于是，我利用业余时间去导游学校上课，学会做几道杭州名菜，如西湖醋鱼、龙井虾仁等。此外，我还考取了导游证，带团组织了好几次西湖一日游。这事歪打正着，算是学有所用吧。

　　一见面，芬利教授就对我说："你给我做饭，我教你英文。"刚开始我觉得他很严肃。随着接触日渐增多，我发现他其实很幽默，很喜欢说笑话。往往他一说笑话，旁边的人就哈哈大笑，有的捧腹，有的弯腰。刚开始我英语不好，听不懂，也就没觉得好笑，甚至觉得有点沮丧。后来我渐渐能听明白他说的笑话了，于是我便开怀地笑。我觉得这是一件很有成就感的事！

　　芬利教授曾参与世界上首例心脏体外循环手术，他为人十分低调，从不说起他以往显赫的经历，包括他曾参加第二次世界大战。他就认认真真地做一名医生，心无旁骛。从芬利教授身上，我好像找回了童年的梦。我从小就向往做一名医生，读卫校就是为了跳出"农门"。进入邵逸夫医院后，我隐隐约约觉得断了的梦又续上了。我尽可能参加各种各样的学习，包括自学考试，好像在为某事做好准备。与芬利教授深入交流后，他有一天问我："你学这么多东西，想干什么？"那时的我自己也不明白。多年以后我顿悟，机遇真的永远垂青有准备之人（Opportunity always favours those who were prepared.）。

　　20 世纪 90 年代，国内出现一股很热的出国潮。我想出国留学，但当时我每个月的工资只有 260 元,学费成为我留学的实际障碍。于是我申请了新加坡的劳务输出。芬利教授问我:"你是要工作,还是要学习?"我告诉他,等我赚够了钱,再考虑留学。芬利教授便对我说:时间是宝贵的,鼓励我申请奖学金。他说服我放弃劳务输出,帮我申请了美国俄亥俄州立大学。同时,他也慷慨地资助我,但我签证 4 次都没有通过。我很沮丧,芬利教授也很难受,但他总是微笑地对我说:"Keep your chin up, persevere.(保持斗志,继续坚持。)"自此,这句话成为我的人生宗旨,伴我度过了后来无数个低谷期与挫折期。

后来我辗转到马来西亚读生物学(大专),接着去英国半工半读完成了临床医学本科和硕士研究生学业。现在,我在英国是一名肿瘤放疗科的主任医生,终于梦想成真。同时,我也是两个孩子的母亲,工作和生活都挺好的。而我始终忘不了,给我动力、助我高飞的邵逸夫医院和芬利教授。

2007 年,感谢蔡秀军院长让我回到了久违的邵逸夫医院,实习 6 周。那次回去,我感到异常亲切,邵逸夫医院犹如母亲,张开双臂,欢迎远在他乡的女儿归来。见到的一张张熟悉或不熟悉的面庞,都洋溢着美好,都代表着春天。回到英国后,我介绍了很多医学生到邵逸夫医院实习。在国外,有的学生因为受一些不良舆论的误导,对中国存有偏见,但当他们在邵逸夫医院学习过一段时间,纷纷喜欢上那里的工作、学习和生活环境,尤其是邵逸夫医院食堂的饭菜,看医护人员的高素质、高水平的医疗技术也与国际接轨,于是以往某些偏见也因此一扫而光。

蔡院长是一位有远见卓识、重情重义的好领导,他建议成立的"邵医海外家人群"把我们这些身在海外的曾经的邵医人团结在了一起,使得我们永远是邵医大家庭的一分子。这么多年,每逢佳节,无论谁取得成就,蔡院长都会在"邵医海外家人群"里给我们发送祝福与问候,我们也经常在群里为邵医的成长与进步鼓掌加油。

这种良性互动,既有我们与医院的互动,也有我们海外邵医人之间的互动。

有一次我去旧金山,从群里得知急诊室前同事江芳芳就在旧金山。我们联络后,她盛情邀约我到她家做客。十几年未见,我们情如既往。当晚,我们几乎彻夜长谈,聊了无数的人、无数的事,而这些人和事,都绕不开邵逸夫医院。"相知无远近,万里尚为邻",更何况我们本就是一家人。

虽远在异国他乡,但我始终关注邵逸夫医院,为邵逸夫医院的现代化发展,为邵逸夫医院领先国际的发明成果,为邵逸夫医院在国际重要期刊上发表的文章,为邵逸夫医院前行的每一步感到骄傲。

邵医宗旨，念兹在兹

人物简介

卢芳芳，曾是邵逸夫医院护士，现在澳大利亚从事护理工作。

（您离开邵逸夫医院多年，但始终与邵逸夫医院保持着密切的联系，是什么吸引着您？邵逸夫医院给了您什么？）

我于 1993 年 7 月入职邵逸夫医院。在此之前，我在浙江省儿童医院工作。邵逸夫医院在开院前到浙江医科大学各附属医院招人，我对西方文化有浓厚的兴趣，便自愿报名调到邵逸夫医院。尽管收入较原单位的偏低，但我抱着多学习的想法仍选择入职邵逸夫医院。

我到邵逸夫医院时，全院只有 70 多名员工，很多部门的员工都在一起工作。初期是组织大家学习英语，模拟接待患者的场景。当时中外医护人员交流较多，因为时间比较久远了，很多名字我已不太记得，但我印象最深刻的是一位外方主任的太太贝蒂（Betty），那时她年纪已有些大，但总是热情地帮助我们学习英语。那时我们都很年轻，学习非常努力，同时工作也非常热情，因此我们很快就可以用英语做一些简单的交班交流、与外国患者进行沟通。

那时的我们非常年轻，对知识极度渴望，对外界充满好奇，如果有一群优秀的人指引我们，我们也将成长为优秀的人。而美国罗马琳达大学的医生、护士和管理人员正是这样一群充满正能量的人，他们给了我们无穷的活力。邵逸夫医院的服务理念"给您真诚、信心和爱"，简单几个字却让我感受到深厚的寓意及对人生的指导，是我一生的宝贵财富。

一个公司，或一个组织，经济效益固然重要，但其长远发展必须依靠人文文化和管理模式，而邵逸夫医院对人的尊重，正蕴含在医院的价值观和服务理念中。虽然我离开邵逸夫医院已多年，但情感上依然是邵逸夫医院的一分子。邵逸夫医院是我的娘家，她把我的心拴住了。也许有人会问："你这么认可邵逸夫医院，为什么还要离开？"这取决于我的人生态度，世界那么大，我想去看看，我希望人生有不同的体验，有更多的发现，但终归我会回到生养自己的祖国，回到邵逸夫医院，我是他们的一分子。

在国外，公共医疗是免费的。有时在国内，我患了病到邵逸夫医院就诊，依然很有亲切感。

像我这样在海外的前邵逸夫医院员工有很多，我们在沟通交流时，都表示邵逸夫医院是心中永远的家。我们都把邵逸夫医院当家，邵逸夫医院也一直把我们当自己人。蔡秀军院长将我们称为邵逸夫医院海外员工，在他心目中，我们就是邵医人，并专门通过微信建立了一个"邵医海外家人群"，他是群主，通过微信群，我们与邵逸夫医院紧紧联系在一起。通过微信群，我们可以及时获知邵逸夫医院的发展和新项目的开展。

蔡院长特别要求做好"海外员工"国内家人的健康服务，为我们家人的体检开辟了绿色通道。

隔山隔水，也隔不断我对邵逸夫医院的思念。我通过媒体和网络，每天都关注邵逸夫医院的发展和动态，如机器人手术、远程医疗等，虽在国外，我们也以邵逸夫医院为荣。

在澳大利亚，护士是一个受人尊敬的职业，护士的形象是知性，是尊重，是爱，是被信任，是善于沟通。这与我在邵逸夫医院当护士的感觉是一样的。信任会让人发现友好和善良，愿意与更多的人交流。因为体制不同，在澳大利亚，我可以在十几个单位上班。我一开始选择儿童护理，因为我有在浙江省儿童医院工作的经历。我喜欢和孩子们在一起，孩子们是真诚的。感受他们的真诚，我们就能明白如何做人。看着孩子们，我也会想到自己的女儿。随着我女儿慢慢长大，我也离开儿科护理，转到外科、内科、老年科、临终关怀科和精神护理康复科等工作。

我深受邵逸夫医院文化的熏陶，当初美方管理团队不仅给我们带来医疗和管理上的新方法和新技术，而且还给我们灌输了一些重要的理念，如真诚、信心和爱，并且从他们身上我们也能切实感受到。在外方专家的支持下，好几位护士出国深造且学有所成，在国外转型成为医生，或成为大学教授，走上国际讲坛……

赠人玫瑰，手有余香。当年刚到澳大利亚，在大学期间，我帮助班级里多名国际学生，协助他们很快地在当地的养老院找到工作。当初的那份工作对我们来说十分重要，我们有了稳定的收入，增加了工作阅历，为之后应聘注册护士的工作奠定了基础。

邵逸夫医院给了我爱，我也竭尽所能传递着爱。只要人人都献出一点爱，世界就是美好的人间。

第七章

遇之美好　得之所愿

一千个人眼中

有一千个哈姆雷特

旁观者清

局外的你们

还原一个真实的美好

这种真实

是不经意间的获得

原汁原味

直抵人心

因此

感动着你们的感动

没有心之距离

唯有清澈的爱

这里是一个温暖存在

没有内外之别

没有外人

只有家人

在邵医，我的需求时刻被关注

人物简介

罗仕杰（Sigmund Rogich），美中跨太平洋基金会董事会主席。

Here is an outline of our interview as follows, please feel free to answer these questions.

以下是我们采访的大纲，请您随意回答这些问题。

1. How much do you know about the medical development level in China? Did you have any concerns about obtaining medical treatment from a hospital that you never went to, especially in a foreign country?

您对中国的医学发展水平有多少认识？去一家从未去过的医院就医，尤其是在异国他乡，您会不会有什么心理负担？

Although I was lucky to know a little bit more than the average visitor about some of the medical developments and research going on in China, I never imagined being in need of treatment during my stay. There is always anxiety when you need medical attention unexpectedly, but the staff, doctors, and nurses of Sir Run Run Shaw Hospital, gave me confidence in the level of care and attention that I was receiving and put me at ease.

虽然我很幸运，能比普通游客更了解一些中国的医学发展和研究，但我从未想过在我逗留期间需要接受治疗。当需要一些意料之外的医疗看护时，人总会焦虑不安，但邵逸夫医院的工作人员、医生和护士们给了我信心，他们给予我的护理和照顾让我心安。

2. What is the outstanding points or meticulous approach of the medical staff of Sir Run Run Shaw Hospital in treatment and service? Comparing with hospitals of your home country, what similarities or differences did you notice? Where is the gap? Is there anything we can do to improve the service?

邵逸夫医院医护人员在治疗和服务上，有哪些出色表现或者是细致入微的做法？与美国医院相比，有哪些是相同的，又有哪些是不同的？差距在哪里？我们应该怎样去提升？

I was extremely impressed with the hospital, the staff and the care I received during my stay. I sit on the board of a hospital system in my hometown and although our hospitals provide excellent care, the level of personal attention I received at Sir Run Run Shaw Hospital was extremely impressive. They kept me fully updated on what they were doing, acted quickly and decisively and monitored my needs on a constant basis.

我对这家医院本身、院方工作人员和我住院期间接受的照顾留下了非常深刻的印象。我是我家乡的一个医院系统的董事会成员，尽管我们的医院提供优质的护理服务，但邵逸夫医院的医护人员对我个人的关注程度令人印象深刻。这里的医护人员能让我时刻跟进并充分了解他们在进行的每个治疗步骤，他们的医疗行动迅速而果断，并时刻关注我的需求。

3. During your stay in hospital, you have observed that the high standard of service provided to you by Sir Run Run Shaw Hospital was not an individual case, but a homogenized service for all patients. What do you think about this?

您在住院期间观察到，邵逸夫医院给您提供的高水准服务，并非个例，而是面向所有普通患者的同质化服务。对此，您有什么感想？

Although I felt like I received extraordinary, personalized care during my stay, I observed the same level of commitment and attention was given to other patients as well. This speaks to the dedication of everyone who works at Sir Run Run Shaw Hospital.

尽管我觉得在住院期间我得到了非凡的、个性化的诊治和护理，但我观察到其他患者也得到了同样程度的照护和关注。这是邵逸夫医院的每一位员工对患者一视同仁、真诚奉献的体现。

浙江省人民政府外事办公室

感 谢 信

浙江大学医学院附属邵逸夫医院：

　　近日，由外交学会组织的中美知名人士论坛第五次会议美方代表团访浙期间，美方共同团长之一、美中跨太平洋基金会董事会主席罗仕杰先生（Mr. Sigmund Rogich）突发疾病，经贵院全力救治，现已康复回国。贵院精湛的医疗水平和一流的服务保障，得到外籍友人的高度赞誉。对此，我们谨向贵院表示衷心感谢，并致以崇高敬意。

　　10月16日，贵院蔡秀军院长得知罗仕杰先生身体出现不适后，立即组织医护人员前往酒店将其接到医院，并于第一时间制定抢救方案，率领泌尿外科主任李恭会、全科医学与干部保健副主任刘玮丽、重症医学科副主任周建仓以及贵院其他多学科医疗团队迅速开展精心救治，使罗的病情得以控制。贵院6号楼23楼与9楼ICU护理团队专业、有温度的护理，国际合作交流办公室主任詹一蕾统筹提供的综合协调和全方位保障，让病人倍感安心。罗仕杰先生在出院时深受感动，多次感谢蔡秀军院长及其带领的医务人员挽救了他的生命，称赞贵院是一家卓越的医院。他表示，这段经历进一步增进了对中国人民的热爱和敬意，并将努力推动美中在医疗领域的交流合作。

　　在救治罗仕杰先生的过程中，贵院不仅展现了浙江综合性三级甲等医院应有的担当与水平，还展示了独特的"国际基因"和"温度"，并积极服务了对美工作大局。

　　最后，再次感谢蔡秀军院长及相关医务人员！祝贵院各项事业蒸蒸日上！

浙江省人民政府外事办公室
2023年10月31日

◀ 2023 年 10 月 31 日，浙江省人民政府外事办公室致浙江大学医学院附属邵逸夫医院感谢信

邵医之恋，绵延不绝

（"邵逸夫医院"这几个字是从什么时候进入您脑海的？）

　　37年前，在我赴美国留学前，原浙江医科大学校长郑树经常到我家里来谈浙江医科大学和附属医院的工作，她和我父亲是老浙江大学同学，我很小的时候就认识了郑校长。郑校长的爱人是浙江大学的数学老师，还曾为我辅导过数学。因为我父亲当时是杭州市委分管科教文卫的副书记，郑校长经常找我父亲杨招棣谈工作的事。那时住房小，他们的谈话往往会不经意间传入我的耳中。有一次，他们的话题是关于新建一家新医院的事，这个医院由香港邵逸夫先生捐资建造，委托美国罗马琳达大学负责管理。看得出，他们每次谈话都很兴奋，甚至可以说是激情澎湃，对这家医院的未来充满美好憧憬。郑校长有时是一个人来，有时是和一个叫"吴院长"的人一起来，后来从父亲口中得知，这位"吴院长"便是浙医二院的吴金民院长，他协助郑树校长在着力推动这个新医院项目。父亲一直对现代医学怀有极大的兴趣，他充满信心地说，这家医院将来一定是一所高水平的现代化医院，这家医院的建成是杭州人乃至浙江人的福分。当然面临的困难和问题也不少，作为杭州市委分管科教文卫的领导，他必须给予大力支持和帮助。

人物简介

　　杨芳苇，药学/医学博士，现任美国北加州医科大学常务副校长、美国竺可桢教育基金会理事长。美太平洋亚裔公共事务基金会（Asian Pacific Islander American Public Affairs，APAPA）分会会长。曾兼任美国化学学会新州分会、美国工程协会传感技术应用分会执行主席，美国国家科学基金会评委，美国竺可桢教育基金会董事和学者选拔委员会主席。

后来我出国了，但记忆深处杭州有一个邵逸夫医院。

（是什么动因促使"邵逸夫医院"走出您的记忆深处？）

2018 年，父亲因病去世后，在整理他生前的文献资料时，邵逸夫医院从我的记忆深处走了出来。照片中：有父亲带领相关职能部门领导到邵逸夫医院现场解决难题，也有父亲戴着安全帽视察邵逸夫医院工程进度，还有原医院领导写的父亲关心和帮助邵逸夫医院的回忆文章。从一张张照片的画面中，从一篇篇文章的字里行间里，我感受到了父亲对邵逸夫医院的一往情深。因为邵逸夫医院是香港邵逸夫先生捐资建造的，所以父亲调任浙江省侨办主任后，无论从感情上还是工作职责上，邵逸

▲ 1991 年 1 月 9 日，吴金民院长（右一）与时任浙江医科大学校长郑树（左二）陪同侨办主任杨招棣（右二）、海关关长刘真（右三）等人视察邵医工地

夫医院仍然是他重要的关注和联系对象。

我在国外多年，虽然其间也有数次回到杭州，有人跟我提起过邵逸夫医院，也有亲朋好友在邵逸夫医院工作，但来去匆匆，始终没有机会走进邵逸夫医院。

2019 年，我参加美国的一个高校专业评审会议，有一所大学的副校长罗恩·卡特（Ron Carter）先生在会上介绍了学科发展情况。因为这位副校长与我是旧相识，会后我就学科上的一些问题与他进行了探讨，他所在的这所大学名称汉译近似"罗马琳达"，我心里一动，它会不会就是当年管理邵逸夫医院的美国罗马琳达大学？我试探性地问这位副校长，他们学校有没有在中国杭州管理过一家医院？这位副校长一听，眼睛一亮，随之兴高采烈地告诉我，在中国杭州的邵逸夫医院曾经是他们管理过的，发展得非常好，是他们学校具有标志性的一个重要成果，他们感到非常骄傲。他反问我怎么知道这件事的，于是我向他介绍了自己的父亲及与邵逸夫医院的关系。他一听，马上说："您是杨市长（我父亲确切身份是杭州市委副书记）的女儿，我们太有缘了，杨市长对我们的支持和帮助非常大，我们永远不会忘记他。"卡特先生还把罗马琳达大学校长理查德·哈特（Richard Hart）先生介绍给我认识，哈特校长把建成邵逸夫医院作为罗马琳达大学的重大成就之一，尽管他们在美国有 13 家医院。对于邵逸夫医院医疗的高质量的发

展和在中国能为数百万患者治疗并对增强公共健康的影响，他由衷地高兴和骄傲。他得知我父亲刚离世不久，唏嘘不已，表示下次有纪念活动一定要通知他，他和团队也要参加。这次活动，拉近了我同罗马琳达大学的距离，我还雇用了卡特副校长推荐的医疗系主任，也激发了我对邵逸夫医院的向往。他们为邵逸夫医院感到骄傲，而这种骄傲正是我作为一个中国人的自豪。

时隔不久，我所在的大学开办了一个新的高教研究院，在我们举行一个开幕仪式时，我邀请罗马琳达大学的卡特先生前来参加做特邀演讲（Keynote Speech）。他好像懂得我的心思似的，给我带来了一份珍贵的礼物，是他参加邵逸夫医院 20 周年院庆时（包括在罗马琳达大学的庆祝活动）带回来的电子文件和图像。开幕式结束后，我用了约 6 小时仔细翻看了这些纪念文件和图像，追寻邵逸夫医院的发展轨迹，也读懂了父辈们的责任和情怀。

于是，我萌发了走访邵逸夫医院的强烈念头。我本身从事的就是医学教育和研究，也对医学院校及其附属医院的发展很感兴趣，也需要学习和借鉴，开阔眼界。同时，也希望对家乡亲人们的医疗环境有更多了解。

（您首次邵逸夫医院之行有怎样的感受？）

2022 年，因受新冠疫情影响，多年没有回国的我经历各种艰辛回来看望病中的母亲。一到杭州，我立即联系了邵逸夫医院蔡秀军院长，他非常热情地邀请我到邵逸夫医院参观。在邵逸夫医院，我与蔡秀军院长相谈甚欢。他说，我是疫情过后第一个到访邵逸夫医院的从外国回来的专家。我们的话题围绕医疗创新展开。我对蔡院长十分钦佩，他对世界医学发展态势了如指掌，对前沿科技如数家珍。尤其蔡院长在外科手术的创新有极大的国际影响。后来，在参观各科室的过程中，我了解到邵逸夫医院生物医学创新和智慧医疗一直处于国内领先地位，有许多还走在了国际前列。因为有这样开明的院长，所以就会有棋高一着、快人一步的医院。参观后，我感觉邵逸夫医院各个科室都很规范化，诊断和治疗水平不比美国差，都挺先进的。而且有些领域的国际化医疗是名副其实的，比如与美国一流的医疗机构妙佑医疗联盟开展深度合作，为中国疑难重症患者搭建国际网络诊疗平台。再比如，邵逸夫医院的独特护理文化已经成为国内一种标杆。因此，这里也成为全国护理人员的重要培训基地。同时，每年取得科研成果和发表在高端刊物上的学术文章，其数量之多，还真有点令我耳目一新。

这次邵逸夫医院之行，我还参观了院史馆，有三点感受：一是邵逸夫医院的发展非常讲究质量管理；二是一路走来，邵逸夫医院非常感恩，对美国罗马琳达大学念兹在兹，始终不忘秉持国际标准建设和发展医院；三是医院也十分注重邵逸夫先生捐资建院的医疗初衷和理念，为患者解除痛苦是他们最高的目标。邵逸夫医院这么多年一直极力朝这个方向发展。在杭州，有幸有这样一家医院，父辈们的努力是值得的。

（您是从事医学教育和研究的，与邵逸夫医院关联度比较高，您是如何做到"珠联璧合"的？）

邵逸夫医院是家乡的医院，邵逸夫医院是凝聚父辈情怀的医院，自然与我也有着割不断的情缘。虽然远在他乡异国，但是邵逸夫医院成了我心中的一份牵挂，想它的时候，总想为它做点事。2023年年底，蔡秀军院长邀请我到邵逸夫医院做个讲座，内容就是我在重点关注和研究的人工智能（AI）在医学上的应用，AI器官移植、AI手术和AI诊断等，比较前沿，内容都没发表过。蔡院长说，他把我的这一讲座纳入医生继续学习课程。讲座时间，院方安排在早上7点开始，我担心7点太早没人来听。但院方表示，8点是上班时间，7点这个时间是最合适的。另外，医院的员工们也能通过内网观看。

我的心里预估，我可能面对的是一个空空荡荡的会议室。

谁知，等我走进会议，会议室里已坐得满满当当。年轻医生很多，说明他们对新生事物有好奇心，这是很可贵的，也挺令我感动的。讲座结束，一些科室主任又围着我开展交流，并提出是否把他们的博士生送到我所在的大学及附属医院学习、进修，让他们接触更多的前沿科技，丰富他们的视野。这次，我还参观了邵逸夫医院的专家公寓，蔡院长说，这是为国际医学专家到邵逸夫医院工作准备的，疫情后，他们可以经常邀请美国和其他国际医学专家到邵逸夫医院开展中短期工作，也希望我把美国医学院学生带过来，中美医学生间可以进行双向交流学习。

回到美国后，我也很激动，在不同医学场合宣传介绍中国杭州的邵逸夫医院，动员有关专家可以到邵逸夫医院走走看看。2024年，CRC出版社（CRC Press）要出版一本关于纳米科学与临床应用的专著，我是本书的主编，其中有两个章节我已经约邵逸夫医院的医生参与编写，我想，这也是提升邵逸夫医院国际知名度和美誉度的一条途径。眼下，我还有一件在做的事情是，争取将邵逸夫医院打造成一个国际标准的医学院学习平台，美国医学院学生也可以来邵逸夫医院修高年级专科选修课并能拿学分，让邵逸夫医院成为更多美国医学生的选择。人才培养决定医学的未来，美国对医学生的道德品质要求极高，重点大学本科毕业生前5%报考医科大学，录取率可达2%，可谓百里挑一，精英中的精英。我想，这个平台的建立对中国医学生的培养也是很有意义的。我坚信，未来还会有更多更大的合作空间。

我和我的父亲两代人对邵逸夫医院的爱，经久不衰。

邵医就是好医院的样子

人物简介

邵卫东，中华预防医学会叙事医学分会秘书长，《叙事医学》杂志出品人，全国卫生摄影联盟盟主。

（您是卫生摄影方面的专家，医院是您工作的主战场，全国大大小小医院您不知跑了多少家，可为什么认定邵逸夫医院就是好医院应有的样子，并积极为之代言呢？）

我的工作与医院密不可分，出入各大医院是我的日常。大医院现在每天人满为患，有一业内大咖把北京某有名的大医院比作菜市场。其实，我也有同感。人多了，忙不过来，医院确实也有难处。

医院应该有医院的样子。我心目中的好医院一定是有温度的。医生不仅需要有扎实的医学知识，还应该具备一定的叙事能力，包括倾听、理解患者的故事，以人文的方式回应患者的需求，理解人们在健康与疾病之间所面临的各种困境，这就是温度。我们创办《叙事医学》杂志，就是为了更好地传递医院的温暖属性。

而在我眼里，邵逸夫医院就是一家好医院。因为在这里随时都能感受到温度。2023 年 10 月 24 — 31 日，我受邵逸夫医院邀请，为其建院 30 年成体系拍摄一套图片，我也因此得以零距离深入了解邵逸夫医院。此前，虽然有些了解，但是如蜻蜓点水。

在邵逸夫医院的那些天，我每天用镜头去感知它的若干节点。节点，关乎文化，关乎流程，关乎愿景。

邵逸夫医院的门诊大厅，敞亮到让你无法相信，每天的门诊量超过了 1 万，但忙而不乱。

我经常会怀疑，那些在医院花坛和草坪边坐着闲适放松的人们，是从地铁里出来休整再出发的，而不是来看病的。

在邵逸夫医院，只要你用心观察，就会有别样的发现。这家医院诊疗区域内每一个厕所里的每一个蹲位都有紧急按钮。医院内任何地点的花草林木都不是随便选择、随便安放的。特别令我好奇的是，这家医院男女员工的平均颜值（气质）远超我过往经过的任何一家医院，呈现出一种良好的精神面貌。

邵逸夫医院的每一个局部都是秩序井然的，走进急诊室、门诊间、日间手术室、病房、重症监护室等医疗区域，感受到的是一种温馨感，不会让人害怕。

到 2024 年 5 月，邵逸夫医院建院也才不过短短 30 年，但这是中国大陆第一家通过 JCI 评审、连续 5 年进入全国参评医院仅有 1% 的 A++ 序列、中国首家加入妙佑医疗联盟的公立医院，并且连续 8 年荣获"中国医疗机构最佳雇主"荣誉称号……一家只有短短 30 年历史的医院，用卓尔不群大写了自己的名字。

作为一个摄影人，在邵逸夫医院的每一天，我都被兴奋包围着，因为不经意间就会有动人的画面、精彩的瞬间闯入我的镜头。门诊大厅内，两个不会说中文的老外前来就医，为他

▲ 邵卫东拍摄的邵逸夫医院门诊志愿者和两位外籍患者做沟通

们提供咨询服务的是一位并不年轻的女志愿者，她直接用英语同他们交流，两个老外个子都很高，与女志愿者形成巨大的身高反差，同时看得出他们低头在认真倾听，我迅速"咔嚓"一声，定格了这一画面。后来我了解到，这家医院的后勤服务保障人员基本能用英语与老外做一些沟通。当然，这也是医院对他们提出的要求。

眼睛是心灵的窗户。我曾连续三个晚上到邵逸夫医院急诊室拍片，因为这里有我最难忘的眼睛——抢救室医护人员的眼睛，如此地专注、坚毅和执着，透着一股温暖的力量。

邵逸夫医院是怎样成为一家好医院的？密码图在楼与楼之间连廊的墙面上。连廊的墙面承载的是邵逸夫医院的光荣和梦想。有一面墙叫"基金墙"，上面贴满了获得国家自然科学基金员工的照片。这样一家年轻的医院，国家自然科学基金项目每年都要拿到几十个，值得秀一秀，不但给员工以鼓舞，而且也给患者以信心。还有一面墙叫"抗疫英雄榜"，上面也贴满了员工的照片，他们是逆行的抗疫英雄，是医院的榜样人物。我抓拍了一张照片——有一位年轻的员工聚精会神地在看"抗疫英雄榜"上的人物，我想她是在默默地对标优秀、向榜样看齐。好医院的本质是由人决定的。邵逸夫医院优秀的人才队伍夯实了高质量发展好医院的根基。在我心目中，邵医就是好医院的样子。

叙事医学即人文医学。我们杂志关注的重点就是医患情感共同体的建立，帮助医生更好地与患者互动，提升共情能力，挖掘患者的诊疗困顿、心理忧伤、情感起伏等，并与之身心相遇，抚慰心灵。这样一方面可以促进医学知识的传播，另一方面还可以通过传递医疗故事和经验，让医学变得更加人性化和温暖。这一点，我觉得邵逸夫医院有太多的素材可供我们选择。

在邵逸夫医院的细节里，我感受到了一家好医院的温度。它的价值追求与我们的办刊宗旨一脉相承。它姓邵，我也姓邵，我现在是它的"铁粉"，未来它也一定是我们《叙事医学》杂志重点关注和报道的对象。

处处有惊奇，时时被感动

人物简介

杨水祥，医学博士，主任医师，曾任北京大学第九临床医学院/首都医科大学附属北京世纪坛医院心脏中心主任，大内科主任，美国哈佛医学院博士后，美国霍普金斯医院副研究员，北京大学医学部教授，博士研究生导师。现任陕西安康高新医院心血管内科主任。

从"不以为然"到心存必然

（听说您一开始对邵逸夫医院"不以为然"，但后来是什么改变了您的想法，而在第一次进修后"意犹未尽"又进修第二次？）

医生是一个有情怀的职业。就拿我自己来说，因为年龄到了，从北京世纪坛医院心脏中心主任岗位上退下后，告别了忙碌，本来完全可以让自己的生活变得闲适些，看看专家门诊或到全国乃至世界各地讲讲课或作作报告。然而，我并没有去享受这样的日子。我是陕西人，当新建的安康高新医院向我发出加盟邀请时，我毫不犹豫地答应了。反哺家乡，这是故土情怀；继续为无数患者服务，这是医者情怀。而当年我放弃美国绿卡和著名医疗机构职位选择回国，是每个中国人都应该有的家国情怀。

这看似与你们的采访主题没有什么关系，但实则不然。我个人的追求与邵逸夫医院的价值观是契合的，也可以说是同根同源的。因此，邵逸夫医院在我眼里是迷人的、有无穷魅力的。这就是我在两年内两次到邵逸夫医院进修的一个重要原因。

我第一次到邵逸夫医院进修是在 2022 年 4 月，当时我作为安康高新医院分管医疗的副院长。我们共来了 20 多个人，有医生也有护士。客观地讲，来之前，我对邵逸夫先生是有所了解的，他是香港著名的爱国实业家，在内地捐建了多个科技馆、体育馆等，但对在杭州的邵逸夫医院却知之甚少，到邵逸夫医院进修，我颇不以为然——"邵逸夫医院有什么可学的"。我表示自己对北京、上海等多家大医院都非常熟悉，可以带队去北京或上海的医院进修。医院领导解释说，邵逸夫医院建院时间不长，但发展很快，这对我们新建医院也许更有借鉴意义，此前也派人去过，回来对邵逸夫医院的评价都挺好，建议我还是来看看。

第一次，我是抱着质疑的态度来邵逸夫医院的。然而，到达邵逸夫医院的第一天，强烈的感官冲击，让我为自己此前的"不以为然"感到汗颜。我到过美国和欧洲许多著名的大医院，对北京的各大医院更是了如指掌，却没有一家医院的整洁度比得过邵逸夫医院，无论是行政办公区域还是门诊和住院治疗区域，纤尘不染，特别是厕所没有一丝异味，令我不得不对这家医院刮目相看。美好的第一印象使我深刻意识到，邵逸夫医院肯定有自己独创的方面，管理水平一定是一流的。

随着了解的深入，我被邵逸夫医院一个个的独创所吸引。比如主诊医生负责制，我在美国也遇到过，但美国医生是流动的，邵逸夫医院主诊医生负责制与其有明显的不同。邵逸夫医院的主诊医生负责制实为一种人才培养和激励机制，体现了不拘一格用人才。在传统公立医院，科室管理和业务完全由科室主任说了算。而在邵逸夫医院，打破论资排辈，不唯学历、资历，只唯能力，只要能力达到了，你就可能成为主诊医生，带领一个团队，治疗上的事由主诊医生负责，没有行政上的干预。科主任主要考虑学科规划上的问题。这是一种科学化的管理办法，调动了年轻医生的积极性，打破大锅饭，形成竞争机制，为年轻医生的成长搭建了良好的平台。

再比如，各种委员会管理制度，把专家治院思想和全员民主化管理理念有机统一起来。医院每年的各类先进人物是由奖惩委员会组织全院员工投票产生的，是得到广大员工认可的。这些先进人物产生后，院班子成员要同他们共进一次晚餐，晚餐很简单，每人一个盒饭，但主题不简单，请每位先进人物给医院发展提意见或建议。在邵逸夫医院，我还有一个新奇的发现，这家走在全国智慧化医院前列的医院，墙上还挂有"院长信箱"。我有点不理解，移动互联时代，完全可以"网来网去"的。医院党政办的一位同志告诉我，这是蔡秀军院长坚持要保留的，他认为这种原始的形式显得郑重，而他本人则每信必复。

全院一张床，医生跟着患者跑；药品比例 23.7%；心血管内科患者平均住院时间为 2.8 天……太多独创的东西，创造了许多医院无法企及的效果，这里就不一一列举了，相信也被很多采访对象提及过了。

共情共鸣的精神家园

（您在国内外多家大医院学习和进修过，经历多了才会有比较，相信您肯定也把邵逸夫医院与其他一些医院作过对比，请问您有什么感触？）

第一次到邵逸夫医院进修，深感自己学得还不够。于是，我于 2023 年 10 月再次来到邵逸夫医院，在心血管内科导管室进修。

到了导管室就有一种宾至如归的感觉。导管室护士长马燕，我不知道她的真实年龄，但她看上去非常年轻。年轻的马燕，心细如发，在我们报到前就把什么都安排好了，鞋子、帽子及存放衣服的柜子，到了导管室还非常详细认真地给我们介绍导管室的一切，让我感觉暖暖的。工人付美艳在导管室工作有 16 年，她负责登记用餐，把我们进修医生的肚子管得可牢了，每天都要查看我们来了没有，吃不吃饭，据说从没发生过错漏。

于细微处见精神。我在很多大医院进修过，像邵逸夫医院这样对进修医生关怀备至的，我还没碰到过。

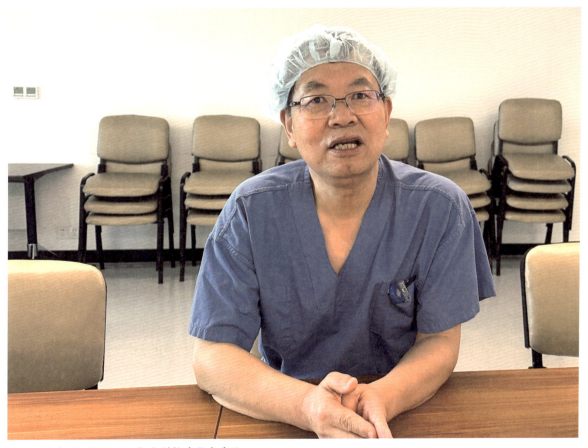

▲ 2023 年 11 月 22 日，杨水祥接受笔者采访

在医生同行身上，我看到的是无时无刻不在闪现的职业精神。外行看热闹，内行看门道。在邵逸夫医院心血管内科有不少享誉省内外的知名大咖，但他们做人都非常朴实低调，而待人和做事则很热心、耐心和细心。主任傅国胜教授是有名的专家，我看他在做手术时，神情十分专注，一丝不苟，一步一步都非常到位。副主任蒋晨阳是中国生物医学工程学会心律分会主任委员，电生理大专家，但为人却没有一点架子。每次碰到他，只要时间允许，他都会同我认真交谈，结合病例讲解自己的手术思路和操作方法。他对年轻医生要求很严格，一有问题立即指出来。他带领的团队很有战斗力，很关键的一点，他做到了身体力行，经常手术至夜里 12 点多，而手术做到凌晨两三点也是常有的事。

心安之处是吾乡。邵逸夫医院医生的精神和品格，让我觉得找到了自己想要的精神家园。在这里，"以患者为中心"是一条不可撼动的铁律。该做什么治疗就做什么治疗，不过度用药，不过度治疗，这些都有严格的规定。

从医几十年里，国内外著名的大医院我去过不少，但能够共情共鸣的还是邵逸夫医院。我在北京时，与全国各地的许多患者形成亲人般的关系。我是北京市卫健委和央广电视台联合评选出的"京城名医"，我还是蛮自豪的，心中有"民"才会有"名"。

上海一个患者心脏功能不好，慕名到北京找我看病，经过一年多的精心调理，该患者心脏明显缩小，功能得到有效改善。后来，我到哪里执业他就跟到哪里找我看病。他认可我的技术，也认可我的医德。他说，每次见到我亲切的模样就心生愉悦，仿佛自己不是一个患者了。

前段时间，他联系我，说要带两个妹妹到北京找我看病，也是心脏方面的问题，我告诉他我在杭州的邵逸夫医院进修。第二天，兄妹三人就赶到了邵逸夫医院。上海与杭州相距不远，考虑到他们今后检查和复诊方便，我请导管室的翁少翔主任给他们看诊。我第一次来进修，医院安排翁主任带我。翁主任技术全面，为人亦十分谦和，他看得很仔细、很认真，兄妹三人对他赞不绝口。

"国际一流"不是梦

（邵逸夫医院建院 30 年，走了一条超高速发展之路，那么未来 30 年乃至更远的将来，您对邵逸夫医院有什么期待？）

第二次进修时因为少了行政事务，我得以静下心来仔细打量邵逸夫医院，把医院的角角落落走了个遍，可谓惊奇连连。

2号楼走廊有一面墙，这是一面"光荣墙"，墙上贴满了国家自然科学基金获得者的照片及项目名称。我数了数，2018年有40项，2022年有69项。我是该基金项目的评委，深知其竞争之激烈，而年轻的邵逸夫医院可以取得如此大面积的丰收，实在是个奇迹。并且基金项目的获得者大多为年轻医生，更是难得。

同样令我惊奇的是，在2号楼走廊上有一块电子显示屏，滚动显示今年医院发表在SCI刊物上的论文，有好几十篇，还有三篇发表在国际顶尖刊物上，这是连美国顶级医院都很难做到的。我看了作者介绍，令人欣喜的是，亦以年轻医生为主。年轻是活力，年轻是希望。

看得到的是当下，想得到的是未来。医疗的发展，基础科学研究是重要的支撑。邵逸夫医院高超的医疗技术是科研水平决定的。我了解到，邵逸夫医院高度重视科学研究，5%的收入用于科研支持，5%的人员专门从事科研。我坚信，邵逸夫医院未来一定是可以引领世界潮流的国际一流医院，会吸引世界各地医院的医务人员前来学习。

如果年轻20岁，我想我一定会选择邵逸夫医院。但现在值得庆幸的是，我们的安康高新医院也正式加入了邵逸夫医院大家庭，成为邵逸夫医院安康分院。

邵逸夫医院值得我们学习，邵逸夫医院在浙江已裂变为5个院区，表明邵医模式亦可复制，我们有决心在中国的西部也复制一个"邵逸夫医院"。

播下一粒火种，成就一片燎原

近水楼台先得月

人物简介

胡芳，杭州市上城区四季青街道卫生服务中心副主任。

（邵逸夫医院，从来不是一枝独秀或孤芳自赏。除了在医疗方面有着卓越表现外，邵逸夫医院在社会责任和公共利益方面也有着出色的表现。你们街道作为邵逸夫医院的近邻，能说说他们为改善社区健康状况和提高公众健康意识等做了哪些重要贡献吗？）

2006 年，我成为杭州市上城区四季青街道卫生服务中心的一名全科医生。

2008 年开始，我与邵逸夫医院有了持久、广泛的接触。接触中，我首先迎来的是观念上的变化，心生作为一名全科医生的职业自豪感。以前，我总认为治病是大医院的事情，社区全科医生重在预防。其实，这种观念是不正确的，至少是不全面的，在某种程度上，成为一名优秀的全科医生更难。全科医生不仅要知识全面，而且要充分了解各个学科。许多临床上难以判断的病情，往往是全科医生发现解决的，这是在全面的基础上融会贯通才能实现的。

四季青街道社区卫生服务中心是邵逸夫医院的近邻，我们一直为邵逸夫医院的阳光所辐射，不断得到邵逸夫医院先进理念和技术的输入。

自 2010 至 2013 年，邵逸夫医院在我们社区开设了国内最早的社区教学门诊。邵逸夫医院全科的师资固定在每周四下午手把手教规培医生、住院医师如何接诊、如何把全科理念加以融会贯通和运用。同时，这个教学门诊也是我们社区卫生服务人员的课堂，分四个步骤开展：住院医师接诊患者、师资和住院医师讨论诊疗思路、师生到诊室共同接诊、与住院医生反思病例。这四个步骤现在也成了我们的门诊规范。

此外，在邵医的指导下，我们确立了连续性服务的理念，为 2015 年杭州推行的家庭医生签约服务提前做好了准备，并极大地提高了居民在我们中心的就诊率。包括我在内，四季青街道卫生服务人员全部接受过邵逸夫医院生命支持的系统培训和师资培训。因为背靠邵逸夫医院，我们的社区卫生服务工作一直走在全市的前列。

理念开花了

（邵逸夫医院是一家大型的综合性医院，请问邵逸夫医院的理念能契合社区卫生服务中心的建设吗？邵医的理念有没有让你们觉得有用？）

在邵逸夫医院的帮助下，我们的医疗水平提升了，服务质量也提高了，患者对我们更加信任，把我们当作亲人一样。有位大妈患了胰腺炎，住在邵逸夫医院消化内科病房，医生跟她交代病情，她似懂非懂，担心自己的病情很严重，十分焦虑，于是给我打电话，说心里很着急。我马上安慰她："大妈，你放宽心，我这就过来。"我知道，医患之间的沟通很重要，医患沟通顺畅有利于医生的诊疗，有利于共同制定治疗方案。我到了医院以后，耐心将医生的治疗方案耐心解释给大妈听，担心她不完全明白的，我就在纸上画图给她看。最终大妈完全明白了，心里就坦然多了。

在实践中我们觉得邵逸夫医院给我们传授的理念好用、管用。比如，面对一些年龄较大的患者，不能患者说什么，我们就信什么。有位患者来就诊，医生询问他什么地方不舒服，他说胃疼，医生便让他先做个心电图。他不肯做，认为自己心脏是好的。后来我们反复做他的工作，说明利害关系，患者终于同意了。心电图一做，结果显示是心肌梗死。没多久，患者就出现状况，我们立即将他送到急诊进行急救。患者转危为安后，对我们感激不尽。出院后的第二天，他提着一袋红薯找到我，说是他亲手种的，当年的最后一茬，让我一定要收下。老百姓是很朴实的，我们拿什么回报他们呢？唯有技术和服务。

▲ 2011 年，胡芳（左一）在邵逸夫医院学习时与刘国振教授（右二）等合影

　　年龄大的患者一般都会有一些基础性疾病，尤其是高血压患者。所以，对于这类患者，我们要结合患者的既往史，排除如心肌梗死、脑梗死等的"红旗征"，以确保患者安全。邵逸夫医院全科的临床逻辑思维在我们社区卫生服务中心扎下根来，让我们受益匪浅，对我们基层医疗卫生事业的发展贡献是比较大的。

脚步声，不绝于耳

　　（及时将危重患者转到大医院救治，是基层社区卫生服务中心的一项重要工作，这项工作需要得到大医院的支持，请问邵逸夫医院与你们配合得怎么样？）

　　邵逸夫医院对我们的工作始终是给予支持的，我们一有困难就找他们的全科医学科，尤其对我们介绍过去的危重患者，他们都相当重视。

　　有一位患者，81 岁，住在萧山，信任我们社区卫生服务中心，跟我们签订了家庭医生服务协议。每遇身体不舒服，老人就要来我们这里就诊。有一次，老人做周期性健康体检，我们高度怀疑是胰腺肿瘤，于是我跟邵医全科主任戴红蕾医师打了一个电话，为他加了一个专家号。

因为老人是坐公交车来的，到邵逸夫医院的时候，医生已经快下班了。为了能赶在下班前做好磁共振检查，戴医师开好检查单后，几乎是一路小跑帮老人代办检查前的手续，整个走廊里就是她"踏踏踏"的脚步声。如今，这"踏踏踏"的脚步声还时常在我耳畔回响。

患者的磁共振检查结果符合胰腺肿瘤的诊断。隔天，戴医师立即安排老人住院，并为他约好手术医生。老人住院后，正好我出国培训，期间老人一直没做手术，他说一定要等我回来，由我帮他选择手术方式。当时我嘱咐他应该遵照专科医生的医嘱尽早手术，同时又被他不遗余力的信任所感动。后来手术很成功。

现在，这位老人还经常从萧山坐车到我们社区卫生服务中心，他话不多，经常只是说来看看我，坐一会儿就走。邵逸夫医院帮助我们，我们服务了患者，赢得了患者的信任。我们共同编织了一个爱的同心圆。

生动的一课

（邵逸夫医院是医疗界的"黄埔军校"，每年为全国各地培训的各类医护人员数以万计。您也曾在邵逸夫医院参加培训，请问您有哪些收获？）

邵逸夫医院的全科医学科全国有名，也承担着为全国培养优秀全科医生的重任。2011年，我在邵逸夫医院的国际门诊、全科门诊学习了一年，这次学习对我建立全科诊疗思维帮助非常大，特别是美籍华人专家刘国振教授的家国情怀，令我十分感动和钦佩。刘教授长期关注中国医学的发展，他想为国内全科人才的培养提供帮助。于是，他给国内各大医院分别寄发了一封信，希望帮助他们培养全科医生。当时，邵逸夫医院给他回了信，从此结下不解之缘。

美国密歇根州立大学医学院专门从事家庭医生培训，师资力量比较强。邵逸夫医院全科医学科时任主任方力争专门前往美国密歇根州立大学医学院访问学习，随后把这些全科师资引进邵逸夫医院。邵逸夫医院因此有了比较强的全科医师培训力量。

培训课，除了理论课外，还有实践课，学员可与外国专家一起坐堂问诊，这种近距离学习收获真是太大了。我跟诊的老师正是刘国振教授。如果进来的患者是个孩子，刘教授就会让孩子坐着，而自己则蹲着为他接诊。后来，他告诉我们，这样的姿势能让医生的目光与孩子平等对视，不会让孩子觉得医生高高在上而产生心理上的压迫感和恐惧感。

什么是仁医？我认为尊重患者的医者就是仁医。进入诊室，医生眼里应该只有患者。有一位墨西哥患者尿频、尿痛、尿急，之前已经诊治，但病情反复发作。那天陪他来的是一个美国人。

在问诊过程中，老师问患者："你们是同事吗？"患者说不是。老师又问："是同学吗？"回答还是不是。接着老师顿了一下，再一次试探性地问道："是伴侣吗？"患者点了点头。

这种关系在国内是不被人待见的，但老师脸上风轻云淡，没有一点讶然之色，也许他在美国见多了。

门诊结束后，老师告诉我，其实这两人进诊室不久，他就感受到他们的特殊关系，因为患者在说话时，总是用目光和陪伴者交流。他不断询问两人的关系，不是出于好奇，其中有两层意思：如果确定他们是正常的同事或同学关系，他会提出让陪同的美国人到诊室外等候，因为病情是患者的隐私，同事或同学毕竟不是家人关系，假如患者同意陪伴者留下，则另当别论；如果明确两人是伴侣关系，那么在治疗时就需要得到两人的配合，有些事项还需要两人共同遵守，因为疾病的反复发作与他们的亲密关系有关。

关于问诊过程中怎么对待患者，怎样观察患者，老师给我上了生动的一课。

感谢邵逸夫医院，我获得 2022 年度全国"吴阶平全科医生奖"，这是全科医学行业内的最高奖项。这个荣誉，同时也凝聚着邵逸夫医院全科医学科对基层全科医生培养的心血、对我一直以来的栽培。我对邵逸夫医院的这份感激之情，四季常青！

背影，十年后清晰如昨

人物简介

李志玲，山东滕州市中心人民医院院长助理兼护理部主任。

（人的一生，走的路多了，才能确定前行的方向；遇到的人多了，才能知道与谁同行。而您仅凭一次邵逸夫医院之行，为何就认定它是你们最好的学习对象？）

2013 年，我和我院业务副院长、部分科室主任一行 5 人到浙江杭州几家医院考察。我们对这次考察极为重视，因为此前我们医院刚通过国家三甲医院评审。滕州是山东省的一个县级市，我们医院是一家县级医院，能通过国家三甲医院评审相当不容易。在激动欣喜之余，我们需要更多理性的思考，于是决定外出取经，把别人的好做法融入自己医院。因为浙江大学医学院几家附属医院都是行业翘楚，所以我们选择到杭州考察。

11 月 23 日，这一天是周六，因为之前已经考察几家医院，大家感觉收获颇丰，已达到此行的目的，于是计划返程。可我心里总觉得少了点什么，原因是未去邵逸夫医院考察。我们都听说邵逸夫医院具有独特的文化和理念，但毕竟建院时间太短，又逢周六，多数意见表示这次就不去了。

我想了想，觉得出来一趟不容易，还是决定去邵逸夫医院看一下，即使走马观花，也会留下点印象。因为是周六，虽然我带着医院介绍信，但没有与邵逸夫医院院方联系，以免打扰人家正常休息，于是我以患者的身份去到邵逸夫医院。到邵逸夫医院后，我直接去了门诊，首先映入眼帘的是一位清洁工，她手拿清洁工具，膝盖上包了一个塑料袋，正半跪在楼梯上细心地铲除地上的脏东西。我问这位清洁工："今天领导不在，而且地面并不脏你为何跪在地上清洁？"清洁工说："领导在与不在没有关系，医院付工资给我，我就得把自己分内的工作做好，虽然不脏，但可以更干净一点。"这位质朴的保洁大姐令我十分感动。我邀请她拍一张照片，她婉拒了我，说现在是上班时间。在她专心致志擦地时，我悄悄拍下了她的背影。我想也许这是个别现象，但我错了，当我走到门诊楼上时，另一位清洁工也在认真仔细地清洁地面。这次我没有惊动她，而是悄悄在她身后拍了张照片……

从杭州回来后，我在医院周会上展示了邵逸夫医院两位清洁工的背影照片，大家都十分震惊。细节见真章，透过这一细节，我们深刻感受到邵逸夫医院文化的力量。这次周会上，我们决定选择邵逸夫医院作为医院护士长培训医院，由我负责与邵逸夫医院沟通协调，而选择的原因就是该院清洁工的行为及其所表现出的工作态度，我们认为这种行为和态度代表着医院管理的理念和水平。

关于护士长培训，我联系了邵逸夫医院教育部的杨丽黎主任。之前我还不认识杨主任，她的名字、电话和职务，我是从护理学术会议通知中查到的。在电话里，杨主任很热情，她问我是如何看中邵逸夫医院的，为什么信任邵逸夫医院。我向她述说之前在邵逸夫医院的所见所闻。杨主任说这是他们医院的一种常态化现象。我笑着说道："如果是个例，是偶然现象，我们还不来呢。"

邵逸夫医院员工对待工作的认真态度，让我再次从杨主任身上感受到了。我和她第一次通电话不久，她就寄给我一份邵逸夫医院的内刊，其中有一篇是她撰写的文章。文章讲到我在他们医院的所见所闻和对他们的赞扬，并说我的认可是对他们的鼓励和鞭策。

通过杨主任的这篇文章，我得知第一位清洁工叫周美莲，第二位清洁工叫陈本永。此外，杨主任还在文章中写道，因为大家已经习惯保洁人员的工作状态，所以也没觉得有什么特别的，是我的感动和赞扬让她想重新认识他们。有一次，她在办公室加班，一位叫徐丽永的清洁工到办公室打扫卫生。杨主任便问他："你年纪这么小，为什么不去外面上班而是做清洁工呢？"他说："在邵逸夫医院上班，不会被人看不起，清洁工在这里也有尊严，有安全感。"杨主任说她听了这位清洁工的回答，也有一种说不出的感动。

一晃10年过去了，我与杨主任从未谋面，但我没有忘记她对我的无私帮助，她永远是我在邵逸夫医院的朋友。我们医院曾在邵逸夫医院进修学习的护士长们至今都保留着许多在

▲ 2012 年，李志玲在邵逸夫医院门诊拍下的清洁工的背影

邵逸夫医院拍摄的照片，有见证友谊的师生合影，有改进工作的影像资料，很珍贵。此外，还有那块刻着"给您真诚、信心和爱"服务理念的石头，原来以为这只是一种无声的宣传语，后来经过深入的学习，我才领悟到：那是流淌在邵医人血液中的温情文化，闪耀着人性的光辉。

感谢杨丽黎主任，是她架起了我们两家医院之间护理工作的桥梁，是她热情接待、培训指导我院的进修人员，帮助我们提升护理管理能力，使我院护理工作迈上一个新台阶。感谢邵逸夫医院，接纳培训我院两名护理部主任和 20 多名护士长。"给您真诚、信心和爱"，我们会铭记在心，虽相隔千里，但我们"医"路同行，友谊长存。

有人说，时间可以消磨一切。但 10 年过去了，当年邵逸夫医院两位清洁工敬业、朴实的背影在我的脑海里挥之不去，清晰如昨。作家路遥曾说："人生，只要有自己的光芒，能照亮某个角落就够了。"他们是平凡的，但平凡的他们却用他们的光芒，照亮了邵逸夫医院。

如今，我倍感欣慰的是，这个背影在滕州市中心人民医院亦随处可见。

离病毒最近的人，最可敬

并肩作战中收获满满

（与邵逸夫医院医疗队并肩作战 46 天，请问您从这些队员身上看到了什么？学到了什么？）

2020 年，注定是不平凡的一年。

这一年，在中华大地喜迎春节、阖家团圆之际，突发的新冠疫情迅速蔓延，我所在的城市湖北荆门面临空前的危难。

一方有难、八方支援。就在荆门市新冠病毒感染救治情况不容乐观之时，"一省包一市"的政策让荆门和浙江紧紧地联系在一起。一群勇敢的逆行者，他们带着物资和设备来到荆门，如同雪中送炭一般，给我们带来了希望和战胜疫情的信心。他们，就是浙江大学医学院附属邵逸夫医院医疗队。

他们刚到达荆门的时候，这里的条件非常艰苦，医疗资源也十分有限。当时 ECMO 仅有 1 台，呼吸机严重短缺，转运呼吸机的数量甚至为 0。

没有为确诊患者设置专门的 ICU 病房，导致重症救治难以集中，

人物简介

崔雯雯，湖北省荆门市第二人民医院护士。

确诊患者分散在 8 家县市级医院。荆门市新冠病毒感染病死率一度在湖北省排名第一。面对这块难啃的"硬骨头"，邵逸夫医院医疗队不惧困难，迎难而上，用不到一天的时间，从零开始建立了一个基本符合院感要求的新冠病毒感染患者 ICU。

我和邵逸夫医院医疗队的缘分，也是从这里开始的。我所在的荆门市第二人民医院在此次新冠疫情防控中发挥了积极作用，不仅负责新冠病毒感染疑似患者的收治工作，还派出 3 名骨干支援金银潭医院，并在后期投入力量负责危重症患者的转运工作。

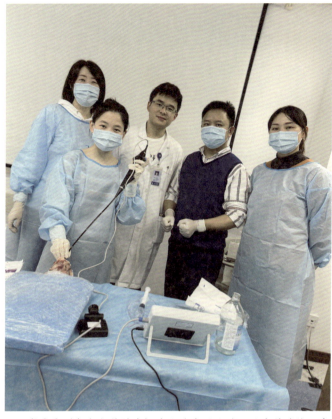

▲ 崔雯雯（拿支气管镜者）在邵逸夫医院呼吸治疗科进修，参加支气管镜研习会

在邵逸夫医院医疗队建立新冠病毒感染患者 ICU 之初，我们医院迅速派出了医护人员支援，我也是其中一员。最让我记忆犹新的是，我们院长说："这是一次非常难得的学习机会，和邵逸夫医院医疗队一起工作、学习，就相当于一次进修，对你们自身是一次锻炼和提升。"

最令我感动的是邵医人在荆门疫情十分严重、患者死亡率非常高的情况下，带着就是来"啃硬骨头"的决心，逆行出征。他们在不到 24 小时内组建了新冠病毒感染患者 ICU，开始收治全市危重症患者，大大降低了患者死亡率。我见证了邵医人的速度和效率，他们就是"王牌"。

能和邵医人并肩作战，我感到非常荣幸。我们风雨同舟，共同度过了 46 天。他们不仅带来了人员、物资，而且带来了先进的技术和丰富的临床经验。我之前没有接触过 ECMO，在与邵逸夫医院黄建洲老师搭班的时候，他非常耐心和细心地给我从原理开始讲起，我们站在患者床旁，他一边操作一边给我讲解，让我印象非常深刻。我不仅学习到了新的知识，而且在患者护理方面也有了很大的提升，非常感谢建洲老师。

邵医人的医者仁心也非常值得我学习。我记得何姗、钱磊、刘祥、陈旭涛、耿涛等来自邵医夫医院的老师们，她们把自己的牛奶等零食甚至是私人用品都拿到病区分发给患者，还会用自己的手机让患者和家属视频聊天，每天做护理操作的时候都会对患者说很多鼓励他们的话，增强他们战胜疾病的信心。邵医的每位老师，都把他们的服务理念"给您真诚、信心和爱"体现到行动上，无论是对同事还是患者都是如此，让我非常敬佩。他们也感染着我，让我在今后的护理工作中也更加注重人文关怀。我时常想起那句"偶尔去治愈，常常去帮助，总是去安慰"，感觉描绘的就是邵医人。

邵逸夫医院无论是在管理水平还是医疗水平，一直都是我们业内学习的榜样。在那段共克时艰的日子里，我跟随邵逸夫医院医疗队的葛慧青、徐培峰等几位呼吸治疗师学习，深切感受到了邵医人的专业和严谨。

新冠病毒感染患者中，有很多是呼吸危重症患者，他们的肺部情况极差，需要包括无创呼吸机、有创呼吸机、高流量氧疗机等在内的呼吸支持治疗，而邵逸夫医院拥有国内首家呼吸治疗科的专业优势。

此次由葛慧青主任带队，共有四名呼吸治疗师支援荆门，他们针对每位患者的病情制定个性化呼吸治疗方案，在交接班、床旁管理患者等方面都严格按照规范化、精细化标准，哪怕是一点小细节也要落实到位，包括呼吸机及各种仪器设备的摆放、安装、调试、自检，他们无不是亲力亲为，一定要确认安全后才给患者使用。

在我们学习过程中，每位呼吸治疗师都是在床边亲自带教，耐心地为我们讲解为什么要这样做，叮嘱我们："不要机械地做事，要学会思考和分析判断，举一反三、总结经验，这样才能让呼吸机真正帮助患者，让患者的呼吸更顺畅。"正是这种认真细致、专业严谨的工作作风，让很多重症患者得以顺利脱离呼吸机，通过续贯治疗、肺康复训练等方式得以平稳转移到普通病房。

邵逸夫医院呼吸治疗科在全国排名都是居于前列的，一直是呼吸界学习的榜样，在我心中是业界天花板一样的存在。作为呼吸治疗师，他们是离病毒最近的人，但是他们不惧感染的危险，每天按时下病房查看患者，听诊患者呼吸音，为患者进行气管插管、拔管、气管切开等操作，为患者做雾化和排痰，为患者行纤维支气管镜治疗，对他们而言，这些操作都有极大的感染风险，但他们从未有过一丝犹豫，始终把保证患者安全放在第一位。

无论是检查、治疗，还是转运患者，都能见到他们的身影。他们每天还会根据患者血气等检查结果对每位患者采取个性化呼吸治疗策略，调整呼吸机、高流量参数、模式等，让我印象最深的是一个 37 岁小伙儿，从上 ECMO、气管插管到最后顺利撤机、拔管、序贯治疗、康复锻炼、下床活动等，这些都离不开邵医人的坚守和努力。我从内心很感激他们为荆门人民的健康保驾护航。

他们对待患者如亲人，穿着密不透风的防护服指导患者做康复训练，帮助患者穿排痰背心，为患者进行俯卧位通气，为患者做纤支镜操作和雾化治疗。在这次疫情中，呼吸治疗师发挥了非常重要的作用。他们是离病毒最近的人，随时面临被感染的风险，但他们毫不退缩——这种敬业、奉献的精神让我深感敬佩。

其实，参加工作以来我一直在 ICU，对呼吸机并不陌生，但这次与邵医呼吸治疗师一起工作的时间里，他们的工作方法、操作流程、专业知识、临床思维以及对待患者的态度等方方面面都值得我学习，也让我对呼吸治疗更加感兴趣。

荆门新冠疫情得到控制之时，也是他们归家之时。来自浙江的白衣战士们，在千里之外奋战了几十个日日夜夜，攻破了一个又一个难关，最终交出了一份写满拼搏与汗水的满意"答卷"。荆门人民永远也不会忘记他们！而我和邵医的缘分却未由此而断开。

在邵医找到快乐学习的感觉

（来到邵逸夫医院学习，请问您有哪些新的体会或者说有什么新的收获？）

2020 年 6 月，我来到了邵逸夫医院呼吸治疗科开启为期半年的呼吸治疗进修。能有幸继续学习，我感到非常开心。因为那里有和我一起奋斗过的战友和帮助过我们的亲人啊！这一次见面，我们都脱掉了厚厚的防护服和护目镜，终于看清了对方的脸。确认过眼神，他们是我熟悉的人。

在这里的每一天我都过得十分充实，收获很大。还记得在理论培训的时候，我们每位进修生都去体验了一下无创呼吸机。面罩扣在脸上，在自己身上感受呼吸机，这对我来说还是第一次——这种教学方法也是为了让我们能"感同身受"，在治疗的同时不要忘记患者的舒适性，要以患者为中心。呼吸肌功能评定、肺功能康复评定、纤支镜、肺复张等各种标准化流程的学习让我的操作更加规范，还有精细化机械通气管理、个性化肺康复训练，我还在之前没有接触过的肺功能室学习了一个月……这一切的一切，让我对一些临床疾病有了更深的了解。

在带教的过程中，老师们引导我们去思考分析，教会我们更多的是一种循证思维方式。这是书本上学不到的知识，对我们今后的临床工作也有长远的意义。每个星期的讲课学习让我们持续给自己"充电"，病例分享也让我们互相交流、总结经验，不断地提升自己。

在邵医学习期间，我不仅学习到了呼吸治疗的专业知识和技能，也学习到了做人之道。在一起抗疫的时候我都非常崇拜邵医呼吸治疗团队，他们对使用有创或无创呼吸机、高流量的患者的标准化、精细化管理给患者带来了很多好处，让患者能够畅快呼吸。

进修期间，学习任务繁重，但我找到了学习使我快乐的感觉。每周举办的疑难病例汇报、业务学习和模拟病例演练，都是让我们在增加知识的同时，培养我们的临床思维能力，做到活学活用。

进修老师的病例分享，也能让我们互相学习讨论。当时我选择了一例 ARDS 患者进行病例分享，该患者使用 APRV 的呼吸机模式，也是我以前不了解的，但是在周晓林老师和王尔山老师非常耐心的指导和帮助下，我非常顺利地完成了分享，也收获了知识。

进修期间，还有导师团队的精品病例分享，我也非常有幸参加了段开亮老师的病例分享，到现在我记忆犹新，是一个双肺移植的病例，虽然只是一个简单的汇报，但是参与了这个病例的整个诊治过程，加上段老师的悉心指导，让我有了一次非常难得的经历和经验。

每天早晨的大交班，会查看每个患者的 CT、血气还有其他检查结果、病程等，葛主任会与管床老师、进修老师一起探讨当天的呼吸治疗策略，真正做到了个性化治疗。记得葛慧青主任说得最多的话，也就是要求我们经常去患者床旁查看，才能发现问题，解决问题。

每天跟着徐培峰老师查房也能学到很多知识，他会从疾病的病理生理讲起，让我们知其然还要知其所以然，逐步培养我们形成管理患者的整体思路，不再是头疼医头，而是把患者作为一个整体来看。

邵医学习还经常有研习会（workshop）的机会，我印象最深的就是赵云青、袁其伟老师带我学习纤维支气管镜治疗，对我的工作帮助很大。最后还有进修结业汇报，让我们能够明确今后工作的方向和需要继续努力的地方。

让我最难忘的还是结业典礼，离别虽然是伤感的，但是呼吸治疗科老师给大家搭建了一个平台，让大家都能聚在一起，老师们还给我们颁发奖状，准备礼物，留下合影，仪式感满满，让我们感觉非常温暖。

在邵逸夫医院进修，已经是三年多前的事了，但我时常回想起那段快乐而充实的学习时光，希望有机会还能再到邵逸夫医院进修学习。

"邵医1号"，引以为傲

人物简介

厉莲子，杭州市二轻系统企业退休干部。

（您是邵逸夫医院开业后的第一位门诊患者。请问您对当时的情况还有印象吗？后来对这家医院还有关注吗？）

多年来，别人一提看病或上医院的事，我就建议他们去邵逸夫医院。这家医院洋气，医生和护士态度都非常好，就像隔壁邻居家的大小子或大闺女。我给邵逸夫医院当了几十年的义务宣传员，把好医院推荐给有需要的人，是积福纳德！

我不会忘记到邵逸夫医院看病的日子，那天是医院开张的第一天，而我居然还是第一个患者，这对我来说很有纪念意义。

那年，我觉得自己身体状况还可以，没想着去医院检查。有一天，我接到杭州市第二轻工业局人事处通知，说市局安排一批人到邵逸夫医院体检并参观，我是其中之一。当时我是杭州市第二轻工业局下属一家工厂的厂级领导，同时也是杭州市先进工作者。我想，这样的安排是市局对我们的关心。

我来到邵逸夫医院门诊大厅门口，迟疑了一下，有点迈不开腿，因为大厅地面太干净了，可以照出人影。如果不是有护士引领，当时我可能没有勇气踩上去。进入大厅，我发现这个大厅就像酒店的大堂，顶很高又敞亮。

　　当时大多数杭州人知道杭州建了一家邵逸夫医院，是中国香港人出资、美国人管理的。虽然这家医院很好，但觉得不会与自己有多大关系，自己单位有定点医疗机构。如果到邵逸夫医院看病，估计自己承担的费用很高，医保又不能报销，所以通常我们不会想这事。

　　那次检查对我来说还是很有"成果"的：血压偏高、右束支传导阻滞。检查结果出来后，一位个子很高、身体很瘦的老外医生接诊我。他向我讲解什么是右束支传导阻滞，希望我重视，经常复查，否则一旦心脏无法完成正常的传导，就会导致心脏病，严重时需要行心脏搭桥手术。然后他向我解释，心脏搭桥是指在冠状动脉狭窄的近端和远端之间建立一条通道，使血液绕过狭窄部位到达远端的手术。那一天，我第一次知道心脏搭桥是怎么一回事。虽然他讲的是外语，但有翻译在一旁翻译，所以我都听懂了。

　　那天，我的午饭也是在邵逸夫医院解决的。这次在邵逸夫医院就医，我是大开眼界，跟以前去过的医院相比，邵逸夫医院有太多不一样的地方。例如，其他医院的医生、护士都穿一样的白大褂，如果不在工作状态，那么哪位是医生，哪位是护士，不容易区分；而在邵逸夫医院，护士的衣服像空姐服，格外好看。此外，我还发现邵逸夫医院护士的工作服上有很多红色小花，一眼就能看出来。后来，我知道了红色小花是康乃馨，不但花形漂亮，而且还有一股丁香般的味道。粉红色康乃馨常用来献给母亲，我想邵逸夫医院的护士服应该是有寓意的，即护士要带着母亲般的温柔呵护每一位患者。

　　那天一回到家，我就兴奋地对儿子、女儿说，我是邵逸夫医院的第一个患者——"邵医1号"。第二天上班，我又激动地告诉大家自己是"邵医1号"。大家都很羡慕，并纷纷向我打听，邵逸夫医院看病费用到底高不高，是不是专门给有钱人看病的私人医院？于是我告诉他们那都是误传，我已经体验了，你们可以亲自去看看，邵逸夫医院的大门24小时为患者敞开。

▲ 邵逸夫医院第一份门诊病历

　　虽然我对邵逸夫医院的印象很好，但其实去得不多，因为我享有公费医疗，有定点医疗机构。我第二次到邵逸夫医院是2016年，当时定点医院的医生认为我的心脏问题有点严重，建议我去邵逸夫医院，说邵逸夫医院治疗心脏病效果很好。相隔20多年，再次来到邵逸夫医院，我便感觉变化巨大，当年只有一幢楼，现在有好几幢楼环抱在一起。走进门诊大厅，人头攒动，医院实力强、口碑好，来就医的患者也多了。我禁不住感叹，邵逸夫医院变了，变得我几乎不认识了。

最近一次是新冠疫情前陪一位朋友去邵逸夫医院就诊，发现医院又有了不少变化。每次去，我都会有新的感觉，虽然我总共就去了3次。

2000年，我退休了。我喜欢唱越剧，老年朋友比较多，年纪大了，疾病相对也较多，大家都希望身边有几家好医院。杭州有邵逸夫医院，这是杭州老年人的福气，也是全体杭州人的福气。

我是"邵医1号"，我骄傲！

▲ 2023年7月4日，邵逸夫医院第一位门诊患者厉莲子为邵逸夫医院建院30年写祝福语。采访结束后半年不到，她不幸病逝

以死行孝，
邵医打了回保票

人物简介

曹敬饶（化名），
患者家属。

（您母亲当时是怎样一种情况？为什么会产生陪她去一个没有病痛世界的念头？听说您在前期并不认可邵逸夫医院医生的手术方案，为什么后来又回过头来请他们手术？）

对邵逸夫医院的医生，我充满感激之情，他们技术好、责任心强且心胸宽广，没有他们，可能就没有现在的我和我母亲。

2021年6月，我母亲因潮热多汗被送进医院，住到医院的内分泌科。经过一段时间治疗，病情有了很大改善。谁知办理出院这一天，老人家不慎摔了一跤而导致腰椎骨折，老人随即又入住了骨科病房。

经检查发现，老人腰椎第二节和第四节有两个血管瘤，而这次骨折就发生在腰椎第二节，导致血管瘤破裂，形成空洞，造成腰椎断裂。

这种情况在临床上比较多见，常规的处理方法是注入骨水泥把空洞填满，把碎裂的骨头粘起来。对我母亲来说，这种损伤比较小的骨水泥注入法是一种理想的治疗方法，也是医生和我们家属意见高度一致的治疗方法。毕竟老人家已经90岁高龄了，且患有严重的骨质疏松症，身体不具备承受开放性手术的能力。注入骨水泥3天后，我母亲出院了。然而，回到家后，她被巨大的疼痛缠上了。母亲在床上只要稍微一动就痛得哇哇大叫，那种撕心裂肺的痛，整个面部都因疼痛而扭曲变形，豆大的汗珠随之滚落……

这种疼痛是一般人难以体会的。作为女儿，面对母亲的痛苦，我感觉很无力，心如针扎，亦如刀绞。其间，我们反反复复去了几次医院，疼痛的原因找到了，是空洞的壁上有裂缝，骨水泥注入后渗漏，在椎管（神经管道）内凝成团块压迫了神经，唯一的办法就是开刀将这个水泥块取出。然而，老人家的身体不具备手术条件，所以每次去医院只能开点镇痛药，而镇痛药解决不了根本问题。

我长年被派驻在境外工作，与母亲聚少离多。前两年，退休回杭后，就把母亲从诸暨老家接到身边同自己一起生活，本想尽点孝心，谁知却发生了这档子事，内心很愧疚。我有好几次抱着痛得死去活来的母亲说："妈妈你不用怕，如果真的没有办法了，我陪你去一个没有疼痛的世界。"这种念头我真的有过好多次。

最终让我抱定"不放弃"这一坚定信念的是国际著名的肝胆胰外科专家彭淑牖教授。我与彭教授认识多年，我母亲与彭教授同年同月出生，更觉多了一种缘分。在绝望之时，我向这位著名的外科专家发出了求助。

彭教授给我介绍了多位骨科专家，但结果没人揽这个"瓷器活"。但彭教授的一句话对我启发很大，没有一种疾病会让我们绝对束手无策，关键看我们如何找对方向。

被多位骨科专家婉拒后，彭教授把这个重担作为一项任务交给了自己的一位学生——邵逸夫医院骨科主任范顺武教授。彭教授同时也叮嘱他的另一位学生——邵逸夫医院院长蔡秀军教授给予关心和支持。

范顺武教授对我母亲的病情给予了高度重视，与其团队的方向前教授、徐文斌副主任医师反复讨论推敲，精心制定了一个手术方案。从方案看，手术比较大，分前路手术和后路手术，即在腹部和后背都要动刀。那么，这个手术到底有没有风险？风险有多大？我心里没有底，加之其他兄弟姐妹也有不同声音，我犹豫了，手术并没有如期进行。

当然，我也没有放弃，继续求医问诊。但在杭州和上海两地，始终无果。要解决我母亲的疼痛，需要开刀取出骨水泥块，但高龄加上基础疾病，老人家可能下不了手术台，即使勉强坚持下来，也难过术后各种并发症的一道道关卡。

在求医问诊过程中，我也提到了范顺武教授提出的手术方案。多数专家表示，只要从后背开刀就可以了，无论是前路、后路，还是前后两路，目的都是一样的，效果也是一样的。有的认为，前路手术是从腹部进入，不但拉长了战线，而且腹部是脏器集中的地方，可能造成脏器损伤。不管是前路还是后路，在多数专家看来最终都是无路，原因还是老人家的身体不具备手术条件。

在外求医问诊一个多月后，我还是决定让范顺武教授为母亲手术。让我下定决心的是两点：一是在所有医生给出的方案中，范顺武教授的方案最为独特，与众不同，我的直觉告诉我会有奇迹发生；二是范顺武教授的方案得到了上海两位骨科专家的肯定。上海长征医院骨科贾连顺教授是著名的脊柱外科专家，得知我在杭州已经找过范顺武教授，告诉我说："你找对人了，这个手术就该找范教授做，曾有一位 83 岁病情相似的老人经他手术后，效果很好。"华山医院的一位骨科专家则对我说："你找了很多有名的骨科专家，他们都非常了不起，但换做是我，我会选择范顺武教授。"范顺武教授在中国脊柱外科领域颇具影响力，也给了我很大的信心和希望。

再次去找范顺武教授，我心理上是有压力的。他们之前已经为我妈妈精心制定了手术方案，但是我们没有信任他们，放弃了，现在又去找人家，人家会怎么想？然而，再次见到范教授，他一如既往热情，我想对他表示歉意，他立即摆了摆手："我非常理解你们，谁不想找到好的医生和对的方法呢？"但当我再次提出请他为我母亲手术时，范教授也有点迟疑了。

作为一名医学专家，他不能不顾及摆在眼前的显而易见的难题：患者高龄加多重基础疾病，麻醉关能不能过得了？体质衰弱，几小时的手术能不能扛得下来？骨质疏松，一碰就散的椎骨能不能打钉固定？术后发生并发症怎么办？手术插管能不能拔掉？这一系列令人担心的问题，在他这里同样是绕不过去的。

但这次我和家人的态度是坚决的，一定要做手术，并甘愿承担一切风险，一定要尝试帮助母亲解决痛苦。为此，医务科还专门找我们家属谈了一次话，我们表达了强烈要求手术的意愿。

尽管我母亲的手术存在很大风险，但范教授和他的团队制定的方案十分严密，是按百分之百成功布局的。手术前麻醉科主任陈钢教授在充分评估我母亲的全身状况之后，也认为尽管这台手术有很大的风险，但作为麻醉医生，他一定尽全力为手术的安全进行保驾护航。这也增强了三位手术专家和我们家属的信心。

我了解到，胸腰椎的前路手术是范教授的"拿手绝活"。这个手术具有减压彻底、可结构性重建脊柱中远期稳定等优势。但长期以来应用不广，原因在于限制性因素太多，如手术切口长、创伤大、手术时间长、出血多等。但在邵逸夫医院骨科，胸腰椎的前路手术现在变得很寻常。因为早在 10 多年前，范教授就开始对这一手术的切口入路及手术器械进行了一系列改良，把该手术的劣势变为优势。经过创新改良的胸腰椎前路技术解决了传统胸腰椎前路技术创伤大、出血多、时间长等问题，使手术时间从 4 ~ 5 小时缩短到 1.5 ~ 2 小时，出血从 2000mL 减少到 300 ~ 500mL，手术切口从 30cm 缩短到 10 ~ 15cm。而他亲自设计的手术工具还获得了两项发明专利。

之前担心胸腰椎前路手术对腹部脏器有损伤、手术器械抵达病变部位要切断部分肋骨，其实这种担心都是多余的。范教授同我讲，腹部脏器被腹膜包裹着就好像一个包袱，前路手术是将包袱往边上推一推，给手术器械的进入让出一条小道，器械是不进入腹腔的，而器械的穿行路径走的是肋骨间隙，不损伤肌肉，不经椎管，不干扰神经。老人家这次的前路手术包括骨水泥块的剥离取出和人工椎体的植入，手术时长不到 1.5 小时。时间虽然很短，但手术过程非常细致，为防止取骨水泥块时损伤到神经，还专门配备了术中神经监护，只要一接近神经，肌电图就会发出警报。

与前路手术相比，后路手术就简单多了，通过小切口，打入 12 颗椎弓根钉。如果是单一后路手术，要将后方的椎板骨切除，绕过中间的脊髓神经才能将位于前方的骨水泥块取出，可就真正地要伤筋动骨了。

对于像我母亲这样高龄加上基础疾病的患者而言，缩短手术时间就是降低手术风险。医生的胆大、心细、丰富经验和责任担当，结果就是创造奇迹，就是把"不可能"变成了"可能"。术后第 3 天，我母亲就转入了普通病房，第 4 天就能下地行走了……

邵逸夫医院于我的恩情，犹如山高水长，绵绵不绝！

十年医患情，粽子"黏"人心

（你们为什么这么信任洪医生？能详细介绍下你们与洪医生相识的情况吗？）

人物简介

盛悦（化名），患者家属。

　　邵逸夫医院的洪德飞医生是我姐姐心目中的神，如果没有他，姐姐的家恐怕早就散了。每年端午节前，姐姐都会交给我一个任务，让我带上几个她亲手包的粽子去看望一下洪医生。"洪医生，端午节快到了，这是我姐姐昨天包的粽子，您尝尝。顺便告诉您一下，我外甥情况很好，您忙着，我先走了。"几句简单的话，我已经连续说13个年头了。

　　我的老家在浙东山区，我在杭州一家市政工程公司上班。我和我姐一家与洪医生的缘分得从2010年说起。

　　2010年，正在读高中一年级的外甥不知怎么地，被"肚子不舒服"缠上了，肚子也明显大了许多，摸着还有硬块，经常出现腹部剧烈疼痛。

　　起初，社区医院的医生说没事，因为他喜欢踢足球，是长期运动形成的腹部肌肉。然后到了县医院，CT检查疑为肝脏有巨大的肉瘤或血管瘤，很难区分。随着时间推移，疼痛加剧，人也日渐消瘦，青春期的孩子好像停止了发育。我的姐姐紧张了，紧急联系在杭州工作的我，让我帮着找个好医生，她把儿子带到杭州来看病。

姐姐就这么一个儿子，是家里的未来和希望，姐姐和姐夫在山村务农，经济条件很不好，又不识字，去趟县城都很难。作为这孩子唯一的亲舅舅，我丝毫不敢怠慢。加之，我又在杭州工作，看病的一切担子都在我肩上了。通过有关专家介绍，我找到了邵逸夫医院肝胆胰外科专家洪德飞教授。经磁共振检查，外甥肝脏左边除一个直径 22 厘米的巨大肿瘤外，周围还有几个小肿瘤，考虑是肝母细胞瘤，肿瘤已经占据他 60% ~ 70% 的肝脏体积。

22 厘米是什么概念？形象一点说，这个肿瘤就跟足球一样大。它好比人体内的一颗定时炸弹，若不及时排除，随时有爆炸出血的危险。但因其体积巨大，手术切除难度非常大。当时洪医生对我说，他还是第一次碰到肝脏肿瘤如此巨大的患者。但作为医生，不能因为有风险就放弃手术，这有违医者初心，他决定努力一把，问我有没有信心，我说我相信他。

为确保手术成功，洪医生在术前制定手术方案时，又告诉我他找了自己的导师——国际著名肝胆胰外科专家彭淑牗教授。手术这一天，彭教授还应洪医生之邀，一同上手术台进行手术，手术过程可谓步步惊心。

因为肿瘤巨大，按常规肝肿瘤切除方法肯定行不通。事后，洪医生给我们介绍了肝肿瘤切除术的整个过程：首先要做的是游离肿瘤，把肝脏与周围的韧带、胃肠、血管游离开来，这样可以翻转肝脏和控制血流，切除肝肿瘤时可有效控制出血。这一步十分关键，用医疗行话说，肝脏切除功夫在肝外。这话的意思就是把整个肝脏游离出来，切除肝肿瘤就得心应手了。

而我外甥的这个肿瘤巨大，几乎挤占了腹部空间，用常规方法根本不可能切除。两位教授决定迎难而上，大胆尝试当时国际上最先进的反常规肝肿瘤切除技术（医学上叫逆行肝切除技术），也就是首先直接离断正常肝与肝肿瘤之间的连接，再游离肝周围组织，最后切除肝肿瘤。逆行肝切除技术是彭淑牗教授首先在国内开展的巨大肝肿瘤切除新技术，该手术的最大风险就是术中易发生大出血，一旦发生大出血就很难控制，因此手术团队需要有非常高的肝外科技术和丰富的肝肿瘤切除经验。切除我外甥的这个巨大肝肿瘤，手术难度确实很大，因为他虽然已经 16 岁了，但个子很小，循环血量有限，术中一旦发生大出血就可能出现失血性休克甚至死亡。

可喜的是，两位教授技术高超，配合默契，凭借多年的手术经验和娴熟的技术，一步一步切除肝肿瘤，控制创面，减少出血，每切开一点就要把血彻底止住，最终手术成功了，外甥得救了。这一切在我们一家人的心里也埋下了感恩的种子。外甥出院不久就到端午节了，那天我姐姐突然想到，过节了，一定要包些粽子带给洪医生。这包粽子的叶子是我姐夫从河边采来的芦苇叶，比一般粽叶更加清香，糯米是我姐自家地里种的。几个粽子不值什么钱，他们就是想让洪医生感受到山里人的心意，并请他一定要收下。

这一送就是 13 年，从未中断。

其间有一年，外甥的右半肝又长了 5 个肝肿瘤，大的有 5cm。右半肝对他来说太重要了，因为他的左半肝在 2010 年手术中已被全部切除。我们信任洪医生，请他为我外甥进行二次手术。但当时我们还是很紧张的。洪医生宽慰我们说："年纪轻，肝脏质地好，肝再生能力强，只要术中不损伤右半肝过多的健康肝组织，术后发生肝功能衰竭的可能性是很小的。"

第二次手术非常顺利，分离腹腔粘连，游离右半肝主要的血管和胆管并加以保护，等于保住了右半肝。利用当时最好的术中超声技术，精准地找到了这 5 个肿瘤。肿瘤埋在肝脏里，周边小血管多如牛毛，为了减少出血，离断前需要把它们一根根找出来，结扎后再离断，再依次精准地切除 5 个肿瘤，像挖金矿一样，最大限度地保住健康肝组织。洪医生的"精准和细腻"创造了我外甥第二次手术成功的奇迹。

第二次手术后，连续多年检查，外甥状况都非常好，人长胖了，个子也高了。后来，外甥在保险公司工作，每月一发工资就拿出部分交给父母补贴家用，说父母养他不容易，吃了很多苦，受了很多累，生病期间为他担惊受怕、提心吊胆，他感谢洪医生给了他第二次生命，也给了他回报父母的机会。

有一次，洪医生问我："您外甥有对象了吗？"我说外甥担心自己身体，不敢找，怕拖累人家。洪医生又说："告诉你外甥，让他不用担心自己的身体，他这个肝肿瘤又不是肝癌，恶性程度低，第二次手术这么多年了都没有复发，算是治愈了。可以大胆地去追求自己的幸福，不但可以结婚，而且还可以生孩子。"

遇到这样的好医生是我们一家人的幸运，每年端午节我们送的不只是粽子，更是我们的感恩之心。

温情和真诚，最动人

人物简介

吴朝香，潮新闻·《钱江晚报》健康全媒体中心医健深度部主任、主任记者。

各有特色的"三代人"

（作为跑线记者，您做过大量关于邵逸夫医院的报道，您是如何评价邵医人的？）

2024 年，是邵逸夫医院建院 30 周年。2019 年，作为跑线记者，我做的第一篇报道，正是邵逸夫医院建院 25 周年的深度报道。

之后的 5 年多时间，我做了大量关于邵逸夫医院的报道，结识了邵逸夫医院的很多医生和护士，也对邵逸夫医院和邵医人有了深刻的认识。如果让我用两个词语来形容邵逸夫医院，那应该是创新和进取；如果让我用两个词语来形容邵医人，那应该是仁爱和真诚。

2019 年 9 月，因为采写邵逸夫医院建院 25 周年的报道，我第一次接触了邵逸夫医院的三位专家：章士正、范顺武和梁霄。这三位是老中青三代，他们亲历了不同的邵医时代。

章士正教授当时 70 多岁了，做事仍然非常仔细，他的电脑里分门别类地存放着不同时期医院放疗设备的图片，能明显看出从建院初期到当下，设备的迭代更新。

范顺武教授很有激情，语速很快。让我印象最深刻的是，他强

▲ 吴朝香在邵医秋叶艺术节上留影

调外科医生要有思想。这也让我十分好奇,作为外科医生,不强调技术,不强调治疗,为什么一直强调思想。之后几年,在对骨科的采访中,我了解了他们从科研到术式的各种创新,也让我逐渐理解了范顺武教授所强调的"外科医生要有思想"。

梁霄教授温文尔雅,言语温和。在接受采访的间隙,一直在手机上回复患者的网上问诊。可以想象,患者与这样一位医生沟通交流,会是多么幸运的事。

三代邵医人各有特色,但给我同样的感觉:如沐春风。一家医院的气质,是通过医院的人赋予的,这是邵逸夫医院给我的第一印象。

患者走了,家属却依然感谢这位医生

(您采访过邵逸夫医院那么多医生,有没有令您印象特别深刻的?)

肖芒医生是让我印象最深刻的。

2019年10月,肖芒接诊过一位喉癌患者老吴,50多岁,病情非常严重。肖芒说他行医20年,见过各种病情严重的患者,但他形容老吴的病情时,还是用了一个词——恐怖。

老吴的手术在团队中引起很大争议,很多人不建议做,手术风险大、预期差、耗时久。肖芒纠结后决定要做手术,理由是"这是一条人命"。肖芒直言不讳:"面对这场手术,我内心也做过激烈斗争;手术过程中如果出现意外,我也非常紧张和不安。"

采访过程,肖芒的一句话打动了我,他说:"我愿意为他冒一次险。这样的疑难杂症就是要我们这样的医生去冒险，不然医学怎么进步呢？"从他的讲述中，能感受到医者仁心，也能感受到一位外科医生的担当。

手术很成功，老吴的生活质量得到提高，安然度过了2020年的春节。这是当时新闻报道中光明的结尾。后面的故事，没有出现在新闻报道中。2020年4月，我打电话问候老吴的妻子时才得知，过完年后，老吴还是走了。他的妻子一直在电话里说："虽然老吴走了，但我们还是非常感谢肖医生，让老吴撑到了过年，算是又过了一岁。"她还说，要是早点遇到肖医生，命总归能保住。

从已逝患者家属口中听到感谢的话，让我更深刻地体会到肖芒医生是怎样的好医生，让我第一次这么直接地感受到邵医人的仁爱之心。

那时的我还没有意识到，这样深刻的体会会越来越多。

在困境中保有勇气，最打动人

（新冠疫情之下，您看到邵逸夫医院医护人员是怎样的？）

疫情之下，医护人员付出巨大，一次次的采访中，更深刻地感受到邵医人的责任和担当。

在杭州坚守隔离病房，驰援武汉，驰援荆门，到省内外各地驰援，在这场抗疫中，一直都有邵医人的身影。

2020年2月，我用了一个星期的时间，先后电话采访了四五位驰援武汉普爱医院的邵逸夫医院医护人员。吴晓虹是我连线的第一位驰援武汉的医生。

我至今记得，几次连线都是在晚上九十点，因为只有在那时，他们才会回到酒店驻地，才有时间接受采访。

从声音中听得出来，吴晓虹医生一直很疲惫，心情也有点沉重。她是很细腻的人，患者的任何细微改变，她都看在眼里，也会因此动容。她和同事们有担忧和恐惧情绪，却又十分坚定，我一直记得她说的一个细节，初到武汉时，有人说："要不要立遗嘱？"吴晓红回复说："向死而生。"

在恐惧中仍有勇气，这是他们最令人动容的地方。2020年，在疫情笼罩之下，人们往往会有恐惧心理，更遑论冲在最前线的医护人员。对于新闻媒体来说，2020年初几个月的报道也是非常压抑的。在这个过程中，我第一次被温暖到的采访也是来自邵医人。

2020 年 3 月 13 日，是邵逸夫医院"90 后"ICU 护士申蕊蕊的生日，当时她和同事们正在荆门援助。身在杭州、武汉、荆门的同事们纷纷录制视频，跨越层层"隔离"，为她送上祝福。轻松幽默的短视频内容，传递出来阵阵暖意，不仅打动人心，也让人看到了邵医人在困境中乐观、向上的精神。

2022 年 3 月，邵逸夫医院驰援上海核酸采样，这也是一场艰苦的"战斗"，但他们会在防护服上画上卡通人物、西湖十景，也会留意沿途开出的春天的小花。

我一直记得一张照片：一位护士骑着共享单车去做核酸采样工作，车把上还插着两朵粉白色的小花，这些医护人员积极乐观的精神让人们也感受到了春天的明媚和希望。

一直创新，一直走在前列

（ 您在采访中听到了邵逸夫医院哪些不断创新发展的故事？ ）

在我看来，邵医人诸多宝贵的品质造就了邵逸夫医院的卓越。

2022 年，邵逸夫医院 6 号楼启用，全国首个真正意义上的"平疫结合"快速切换病房投入使用。而在更早的时候，蔡秀军院长就在全国率先提出"平疫结合"的概念。新闻报道总是求新求快，这样的创新也给我们提供了源源不断的新闻素材。

2021 年，绍兴市新冠疫情形势严峻，一位肿瘤患者的儿子在邵逸夫医院互联网医院"绍兴抗疫义诊"快速通道上，为自己处在疫情管制区、身患肿瘤、急需靶向药物的妈妈求药。董敏俊、华旭东等多位医生线上、线下接力，在 16 小时内为患者找到了救命药。

最初的线上义诊快速通道是医院医生自发开出的，之后得到院级层面的大力支持。对于管制区有医疗需求的居民来说，这种创新就是为患者雪中送炭。邵逸夫医院在全省率先开通义诊快速通道后，浙江省卫健委在新闻发布会上提出，疫情期间，要利用信息和数字化为患者服务。

邵逸夫医院又一次走在了前面。

那篇寻药报道在社会上引起巨大反响，之后还有患者家属通过我们联系到邵逸夫的医生们，为处在疫情管制区的家属寻求医疗帮助。后来，邵医人为这些患者解决了燃眉之急。

反应迅速，充满温情，彰显担当，这是"接力寻药"最有生命力之处。我们独家采写的这篇报道还荣获了"浙江省新闻奖"。

一直以来，邵逸夫医院在创新上步履不停。我很荣幸见证了它的每一次创新。比如在

5G+ 医疗上，邵逸夫医院有很多成就。一次，急诊科医生展示了 5G+AR 技术：医生利用 5G+AR 技术远程为舟山小岛上的患者治病，简直是把科幻电影搬进现实。之后，邵逸夫医院进行的全球首例 5G 远程机器人手术更是在全国引起了巨大反响，记得当时很多网友在视频报道下留下"神仙操作""梦想照进现实"等评论。

见证新生，记录 30 年的成长

（邵逸夫医院与《钱江晚报》良性互动 30 年，互动效果如何？）

这么多年，《钱江晚报》和邵逸夫医院共建产生了很多优秀的医疗领域的报道，包括温情医患故事、健康科普宣教、前端医疗黑科技等。

吴晓虹等人驰援武汉的报道有 2000 多条评论，长长的留言列表，每一条都催人泪下；何非方医生有一位患者，父亲在儿子出院后，给何医生写了一封长信，感谢医生温柔以待，这篇报道发出后收获了 1000 多条留言，网友的留言与感谢信一样，字字情真意切。这些都是《钱江晚报》笔下邵医人的故事。

2023 年 2 月份，在范顺武教授的支持下，《钱江晚报》与邵逸夫医院骨科合作，以"说尽骨筋"为主题进行系列科普直播，创下了单场直播 44.5 万人观看的最高数据。

在科普直播中，骨科专家们将专业知识讲解得通俗易懂，科研数据、理论依据、临床实证，信手拈来，鞭辟入里。观众们也是热情提问。

我还记得当时和我一起合作的同事在结束后感叹："第一次看到这么精彩的科普直播。"这是邵医人在专业上的魅力。

前段时间，为邵逸夫医院院史馆建设提供历史资料，我翻阅到了 30 年前邵逸夫医院筹备、成立时，《钱江晚报》做的多篇报道，泛黄的报纸版面上记录了这家医院的新生。

《钱江晚报》见证了邵逸夫医院建院之初，小时新闻客户端报道记录了邵逸夫医院成长，客户端如今也迭代升级为全省重大新闻传播平台"潮闻天下"。时光荏苒，邵逸夫医院用 30 年创造了一个又一个辉煌。30 岁，风华正茂，希望在未来我们依旧能与邵逸夫医院共同成长，共创更多优质的内容。

后 记

——时光里，回忆洒满每个角落

这本书，从采访到写作，耗时大半年。对我们而言，整个采访历程，就是一次感受和学习邵医精神的过程，也是值得回忆的一个过程。

2023年5月初，关于这本书如何写，我们尚在构思过程中。一位29年前曾在邵医神经外科工作过的美国专家，来上海访问之余，突然造访邵医。这可是自己"送上门"来的采访对象，我们的采访活动亦随即展开。这位美国专家，名叫史杰瑞（Jeffery Schweitzer），成为我们的第一位采访对象。

2023年5月至8月，我们采访了近百人。寻找和联系采访对象占用了相当一部分时间。烈日下或风雨中，我们穿梭在杭城的大街小巷，数门牌、爬楼梯，在一些老旧小区叩开了深藏于此的老专家的家门；门诊候诊区和手术室外，我们等待约好采访时间的医护人员，当时间超了又超，我们那望眼欲穿的神情，在周围人眼里，就是患者家属翘首以盼的样子；为了联系上一位身居国外的采访对象，被我们发动起来帮助寻找联系方式的人可能是8位、10位，甚至是20位……这是我们采访工作的常态，虽然过程中我们很累，但感受更多的是快乐。

感到快乐的原因之一是，我们有满满的获得感。医学即人学。这是一次让我们认识自我、提升医学素养的过程。很多时候，为弄明白一个专业问题，我们会"打破砂锅问到底"，而受访对象也会不厌其烦地"奉陪到底"。有的受访专家为了增加我们的感性认识，草图画了一张又一张。我们每个人都是自己健康的第一责任人，要对自己负责，首先得学会了解自己。对我们来说，采访的过程，就是对于医学专业的学习过程。在对近百人的采访过程中，我们无形中仿佛把自己变成了一名"全科医生"，不但能对自己负责，相信也能帮助他人。

感到快乐的原因之二是，我们懂得了如何做人。采访挖掘邵医故事，是为了传承邵医精神。有许多邵医故事在本书中已得以体现，还有一些幕后故事同样令我们感动。比如老专家叶丁生教授，因为年事已高，行动不便，视力不好，我们将采访稿打印好上门送审。他极为认真，夫妇俩拿着文稿逐字逐句推敲，连一个标点符号都不放过。而他的审稿不是一次性通过的，因为之后他发现有不妥的地方，我们数次登门。一篇3000余字的文章，我们上门同他一起修改3次。叶老说，非常抱歉，让我们受累了。也有不少老专家，为了方便我们，不辞辛苦，坚持自己坐车到医院来接受我们采访。"医以济世，术贵乎精。"叶老等老专家们之所以能成为一代名医，就在于他们的严谨与细致。他们把采访当作一项临床工作，像对待患者一样，一丝不苟。通过一次次采访，我们得以从这些德高望重的老前辈身上看到什么叫老骥伏枥，什么是志在千里。

邵医的前辈可敬，邵医的后生们则可赞。在攀登医学高峰的征途上，他们锐不可当，比如普外科中青年医生梁霄，娴熟驾驭 5G 超远程机器人为 4500 公里外的新疆患者施行肝切除术，这成为全国首例。但在提及他的医学成就时，梁霄非常低调，把成绩归功于团队，他讲得更多的是未来的努力方向。从邵医朝气蓬勃的后生身上，我们看到了青春奋斗的昂扬锐气，也感受到了他们质朴又谦逊的优秀品格。

怎么做一名优秀的医者？邵医人就是榜样。

我们的采访，得到了所有采访对象的积极配合，特别是那些曾经的邵医人、在海外的邵医人。他们虽然身已不在邵医，但仍然心系邵医，一直且将永远视自己为邵医人，他们视这次采访为家事。现在在英国当医生的曾经的邵医人——护士江雪燕，利用回国探亲的机会，专门绕道杭州，到医院接受我们采访。前邵医护士楼苏丽旅居加拿大多年，她有一背篓的邵医故事，不但自己对我们滔滔不绝，而且还动员她先生把他的邵医故事也分享出来……这些曾经的邵医人，把这次采访视为家对他们的又一次拥抱。

衷心感谢所有的受访对象，今天，是他们的支持和配合，成就了我们这本书；昨天，是他们的努力和付出，成就了今日的邵逸夫医院。

我们这是一次带有抢救性的挖掘与整理。虽然已经挖掘与整理了很多邵医故事，但也仍有不少遗憾。被多个受访对象提到的美方院长韩得利、鲁端书记，如果他们健在，一定会接受我们的采访，一定会有更多更精彩的故事。

同样遗憾的是，邵医发展史上两位举足轻重的人物，他们是名副其实德高望重的前辈——原浙江医科大学校长郑树和邵医首任中方院长吴金民。出于健康原因，他们的故事更多是由我们通过查阅资料和采访他们身边人收集而成的，肯定是不全面的。

通过这次采访，我们希望邵医能搭建一个常态化传播邵医故事的平台。因为有无数邵医人有分享邵医故事的愿望，这是他们表达对医院的深厚感情的方式，也是为了邵医精神的生生不息，是邵医人的责任和担当。我们视频连线采访邵医首任美方院长方则鹏时，90 高龄的方老，激动万分，坐在病床上，一口气讲了 3 个多小时他与邵医的故事，中间几度落泪，我们和他的女儿几次劝他休息一会儿再讲，他都没停下来。过了几天，他主动联系我们，说又想起许多往事……

采访 3 个月，写作又 3 个月，我们的回忆洒满邵医的每个角落。医学细而入微，其实就是人生。

滴水能映日，一叶可知秋。故事里的邵医，其实离不开的就是邵医人。回忆是美好的，回忆使我们深刻认识到，邵医人是懂得感恩的人，邵医人亦是值得感谢的人。邵医人的人生，丰富多彩，昭示着中国式现代化标杆医院的精彩！